Schlüsselwerke der Postcolonial Studies

Julia Reuter · Alexandra Karentzos (Hrsg.)

Schlüsselwerke der Postcolonial Studies

Springer VS

Herausgeberinnen
Julia Reuter
Köln, Deutschland

Alexandra Karentzos
Darmstadt, Deutschland

ISBN 978-3-531-17577-5
ISBN 978-3-531-93453-2 (eBook)
DOI 10.1007/978-3-531-93453-2

Die Deutsche Nationalbibliothek verzeichnet diese Publikation in der Deutschen Nationalbibliografie; detaillierte bibliografische Daten sind im Internet über http://dnb.d-nb.de abrufbar.

Springer VS

Einbandentwurf: KünkelLopka GmbH, Heidelberg

Gedruckt auf säurefreiem und chlorfrei gebleichtem Papier

Springer VS ist eine Marke von Springer DE. Springer DE ist Teil der Fachverlagsgruppe Springer Science+Business Media
www.springer-vs.de

Inhalt

Postkoloniale Schlüsselwerke

Interdisziplinäre Rezeption

Vorwort

Julia Reuter / Alexandra Karentzos

Das Vorhaben, postkoloniale Studien in einem Lehrbuch zu kanonisieren, muss zwangsläufig scheitern. Nicht nur weil es keine ›eigentliche‹ theoretische oder disziplinäre Beheimatung postkolonialer Studien gibt, sondern vor allem weil sie sich selbst als »antidisziplinäre Intervention« (Castro Varela/Dhawan 2009: 9) verstehen und einer Kanonisierung von Wissen kritisch gegenüberstehen. So ist der vorliegende Band weniger als endgültiges, geschweige denn vollständiges Gesamtwerk denn als vorläufige Bestandsaufnahme postkolonialer Perspektiven zu betrachten, die über die Auseinandersetzung mit postkolonialen Schlüsseltexten hinaus einen Einblick in die fruchtbaren Anschlüsse in der Vielfalt geistes- wie sozialwissenschaftlicher Disziplinen bietet. Letzteres erscheint angesichts der größtenteils noch isolierten Diskussionen zur Relevanz postkolonialer Perspektiven innerhalb einzelner Fächer – zumindest in Deutschland – als ein geradezu ›überfälliges‹ Projekt; in den vergangenen Jahren wurden bislang nur wenige Anstrengungen unternommen, entlang und über Disziplingrenzen hinweg das Potenzial postkolonialer Perspektiven zu thematisieren.[1]

Dies ist umso erstaunlicher, als sich – etwa in der Analyse und Kritik von ökonomischen Macht- und Herrschaftsverhältnissen, von Formen der Rechtssprechung und der politischen Repräsentation, von kulturellen Identitäts- und Stereotypenbildungen oder wissenschaftlichen Erkenntnis- und Legitimationsprozessen – zahlreiche Verbindungen zu benachbarten Disziplinen formulieren lassen. Auch in ihrem Rückgriff auf marxistische, anthropologische, diskurstheoretische oder psychoanalytische Modelle schlagen postkoloniale Studien ganz bewusst den Weg eines ›transdisziplinären‹ Wissenschaftsprogramms ein, das auch schon von anderen angloamerikanisch geprägten *Studies* – Cultural, Gender oder Science Studies – als zentrales Markenzeichen perpetuiert wurde, aber nach wie vor wohl auch ein Grund ihrer vergleichsweise wenig erfolgreichen universitären Institutionalisierung darstellt. Denn um Postkoloniale Studien lehren zu können, bedarf es

1 Positiv hervorzuheben sei an dieser Stelle das 2010 erschienene Prokla Heft »Postkoloniale Studien als kritische Sozialwissenschaft« sowie die 2011 in Berlin stattgefundene Konferenz »Postkoloniale Gesellschaftswissenschaften – eine Zwischenbilanz« .

mehr als eines Interesses der Lehrenden an spezifischen Problemen (post-)kolonialer sozialer Verhältnisse. Es braucht häufig auch eine fachliche Zuordnung im Rahmen modularisierter Veranstaltungen und damit auch zumindest ansatzweise kanonisierter Lehrinhalte, um postkoloniale Perspektiven auch nachhaltig als ›legitimes Wissen‹ in der öffentlichen Bildungslandschaft integrieren zu können.

Erste Schritte dazu wurden mit der Einrichtung von Lehrstühlen, Graduiertenkollegs und Forschungszentren mit postkolonialem Schwerpunkt getan. Allerdings spielen auch Lehrbücher und Sammelbände zu postkolonialen Schlüsseltexten und Konzepten bei der erfolgreichen Institutionalisierung von Forschungs- und Lehrinhalten eine nicht unerhebliche Rolle – gerade dann, wenn die Grundlagen der Rezeption keineswegs geklärt erscheinen. Während es im englischsprachigen Raum mittlerweile zahlreiche Nachschlagewerke gibt (vgl. exemplarisch Ashcroft/Griffiths/Tiffin »The Postcolonial Studies Reader«, 1995 bzw. dies.: »Postcolonial Studies: The Key Concepts«, 1998), fehlt es im deutschsprachigen Raum bislang an einem Handbuch zu postkolonialen Schlüsselwerken; wohl auch, weil die Kategorie des (Neo-)Kolonialismus als Interpretationsschema aufgrund der jahrzehntelangen fehlenden Anerkennung der kolonialen Vergangenheit wie Einwanderungs-Gegenwart im deutschen Kontext kaum Verwendung fand (vgl. Ha 2010: 63ff.).

Im Sinne einer nachholenden Entwicklung will der vorliegende Band eine Einführung in die zentralen theoretischen Werke der Postcolonial Studies anhand ihrer berühmten RepräsentantInnen geben, wie Edward W. Said, Homi K. Bhabha, Gayatri C. Spivak, Stuart Hall oder bell hooks, und ihre unterschiedlichen ideengeschichtlichen Referenzen nachzeichnen.

So werden im ersten Kapitel einige der zentralen theoretischen Bezugspunkte der Postcolonial Studies vorgestellt, wie z. B. Psychoanalyse, Marxismus, Diskurstheorie, Poststrukturalismus, Kritische Anthropologie etc., unter anderem um die Intertextualität bzw. Transdisziplinarität des postkolonialen Projekts zu unterstreichen. Darin werden vor allem die Schlüsselwerke, -konzepte und -autor/innen vorgestellt, die wesentlich zur Entwicklung der Postcolonial Studies beigetragen haben bzw. bis heute die postkoloniale Debatte beleben, strenggenommen aber selbst nicht zum »postkolonialen Kanon« zählen.

Der Band versteht sich aber nicht nur als Nachschlagewerk für Studierende und Interessierte; er soll auch einen eigenen Beitrag zur Theoriebildung leisten. Vor allem aber sind die Postcolonial Studies in vielen Disziplinen im deutschsprachigen Raum noch so neu und viele Perspektiven noch so wenig erschlossen, dass eine Einführung sich nicht an bereits erprobten disziplinenspezifischen Ansätzen orientieren kann, sondern nicht umhin kommt, eigene Modelle zu entwickeln.

Das gilt etwa für die postkoloniale Politikwissenschaft, Pädagogik, Geographie, Religions- und Medienwissenschaft. Diesem Umstand ist vermutlich eine starke thematische Konzentration (und damit auch ›Schieflage‹) auf kulturelle Transfer- und Hybridisierungsprozesse geschuldet und eine Vernachlässigung von Fragen der internationalen politischen Ökonomie (Ziai in diesem Band), (inter-)religiöser Konflikte und Fundamentalismen (Nehring in diesem Band), geopolitischer ›Weltvermessungen‹ (Lossau in diesem Band) und deren technischen Voraussetzungen und medialen (Ab-)Bilder (Bergermann in diesem Band).

Der möglichen Gefahr, dass die Systematisierung eines Lehrbuches die vielstimmigen und disparaten postkolonialen Positionen unifiziert, sind wir nicht zuletzt dadurch zuvorgekommen, dass wir AutorInnen mit sehr unterschiedlichen Herangehensweisen zur Mitarbeit eingeladen haben. Überdies geraten hergebrachte jeweils fachspezifische Denkweisen durch die postkolonialen Impulse in Bewegung. Postkoloniale Perspektiven dienen als Problematisierungsinstrument, um die ›Normalität des So-Seienden‹ in den einzelnen Disziplinen aufzubrechen und dezidiert politische Sichtweisen einzuziehen – sei es, um die koloniale Verwobenheit der eigenen Fachidentität und Grundbegriffe zu erkennen und anzuerkennen oder um die neokolonialen Bezüge aktueller Forschungsinhalte und -methoden herauszustellen. Immerhin stehen für das Selbstverständnis westlicher Gesellschaften und damit auch ihrer Wissenschaften so zentrale Unterscheidungen wie Tradition und Fortschritt, Orient und Okzident, Natur und Kultur, Eigenes und Fremdes zur Disposition. Dies ist zugleich Potential wie Problem postkolonialer Studien: Denn häufig werden sie als ein ›intellektuelles Experiment‹, als ›Grenzerfahrung‹ (border gnosis) eines permanenten Überschreitens und Unterlaufens von verschiedenen kulturellen und symbolischen Systemen betrieben und sperren sich damit etwaigen Versuchen zur Didaktisierung und fixierenden Theoriebildung (vgl. Reber 2007). Gleichzeitig müssen sie aber, um anschlussfähig zu sein, ›operationalisierbare‹ Forschungsmethoden, -ansätze, -programme ausbilden.

Hinzu kommt eine Gefahr, die sich aus der Repräsentation postkolonialer Perspektiven durch Intellektuelle mit (post-)kolonialen Bindestrich-Biographien – indisch-amerikanisch, afro-amerikanisch usw. – ergibt: die Gefahr der normativen Aufladung, Essentialisierung und emphatischen Übersteigerung von Forschungspositionen – ein Problem, das sich in den Postcolonial Studies womöglich stärker als für andere kulturwissenschaftliche Neuorientierungen stellt (vgl. Bachmann-Medick 2006: 220; darüber hinaus Spivak 2009 und Nandi 2009).

Der Band greift auf einen breit angelegten Postkolonialismus-Begriff zurück, der sowohl postkoloniale Kritik bzw. Politik, postkoloniale Theorie(n) als auch postkoloniale Analysen in unterschiedlichen sozio-historischen Kontexten umfasst. Der Facettenreichtum des Begriffs liegt nicht nur darin, dass sich das ›Post-‹ nicht auf eine zeitlich-lineare Kategorie festlegen lässt (im Sinne von: ›nach‹ dem Kolonialismus), sondern auch in der Vielfalt der Widerstandsstrategien, die mit ihm bezeichnet werden. Ein solches Verständnis von Postkolonialismus bietet die Möglichkeit, neue inter- wie transdisziplinäre Reflexionen anzuregen und damit zur weiteren Polyphonie postkolonialer Diskurse beizutragen. Der Band vereint grundlegende und innovative Beiträge zur Postkolonialismusforschung in Deutschland, die in der hiesigen Wissenschaftslandschaft noch nicht im Mainstream angekommen ist.

Wir danken den AutorInnen des Bandes für Ihren Mut, die komplexen und komplizierten Schlüsselwerke postkolonialer AutorInnen und ihre ideengeschichtlichen Referenzen in ein Format zu übersetzen, das nicht nur als Einstiegslektüre für Studierende, sondern auch als Lehrbuch für Lehrende geeignet ist und zur (Re-)Lektüre der Originaltexte anregt. Wir danken auch den AutorInnen, die zum Teil weit über den Rand der dominanten Rezeptionswege postkolonialer Schlüsselwerke geschaut haben, indem sie neue Forschungsfragen und -felder in unterschiedlichen Fachdisziplinen umrissen haben. Wir danken Frank Engelhardt (jetzt Juventa Verlag) für das vertrauensvolle Auf-den-Weg-Bringen des Projekts und Dr. Cori Mackrodt (VS Verlag) für die Unterstützung bei der Fertigstellung des vorliegenden Buchprojektes. Hendrik Meyer (Universität Trier) sei für die Erstellung des Typoskripts gedankt ebenso wie Thomas Küpper (Universität Frankfurt a.M.) für die kritische Durchsicht ausgewählter Beiträge.

Die Herausgeberinnen, Trier und Darmstadt im Dezember 2011

Literatur

Ashcroft, Bill/Griffiths, Gareth/Tiffin, Helen (Hrsg.) (1995): The Post-Colonial Studies Reader. London/New York: Routledge

Ashcroft, Bill/Gareth Griffiths/Helen Tiffin (1998): Key concepts in post-colonial studies. London/New York: Routledge

Bachmann-Medick, Doris (2006): Cultural Turns. Neuorientierungen in den Kulturwissenschaften. Reinbek bei Hamburg: Rowohlt

Castro Varela, María /Dhawan, Nikita (2009): Europa provinzialisieren? Ja, bitte! Aber wie? In: Femina Politica 2. 9-18.

Ha, Kien Nghi (2010): Unrein und vermischt. Postkoloniale Grenzgänge durch die Kulturgeschichte der Hybridität und der kolonialen ›Rassentheorie‹. Bielefeld: transcript.

Nandi, Miriam (2009): Am I that Other? Postkoloniale Intellektuelle und die Grenzen des Postkolonialismus. In: Reuter, Julia/Villa, Paula-Irene (Hg.) (2009): Postkoloniale Soziologie. Empirische Befunde, theoretische Anschlüsse, politische Intervention. Bielefeld: transcript. 91-114.

Prokla. Zeitschrift für kritische Sozialwissenschaft (2010), 158: Postkoloniale Studien als kritische Sozialwissenschaft. 1.2010 (40). Münster: Westfälisches Dampfboot.

Reber, Ursula (2007): Postkolonialismus zwischen Border-Gnosis und Institutionalisierung. In: Harrasser, Karin/Riedmann, Sylvia/Scott, Alan (Hg.) (2006): Politik der Cultural Studies – Cultural Studies der Politik. Wien: Turia + Kant. 118-133 (s. auch http://www.kakanien.ac.at/beitr/postcol/UReber4/?alpha=r)

Spivak, Gayatri C. (2009): Kultur. In: Reuter, Julia/Villa, Paula-Irene (Hg.) (2009): Postkoloniale Soziologie. Empirische Befunde, theoretische Anschlüsse, politische Intervention. Bielefeld: transcript. 47-68.

Theoretische Referenzen

Mehrwert, Fetischismus, Hegemonie: Karl Marx' »Kapital« und Antonio Gramscis »Gefängnishefte«

Friederike Habermann

Als »uneasy marriage of marxism, feminism, and deconstruction« bezeichnet Benjamin Graves (1998) das Werk der Ikone postkolonialer Theorie, Gayatri C. Spivak. Sie selbst verwehrt sich interessanterweise der letzten (für viele offensichtlich scheinenden) Zuschreibung als Dekonstruktivistin, bezeichnet sich dagegen als feministische Marxistin (vgl. Spivak 1985: 74). Spivak positioniere sich »bewusst strategisch ambivalent«, so drücken es Nikita Dhawan und María do Mar Castro Varela aus: Sie bezeichne sich als ›altmodische Marxistin‹, um dann davon zu sprechen, dass es gelte, Marx zu ›radikalisieren‹ (vgl. Castro Varela/ Dhawan 2005: 64). Tatsächlich sehen viele postkoloniale TheoretikerInnen in Marx einen wichtigen Verbündeten – denn wie wäre Kolonialismus ohne Kapitalismus zu denken? So findet sich Marxismus in vielen Ausformungen postkolonialer Theorie wieder, und nicht nur in der Form einer *ménage à trois*, wie bei Spivak. Es existieren vor allem Zweierbeziehungen zwischen Marxismus und Postkolonialismus, zum Beispiel bei Etienne Balibar oder Stuart Hall. ›Uneasy‹, also schwierig, sind diese Beziehungen dennoch allemal, stand der Marxismus doch rund ein Jahrhundert lang für ein Programm, das sich allein genügte bzw. das nicht selten mit dem Anspruch verbunden war, alles am besten selbst erklären zu können – sei es Sexismus oder Rassismus: Alles diene lediglich dem Widerspruch zwischen Kapital und Arbeit; wenn dieser ›Hauptwiderspruch‹ gelöst sei, lösten sich angeblich auch die ›Nebenwidersprüche‹ auf – so die Annahme vieler MarxistInnen.

So bedurfte und bedarf es nach wie vor anstrengender Beziehungsarbeit, um die Verwobenheit von Kapitalismus und Kolonialismus und damit Rassismus und Sexismus herauszuarbeiten. Es finden sich zwar immer wieder marxistische Bezüge in postkolonialen Arbeiten, häufig jedoch ohne in einem strengen Sinne ›marxistisch‹ zu sein, und weniger auf den eben beschriebenen traditionellen Marxismus, denn auf Karl Marx selbst – der klarstellte, kein Marxist zu sein, und dessen nicht nur analytisch scharfes, sondern auch vielschichtiges Werk eine Fundgrube an theoretischen Anschlüssen bietet. Für das Erfassen dieser Verwobenheiten braucht es jedoch eine Theorie, welche die Vielfältigkeit der Machtstrukturen zu erfassen vermag, für Wechselwirkungen offen ist und der Komplexität der Beziehungen gerecht wird. Der Hegemoniebegriff von Antonio Gramsci, ebenfalls ein marxistischer Ansatz, bildet daher für einige postkoloniale TheoretikerInnen eine geeignete Grundlage, denn Gramsci geht davon aus, alle Kräfteverhältnisse im Ringen um Hegemonie zu berücksichtigen. Allein: Auch er reduziert Hegemonie auf jenen Aspekt, welcher ›in der Fabrik entspringt‹, und damit auf den Konflikt zwischen Kapital und Arbeit (vgl. Gramsci 1929ff.: 2069).

1. Karl Marx' »Das Kapital«: Ursprüngliche Akkumulation und die koloniale Reproduktion der Ausbeutung

Bevor wir aber zu einer Vorstellung von Gramscis Gefängnisheften kommen, zurück zu dem Hauptwerk von Marx, »Das Kapital«, erschienen im Jahr 1867. Allerdings, was lässt sich dazu anderes sagen, als dass jede und jeder, der oder die es noch nicht gelesen hat, es schnell nachholen sollte? Nicht nur, weil die Welt ohne dessen drei Bände heute eine wesentlich andere wäre. Sondern auch, weil die darin dargelegte Analyse der kapitalistischen Gesellschaft bis heute wesentliche Einsichten bereithält. Drei davon seien hier genannt:

Der erste Aspekt, der erwähnt werden soll, wird auch in den ersten Kapiteln vom »Kapital« behandelt: Es ist der Gedanke des Fetischismus, eine Weiterführung des in den Frühschriften gebrauchten Begriffs der Entfremdung, wonach im kapitalistischen Produktionsprozess der herstellende Mensch einerseits vom Sinn des Produkts, andererseits von anderen Menschen getrennt wird. Marx verwendet den Begriff ›Fetischismus‹, der zu seiner Zeit ausschließlich auf als primitiv angesehene Naturreligionen angewandt wurde, um das Eigenleben der Ware herauszustellen. Statt des Gebrauchswertes einer Ware werde ihr Tauschwert zum Antrieb für die Produktion und die Ware werde zum Subjekt, der arbeitende Mensch aber zum Objekt dieses Herstellungsprozesses. Indem der Warenfetisch die sozialen Beziehungen der Menschen untereinander verschleiert und als Sachzwänge verkleidet, merken die Menschen nicht mehr, dass sie sich etwas unterordnen, was sie selbst erschaffen haben (vgl. Marx 1972: 85ff.).

Dieser Gedanke des Fetischismus taucht ebenfalls in den Arbeiten Spivaks wieder auf: Sie vergleicht diesen mit dem Prozess, in dem die ›Dritte Welt‹ durch den Westen als unterentwickelt und rückständig konstruiert oder auch produziert wurde (was sie als ›worlding‹ bezeichnet), wodurch die Dominanz des Westens als sinnvoll und natürlich erscheint. Darüber hinausgehend aber kann davon ausgegangen werden, dass der Marx'sche Denkschritt vermutlich grundlegend für die gesamte Diskurstheorie war, und damit auch wiederum für postkoloniale Theorien: Nicht reine Ideologie, sondern Wirklichkeit gewordene Diskurse formen unser Denken, Handeln und letztlich die Welt selbst, werden aber wiederum auch von den durch sie konstruierten Subjekten reproduziert und verändert. Marx drückt dies folgendermaßen aus: »Die Menschen machen ihre eigene Geschichte, aber sie machen sie nicht aus freien Stücken, nicht unter selbst gewählten, sondern unter unmittelbar vorgefundenen, gegebenen und überlieferten Umständen.« (Marx 1960a: 115) Was im traditionellen Marxismus deterministisch gelesen wurde (die Ökonomie bestimme das Handeln der Menschen) wird in postkolonialer Lesart als gegenseitige Verwobenheit von Subjekt und Gesellschaft verstanden.

Damit ist bereits gesagt, dass Marx zweitens radikal mit Theorien bricht, die vom souveränen Subjekt ausgehen, also von der Ahistorizität oder Essenz des menschlichen Seins. Für ihn ist das Individuum das Ensemble gesellschaftlicher Verhältnisse (vgl. Marx 1969) – aus postkolonialer und damit antirassistischer Perspektive ein wesentlicher Aspekt. Nicht zuletzt als Übersetzerin von Jacques Derridas »Grammatologie« (1967/1976) mit einem vielbeachteten 80seitigen Vorwort bekannt geworden, beruft sich Spivak in ihrem 1985 erschienenen Artikel »Scattered Speculations« auf den Marx'schen Subjektbegriff (vgl. Spivak 1985: 73). Wichtig ist ihr dabei der ›materialistische‹ Aspekt (den auch sie stets in Anführungszeichen setzt), und dafür genau die Analyse von Wert und Mehrwert beziehungsweise Ausbeutung (ebd.: 74).

Eine dritte wesentliche Einsicht von Marx' Analyse der kapitalistischen Gesellschaft ist im eigentlichen Sinne ökonomisch: Die zu seiner Zeit vorherrschende klassische Wirtschaftstheorie weiterdenkend, entlarvt Marx, dass der im Kapitalismus produzierte Wohlstand nicht, wie von Adam Smith behauptet, aus dem egoistischen Streben der einzelnen sowie der Arbeitsteilung per se entspringt, sondern durch Ausbeutung zustande kommt. Hierunter verstand Marx nicht besonders schlechte Arbeitsbedingungen, sondern den Prozess der Mehrwertproduktion überhaupt: Der Kapitalist (abstrakt gesprochen und unabhängig davon, ob dieser noch Managertätigkeiten übernimmt) kauft für die Produktion Vorprodukte und Produktionsmittel (›konstantes Kapital‹) sowie Arbeitskraft (›variables Kapital‹) ein. Marx weist nach, dass gesamtgesellschaftlich gesehen der Wert von Vorprodukten und Produktionsmitteln sich *peu à peu* auf die Produkte überträgt, und der jeweilige anteilige Wert ohne Gewinn oder Verlust wieder verkauft wird – denn nur durch den Aufenthalt in den Produktionsstätten verändert dieser sich nicht. Mehrwert entsteht ausschließlich durch das ›variable Kapital‹, denn in Form von ›lebendiger Arbeit‹ verwandelt dieses das konstante Kapital beziehungsweise die ›tote Arbeit‹ in ein wertvolleres Produkt. Damit verbunden ergibt sich eine weitere Unterscheidung: Während Maschinen ihren Wert an Produkte abgeben, dieser als entsprechende Preiserhöhung wieder eingenommen wird und so die Maschine ersetzt werden kann, brauchen Menschen zu ihrer Reproduktion weniger Wert als sie beisteuern; Reproduktion, das bedeutet: genug zum Leben, um am nächsten Tag wieder am Arbeitsplatz erscheinen zu können, sowie genug, um auch die nachwachsende Arbeitergeneration zu versorgen (vgl. Marx 1972). Mit anderen Worten: Ein Mensch kann sich Geld von einer Bank borgen, ArbeiterInnen einstellen, Maschinen, Rohstoffe oder Vorprodukte einkaufen sowie die ArbeiterInnen produzieren lassen und dann hinterher mit Gewinn verkaufen (oder auch für all dies einen Manager einstellen, das ändert nichts am Prinzip). Wenn dies mit den Gesetzen der Konkurrenz konform geschieht (keine veraltete Maschinen usw.), dann wird er irgendwann das geliehene Geld zurückzahlen, von dem Gewinn leben und schließlich Kapital akkumulieren können – während die ArbeiterInnen im Zweifel nur so viel bekommen, dass sie davon mehr oder weniger gut leben, aber hinterher genauso wenig wie vorher besitzen. Nur, dass die Kapitalisten bei Marx nicht erst zur Bank müssen, da er zeigt, wie durch die ›ursprüngliche Akkumulation‹ – nicht zuletzt Aneignungen von Land, das von Dörfern gemeinschaftlich genutzt wurde oder auch Kleinbauern gehörte – auf der einen Seite (Produktions-)Mittelbesitzer und auf der anderen Seite ›doppelt freie‹ Arbeiter entstanden: frei, da nicht versklavt oder im feudalen Lehnsystem verhaftet, doch auch frei von Produktionsmitteln, und von daher gezwungen, sich Lohnarbeit zum Überleben zu suchen (vgl. Marx 1972: 791ff.).

Auch Kolonialisierung lässt sich als ein gewaltiger Akt ursprünglicher Akkumulation verstehen – obwohl oder gerade weil Marx immer wieder kritisiert worden ist für sein eurozentrisches Modell politischer Emanzipation, welches die Erfahrungen kolonisierter Subjekte fast durchgängig ignoriert (vgl. Ahmad 1992: 222ff.). Marx habe auch versäumt, so Dhawan und Castro Varela, seine Studien über Indien und Afrika in eine entwickelte Imperialismusanalyse zu überführen (vgl. Castro Varela/Dhawan 2005: 64; exemplarisch Marx 1960b). Kämpfe des westlichen Proletariats repräsentierten ihm zufolge politisches Interesse der gesamten Menschheit..

Spivak bezeichnet es als ihr politisches Interesse, »to join forces with those Marxists who would rescue Marxism from its European provenance« (1985: 76). Entsprechend wirft sie anderen TheoretikerInnen marxistischer Tradition vor, ihren Eurozentrismus ungenügend zu reflektieren – so zum Beispiel Antonio Negri, wenn dieser (was sie ansonsten sehr unterstützt) auch jene, die nicht in Lohnverhältnissen stehen, mit zur Arbeiterklasse zählt, dabei aber nicht deren gesonderte Situation in den peripheren Ländern berücksichtigt (ebd.: 80). Oder Fredric

Jameson, der bei seinen Betrachtungen zur Postmoderne die räumliche Unterscheidung von Subjektproduktionen ebenso vergesse (ebd.: 88). Es sei gerade die Arbeitswerttheorie, die interessengeleitete Implikationen einer Aussage über das Subjekt in Erinnerung bringe.

Kontinuierlich überarbeitet Spivak traditionelles Marx'sches Vokabular, um die ökonomische Ausbeutung vor allem von Frauen im Süden in Bezug auf die internationale Arbeitsteilung beschreibbar zu machen (vgl. Castro Varela/Dhawan 2005: 64). Frauen sieht sie als die Hauptleidtragenden und eigentliche internationale Reservearmee (vgl. Spivak 1985: 84): Dass Banker bei *Salomon Brothers*[1] in 15 Minuten zwei Millionen US-Dollar verdienten, müsse damit zusammengebracht werden, dass eine Frau in Sri Lanka 2287 Minuten nähen müsse, um sich ein T-Shirt leisten zu können: »The ›post-modern‹ and ›pre-modern‹ are inscribed together.« (ebd.: 88) Ökonomische Ausbeutung geschehe großenteils vom postmodernen Subjekt ausgeblendet ›im Rest der Welt‹. Kapitalismus biete den humanistischen Diskurs als offizielle Ideologie an, während stillschweigend die Pläne anhand des Werts gemacht würden (vgl. ebd.: 83ff).

Im selben Zusammenhang verweist sie auf die tief verwurzelte binäre Opposition zwischen dem Ökonomischen und dem Kulturellen. Ökonomischer Reduktionismus sei eine wirkliche Gefahr. Dieser Gedanke stellt auch den zentralen Ausgangspunkt für Stuart Hall dar, und entsprechend ist für den Mitbegründer der britischen *Cultural Studies* die Erkenntnis zentral, dass sich die Reproduktion gesellschaftlicher Verhältnisse nicht zwangsläufig aus der kapitalistischen Produktionsweise ergibt, wie dies im traditionellen Marxismus behauptet wurde. Für seine Frage danach, wie diese Verhältnisse hergestellt werden, bildet die Theorie von Antonio Gramsci die Grundlage – und wie bereits erwähnt und weiter unten noch ausgeführt, auch für andere postkoloniale TheoretikerInnen.

2. Antonio Gramscis »Gefängnishefte«: Hegemoniale Herrschaft und die Konstruktion des ›Anderen‹

Antonio Gramsci (1891-1937) – der während des Faschismus unter Benito Mussolini 1926 inhaftiert wird und erst 1929 die Erlaubnis bekommt, schreiben zu dürfen – hat seine Gefängnisnotizen nicht zur Veröffentlichung gedacht, sondern als Vorarbeiten zu späteren Werken. Zu diesen kommt es jedoch nicht mehr: Aus gesundheitlichen Gründen 1934 auf Bewährung entlassen, muss er 1935 endgültig jede weitere Arbeit daran einstellen; zwei Jahre später stirbt er an den Folgen

1 Eine US-amerikanische Investmentbank, die 1998 von der heutigen Citigroup aufgekauft wurde.

seiner Haft. Entsprechend fragmentarisch sind seine zu insgesamt 29 Heften zusammengefassten Notizen. Das inhaltliche Hauptanliegen Gramscis, Mitbegründer und ab 1923 Generalsekretär der Kommunistischen Partei Italiens, liegt darin, das Scheitern der Revolutionsversuche im westlichen Europa im Anschluss an den Erfolg in der Sowjetunion zu erklären.

Gramsci unterscheidet zwischen Hegemonie und Herrschaft: Keine Gesellschaft könne nur durch Zwang aufrechterhalten werden, jede stabile Herrschaft müsse sich auf Hegemonie stützen. Hierunter versteht er die kulturelle Führung einer Klasse, die versucht, einen gesellschaftlichen Konsens herzustellen, um auf diese Weise ihre hegemoniale Stellung abzusichern. Es handelt sich dabei jedoch nicht um einen im emanzipatorischen Sinne ausgehandelten Konsens. Den Herrschenden muss es gelingen, möglichst viele an der Herrschaft nicht Beteiligte möglichst stark an sich zu binden, indem Gemeinsamkeiten mit ihnen konstruiert werden. Reine Ideologie wird nach Gramsci hierfür nicht ausreichen, so dass auch (meist materielle) Zugeständnisse gemacht werden müssten. Doch darüber hinaus übt die Hegemonie eine geistig-ideologische Dominanz und Attraktionswirkung aus. Die hegemoniale Gruppe übernimmt die Diskursführerschaft und definiert damit die Situation, setzt ›Wirklichkeit‹ und legitimiert sich dadurch selbst; der Diskurs wird selbstimmunisierend. Auch Gruppen, deren Interessenlagen im Widerspruch stehen zur hegemonialen Gruppe, werden in deren ideologischen Sog gezogen (vgl. Gramsci 1929ff.: 1947). Der hegemoniale Diskurs entfaltet seine konsensstiftende Legitimationsfunktion und sedimentiert sich in einem gruppenübergreifenden Alltagsverstand einer Gesellschaft. Für Gramsci reproduziert sich Hegemonie in den Denkweisen der Menschen und wird so von diesen getragen. Umgekehrt wird auch keine völlige Durchdringung des Alltagsverstandes erreicht, sondern es besteht immer eine Fragmentierung desselben, zusammengesetzt aus Elementen.

Mit anderen Worten: Der Staat und die hegemoniale Führung bauen auf Zustimmung auf, sie werden als sinnvoll und notwendig erfahren, gedacht und mitgetragen (vgl. ebd.: 1016f.). Erweist sich eine Klasse als führungsfähig, das heißt beruht ihre hegemoniale Stellung auf Zustimmung und Konsens seitens derer, auf die sie sich erstreckt, so kann nach Gramsci von einem ›historischen Block‹ gesprochen werden (vgl. ebd.: 1490). Herrschaft, also ohne konsensuales Element, wird nur gegen jene ausgeübt, die aus der politischen Gesellschaft und der Zivilgesellschaft ausgeschlossen sind (vgl. ebd.: 1947).

Gramsci bricht jedoch nicht mit der Vorstellung des Hauptwiderspruchs. Er erweitert zwar im Vergleich zum traditionellen Marxismus den Kreis der Akteure, indem er nicht nur Kapitalisten und Arbeiter, sondern zahlreiche gesellschaftliche

Gruppen in den Blick nimmt. Es handelt sich jedoch nicht um eine grundsätzliche Erweiterung der Analyse; Interessen, die sich aus rassistischen und anderen Privilegien ergeben können, bleiben unberücksichtigt.

Hall betont, dass Gramscis Verständnis von Hegemonie als Konsens, der von allen getragen wird, in Form von Alltagshandeln Gestalt annimmt: Menschen reproduzierten die als ›normal‹ anerkannten Verhältnisse durch ihr alltägliches Handeln. Hegemonie sei also immer mit Praktiken verkoppelt. Indem Hall den Blick auf diese richtet, erfasst er die Mikroprozesse, durch welche sich Hegemonie konstituiert. Hegemonie sei dann am wirksamsten, wenn es so aussehe, als seien Formulierungen nur schlichte Beschreibungen dessen, wie die Dinge sind, und hinter der selbstverständlichen, ›naturalisierten‹ Welt des ›gesunden Menschenverstandes‹ aus dem Blickfeld geraten (vgl. Hall 1989: 152).

So würden rassistische und sexistische Diskurse, welche sich um die Pole Unterwerfung und Herrschaft, Überlegenheit und Unterlegenheit gruppierten, aus der Sprache der Geschichte in die Sprache der Natur verschoben. Die untergeordnete Stellung bestimmter ethnischer Gruppen erscheine nicht als Resultat spezifisch historischer Verhältnisse wie Sklavenhandel, Kolonisation und der aktiven Unterentwicklung von Gesellschaften, sondern als gegebene Eigenschaft einer minderwertigen Abstammung. In diesem Zusammenhang spricht Hall von dem ›abwesenden‹, aber alles beherrschenden ›weißen Auge‹, mit dem die westliche Wissenschaft und der westliche Alltagsverstand die Welt erfassten: der unbenannte Ort, von dem aus die Welt betrachtet wird, und der notwendigerweise durch die (weiße) Hegemonie geformt ist (vgl. ebd.: 159).

Stuart Hall arbeitet in den von ihm vertretenen *Cultural Studies* zudem sowohl die Veränderlichkeit als auch die Kontinuität von Hegemonien heraus. Anstatt von einer Aneinanderreihung historischer Blöcke auszugehen, nur unterbrochen von ökonomisch begründeten organischen Krisen, betont Hall: »hegemony is always shifting« (vgl. Hall 1996: 468). Hegemonie – konstruiert durch komplexe Prozesse von Kämpfen – sei nicht ›gegeben‹, sei nie ein für allemal errichtet, sondern »muss ständig unablässig erneuert, neu inszeniert werden« (Hall 1989b: 201). Umgekehrt mache die Erfassung der alltäglichen Handlungen auch die im Alltag produzierten Kontinuitäten sichtbar. So wird in Halls Untersuchungen beispielsweise deutlich, auf welche Art und Weise sich Rassismen fortsetzen: durch die nicht oder kaum hinterfragten kleinen Handlungen im Alltag. Auf diese Weise könne Gesellschaft einerseits als einheitlicher Wirkungszusammenhang begriffen, und andererseits die Nichtreduzierbarkeit – beispielsweise von Rassismus – auf ökonomische Strukturen gedacht werden (vgl. Hall 1989c: 67f.).

Auch Edward W. Saids Kritik am Orientalismus baut auf der Gesellschaftsanalyse von Gramsci auf. In dem 1978 veröffentlichten gleichnamigen Buch (welches als der wohl grundlegendste Text postkolonialer Theorie angesehen werden kann) zeigt er, wie der ›Orient‹ als Einheit durch europäische Diskurse erschaffen wurde, um durch diesen Prozess des *Othering* (›different machen‹) selbst erst eine identitäre Einheit als ›Okzident‹ beziehungsweise ›Europa‹ aufbauen zu können. Das Abendland wurde so zum Gegenbild seines ›Anderen‹, des Morgenlandes, welches als zwar romantisch, aber letztlich grausam und der europäischen Kultur unterlegen konstruiert wurde. Auf diese Weise ließ sich europäischer Kolonialismus rechtfertigen.

Said betont, dass es sich hierbei nicht um pure Macht und Ideologie handelt, sondern um Hegemonie: »It is hegemony, or rather the result of cultural hegemony at work, that gives Orientalism the durability and the strength.« (Said 1995: 7) Orientalismus sei kein imperialistischer Geheimplan des ›Westens‹, um die ›orientalistische‹ Welt niederhalten zu können, sondern »an elaboration [...] of a whole series of ›interests‹« (ebd.: 12). Doch einmal hegemonial geworden, sei die Vorstellung von der Überlegenheit Europas und der Rückständigkeit des Orients auch dort selbst wiederholt worden.

Dieser Prozess des ›Othering‹ macht auch vor dem westlichen Feminismus nicht halt. Wie wohl alle postkoloniale Feministinnen, zweifelt Spivak die Existenz einer ›globalen Schwesterlichkeit‹ an. Sie zeigt am Beispiel der Witwenverbrennungen in Indien, wie sich der britische Kolonialismus als humane Mission rechtfertigte. Diese Legitimationsfigur für westlichen Imperialismus hat heute nichts an Aktualität verloren.

Das bedeutet nicht, dass Spivak die Tradition der Witwenverbrennung verteidigen möchte. Sie sieht das vergeschlechtlichte (weibliche) subalterne Subjekt als doppelt verletzlich an und problematisiert in ihrem berühmtesten Text, »Can the Subaltern Speak?« von 1988, deren (Un-)Fähigkeit, für sich selbst zu sprechen.[2] Hierzu wurde sie inspiriert durch die *South Asian Subaltern studies Group*, deren Konzept der Subalternen auf einer Gramsci-Interpretation durch dessen Mitbegründer Ranajit Guha basierte. Guha definierte, so Spivak, ›subaltern‹ als »cut off from the lines of mobility in a colonized country« (Spivak 1996: 288). Später wendet sie sich Gramscis Texten direkt zu.

Gramscis historischem Block zugrunde gelegt sind subalterne Menschen, die an dem gesellschaftlichen Zustand in keiner Weise partizipieren: Sie können nicht sprechen, oder vielmehr, sie werden nicht gehört, da erstens ihre Zustimmung für die Stabilität der hegemonialen Verhältnisse keine Rolle spielt; aus die-

2 Vgl. dazu ausführlich den Beitrag von Miriam Nandi in diesem Band.

sem Grund erhalten sie auch keinerlei materielle Zugeständnisse. Zweitens sind sie selbst häufig einfach nicht in der Lage, die Normalität zu hinterfragen, da auch sie vom hegemonialen Diskurs durchdrungen sind. Und drittens liegt das, was sie zu sagen hätten, um sich aus ihrer subalternen Position zu befreien beziehungsweise diese aufzulösen und mit ihr die gesellschaftliche Struktur, die sie bewirkt, außerhalb der hegemonialen Wirklichkeit und ist mit ihr nicht vereinbar. Denn: Was sie zu sagen hätten, beinhaltet eine Dimension jenseits des Bestehenden und gesellschaftlich Gedachten und gefährdet damit die konsensual abgesicherten Machtverhältnisse des gesamten historischen Blocks.

Subjekte und Bewegungen, die die hegemonialen Verhältnisse verändern wollen, haben also mit dem Widerspruch zu kämpfen, nur dann gehört zu werden, wenn die Art der Äußerung zumindest an das hegemoniale Denken anschlussfähig ist, und zwar sowohl hinsichtlich der Form als auch des Inhalts. Postkoloniale Theoretikerinnen wie Chandra Mohanty oder Naila Kabeer haben darauf aufmerksam gemacht, wie innerhalb des entwicklungspolitischen Paradigmas Forderungen von Frauen aus dem Globalen Süden nicht nur erst dann gehört wurden, wenn sie von Frauen des Globalen Nordens aufgegriffen wurden, sondern dass die Inhalte von Konzepten wie beispielsweise *Empowerment* dabei weitgehend verändert wurden: Der von der feministischen Süd-Süd-Vernetzung DAWN (*Development Alternatives with Women for a New Era*) 1985 forcierte Begriff stand für eine umfassende politische Vision von weltweiter Entwicklung sowie Gleichberechtigung und Frieden; Ungleichheiten wurden nicht nur auf Geschlecht, sondern auch auf Klasse und ›Rasse‹ bezogen und sollten ebenso beseitigt werden wie Armut und Gewalt. Aus dieser Vision, die sich explizit gegen eine Integration von Frauen des Südens in den gegebenen, am Westen ausgerichteten Entwicklungsprozess wandte, wurde – propagiert durch die Weltbankmitarbeiterin Carolin Moser Anfang der 1990er Jahre – genau dies: Eine Strategie, wie diese Frauen sich durch die Einbeziehung in den Weltmarkt ermächtigen könnten.

Die Problematisierung der subalternen Position beruht also letztlich auf Gramscis Hegemonieverständnis, dessen Analyse des Klassenkompromisses als hegemonial abgesicherter Konsens im fordistischen Wohlfahrtstaat zudem erkennen lässt, dass die weiße männliche Arbeiterklasse sich nicht zuletzt durch sexistische und rassistische Zugeständnisse durchaus befrieden ließ. Erst Spivaks Blick auf die Subalternen einer hegemonialen Machtkonstellation macht aus dem revolutionären Impetus einen wahrhaft emanzipatorischen, in welchem es, mit Marx gesprochen, darum geht, »alle Verhältnisse *umzuwerfen*, in denen der Mensch ein erniedrigtes, ein geknechtetes [...] Wesen ist« (Marx 1988: 380).

Literatur

Ahmad, Aijaz (1992): In Theory. Classes, Nations, Literatures. Oxford: Oxford University Press

Castro Varela, María do Mar/ Dhawan, Nikita (2005): Postkoloniale Theorie. Eine kritische Einführung. Bielefeld: transcript

Gramsci, Antonio (1991ff): Gefängnishefte. Kritische Gesamtausgabe. Hrsg. v. Klaus Bochmann u. Wolfgang Fritz Haug, Hamburg/Berlin

Gramsci, Antonio (1991ff.): Gefängnishefte. Kritische Gesamtausgabe. Hrsg. v. Klaus Grave, Benjamin (1998), Political Discourse. Theories of Colonialism and Postcolonialism. http://www.postcolonialweb.org/poldiscourse/spivak/spivak3.html (15.11.2010)

Hall, Stuart (1989): Stuart Hall – Ideologie, Kultur, Rassismus. Ausgewählte Schriften 1. Hrsg. von Nora Räthzel. Hamburg/ Berlin: Argument

Hall, Stuart (1989a): Die Konstruktion von ›Rasse‹ in den Medien. In: Ders. (1989): 150-171

Hall, Stuart (1989b): Der Thatcherismus und die Theoretiker. In: Räthzel (1989): 172-206

Hall, Stuart (1989c): Gramscis Erneuerung des Marxismus und ihre Bedeutung für die Erforschung von ›Rasse‹ und Ethnizität. In: Räthzel (1989): 56-91

Hall, Stuart (1989ff): Stuart Hall – Ausgewählte Schriften, Bd. 1-3. Hrsg. v. Nora Räthzel u. a., Hamburg/Berlin: Argument

Hall, Stuart (1996): What is this ›Black‹ in Black Popular Culture? In: Morley/ Chen: 465-475

Landry, Donna/ MacLean, Gerald (1996): The Spivak Reader. Selected Works of Gayatri Chakravorty Spivak, London/New York: Routledge

Marx, Karl (1956ff): Das Kapital. Marx-Engels-Werke, Bd. 23 bis 25. Berlin

Marx, Karl (1960a): Der achtzehnte Brumaire des Louis Bonaparte. In: MEW Bd. 8, Berlin: Dietz, 111-207

Marx, Karl (1960b): Die britische Herrschaft in Indien. In: MEW Bd. 9, Berlin: Dietz, 127-133

Marx, Karl (1969): Thesen über Feuerbach, in: MEW Bd. 3, Berlin: Dietz, 5-7

Marx, Karl (1972): Das Kapital. Marx-Engels-Werke (MEW) Bd. 23. Berlin: Dietz

Marx, Karl (1976): Zur Kritik der Hegelschen Rechtsphilosophie. Einleitung. In: MEW Bd. 1, Berlin: Dietz, 378-391

Morley, David/ Chen, Kuan-Hsing (1996): Stuart Hall – Critical Dialogues in Cultural Studies, London/ New York: Routledge

Said, Edward W. (1995): Orientalism. Western Conceptions of the Orient. Harmondsworth: Penguin Books

Spivak, Gayatri C. (1985): Scattered Speculations on the Question of Value. In: Diacritics 15/4, 73-93

Spivak, Gayatri C. (1996): Subaltern Talk. Interview with the Editors. In: Landry/ Maclean: 287-308

Spivak, Gayatri C. (2008): Can the Subaltern Speak? Postkolonialität und subalterne Artikulation. Wien: Turia+Kant

Poststrukturalismus und Postkolonialismus: Jacques Derridas »Grammatologie« sowie Gilles Deleuzes und Félix Guattaris »Tausend Plateaus«

Johannes Angermüller / Leonie Bellina

Die »Grammatologie« von Jacques Derrida und die »Tausend Plateaus« von Gilles Deleuze und Félix Guattari gelten als zwei Hauptwerke des Poststrukturalismus – eine insbesondere außerhalb des französischen Raums geläufige Sammelbezeichnung für Theoretiker wie Derrida und Deleuze/Guattari aber auch Michel Foucault, Jacques Lacan und Roland Barthes und ihrer anglo-amerikanischen KommentatorInnen wie Slavoj Žižek, Ernesto Laclau & Chantal Mouffe, Paul de Man oder Gayatri C. Spivak. Zu den Grundkonstanten poststrukturalistischer Theoriebildung gehören die Dezentrierung des sprechenden und handelnden Subjekts sowie die Kritik an geschlossenen Strukturen, deterministischen Codes oder grammatischen Regelsystemen, wobei den Dilemmata der ›Repräsentation‹ – verstanden im doppelten Sinne als kulturelle Darstellung und politische Vertretung – besondere reflexive Aufmerksamkeit zukommt.

Im Folgenden werden wir die Werke mit Blick auf ihren Beitrag zu postkolonialer Theoriebildung in drei Schritten vorstellen. Wir beginnen im ersten Abschnitt mit der Beobachtung, dass sich der US-amerikanische Postkolonialismus im Allgemeinen mehr auf Derrida als auf Deleuze/Guattari beruft. Wir geben dann einen Überblick über die beiden Werke, die mit Blick auf die Frage der Repräsentation des postkolonialen Anderen verglichen werden. Während für Derrida der Repräsentation und den von dieser aufgeworfenen ethischen Fragen grundsätzlich nicht zu entkommen ist, sehen Deleuze/Guattari Repräsentation als ein Problem, das es gewissermaßen zu überwinden gilt. Schließlich werden wir kurz an die unterschiedlichen Rezeptionskontexte in Frankreich und den USA erinnern, in denen die Werke mit unterschiedlichem politischem und theoretischem Sinn gefüllt wurden. Vor diesem Hintergrund wollen wir beide Werke nicht nur als Quellen konzeptueller Inspiration begreifen, sondern diese als in soziale, politische und historische Deutungskämpfe und Praktiken der Repräsentation verstrickt sehen.

1. Die Frage der Repräsentation des/der postkolonialen Anderen im Poststrukturalismus

Bekanntlich hat sich seit den 1980er Jahren ein Feld postkolonialer Kritik entwickelt, das die vielfältigen Welten der postkolonialen Gegenwart in ihrer Heterogenität zum Ausgangspunkt nimmt. So wurde in vielen kritischen Analysen zum (Post-)Kolonialismus herausgearbeitet, wie diskursive Techniken der Repräsentation des kolonisierten ›Anderen‹ von der Zeit des unmittelbaren Kolonialismus bis heute in sozialen, politischen und institutionellen Kontexten eingesetzt werden (Césaire, Said). Aus postkulturalistischer Perspektive sind dies gesellschaftliche Prozesse kultureller Produktion, die nicht etwa prä-existierende Differenz abbilden, sondern in bestimmter Form erst konstituieren, und damit auch Möglichkeiten ihrer In- und Exklusion vorzeichnen. Die Dekonstruktion dominanter eurozentrischer und essentialistischer Diskurse macht solche Prozesse in postkolonialen Kontexten an-greifbar. Vor diesem Hintergrund wird Repräsentation nicht mehr verstanden als Enthüllung eines Machtverhältnisses oder als Enthüllung von ›Wahrheit‹, sondern als eine *Verhüllung* von Machtverhältnissen.

In der postkolonialen Theoriedebatte ist der Poststrukturalismus ein etablierter Ansatz (vgl. Dhawan/Castro Varela 2005: 25, 119), für den Derrida und Deleuze/Guattari (sowie Foucault) als zentrale Vertreter gelten. Ihre Rezeption im Feld postkolonialer Theorie fällt jedoch unterschiedlich aus, was maßgeblich den Arbeiten Gayatri C. Spivaks geschuldet ist. Als Übersetzerin von Derridas »Grammatologie« (1967) spielt Spivak eine wichtige Rolle in der nordamerikanischen Rezeption Derridas (seinen Durchbruch in den USA erlangte Derrida durch die Yale-School. Paul de Man und J Hillis Miller sind deren führende Figuren, die mit dekonstruktivistischen Denkfiguren in der Literaturwissenschaft Furore machen).[1] Besonders durch ihre intensive Auseinandersetzung mit den Möglichkeiten von Derridas Dekonstruktion haben Spivaks vielzitierte Beiträge zur postkolonialen Theorie hier zu der weitreichenden Rezeption Derridas in den anglophonen Debatten um Postkolonialität beigetragen. In ihren Arbeiten bringt Spivak Derridas Dekonstruktion, marxistische und feministische Theoriefiguren in komplexe und produktive Verhandlungen. Ihr Ansatz erweist sich als besonders fruchtbar für Fragen postkolonialer Theorie im Spannungsfeld zwischen epistemischer und materieller Gewalt. Derridas dekonstruktive textuelle Analyse dient in postkolonialen Theoriezusammenhängen nicht nur der Dekolonisierung wissenschaftlicher Wissensproduktion, sondern auch der politischen Artikulation subalternen Widerstandes.

1 Wir danken Miriam Nandi für die Anmerkung.

Deleuze/Guattari steht Spivak dagegen kritisch gegenüber. In ihrem Essay »Can the Subaltern Speak?« (1988), der als Meilenstein Postkolonialer Theorie gilt, kritisiert Spivak unter anderem Deleuze/Guattaris Ablehnung einer Repräsentation des ›Anderen‹ durch (westliche) Intellektuelle sowie ihre Annahme, dass die/der Subalterne für sich selbst sprechen könne. Das Verstehen der/des ›Anderen‹ als ein authentisch sprechendes Subjekt sei eine Form der Assimilierung gemäß dominanter Subjektivitäts- und Repräsentationsformen. Spivak kritisiert dies als (unbeabsichtigten) Essentialismus und Eurozentrismus. So verweise die Frage der Repräsentation auf ein unlösbares Dilemma: Da sich die/der Subalterne, um gehört zu werden, innerhalb der dominanten Episteme und ihrer etablierten Repräsentationsformen verständlich machen müsse, kann das wirklich ›Andere‹ in bestehenden hegemonialen Strukturen nicht gehört werden. Der Repräsentation könne man daher nicht entkommen, indem man sie ablehne. Die/der (westliche) Intellektuelle würde sich damit nur ihrer/seiner ethischen und politischen Verantwortung in Bezug auf die bereits durch die epistemische Gewalt neo/kolonialer Repräsentation ›unhörbar‹ gemachten Subalternen entziehen.

Vor diesem Hintergrund erweise sich Derridas Dekonstruktion als ungleich nützlicher, um dem europäischen Ethnozentrismus in der Konstruktion und Repräsentation der/des ›Anderen‹, auch zum Zwecke der Konsolidierung des Europäischen Subjekts, zu begegnen.[2] Spivaks Kritik an Deleuzes/Guattari hat zu einer überwiegend negativen Rezeption des Autorenduos durch postkoloniale TheoretikerInnen geführt. Auch wenn viele Motive Deleuze/Guattaris durchaus Eingang in postkoloniale Texte gefunden haben, ist eine systematische Auseinandersetzung mit ihnen bisher weitgehend ausgeblieben. Vor diesem Hintergrund werden wir Derridas »Grammatologie« und Deleuze/Guattaris »Tausend Plateaus« zunächst als unterschiedliche Antworten auf die Repräsentationsproblematik vorstellen, bevor wir abschließend auf ihre internationale Rezeptionsgeschichte zurückkommen.

2. Derridas »Grammatologie«

Ganz gleich wie die beiden Werke aufgenommen wurden, unstrittig ist ihre Bedeutung für die Debatte über den Postkolonialismus. Beide geben wichtige theoretische Impulse, beispielsweise mit Blick auf den Ethnozentrismus der westlichen Philosophie (Derrida) oder den (globalen) Süden (Deleuze/Guattari). Im Lichte ihrer Etikettierung als ›poststrukturalistisch‹ werden oft die theoretischen

2 So schließt sie mit dem Urteil: »I must here acknowledge a long-term usefulness in Jacques Derrida which I seem no longer to find in the authors of ... Mille Plateaux.« (Spivak 1994:104).

Schnittmengen zwischen Derrida und Deleuze/Guattari gesehen, wie etwa ihre Kritik am autonomen Subjekt, an geschlossen-grammatikalischen Vorstellungen von Ordnung und nicht zuletzt an universalistischen Geltungsansprüchen traditioneller westlicher Epistemologien. Doch dürfen zentrale theoretische Unterschiede nicht übersehen werden. Derrida steht dem strukturalen Repräsentationsmodell nahe und führt dieses in radikaler Konsequenz fort, wohingegen Deleuze/Guattari den Strukturalismus nie zum theoretischen Vorbild nehmen und Repräsentation als eine theoretische oder politische Strategie ablehnen. Für beide stehen traditionelle Modelle von Repräsentation (etwa im Sinne der Abbildung von Realität) auf dem Prüfstand. Während Derrida jedoch eine ›internalistische‹ Kritik der Repräsentation betreibt, die strukturalen Einsichten in die differenzielle Konstitution der Welt treu bleibt, formulieren Deleuze/Guattari eine ›externalistische‹ Kritik, die auf eine Position jenseits der Repräsentation zielt. Im Folgenden soll die postkoloniale Problematik in den beiden Werken verortet werden.

Derridas »Grammatologie« (1974 [1967]) ist das bedeutendste Werk seiner frühen, dekonstruktivistischen Periode, in der er den klassischen Kanon der westlichen Philosophie mit Blick auf eine wiederkehrende, oft kaum reflektierte, aber gleichwohl konstitutive Hierarchie zwischen Stimme (*logos*) und Schrift (*gramme*) einer kritischen Lektüre unterzieht. Nach Derrida zeichnet sich die (westliche) Philosophie durch eine logozentrische Metaphysik aus, die das gesprochene gegenüber dem geschriebenen Wort privilegiere. Im Sinne des Logozentrismus haben sprachliche Ausdrücke Sinn, weil sie auf die lebendige Gegenwart eines ursprünglichen Sinnstiftungszentrums verweisen, z. B. auf ein Subjekt, ein Bewusstsein oder eine Intention. Sprache erscheint in dieser Tradition als eine bloße Hülle für einen gemeinten oder erfahrenen Sinn, dem gesprochener Diskurs näher komme als geschriebener Diskurs. Für Derrida erscheint die westliche Philosophie ›schriftvergessen‹, was insofern überraschen mag, als das Medium Schrift in der westlichen Philosophietradition von Anfang an eine wichtige Rolle spielt. In zahlreichen Lektüren von Platon bis Husserl zeigt Derrida, dass die Hierarchie von Stimme über Schrift, so unhaltbar sie aus zeichentheoretischer Sicht erscheinen mag, sich nicht abschaffen lässt, ohne die fundamentale Instabilität des konzeptuellen Gesamtsystems zum Vorschein kommen zu lassen. So weist Derrida auf die philosophischen Konsequenzen hin, die eine Binäropposition für alle anderen Unterscheidungen innerhalb einer philosophischen Gesamtarchitektur aufwirft. Während sich Derrida in zeitnah veröffentlichten Werken (1979 [1967]; 1988 [1972]) mit einer Reihe von Autoren des philosophischen Idealismus beschäftigt (wie z.B. Hegel, Husserl, Heidegger), geht er in der »Grammatologie« v. a. auf drei Autoren ein: den Gründervater der strukturalen Linguistik Ferdinand de Saussure, den strukturalen Anthropologen Claude Lévi-Strauss und, besonders ausführlich, auf Jean-Jacques Rousseau.

Auch wenn diese Autoren logozentrische Hierarchien in der Regel ›im Vorbeigehen‹ und an eher wenig exponierten Stellen etablieren, reichen deren theoretische Konsequenzen in sämtliche theoretische und politische Ecken hinein. So erinnert Derrida (1974 [1967]) an den »Ethnozentrismus, der immer und überall den Begriff der Schrift [*écriture*] beherrschen musste [und…] der Aussicht hat, die Herrschaft über unseren Planeten anzutreten« (11 [11]). Dieses Verdikt trifft zunächst Saussure, wenn dieser einer Teleologie der Schrift anhängt, indem er »jeden Einbruch des Non-Phonetischen in die Schrift als vorübergehende Krise und beiläufigen Unfall« abtue und auf diese Weise, wie Derrida argumentiert, einem »abendländischen Ethnozentrismus, prä-mathematischen Primitivismus und präformalistischen Intuitionismus« (ebd.: 59 [71]) Vorschub leiste. Diese ethnozentristische Tendenz zur Abwertung der/des nicht-westlichen Anderen scheint gleichsam ein Nebenprodukt ›eigentlich‹ konzeptueller Unterscheidungen zu sein, wie Derrida dann am Beispiel der Anthropologie zeigt, speziell der strukturalen Anthropologie Lévi-Strauss', der, wie ihm auch Derrida bescheinigt, gewiss als einer ihrer in postkolonialer Hinsicht besonders reflektierten Vertreter gelten kann. So geht Derrida (ebd.: 215ff. [180ff.]) näher auf eine Stelle in den »Traurigen Tropen« ein, wo Lévi-Strauss schreibt, dass das Volk der Nambikwara kein ›richtiges‹ Wort für Schreiben haben, d.h. beim Schreiben von ›Linien-Ziehen‹ sprechen, das für diese allenfalls einen ästhetischen Sinn habe. Nach Derrida ist die Unterscheidung von expressivem Schreiben und nur ästhetischem ›Linien-Ziehen‹ mehr als ein Lapsus und wirft die Frage nach den impliziten Deutungsansprüchen der westlichen BeobachterIn über den ›wirklichen‹ Sinn der Worte auf. So tendiere die Anthropologie immer wieder dazu, andere Völker über die Existenz einer Schriftsprache zu definieren (vgl. ebd.: 149 [125]).

In einer ausführlichen Abhandlung von Rousseaus »Essay über den Ursprung der Sprache« geht er der Exotisierung der/des nicht-westlichen Anderen nach. So gibt laut Rousseau der Typ der verwendeten Schrift Aufschluss über den Zivilisationsstand einer Kultur. Pikto- und ideographische Repräsentationssysteme seien wilden und barbarischen Kulturen eigen; die moderne bürgerliche Gesellschaft dagegen verwende ›normalerweise‹ phonetisch-alphabetische Schriften. Demnach sind sprachliche und politische Dimensionen der Repräsentation nicht voneinander zu trennen. Rousseaus Essay legt Zeugnis von einem Phantasma »absoluter Repräsentation« ab (ebd.: 505ff. [416ff.]), wonach das Zeichen seine Bestimmung dann am besten erfülle, wenn es hinter die Präsenz des lebendigen Subjekts zurücktrete und den gemeinten Sinn für sich sprechen lasse. Es kennzeichne das westliche Repräsentationsregime, dass das Zeichen, der Text, die Schrift immer wieder als verdrängte, aber notwendige Supplemente des Ursprungs (der lebendigen Präsenz des gesprochenen Worts) auftauchen. In der Tat mag die logozentrische Metaphysik immer wieder die selbstgenügsame Existenz eines Ursprungs vor der Schrift behaupten; allein weil sie immer von den unkontrollierbaren Verschiebungen in einem ursprungslosen Spiel der Differenzen eingeholt wird.

Derridas dekonstruktives Projekt hat die postkoloniale Debatte vielfach befruchtet; macht es doch exemplarisch den impliziten Ethnozentrismus deutlich, der Texte auch gegen die Intentionen ihrer AutorInnen auszeichnen kann. Derrida macht sich Saussures differenztheoretische Epistemologie zu eigen, um das Spiel konzeptueller Unterscheidungen in theoretischen Texten nachzuzeichnen, nicht zuletzt auch bei Saussure. So entwirft Derrida keine Philosophie, die er anderen Philosophien entgegensetzt, sondern unterzieht philosophische Texte rigorosen Lektüren, in denen er deren konstitutive Aporien herausarbeitet, so etwa die wiederkehrende Qualifikation schriftlichen Ausdrucks gegenüber gesprochener Sprache als sekundär. Eine solche Abwertung ist aus differenztheoretischer Sicht freilich unhaltbar und bedeutet eine konzeptuelle Instabilität, die zu einer ständigen Wiederkehr der ausgeschlossenen Elemente in der Gestalt randständiger, aber notwendiger Supplemente führt. Derridas dekonstruktive Lektüren wurden vielfach als eine ideologiekritische ›Methode‹ begrüßt, die den impliziten Euro- und Ethnozentrismus in theoretischen Texten herausarbeite (was insbesondere die nordamerikanische Debatte über den westlichen Kanon befruchtet hat) (Spivak 1988; 1990). Zu betonen ist, dass Derrida zumeist mit Texten hoch kanonisierter AutorInnen der (westlichen) Philosophietradition zu tun hat, die er mit Blick auf Repräsentationen der/des postkolonialen Anderen befragt. Nie hat es Derrida dagegen mit der/dem Anderen als einer/einem Anderen in seiner empirischen oder vortextuellen Existenz zu tun. Die/der Andere existiert nur in ihren/seinen Repräsentationen. Vor diesem Hintergrund ist das übergreifende dekonstruktive Ziel nicht, das Spiel der Zeichen anzuhalten, sondern ganz im Gegenteil: Einsicht in die Kontingenz jeder Repräsentation zu gewinnen und kritische Dynamiken der Erschütterung und Dezentrierung von Differenz freizusetzen.

3. Deleuze/Guattaris »Tausend Plateaus«

»Tausend Plateaus. Kapitalismus und Schizophrenie« (1992[1980]) ist aus der gemeinsamen Arbeit des Philosophen Gilles Deleuze und des Psychiaters Félix Guattari hervorgegangen. Der Titel ist Programm für ein Buch, das nicht als ein hierarchisch strukturiertes ›Wurzelbuch‹, sondern als ein zentrumsloses ›Wurzelbüschel‹ zu verstehen ist, das, wie die Autoren betonen, nicht linear gelesen werden muss. Zusammengehalten werden die 15 Kapitel oder ›Plateaus‹, die ein weites Feld theoretischer, ästhetischer und politischer Bezüge abstecken, von einer Theorie der Mannigfaltigkeit. Das, was ist, wird demnach nicht auf ursprüngliche Identitäten zurückgeführt oder in binär organisierten Strukturen und Hierarchien verfasst, sondern wird begriffen als eine sich wandelnde, vielfach geschichtete, in alle Richtungen ausgreifende Vielheit, eine im Fluss befindliche (Nicht-) Ordnung ohne Tiefe, Einheit und Zentrum. Die Welt ist organisiert wie ein Rhizom, wie das wuchernde Wurzelgeflecht eines Pilzes, ein unkontrollierbarer Tumor oder ein sich ständig neu formierender Schwarm heterogener Elemente. In Bewegungen der Deterritorialisierung und der Reterritorialisierung gilt es Räume zu erschließen und zu verlassen, Positionen zu beziehen und zu räumen, Geschwindigkeiten zwischen den Punkten des Rhizoms zu erhöhen und abzubremsen. Deleuze/Guattari beschreiben Gegenstände des natürlich-biologischen oder sozial-kulturellen Lebens, und nicht zuletzt auch ihr eigenes philosophisches Projekt nach dem Modell rhizomatischer Netzwerke, in denen man von einem Plateau zum nächsten mit immer neuen Intensitäten wechselt, ohne dabei jedoch auf- oder absteigen zu können.

Aufgrund einer forciert metaphorischen Darstellungsweise lässt sich die Grenze zwischen Philosophie und Kunst bei Deleuze/Guattari nicht immer leicht ziehen. Oft scheinen ihre Konzepte eine Vielzahl von Bereichen gleichzeitig zu berühren und auf diese Weise die Gegenstände in metaphorischer Ambivalenz zu halten. Dies ist zu berücksichtigen, wenn »Tausend Plateaus« als eine Diagnose eines globalisierten, flexiblen Kapitalismus gelesen wird (wie dies der Untertitel nahe legt).

Für die postkoloniale Debatte ist das Kapitel 12 zur ›Nomadologie‹ maßgeblich. Dort skizzieren Deleuze/Guattari eine politische Philosophie der ›Globalisierung‹, die immer wieder auf fundamentale Asymmetrie zwischen den politisch-ökonomischen Mächten des Westens und den sozialen Bewegungen des globalen Südens abhebt. Anders als klassisch-sozialwissenschaftliche Theorien der Globalisierung, die sich auf sozio-ökonomische Prozesse konzentrieren und beispielsweise Gesetze der Klassengesellschaft entdecken, gehen Deleuze/Guattari von den Öffnungen und Schließungen in einem globalen Raum aus, in dem zwei widersprüchliche Kräfte wirken: die kreativ-anarchische ›Kriegsmaschine‹ und der ordnungsstiftende ›Staat‹. Während die Kriegsmaschine für Bewegung und revolutionäre Dynamik steht, tritt der Staat immer dann auf den Plan, wenn es darum geht, Mannigfaltigkeit mit binären Hierarchien zu kontrollieren, insbesondere auch im Denken. Die Kriegsmaschine operiert in der Peripherie des ›Südens‹; sie zieht nomadisch an den Rändern einer staatlichen Ordnung umher, die sich als ein geschlossenes, strukturiertes Innen zu konstituieren versucht. Indem sie über die Fluchtlinien aus der aktuellen Ordnung ausbricht und Orte des Werdens an den nomadischen Rändern besetzt, realisiert die Kriegsmaschine Potenziale widerständiger Praxis. Deleuze/Guattari privilegieren, in anderen Worten, die ›minoritäre‹ Sicht derer, die noch werden, gegenüber denen, die ihren fest definierten Platz in der sedimentierten Ordnung des Staats einnehmen.

Einige Kommentatoren haben »Tausend Plateaus« als eine Darstellung und teilweise auch als eine Zelebrierung neoliberaler Globalisierung begriffen (vgl. Žižek 2004). Doch weisen Deleuze/Guattari jeden Anspruch zurück, eine Gesellschaft und ihre Akteure abzubilden. Gegen eine Politik der Repräsentation führen sie die Immanenz von Dynamiken des Werdens ins Feld, deren Fluchtlinien von der Präsenz alternativer Potenzialitäten zeugen (vgl. Deleuze 1993). Die postkolonialen Anderen zu repräsentieren, würde heißen, die Flüsse des Begehrens unter ein Regime staatlich-symbolischer Kontrolle zu stellen. Kriegsmaschinen müssen nicht repräsentiert werden, um ihre transformatorische Kraft zu entfalten. Ganz im Gegenteil: Sie können ihre Potenziale nur dann entfalten, wenn sie außerhalb oder an den Rändern des Systems bleiben und dieses von dort immer wieder herausfordern. Und in der Tat funktioniere auch »Tausend Plateaus« nicht wie ein Abziehbild, das eine äußere Realität abbilde, sondern wie eine Karte, die es erlaube, von einem zum nächsten Ort zu gelangen und damit über das Buch hinauszuwuchern und in der Welt da draußen zu intervenieren.

4. Fluchtlinien und Rezeptionen Derridas und Deleuze/Guattaris

Sowohl Derrida als auch Deleuze/Guattari verstehen sich als Vertreter einer kontinental-europäischen Philosophie und, wenn auch auf unterschiedliche Weise, als Kritiker des Euro- und Ethnozentrismus der philosophischen Tradition. Ihre Werke schreiben sich damit in eine (west)europäische theoretische Tradition ein, die in der postkolonialen Debatte kontrovers betrachtet wird: Welchen Beitrag können dekonstruktive Lektüren und hochabstrakte Begriffsbildungen zu realen Befreiungskämpfen gegen neo-koloniale Ausbeutung des Globalen Südens leisten?

In Frankreich Ende der 1960er Jahre versteht sich Derrida in erster Linie als eine kritische Stimme der Philosophie; politischen Bewegungen wie 1968 oder Parteien bleibt er eher fern. Unter dem Eindruck der intensiven Rezeption seines Werks in den USA, insbesondere auch unter ›intellektuellen MigrantInnen‹ wendet sich Derrida zunehmend politischen Fragen zu (vgl. Derrida 2004a). So eröffnet Derridas Kritik an der Tradition des (philosophischen) Humanismus neue Möglichkeiten der Kritik an der epistemischen Gewalt des Kolonialismus und seinen Folgen sowie der reflexiven Selbstkritik intellektueller ProduzentInnen als Teilhabende in den Zentren der Wissensproduktion, wie etwa bei Spivak. Gerade in Verbindung mit marxistisch und feministisch inspirierten Formen der Kritik ermöglicht die Praxis der Dekonstruktion eine differenzierte Analyse von Machtverhältnissen in postkolonialen Nationalstaaten: zum Beispiel der Produktion der internen ›Anderen‹ und deren bisweilen gewalttätigem Ausschluss im Zuge nationaler Identitätsverfestigung. So zeigt Derrida in späteren Arbeiten über eine Ethik der Gastfreundschaft Wege auf, dem ›ganz Anderen‹ Gerechtigkeit widerfahren zu lassen, und zwar in einer fortlaufenden und nie abgeschlossenen Herausforderung des Anderen für die hegemoniale Produktion von Wissen und ›Wahrheit‹.

Im Zuge seiner breiten Wirkung im anglophonen Raum wird Derridas Werk als ein sowohl philosophischer als auch politischer Beitrag zu postkolonialer Theoriebildung auch in Deutschland rezipiert. Es etabliert sich das Verständnis von Dekonstruktion als Ansatz für die kritische Analyse einer heterogenen postkolonialen Gegenwart. Dagegen wurden Deleuze/Guattari in den US-amerikanischen Sozial- und Geisteswissenschaften, namentlich im Postkolonialismus, eher am Rande rezipiert. Gleichwohl haben Motive aus »Tausend Plateaus« vielfach Eingang in die postkoloniale Debatte gefunden (vgl. Bignall und Patton 2010). So sind z. B. das nomadische Subjekt und die Nomadologie einflussreich in Arbeiten zu Fragen von Diaspora, Exil, Migration, Identität und Zugehörigkeit (vgl. Miller 1993; Noyes 2004; Young 1995); De-/Reterritorialisierung in den sogenannten *border writings* (vgl. Appadurai 1996; Huggan 1989); das Rhizom in Konzeptionen hybrider/kreolisierter Subjektivitäten (vgl. Glissant 1991). Deleuze/Guattaris Werk wird im Feminismus und den Kultur- und Medienstudien aufgegriffen (vgl. Lionnett 1993; Chow 2010). In neueren Arbeiten wird argumentiert, dass das Werk von Deleuze/Guattari bisher hauptsächlich durch Spivaks Kritik betrachtet, und damit zu eng gelesen werde. So weisen Bignall und Patterson (2010) auf bisher unausgeschöpfte Möglichkeiten hin, postkoloniale Fragen mit Deleuze/Guattari zu denken, besonders in der Theoretisierung von Differenz und in der Kapitalismus-Analyse. Dabei ist zu bemerken, dass Deleuze/Guattari überwiegend von TheoretikerInnen aufgegriffen wird, die selbst in akademischen Zentren des industriegesellschaftlichen Nordens arbeiten und sich nicht als Teil subalterner Bewegungen verstehen.

In diesem Zusammenhang ist die Frage gestellt worden, ob poststrukturalistische Theorie die realen Widerstands- und Existenzkämpfe in der vom globalen Kapitalismus geprägten Post- (bzw. Neo-)kolonialität des Globalen Südens nicht zu einer elitären Veranstaltung auf den akademischen Märkten des Globalen Nordens mache (vgl. Ahmad 1992; Parry 2004). Um diesem Problem zu begegnen, haben postkoloniale TheoretikerInnen wie Spivak und Said immer wieder ein konsequentes Zusammendenken von Theorie und Praxis eingefordert. Im Sinne einer konstruktiven Selbstkritik, die das eigene Wissensfeld in Bezug zu subalternen Lebensrealitäten stellt, muss immer wieder die Frage gestellt werden, welche Verantwortung der Postkolonialismus als Theorie und Praxis in einer postkolonialen Gegenwart trägt.

Literatur

Ahmad, Aijaz (1992): In Theory. Classes, Nattions, Literatures. Oxford: Oxford University Press.

Appadurai, Arjun (1996): Modernity at Large: Cultural dimensions of Globalisations. Minneapolis: University of Minnesota Press

Bignall, Simone/Patton, Paul (2010): Deleuze and the Postcolonial. Edinburgh: Edinburgh University Press

Braidotti, Rosi (1994): Nomadic Sibjects, Embodiment and Sexual Difference in Contemporary Feminist Theory. New York: Columbia University Press

Castro Varela, Maria Do Mar/Dhawan, Nikita (2005): Postkoloniale Theorie: Eine kritische Einführung. Bielefeld: transcript

Césaire, Aime (1972 [1955]): Discourse on Colonialism. New York/London: Monthly Review Press

Chow, Rey (2003): Writing Diaspora. Tactics of Intervention in Contemporary Cultural Studies. Bloomington/Indianapolis: Indiana University Press

Chow. Rey (2010): Postcolonial Visidities, Questions Inspired by Deleuze's Method. In: Bignall und Patton (2010): Deleuze and the Postcolonial. Edinburgh: Edinburgh University Press.

Deleuze, Gilles/Guattari, Félix (1992 [1980]): Tausend Plateaus. Kapitalismus und Schizophrenie. Berlin: Merve [Mille plateaux. Capitalisme et schizophrénie, Paris: Minuit, 1980]

Deleuze, Gilles (1993): Unterhandlungen. Frankfurt a.M.: Suhrkamp

Derrida, Jacques (2004 [1967]): Grammatologie. Frankfurt a.M.: Suhrkamp [De la grammatalogie. Paris: Minuit, 1967]

Derrida, Jaques (1979 [1967]): Die Stimme und das Phänomen. Ein Essay über das Problem des Zeichens in der Philosophie Husserls. Frankfurt a.M.: Suhrkamp

Derrida, Jaques (1988): Randgänge der Philosophie. Wien: Passagen

Derrida, Jaques (2004b): Marx & Sons. Frankfurt a.M.: Suhrkamp

Glissant, Edouard (1991): Poétique de la relation. Paris: Gallimard

Huggan, Graham (1989): Dekolonizing the Map: Post-Colonialism, Post-Structuralism and the Cartographic Connection. In: Ariel 20 (4): S. 115-129

Lionett, Françoise (Hrsg.) (1993): Post/Colonial Conditions: Exiles, Migrations, Nomadisms. Durham: Duke University Press

Noyes, John K. (Hrsg.) (2004): Secial Issue: Nomadism, Nomadology, Empire. Interventions 6 (2)

Parry, Benita (2004): Postcolonial Studies. A Materialist Critique. London/New York: Routledge
Said, Edward W. (1978): Orientalism. New York: Vintage
Spivak, Gayatri C. (1988): Can the Subaltern Speak. In: Williams et al. (1994): 66-111
Williams, Patrick/Chrisman, Laura (Hrsg.) (1994): Colonial Discourse and Post-Colonial Theory. A Reader. New York: Columbia University Press
Young, Robert (1995): Colonial Desire: Hybridity in Theory, Culture and Race. London: Routledge
Žižek, Slavoj (2004): Organs without Bodies. Deleuze and Consequences. London/New York: Routledge

Diskurs, Diskontinuität und historisches Apriori. Michel Foucaults »Die Ordnung der Dinge«, »Archäologie des Wissens« und »Die Ordnung des Diskurses«

Michael C. Frank

1. Postkolonialismus als Diskursanalyse

Als sich im Verlauf der 1980er Jahre vor allem im englischen Sprachraum die postkoloniale Theorie als eigenes interdisziplinäres Feld etabliert, kristallisiert sich ›Diskurs‹ schnell als dessen zentrales Konzept heraus. 1994 erscheinen zwei einflussreiche Bücher mit fast gleichlautenden Titeln: »Colonial Discourse/Post-colonial Theory« (Barker et al. 1994) und »Colonial Discourse and Post-Colonial Theory« (Williams/Chrisman 1994). Sie signalisieren, dass das neue Feld nunmehr feste institutionelle Rahmen gefunden hat und dass es bereits auf einen eigenen Theoriekanon zurückgreifen kann. Das Hauptaugenmerk liegt dabei zunächst auf der sprachlichen Dimension des Kolonialismus: Im Fahrwasser des *linguistic turn* der 1960er Jahre fokussiert die postkoloniale Theorie, deren bekannteste VertreterInnen überwiegend aus den Literaturwissenschaften stammen, nicht primär die materiellen Bedingungen und Faktoren des Kolonialismus, sondern das, was als ›kolonialer Diskurs‹ apostrophiert wird.

Die Bedeutung dieses Konzepts wird zumeist stillschweigend vorausgesetzt. Nur selten finden sich Erläuterungen wie diejenige Peter Hulmes, der zu Beginn seiner Studie »Colonial Encounters« folgende Definition des kolonialen Diskurses anbietet: »an ensemble of linguistically-based practices unified by their common deployment in the management of colonial relationships, an ensemble that could combine the most formulaic and bureaucratic of official documents [...] with the most non-functional and unprepossessing of romantic novels [...].« Hulme fügt hinzu:

> »Underlying the idea of colonial discourse [...] is the presumption that during the colonial period large parts of the non-European world were produced for Europe through a discourse that imbricated sets of questions and assumptions, methods of procedure and analysis, and kinds of writing and imagery, normally separated out into the discrete areas of military strategy, political order, social reform, imaginative literature, personal memoir and so on.« (Hulme 1986: 2)

Die Tatsache, dass Texte aus dem Umfeld des europäischen Imperialismus bis heute selbstverständlich als Teile eines umfassenden Kolonialdiskurses betrachtet werden – ganz gleich, ob sie einen im engeren Sinne politischen Charakter haben oder ob sie sich dem kolonialen Projekt aus wissenschaftlicher oder literarischer Perspektive widmen –, ist eine Folge dieser Bestimmung des Postkolonialismus als Diskursanalyse.

Wie in vielen anderen Bereichen der Geistes- und Sozialwissenschaften lässt sich auch hier die Tendenz beobachten, das Diskurskonzept pauschal mit dem Namen Michel Foucault zu verbinden, selbst dann, wenn bei genauerer Betrachtung nur wenige Übereinstimmungen mit den theoretischen Prämissen des französischen Philosophen bestehen (vgl. Sawyer 2002). Einen wesentlichen Anteil an diesem Diskursverständnis hat der palästinensisch-amerikanische Komparatist Edward W. Said, der sich zu Beginn seiner Studie »Orientalism« programmatisch auf »Michel Foucault's notion of a discourse« beruft:

> »My contention is that without examining Orientalism as a discourse one cannot possibly understand the enormously systematic discipline by which European culture was able to manage – and even produce – the Orient politically, sociologically, militarily, ideologically, scientifically, and imaginatively during the post-Enlightenment period.« (Said 1995 [1978]: 3)

Mit dem nicht weiter ausgeführten Diskurskonzept möchte Said das Zusammenspiel erfassbar machen zwischen (erstens) imaginativen Orient-Bildern in der *Literatur*, (zweitens) dem Orient als Gegenstand westlicher *Wissenschaften* und (drittens) europäischer *Herrschaft* in denjenigen kolonialisierten Gebieten, die gemeinhin der geographisch-kulturellen Entität Orient zugerechnet werden. Bezeichnet werden soll, kurzum, die enge Verbindung von politisch-ökonomisch-militärischen Machtpraktiken einerseits und den diese Praktiken stützenden und begleitenden Texten andererseits.

Saids oben zitiertes Credo bezüglich der Unverzichtbarkeit des Diskurskonzepts findet sein Echo in Essays, die aus dem Orientalismus Muster eines allgemeinen, das heißt nicht auf den Orient beschränkten kolonialen Diskurses ableiten. Homi K. Bhabha beispielsweise verzichtet in einem 1982 gehaltenen Vortrag zwar auf eine eigentliche Definition des kolonialen Diskurses, benennt aber doch dessen »minimum conditions and specifications«, um zu folgender, stark vereinfachender Aussage zu gelangen: »The objective of colonial discourse is to construe the colonised as a population of degenerate types on the basis of racial origin, in order to justify conquest and to establish systems of administration and instruction.« (Bhabha 1983: 198; vgl. auch Bhabha 1994: 70) Eine ähnliche Formulierung findet sich wenige Jahre später bei Abdul JanMohamed, der allerdings fordert, im Zusammenhang mit dem Imperialismus konsequenter zwischen ›materiellen‹ und

›diskursiven Praktiken‹ zu unterscheiden, anstatt beide unter die Kategorie ›Diskurs‹ zu subsumieren. Diskursive Praktiken, so JanMohamed, dienten – und an dieser Stelle ist er wieder nahe bei Bhabha – »to justify imperial occupation and exploitation« (JanMohamed 1986: 80f.).

Kolonialer Diskurs als (Selbst-)Legitimationsstrategie: Eine nach diesem Ansatz betriebene Textanalyse befragt sprachliche Repräsentationen auf ihre »Zuträglichkeit für Praktiken des Kolonialismus« (Bachmann-Medick 1996b: 38). Wie fruchtbar dieser Ansatz ist, belegt eine inzwischen unüberschaubar gewordene Anzahl von Arbeiten, die »die imperiale Verortung« (ebd.: 39) von Texten in den Blick nehmen. Das Diskurskonzept hat seinerseits einen äußerst produktiven Diskurs generiert, der ein schier unerschöpfliches Forschungsgebiet erschlossen und die Blickweise auf Kolonialliteratur (im weitesten Sinne des Wortes) nachhaltig verändert hat. Zugleich führte er jedoch auch zu neuen Begrenzungen, die teilweise – wenn auch nicht allein – damit zusammenhängen, dass wichtige Elemente von Foucaults Diskurstheorie bei deren Rezeption vernachlässigt wurden. Anhand eines kurzen Parcours durch Foucaults relevanteste Schriften – die oft als Hauptwerk bezeichnete Monographie »Die Ordnung der Dinge« (1966), die drei Jahre später nachgereichte methodologische Grundlagenschrift »Archäologie des Wissens« (1969) sowie die im Anschluss daran entstandenen Vortragstexte »Was ist ein Autor?« (1969) und »Die Ordnung des Diskurses« (1971) – soll dies im Folgenden verdeutlicht werden.

2. Foucaults Projekt einer Archäologie des Wissens

Obwohl er Foucaults Diskurstheorie einleitend als *sine qua non* einer kritischen Orientalismus-Analyse identifiziert, kommt Said erst recht spät – und dann nur knapp – darauf zu sprechen, wie sich der Orientalismus seiner Ansicht nach als Diskurs konstituiert. An dieser Stelle bezeichnet ›Diskurs‹ das intertextuelle Tradieren irgendwo zuerst postulierter Wahrheiten, das eine Kontinuität herstellt, wenngleich die betreffenden Aussagen von Text zu Text variiert und differenziert werden. Jeder physischen Begegnung *mit* dem Orient gehe ein aus Texten erworbenes Wissen *über* den Orient voraus, das bestimmte Erwartungshaltungen und Verhaltensweisen erzeuge – eine »*textual* attitude« (Said 1995 [1978]: 92; Hervorh. vorhanden), die nach dem Muster einer selbsterfüllenden Prophezeiung funktioniere. Auf diese Weise bilde sich ein stabiler Diskurs heraus, der ungebrochen bleibe durch Einblicke in die Wirklichkeit jenseits diskursiver Konstruktionen:

> »[S]uch texts can *create* not only knowledge but also the very reality they appear to describe. In time such knowledge and reality produce a tradition, or what Michel Foucault calls a dis-

> course, whose material weight, not the originality of a given author, is really responsible for the texts produced out of it.« (Ebd.: 94)

Der auch hier nicht genauer erläuterte Bezug auf Michel Foucaults Diskursbegriff überrascht. Denn während Said ›Diskurs‹ und ›Tradition‹ synonym verwendet, spricht sich Foucault in der von Said angeführten »Archäologie des Wissens« gerade *gegen* den Begriff der Tradition aus (vgl. Foucault 1981 [1969]: 33). Er propagiert hier ein »Denken der Diskontinuität« (ebd.: 13), genauer: eine Art der wissensgeschichtlichen Analyse, die auf das Denken der Einheit, Totalität und Kontinuität verzichtet und dementsprechend Konzepte aufgibt, die ein solches voraussetzen. Bereits in »Die Ordnung der Dinge«, seiner 1966 erschienenen »Archäologie der Humanwissenschaften«, hatte Foucault Diskontinuitäten thematisiert, indem er – in einer interessanten Analogie zu Thomas Kuhns Konzept des ›Paradigmenwechsels‹ – einschneidende Zäsuren in der Geschichte des abendländischen Wissens konstatierte.

Der Vergleich mit dem amerikanischen Wissenschaftstheoretiker Kuhn, dessen vier Jahre zuvor veröffentlichtes Buch »The Structure of Scientific Revolutions« Foucault offenbar nicht näher zur Kenntnis genommen hatte (vgl. Dreyfus/Rabinow 1983 [1982]: 60 u. passim), ist aufschlussreich, da sich auf diesem Wege die Besonderheiten der Foucault'schen Methode verdeutlichen lassen. Beide Autoren fragen nach den epistemologischen Grundlagen wissenschaftlicher Erkenntnisse. Während Kuhn jedoch konkrete Problemlösungsmodelle vor Augen hat, die ganz bewusst und gezielt eingesetzt werden, ist Foucault an erkenntnistheoretischen Bedingungen interessiert, die gleichsam unter der Oberfläche des wissenschaftlichen Diskurses verborgenen liegen und sich dem Bewusstsein der beteiligten WissenschaftlerInnen entziehen (vgl. Foucault 1974 [1966]: 11f.). Kuhns zentraler Begriff lautet ›Paradigma‹. In einem 1969 ergänzten »Postscript« unterscheidet er zwei Hauptverwendungsweisen dieses Konzepts (vgl. Kuhn 1996 [1962]: 174-210). ›Paradigma‹ bezeichnet demnach erstens das Repertoire an Überzeugungen, Werten und Techniken, das einer bestimmten wissenschaftlichen Gemeinschaft zur Verfügung steht, um ihre spezifische Interpretation der Welt zu formulieren (Kuhn spricht ausdrücklich nur für die Naturwissenschaften). Zweitens steht der Begriff – in seiner engeren Bedeutung – für besondere Elemente innerhalb dieser allgemeinen ›disziplinären Matrix‹. Kuhns Wissenschaftsgeschichte verfolgt hier ein weitergehendes erkenntnistheoretisches Interesse: ›Paradigma‹ ist der Name für eine modellhafte Veranschaulichung eines Zusammenhangs oder einer Sachlage, an der sich die WissenschaftlerInnen orientieren, aus der sie immer neue Erklärungen ableiten und die so ihren Blick auf die Welt prägt und strukturiert, bis in Folge einer wissenschaftlichen Revolution ein Paradigmenwechsel eintritt und das Modell durch ein anderes abgelöst wird.

Das Pendant zu Kuhns Paradigma-Begriff trägt bei Foucault den Namen *episteme*. Der Übergang von einer *episteme* zur nächsten ist laut Foucault – wie Kuhns Paradigmenwechsel – ein »radikales Ereignis« (Foucault 1974 [1966]: 269), das mit »Plötzlichkeit« und »Gründlichkeit« nicht nur eine Wissenschaft »reorganisiert«, sondern »zur gleichen Zeit ähnliche Veränderungen in offensichtlich sehr verschiedenen Disziplinen« herbeiführt (ebd.: 12). Foucault hat also im Gegensatz zu Kuhn immer schon mehrere wissenschaftliche Gemeinschaften auf einmal im Blick, die trotz aller disziplinären Differenzen dieselben epistemologischen Voraussetzungen teilen. Sein konkreter Gegenstand sind die Humanwissenschaften, genauer: Naturgeschichte, Politische Ökonomie und Grammatik. Wie der französische Originaltitel »*Les mots et les choses*« andeutet, identifiziert Foucault in diesem Zusammenhang die jeweils epochenspezifische Auffassung des Verhältnisses von Zeichen (Wort) und Referent (Ding) als Voraussetzung für alle weiteren Annahmen.[1] Ein Vergleich mit dem Kuhn'schen Paradigmenbegriff scheint möglich, wenn man den Zeichenbegriff einer Epoche als das Paradigma versteht, auf dessen Grundlage Wissen gewonnen und formuliert wird.

Anders als Kuhns Paradigma bleibt die *episteme* Foucaults allerdings seltsam anonym. Wo bei Kuhn konkrete Persönlichkeiten wie Albert Einstein wissenschaftliche Revolutionen initiieren, beschränkt sich Foucault auf die archäologische Rekonstruktion epistemologischer Brüche, ohne sie kausal auf die Innovations- und Durchsetzungskraft einzelner DenkerInnen und ihrer Denksysteme zurückzuführen. Und ebenso wenig scheinen die beschriebenen Neuorientierungen abhängig vom Einfluss anderer äußerer Faktoren. Foucaults Art der wissensgeschichtlichen Analyse sagt nur, *dass* der Wechsel stattgefunden hat (es so geschehen ist), nicht *warum* (aufgrund welcher Kräfte oder Akteure), eine Eigenschaft, die man mit Foucault als anti-spekulativ befürworten (vgl. ebd.: 13f.) oder, wie Jean Piaget, als irrationalistisch kritisieren kann (vgl. Piaget 1973 [1968]: 129).[2]

Fest steht, dass zwischen Foucaults *episteme* und Kuhns Paradigma in dieser Hinsicht ein Unterschied besteht. Er wird aus Foucaults nachfolgenden diskurstheoretischen Schriften noch deutlicher ersichtlich. Hier betont Foucault, dass

1 Mit Beginn des klassischen Zeitalters (Mitte des 17. Jahrhunderts) endet nach Foucault die in der Renaissance angenommene Ähnlichkeitsbeziehung zwischen Wort und Ding; es setzt sich die auf Differenz basierende Theorie der Repräsentation durch. In der Moderne (Anfang des 19. Jahrhunderts) wiederum verlieren die Zeichen die Transparenz, welche ihnen in der Klassik zugesprochen wurde, wobei mit diesen Umbrüchen jeweils noch zahlreiche weitere Veränderungen einhergehen.

2 Jean Piaget war es, der als erster auf die Kuhn-Foucault-Parallele hinwies (vgl. Piaget 1973 [1968]: 126f.).

Autoren[3] nicht Urheber von Diskursen sind – in dem Sinne, dass sie diese autonom generieren –, sondern dass sie beim Hervorbringen von Texten lediglich die Subjektpositionen einnehmen können, die ihnen ein bereits bestehender Diskurs zur Verfügung stellt (vgl. Foucault 2003b [1969]). In Abgrenzung zur einfachen Toterklärung des Autors, wie sie Roland Barthes 1967 zugunsten einer Aufwertung des Lesers formuliert hatte (vgl. Barthes 2006b [1967]), versucht Foucault das Konzept der Autorschaft aber nicht schlichtweg zu verwerfen, sondern es im Sinne seiner Diskurstheorie neu zu denken. Dabei macht er den Autor zu einer bloßen Funktion derjenigen Diskurse, die aus rechtlichen, klassifikatorischen oder anderen Gründen mit einem Autornamen versehen werden. Jedes schreibende Individuum findet demnach eine bestimmte ›Autor-Funktion‹ vor. Autoren wie Karl Marx und Sigmund Freud kommt in Foucaults Augen allerdings durchaus die Bedeutung zu, etwas genuin Neues begründet zu haben: Über ihre eigenen Texte hinaus hätten sie »die Möglichkeit und die Formationsregeln anderer Texte« und somit »eine unbegrenzte Diskursmöglichkeit geschaffen« (ebd.: 252). Wenigstens in seltenen Einzelfällen können Diskurse also auch für Foucault über bestimmte Autorsubjekte entstehen, die als »Diskursivitätsbegründer« (ebd.) wirken.

3. Diskurs, Diskontinuität und historisches Apriori

So sehr Foucault in »Die Ordnung der Dinge« die Diskontinuität zwischen Epochen in den Vordergrund stellt, so sehr scheint sein Epochenbegriff selbst »monolithisch geschlossen« (Frank 1988: 37). Wenn er etwa an einer Stelle über die Tatsache sinniert, dass »eine Kultur mitunter in einigen Jahren aufhört zu denken, wie sie es bis dahin getan hat, und etwas anderes und anders zu denken beginnt« (Foucault 1974 [1966]: 83), so gestattet diese Aussage den Umkehrschluss, dass außerhalb derartiger Umbrüche alle Angehörigen einer Kultur »das Gleiche und gleich denken«. Foucaults in den Jahren 1969 und 1970 entwickelte Diskurstheorie lässt sich zumindest partiell als Korrektiv gegen diese Tendenz zur Vereinheitlichung und Universalisierung verstehen. Ausgangspunkt seiner Definition des Diskurses sind dessen individuelle Elemente, die *énoncés*, womit Foucault konkrete, zu einem bestimmten Zeitpunkt wirklich gemachte Aussagen bezeichnet. In ihrem materiellen Auftreten, so Foucault, stellt jede Aussage ein Ereignis dar (vgl. Foucault 1981 [1969]: 41 u. 44). Es gibt keine »strukturellen Einheitskriterien« für sie (ebd.: 126). Auf diese Weise »individualisiert«, erscheint die Aus-

3 Foucault spricht vom Autor und Leser nur in der männlichen Form.

sage »nicht vorhersehbar von seiten der Struktur, kontingent hinsichtlich ihres So-Seins« (Frank 1988: 38).

Bei aller Ereignishaftigkeit und Kontingenz der Einzelaussagen lassen sich diese in archäologischer Rekonstruktion jedoch in verschiedene diskursive Formationen gruppieren. Auch die diskurstheoretische Revision der archäologischen Methode kommt also nicht gänzlich ohne die Annahme von Einheit, Totalität und vor allem einer gewissen Regelmäßigkeit aus. Die diskursive Formation wird geradezu über eine solche Regelmäßigkeit definiert: Wo sich eine Regelmäßigkeit bei »den Objekten, den Typen der Äußerung, den Begriffen, den thematischen Entscheidungen« erkennen lasse, so Foucault (1981 [1969]: 58), liege eine diskursive Formation mit spezifischen »Formationsregeln« vor. So muss Foucault an die Stelle der aufgegebenen Einheitskonzepte also letztlich einen alternativen Ordnungsbegriff setzen, was Saids Gleichsetzung von ›Tradition‹ und ›Diskurs‹ besser nachvollziehbar macht. Besonders deutlich wird dieses Dilemma, wenn Foucault etwa von der »Positivität eines Diskurses wie dessen der Naturgeschichte, der Politischen Ökonomie oder der Klinischen Medizin« spricht, die dessen »Einheit durch die Zeit hindurch und weit über die individuellen Werke, die Bücher und die Texte hinaus« charakterisiere (ebd.:183). Solche Formulierungen erinnern an den orientalistischen Diskurs bei Said, definiert die »Positivität« des Diskurses laut Foucault doch einen »begrenzten Kommunikationsraum« (ebd.) über die Zeit, das heißt über die einzelnen Autoren und Texte hinweg.

Was für Foucault den Rahmen eines Diskurses steckt, ist jedoch nicht die logische, thematische oder semantische Verknüpfung der Einzelaussagen (vgl. ebd.: 184), sondern das, was er als ›historisches Apriori‹ bezeichnet. Aus der Perspektive der klassischen Erkenntnistheorie handelt es sich hierbei um ein Oxymoron. Denn die Aprioris, die nach Immanuel Kant die Bedingung der Möglichkeit von Erkenntnis darstellen, sind als solche übergeschichtlich und allgemeingültig. Foucault dagegen verwendet die Kant'sche Formel von der »Bedingung der Möglichkeit« für kontextspezifische Möglichkeitsbedingungen. In »Die Ordnung der Dinge« heißt es: »[Das historische Apriori] ist das, was in einer bestimmten Epoche [...] die Bedingungen definiert, in denen man eine Rede über die Dinge halten kann, die als wahr anerkannt wird.« (Foucault 1974 [1967]: 204) In »Archäologie des Wissens« spricht Foucault dann nicht mehr von Wahrheits-, sondern von Existenzbedingungen: Bei der Analyse des diskursiven Feldes gehe es darum, für jede Aussage die Bedingung ihrer Existenz zu bestimmen, ihre Korrelation mit den anderen Aussagen desselben Feldes herauszuarbeiten sowie zu zeigen, welche anderen Formen der Äußerung sie ausschließe (vgl. Foucault 1981 [1969]: 43). Foucault fasst dies einmal in der prägnanten Frage zusammen:

»[W]ie kommt es, daß eine bestimmte Aussage erschienen ist und keine andere an ihrer Stelle?« (ebd.: 42). Der Fokus richtet sich also nicht mehr auf die Regeln, auf deren Grundlage eine Aussage zu einem bestimmten Zeitpunkt als wahr anerkannt wird, sondern auf die Voraussetzungen für ihr Auftreten, die Bedingungen ihrer Existenz.

Verschiedene Aussagen können aufgrund ihrer Existenzbedingungen einer gemeinsamen diskursiven Formation zugeordnet werden. In der Rekonstruktion dieser Formationsregeln besteht die ›archäologische‹ Arbeit der Diskursanalyse. Die Archäologie, so macht Foucault im Vorwort zur deutschen Ausgabe von »Die Ordnung der Dinge« deutlich, hat dabei Regeln im Blick, die »nur durch die Existenz solchen Diskurses ins Spiel kommen« (Foucault 1974 [1966]: 15) – das heißt, Foucaults Diskurs bestimmt die Regelmäßigkeiten, die ihn als Einheit bestimmen, scheinbar paradoxerweise *selbst*. Zwar wird in »Archäologie des Wissens« eine höhere Einheit benannt, von der die Diskurse Untereinheiten sind, so wie die Aussagen Untereinheiten der Diskurse sind: Foucault nennt sie das ›Archiv‹ (vgl. Foucault 1981 [1969]: 187), ein Konzept, das die *episteme* der »Ordnung der Dinge« ablöst (vgl. McNay 1994: 66). Das Archiv wird definiert als das, »was die Diskurse in ihrer vielfachen Existenz differenziert und sie in ihrer genauen Dauer spezifiziert«: »Es ist das *allgemeine System der Formation und der Transformation der Aussagen*.« (Foucault 1981 [1969]: 188; Hervorh. im Original) Doch auch wenn Foucault nach Art der *langue/parole*-Unterscheidung bei Ferdinand de Saussure die *énoncés* den Diskursen und diese wiederum dem Archiv zuordnet, bleibt unbeantwortet, welcher strukturierenden Instanz wiederum das Archiv unterliegt. Es fragt sich, wer oder was die Macht *ist* oder *hat*, das Archiv zu konstituieren und damit die Diskurse zu regulieren. Dreyfus und Rabinow sprechen deshalb von der »Illusion des autonomen Diskurses« (vgl. Dreyfus/Rabinow 1983 [1982]: 1-100); es gibt scheinbar keine Institution, die hinter (bzw. über) dem Archiv steht und gleichsam von außen, auch in Form nicht-diskursiver Praktiken regulierend auf die Diskurse einwirkt.

Dieser Eindruck wird durch Foucaults 1970 gehaltene Antrittsvorlesung am *Collège de France* zwar entscheidend relativiert, bleibt aber grundsätzlich bestehen. Relativiert wird er dadurch, dass Foucault hier, ergänzend zur »Archäologie des Wissens«, Strategien der Diskurskontrolle beschreibt. Das sind zum einen »interne Prozeduren, mit denen die Diskurse ihre eigene Kontrolle selbst ausüben« (Foucault 1991 [1970]: 17), wie etwa der Einsatz der »diskursiven ›Polizei‹« (ebd.: 25). Mit dieser einprägsamen Metapher benennt Foucault die Tatsache, dass wir in unserer Rede unweigerlich die Regeln eines Diskurses zur Anwendung bringen – allen voran die scharfe Grenzziehung zwischen dem Wahren und dem Falschen –, um überhaupt innerhalb dieses Diskurses gehört zu werden. Man kann von einer vorauseilenden Selbstzensur sprechen, die ohne explizite Intervention von außen wirkt. Daneben führt Foucault nun ausdrücklich auch *externe* Prozeduren der Diskurskontrolle an, deren »institutionelle Basis« (ebd.: 15) er betont. Hierbei handelt es sich, zusammenfassend gesagt, um Praktiken der Ausschließung, die nur gewisse Subjekte zur Partizipation an Diskursen zulassen oder bestimmte Aussagen zum Beispiel über Verbote unterbinden. Zweck dieser Prozeduren ist es laut Foucault, »die Kräfte und die Gefahren des Diskurses zu bändigen, sein unberechenbar Ereignishaftes zu bannen, seine schwere und bedrohliche Materialität zu umgehen« (ebd.: 11). Worin, so stellt sich die Frage, liegt aber die besagte Bedrohlichkeit des Diskurses? Die Antwort wird in einer scheinbar beiläufigen Bemerkung angedeutet: Der Diskurs wird kontrolliert, weil *er selbst* »dasjenige [ist], worum und womit man kämpft; er ist die Macht, deren man sich zu bemächtigen sucht« (ebd.). Wenn ›Diskurs‹ gleichbedeutend ist mit ›Macht‹, bleibt aber weiterhin ungeklärt, welche Macht wiederum die nicht-diskursiven Institutionen der Diskurskontrolle kontrolliert.

4. Fazit und Ausblick

Kehren wir vor diesem Hintergrund noch einmal zur Einführung der Foucault'schen Diskurstheorie in die postkolonialistische Kulturwissenschaft zurück. Der Begriff fällt bei Said im Zusammenhang einer Konzeption von ›Orientalismus‹ als »corporate institution for dealing with the Orient – [...] Orientalism as a Western style for dominating, restructuring, and having authority over the Orient« (Said 1995 [1978]: 3). Wie bereits gesehen, finden sich ähnliche Formulierungen in Arbeiten der 1980er Jahre zum kolonialen Diskurs. Mit der von Said genannten »Archäologie des Wissens« scheint diese Verwendung von ›Diskurs‹ wenig zu verbinden. Denn Said hat ausdrücklich keinen autonomen Diskurs vor Augen, wenn er schreibt, im Orientalismus komme »a whole network of interests« (ebd.) zur Wirkung, welches das Verhältnis des Westens zum Orient beherrsche. Für Said lassen sich eindeutig konkrete Machtzentren, Institutionen, Interessen, politische und ökonomische Faktoren ausmachen, die sich auf den Diskurs auswirken – allesamt Elemente, die in Foucaults ›Diskurs‹, einem insgesamt äußerst abstrakten Gebilde, fehlen. Weil er, wie viele postkoloniale KritikerInnen nach ihm, den Diskurs politisiert und als eine umfassende koloniale Machtpraktik des Westens konkretisiert, *muss* sich Said geradezu vom Foucault der »Archäologie des Wissens« entfernen, und es drängt sich die Frage auf, warum es ihm dennoch unerlässlich erscheint, auf genau diesen zu rekurrieren – zumal er das Element der

Diskontinuität, eines der wesentlichen Bestandteile der Foucault'schen Diskurstheorie, gar nicht mit aufnimmt.

Zwar sagt Said, dass sich der Orientalismus als Diskurs im gerade erwähnten Sinne erst im späten 18. Jahrhundert herausgebildet habe. Inhaltlich, so folgt aus seiner Studie, setzte dieser Diskurs jedoch einen bis in die Antike zurückreichenden »style of thought« (ebd.: 2) fort – eine Vorstellung vom Orient als dem Anderen Europas, die eine Herausbildung ›abendländischer‹ Identität in Abgrenzung zu ›morgenländischer‹ Alterität ermöglichte. Dennis Porter formuliert polemisch zugespitzt, aber inhaltlich zutreffend:

> »[U]nlike Foucault, who posits not a continuous discourse over time but epistemological breaks between different periods, Said asserts the unified character of Western discourse on the Orient over some two millennia [...]. He is thus led to claim a continuity of representation between the Greece of Alexander the Great and the United States of President Jimmy Carter [...].« (Porter 1994: 151)

Diese Tendenz zum Statischen verschärft sich weiter, wenn im Konzept des ›kolonialen Diskurses‹ zur historischen Übergeneralisierung noch eine geographische hinzukommt – und weder nach Epochen noch nach jeweiliger Kolonialmacht und Kolonie differenziert wird.

Said hätte übrigens schon im Rahmen seiner Beschreibung des Orientalismus als kulturelle Grenzziehung zwischen Okzident und Orient auf Foucault verweisen können. In der Einleitung zur Erstauflage seiner Dissertationsschrift macht dieser nämlich eine ganz ähnliche Beobachtung, wenn er andeutet, dass neben der Grenzziehung zwischen Vernunft und Wahnsinn auch die »Abspaltung« vom Orient konstitutiv für die Herausbildung okzidentaler Kultur gewesen sei (vgl. Foucault 1995 [1961]: 10). Überhaupt ist Saids Studie in mancherlei Hinsicht näher am frühen Foucault als an dem der Jahre 1966 bis 1970. Wiederholt betont Said, dass sich der orientalistische Diskurs nur auf dem Schweigen des Orients entfalten konnte. Diesbezüglich erinnert der Orient – als Diskursobjekt – deutlich an den Wahnsinn bei Foucault, für den ab Mitte des 17. Jahrhunderts ähnlich gilt: »[E]r ist seiner Sprache beraubt; und wenn auch über ihn gesprochen werden konnte – ihm ist es unmöglich, über sich selbst zu sprechen.« (Foucault 1968 [1954]: 106) Hier wie dort ist es ein gewaltsam auferlegtes Schweigen, das einen monologischen Diskurs ermöglicht (vgl. Foucault 1995 [1961]: 8), einen Diskurs, der eben auch und vor allem *Macht*diskurs ist. Interessanterweise ordnet Foucault, im Gegensatz zu Said, literarische Texte keineswegs pauschal diesem Machtdiskurs unter. Die Werke Hölderlins, Nervals, Roussels und Artauds, so ist er 1954 vielmehr noch überzeugt, artikulierten den Wahnsinn außerhalb des psychiatrischen Diskurses (vgl. Foucault 1968 [1954]: 115).

Abschließend festgehalten werde sollte, dass ›Diskurs‹ bei Michel Foucault am besten als ein *concept in progress* zu verstehen ist, das in den hier vorgestellten Arbeiten gezielt offen gehalten wird. Die häufig zu lesenden Verweise auf *einen* Foucault'schen Diskursbegriff – im Sinne einer keiner weiteren Erläuterung bedürftigen Autorität – stehen im Gegensatz zum betont undogmatischen Charakter von Foucaults Ausführungen zum Diskurs. Foucault selbst beginnt seine Arbeiten mit einem meist kritischen Rückbezug auf seine früheren Texte, deren methodisches Programm er sogleich revidiert, korrigiert oder ergänzt. In einer berühmten Passage von »Archäologie des Wissens« fordert er mit Nachdruck das Recht ein, nicht »der gleiche [zu] bleiben« (Foucault 1981 [1969]: 30), sondern in jeder Schrift eine neue Richtung einzuschlagen. Das macht eine Anwendung seiner Diskurstheorie zwar einerseits ausgesprochen schwierig, da sie gewissermaßen experimentellen Charakter hat (schon der Singular in ›Theorie‹ ist eine Vereinfachung). Zugleich liegt hierin aber die Chance, die Theorie weiter zu denken, sie mit anderen Ansätzen zu kombinieren und sie durchaus auch kritisch zu modifizieren. Für die postkolonialistische Diskursanalyse ist damit das Potential verbunden, eine schnell etablierte Lektürepraxis noch einmal neu zu überdenken und zu gestalten.

Literatur

Bachmann-Medick, Doris (1996a): Kultur als Text. Die anthropologische Wende in der Literaturwissenschaft. Frankfurt a.M.: Fischer

Bachmann-Medick, Doris (1996b): Einleitung, in: Bachmann-Medick (1996a): 7-64

Bhabha, Homi K. (1983): Difference, Discrimination and the Discourse of Colonialism. In: Barker et al. (1983): 194-211

Bhabha, Homi K. (1994): The Location of Culture. London/New York: Routledge

Barker, Francis/Hulme, Peter/Iversen, Margaret/Loxley, Diana (Hrsg.) (1983): The Politics of Theory (Proceedings of the Essex Conference on the Sociology of Literature, July 1982). Colchester: University of Essex

Barker, Francis/Hulme, Peter/Iversen, Margaret (Hrsg.) (1994): Colonial Discourse/Postcolonial Theory (Essex Symposia). Manchester/New York: Manchester University Press

Barthes, Roland (2006a [1984]): Das Rauschen der Sprache. Kritische Essays IV. Übers. v. Dieter Hornig. Frankfurt a.M.: Suhrkamp

Barthes, Roland (2006b [1967]): Der Tod des Autors. In: Barthes (2006a [1984]): 57-63

Dreyfus, Hubert L./Rabinow, Paul (1983 [1982]): Michel Foucault. Beyond Structuralism and Hermeneutics. 2. Aufl. Chicago/London: The University of Chicago Press

Fohrmann, Jürgen/Müller, Harro (Hrsg.) (1988): Diskurstheorien und Literaturwissenschaft. Frankfurt a.M.: Suhrkamp

Foucault, Michel (1968 [1954]): Psychologie und Geisteskrankheit. Übers. v. Anneliese Botond. Frankfurt a.M.: Suhrkamp

Foucault, Michel (1974 [1966]): Die Ordnung der Dinge. Eine Archäologie der Humanwissenschaften. Übers. v. Ulrich Köppen. Frankfurt a.M.: Suhrkamp

Foucault, Michel (1981 [1969]): Archäologie des Wissens. Übers. v. Ulrich Köppen. Frankfurt a.M.: Suhrkamp

Foucault, Michel (1991 [1971]): Die Ordnung des Diskurses. Übers. v. Walter Seitter. Frankfurt a.M.: Fischer

Foucault, Michel (1995 [1961]): Wahnsinn und Gesellschaft. Eine Geschichte des Wahns im Zeitalter der Vernunft. Übers. v. Ulrich Köppen. 11. Aufl. Frankfurt a.M.: Suhrkamp

Foucault, Michel (2003a): Schriften zur Literatur. Hrsg. v. Daniel Defert und François Ewald. Übers. v. Michael Bischoff, Hans-Dieter Gondek und Hermann Kocyba. Frankfurt a.M.: Suhrkamp

Foucault, Michel (2003b [1969]): Was ist ein Autor? In: Foucault, Michel (2003a): 234-270

Frank, Manfred (1988): Zum Diskursbegriff bei Foucault. In: Fohrmann/Müller (1988): 24-44

Gates, Henry Louis, Jr. (Hrsg.) (1986): ›Race‹, Writing, and Difference. Chicago/London: The University of Chicago Press

Hulme, Peter (1986): Colonial Encounters. Europe and the Native Caribbean, 1492-1797. London/New York: Methuen

JanMohamed, Abdul R. (1986): The Economy of Manichean Allegory. The Function of Racial Difference in Colonialist Literature. In: Gates (1986): 78-106

Kuhn, Thomas S. (1996 [1962]): The Structure of Scientific Revolutions. 3. Aufl. Chicago/London: The University of Chicago Press

McNay, Lois (1994): Foucault. A Critical Introduction. Cambridge: Polity Press

Piaget, Jean (1973 [1968]: Der Strukturalismus. Übers. v. Lorenz Häfliger. Olten/Freiburg i.Br.: Walter-Verlag

Porter, Dennis (1994): Orientalism and Its Problems. In: Williams/Chrisman (1994): 150-161

Said, Edward W. (1995 [1978]): Orientalism. Western Conceptions of the Orient. Neuaufl. Harmondsworth: Penguin

Sawyer, R. Keith. (2002): A Discourse on Discourse: An Archeological History of an Intellectual Concept. In: Cultural Studies 16, 3: 433-456

Williams, Patrick/Chrisman, Laura (Hrsg.) (1994): Colonial Discourse and Post-Colonial Theory. A Reader. New York: Columbia University Press

Begehren, Fantasie, Fetisch: Postkoloniale Theorie und die Psychoanalyse (Sigmund Freud und Jacques Lacan)

Brigitte Kossek

1. »Beginnings«[1]

Die Studie »Orientalism« (1978) von Edward W. Said (1935-2003) – längst zu einem Grundlagenwerk der postkolonialen Theorie geworden – hat eine neue und bedeutende Forschungsrichtung – die koloniale Diskursanalyse – etabliert. Homi K. Bhabha (1949-)[2] nahm in seinem bereits 1983 in der Zeitschrift *Screen*[3] und später im Band »Die Verortung der Kultur« (1994/2000) nochmals veröffentlichten Essay »The Other Question…«, erstmals eine Ausarbeitung von Verbindungen zwischen der kolonialen Diskursanalyse und Konzepten der Psychoanalyse Sigmund Freuds (1856-1939) und Jacques Lacans[4] (1901-1981) in Angriff.[5] Außerdem boten die Arbeiten Frantz Fanons (1925-1961)[6] – verfasst inmitten des kolo-

1 Die Überschrift »Beginnings« ist in Anlehnung an den dem Titel von Edward W. Saids Studie »Beginnings. Intention and Method« (1975) gewählt. Einen Text oder Roman zu schreiben/zu beginnen, ist nach Said nichtlinear zu denken, als Bewegung des Zurückgehens, des Wiederholens und des Wieder-Beginnens. Beginnen heißt, wie Said zusammenfasst »producing difference« (Said: 1997/1975: xxiii). In »Beginnings« befasst sich Said mit Freuds Werk »Die Traumdeutung« (1901) aus literaturanalytischer Perspektive. Diese Studie, vor »Orientalism« (1978) erschienen, schaffte eine Grundlage für die Integration der Psychoanalyse in die postkoloniale Theorie.

2 Bhabhas Schreibstil und seine Weigerung, klar ausformulierte Theoriemodelle zu bieten, können als (oft kritisierte) Strategien aufgefasst werden, sich Wahrheitsansprüchen, die mit Kolonialismus verknüpft sind, zu entziehen. Die Auseinandersetzung mit seinen Arbeiten erweist sich dadurch als schwierig.

3 Bhabha, Homi K. (1983): »The Other Question…«, in: Screen, Vol. 24, No. 6, 18-36.

4 Auch der Schreibstil Lacans und sein Theoriegebäude, das er im Laufe der Zeit auch immer wieder verändert und aus neuer Perspektive reformuliert, entzieht sich dem Wunsch nach Eindeutigkeit und Wahrheit. Sein Anliegen war es nicht zu informieren, sondern zu »evozieren« (Pagel 2002: 11f.).

5 Auch Spivak inkludiert Freuds und Lacans Psychoanalyse in ihre anspruchsvolle Analyse des Kolonialismus.

6 Frantz Fanon – ein in Martinique geborener Psychiater, Kulturkritiker und Widerstandskämpfer in Algerien – verfasste mit »Schwarze Haut, weiße Masken« (1952) und »Die Verdammten

nialen Geschehens – eine wichtige Quelle der Inspiration für Bhabha.[7] Bhabhas Vorschlag, Kolonialismus als Diskurs, als Form der Macht und Erkenntnis *sowie* als Identifizierungsprozesse (»Subjektivierung«) im Zusammenhang mit kolonialen Positionen von Macht und Widerstand zu analysieren, legt den Grundstein für die Integration psychoanalytischer Konzepte der Fantasie, Ambivalenz und des Fetischs. Anliegen ist es, den machtvollen Konstruktionsprozess von sich gegenseitig ausschließenden Identitätskategorien wie kolonisierendes und kolonisiertes Subjekt und die zugrunde liegende unbewusste, instabile und unsichere psychische Ebene darzustellen. Durch die Zentrierung von »Prozessen der Subjektifizierung« versucht Bhabha Antworten darauf zu finden, warum sich Subjekte rassistischen Diskursen unterwerfen (vgl. Bhabha 2000: 98).

Im Essay »Die Frage des Anderen« (1983; 1994/2000) bringt Bhabha sowohl konstruktive als auch wertschätzende Kritik an Saids »Orientalism« zum Ausdruck. Seine Auseinandersetzung mit Saids weitgehender ›Vernachlässigung‹ der Bedeutung der Ambivalenz und Fantasie sowie seine Interpretation des kolonialen Stereotyps als Fetisch legen einen wichtigen Grundstein für die Integration der Psychoanalyse in die postkolonialen Studien. Wie bereits erwähnt, räumte Said der Auseinandersetzung mi Freuds berühmtem Werk »Die Traumdeutung« (1901) breiten Raum in seiner literaturanalytischen Untersuchung »Beginning« (1975) ein. Nach Freud sind Träume *»verhüllte Erfüllungen von verdrängten Wünschen«* aus der frühen Kindheit, und die Aufgabe der Traumarbeit, die er in seinem berühmten Werk »Die Traumdeutung« (1901) dargelegt hat, ist es, den (unbewussten) latenten Traumgedanken in den manifesten Trauminhalt überzuführen (Freud 2006: 75, Hervorh. i. O.). Nach Freud sind alle Elemente des manifesten Trauminhalts durch das Material des latenten Traumgedankens überdeterminiert (ebd.: 55). Obwohl Said sich in »Orientalism« nicht direkt auf Freud bezieht, ist dessen Einfluss unübersehbar, wie Saids Begriffe des *latenten* und *minifesten* Orientalismus veranschaulichen. Der latente Orientalismus bezeichnet nach Said die unbewusste, einstimmige und konstante Struktur, durch die und in der der Orient als das absolut andere des Okzidents gedacht wird. Er findet sprachlichen Ausdruck im manifesten Orientalismus, im histsorisch wandelbaren Inhalt von Erkenntnissen über den Orient, in politischen Entscheidungsprozessen und Praktiken (vgl. Said 1995: 206ff.).

Die Vernachlässigung des Unbewussten, der Ambivalenz und Fantasie veranlasst Said, so kritisiert Bhabha, zur Korrelation des Begriffs des (kolonisieren-

dieser Erde« (1961) zwei einflussreiche Bücher, die den politischen Diskurs der Befreiungsbewegungen der 1960er und 1970er Jahre prägten.

7 Vgl. hierzu auch den Beitrag von Kastner in diesem Band.

den) Subjekts mit einheitlichen und bewussten Intentionen (über den Orient zu herrschen). Damit aber wird dem »Subjekt der kolonialen Äußerung«, dem kolonisierenden Subjekt, Einheitlichkeit und Einheit mit sich selbst unterstellt, die jedoch stets unerreichbar bleibt (vgl. Bhabha 2000: 107).

Gerade weil die Frage der Identifizierung sowie die Frage nach den Prozessen, psychischen Mechanismen und Strukturen bei der Konstituierung des kolonialen Subjekts nicht auf der diskursiven Ebene allein abgehandelt werden können, ist die Erweiterung der postkolonialen Kritik durch Konzepte der Psychoanalyse fast unumgänglich. Ohne Anspruch auf Vollständigkeit zu erheben, werde ich kurz einige wichtige Anknüpfungsmöglichkeiten, die die Psychoanalyse der postkolonialen Perspektive bietet, nämlich koloniale Texte mit Freud und Lacan zu lesen, darstellen.

Die durch die Psychoanalyse Freuds und Lacans[8] radikale Rückweisung der in der westlichen Kultur vorherrschenden Vorstellung eines autonomen, rationalen, sich selbst bewussten und um eine Essenz herum artikulierten Subjekts bietet eine grundlegende Anknüpfungsmöglichkeit für die Integration von psychoanalytischen Konzepten in die postkoloniale Theorie. So stellt Lacan fest:

> »Die Psychoanalyse ist weder eine Weltanschauung noch eine Philosophie, die vorgibt, den Schlüssel zum Universum zu liefern. Sie wird regiert von einer besonderen Absicht, die historisch durch die Herausarbeitung des Subjektbegriffs definiert ist. Sie setzt diesen Begriff neu, indem sie das Subjekt auf seine signifikante Abhängigkeit zurückführt.« (Lacan 1987: 83f.)

Die sprachlichen/gesellschaftlichen Bedingungen von Subjektivität, die die Psychoanalyse veranschaulicht, ermöglichen es, Interdependenzen zwischen Individuum, Gesellschaft und Macht neu zu (durch-)denken. In diesem Sinne wird die postkoloniale Kulturwissenschaft zur Auseinandersetzung mit dem Unbewussten, Begehren und der Fantasie herausgefordert. Die Lacan'sche Psychoanalyse zeigt Grenzen des Konstruktivismus und der Diskurstheorie auf, wie durch die kurze Beschreibung der drei psychischen Register zu zeigen versucht wird.

2. Die drei psychischen Register

Ein umfassendes Verständnis der Konzeption von Subjektivität, die nach Lacan stets sprachlich/gesellschaftlich determiniert und vermittelt ist, sucht er durch drei zusammenwirkende, unauflösbar miteinander verknüpfte psychische Ord-

8 Die Arbeiten Lacans sind durch seinen Ansatz der »Rückkehr zu Freud«, d.h. mit Freud über Freud hinaus zu denken, geprägt. Er stellt damit eine neue Begründung der Psychoanalyse bereit (vgl. Žižek 2008; Widmer 1997).

nungen oder Register – Symbolisches, Imaginäres und Reales – zu veranschaulichen, die ich nachfolgend kurz darstelle.

a) Das Symbolische (A)

Das Symbolische, das Lacan als den großen Anderen (A) bezeichnet, umfasst das Feld von Sprache, Diskurs, Gesetz samt Überschreitungen. Es ist der »Ort der Darstellung des Unbewussten und des Begehrens« (Widmer 1997: 23). Eine häufig zitierte Aussage Lacans, die in vielen seiner Schriften immer wieder auftaucht, lautet: »*das Unbewusste ist strukturiert wie eine Sprache*« (Lacan 1996: 26, kursiv i. O.). Demnach ist Sprache, wie Peter Widmer akzentuiert zusammenfasst, »als Schauplatz des Unbewussten« aufzufassen. Dies bedeutet, obwohl es fast wie ein Widerspruch anmutet, dass selbst das rationale, zweck- und zielorientierte Sprechen in seinem Wesen unbewusst ist (vgl. Widmer 1997: 40). Das Lacan'sche Subjekt[9], am Schauplatz des Unbewussten angesiedelt, ist stets das unbewusste Subjekt. Es entsteht erst durch die Annahme der Sprache – der Unterwerfung unter die symbolische Ordnung (A). Durch Sprache wird das visuell Wahrgenommene in innere Bilder, Fantasien und Träume verwandelt. Das Unbewusste ist nicht auf das Innere des Subjektes beschränkt, sondern durch Sprache immer bereits nach außen verlagert. Gerade weil das Unbewusste sprachlich, d. h. gesellschaftlich konstituiert ist, ist es auch der Deutung zugänglich. Deutung bedeutet jedoch nicht einfach Interpretation, sondern bezieht sich auf die Untersuchung der Produktion von Bedeutung (Signifizierung) und ihren Bedingungen, die z. B. mittels Metapher (Verschiebung, Substitution) und durch Metonymie (Verdichtung, Aufschieben) zum Ausdruck gebracht werden.

Nach Freud ist das Unbewusste nicht einfach jener Bereich, der außerhalb des Bewusstseins liegt, sondern der durch Verdrängung vom Bewusstsein abgetrennte Bereich. Alles was verdrängt ist, muss unbewusst bleiben (vgl. Evans 2002: 322). Das Unbewusste bei Freud, schreibt Lacan, ist weder »das romantische Unbewusste der schöpferischen Phantasie« noch »der Ort der Gottheiten der Nacht« (Lacan 1996b: 30). Freud und Lacan brechen mit der gängigen Vorstellung, wonach das Unbewusste den Bereich irrationaler Triebe, die es zu zähmen gilt, umfasst (vgl. Žižek 2008: 11). Nach Lacan wird das Subjekt als gespalten, sich selbst entfremdet aufgefasst. Die Spaltung des Subjekts – in das sprechende (Subjekt des Aussagens/»sujet de l'énonciation«) und gesprochene Subjekt (Subjekt des Ausgesagten/»sujet de l'énoncé«), dem durch das Sprechen der Anderen

9 Es ist im Rahmen dieses Artikels nicht möglich, auf die enge Verbindung zwischen Sexualität und Unbewusstem, die Lacan immer wieder hervorgehoben hat, einzugehen (vgl. z. B. Rose 1997).

andere Wünsche, Hoffnungen, Fantasien aufgebürdet werden – wird als unüberwindbar aufgefasst (vgl. Widmer 1997: 56). Die berühmte, oft zitierte Aussage Lacans »das Begehren des Menschen ist das Begehren des Anderen« (z. B. Lacan 1996b: 165) bedeutet einerseits, dass »wir das Begehren (mit der Sprache) vom Anderen her erhalten« und andererseits »dass wir stets etwas anderes begehren« (Ruhs 2010: 46). Das Begehren, das im Phantasma inszeniert wird, geht nicht auf die Frage zurück »Was will ich?«, sondern »Was wollen andere von mir?«, »Was bin ich für die anderen?« (Žižek 2008b: 40). Die stetige Erfahrung des Mangels treibt den Wunsch nach Erfüllung an und bestimmt das Feld des Begehrens als etwas Unabschließbares.

b) Das Imaginäre (a)

Lacans psychische Ordnung des Imaginären (das kleine andere) bezieht sich auf Freuds Theorie des Narzissmus/der Aggressivität und umfasst das illusionäre ganzheitliche Bild von Identität und Körper, das mit einem bewusst gedachten Ich verschränkt gedacht wird. Lacans berühmte Theorie des Spiegelstadiums trägt zum Verständnis von Bhabhas Konzept des rassistischen Stereotyps als Fetisch bei und wird deshalb hier ausführlicher dargestellt.

Lacans Theorie des Spiegelstadiums

Nach Freud hat das Baby in den ersten Stufen seines Lebens keinen Sinn für sich selbst und kann nicht zwischen sich selbst und anderen Objekten in seiner Umwelt unterscheiden. Durch die totale Abhängigkeit von der Mutter/stellvertretenden Person (»m/other«) lebt es in einer undifferenzierten und symbiotischen Beziehung zu ihrem Körper. Es weiß nicht, wer von wem abhängig ist. Wie Rosalind Minsky weiter ausführt, ist nach Freud und Lacan die frühe Babywelt durch Fantasien von Liebe und Hass, die um den Körper der Mutter zirkulieren, gekennzeichnet (vgl. Minsky 1992: 188f.). Das Kleinkind beginnt, nach Lacan im Alter von ca. sechs Monaten, durch ein kohärentes Bild im Spiegel bzw. durch die Beziehungsperson, sich als unterschiedlich von dieser zu begreifen. Lacan versteht das Spiegelstadium »*als eine Identifikation* … als eine beim Subjekt durch die Aufnahme eines Bildes ausgelöste Verwandlung« (Lacan 1973: 64, Hervorh. i. O.).[10] Das Kind entdeckt im Alter vom sechsten bis zum achtzehnten Monat im Spiegel bzw. in der primären Bezugsperson »m/other« ein imaginäres Bild der

10 Lacan setzte sich mit dem Spiegelstadium nicht nur im berühmten Aufsatz von 1949 »Das Spiegelstadium als Bildner der Ichfunktion« (1973) auseinander, sondern entwickelt dazu auch immer wieder in seinem gesamten Werk neue Gedanken und Hypothesen.

Gestalt seines Körpers. Obwohl das Kleinkind sich selbst als physisch unkoordiniert, von Fantasien und Emotionen überwältigt erfährt, findet es plötzlich vom Spiegel reflektiert, ein anziehendes und befriedigendes Bild von sich selbst als kohärente, mit Grenzen ausgestattete Gestalt. Die idealisierte Wahrnehmung des Kleinkinds von sich selbst im Bild, das die motorische Unkoordiniertheit vergessen lässt, ist abhängig vom anerkennenden Blick der »m/other«. Lacan spricht von der jubilierenden Identifizierung des Kindes mit dem Spiegelbild, das »die symbolische Matrix« darstellt, »an der das *Ich* (je) in einer ursprünglichen Form sich niederschlägt«. (ebd.).

Das Spiegelbild fungiert für das Kind »als ›Gestalt‹ … in einem Außerhalb, wo … diese Form eher bestimmend als bestimmt ist, wo sie ihm aber als Relief in Lebensgröße erscheint« (ebd.). Es ist also nicht das Kind, das die Gestalt konstituiert, sondern die Gestalt konstituiert das Kind als Ich. Die Gestalt wird zum konstitutiven Außen der ersten Annahme einer imaginären Identität. Die Form der Gestalt ist eher fix und statisch statt mobil und dynamisch (vgl. Nobus 1998: 114). Durch die Identifizierung mit dem Spiegelbild vermutet und nimmt das Kind ein Ich an, das außerhalb von ihm liegt, das weder zugänglich noch über eine materielle Existenz über den Spiegel hinaus verfügt. Das ›Ich‹ ist außerhalb, weil seine Matrix sich nicht aus der Aufmerksamkeit des körperlichen Status entwickelt, sondern »as a *Gestalt* within the child's *Umwelt*« (Nobus 1998: 117).

Lacan beschreibt das Spiegelstadium als

> »ein Drama, dessen innere Spannung von der Unzulänglichkeit auf die Antizipation überspringt und für das an der lockenden Täuschung der räumlichen Identifikation festgehaltene Subjekt Phantasmen ausheckt, die, ausgehend von einem zerstückelten Bild des Körpers, in einer Form enden,…und in einem Panzer, der aufgenommen wird von einer wahnhaften Identität, deren starre Strukturen die ganze mentale Entwicklung des Subjekts bestimmen werden« (Lacan 1973: 67).

Das Kind kann sich im Spiegel erkennen noch bevor es in der Lage ist, seine Körperbewegungen zu koordinieren. Der Widerspruch der fehlenden körperlichen Koordination des Kindes zu seinem Bild als Ganzes lässt den Körper als zerstückelt erfahren. Dadurch entsteht Aggressivität. Um dieser aggressiven Spannung zu entkommen, begrüßt das Kleinkind, wie oben erwähnt, den Moment, in dem es sein Bild als sein eigenes annimmt, d. h. sich mit dem Ähnlichen identifiziert, mit Jubel und zwar deshalb, weil es einen imaginären Eindruck von Herrschaft (durch die Vorwegnahme noch nicht erreichter physischer Koordination) vermittelt. Die Freude des Kindes kann von einer »depressiven Reaktion« begleitet sein, wenn das Kind die Unsicherheit seiner Herrschaft mit der Allmacht der ›m/other‹ vergleicht (vgl. Evans 202: 278ff.). Die Bestätigung, die das Kleinkind im Blick der ›m/other‹ erfährt, ist entscheidender als das Bild. »Es [das Kind] spürt in diesem Blick Macht und Wissen, die dem Bild von sich aus nie zukommen. Der Blick spricht, auch wenn er nicht zu hören ist.« (Widmer 1997: 34) Das heißt, das Spiegelstadium bezeichnet nicht nur die Einführung in die imaginäre Ordnung (a), sondern ist auch als symbolisch (A) bzw. sprachlich vermitteltes Ereignis zu begreifen.[11]

Das Spiegel-Ich ist nach Lacan das »Ideal-Ich«, die Quelle der imaginären Projektion und primäre Identifizierung, ein Ich, das nie realisiert werden kann.[12] Das Bild, das das Kind im Spiegel sieht und mit dem es sich identifiziert, stimmt nicht mit dem Bild des Kindes überein, das andere wahrnehmen. Das Spiegelstadium verleiht dem Kind, das sich von außen zu sehen beginnt, eine ›entfremdete Identität‹, die zudem Ergebnis einer »Verkennung« ist (Nobus 1998b: 117). Das Spiegelstadium beleuchtet nach Lacan »den konflikthaften Charakter der Zweierbeziehung. Alles, was das Kind in dieser Fesselung durch sein eigenes Bild lernt, ist genau der Abstand, der zu seinen inneren Spannungen besteht – eben jene, die in diesem Bezug, in der Identifizierung mit diesem Bild angesprochen werden« (Lacan 2007b: 16). Der imaginären Identifizierung mit der Ganzheit der Gestalt im Spiegel liegt die Struktur des Narzissmus – nach Lacan die erotische Anziehung zum eigenen Spiegelbild – sowie deren komplementäre Seite die Aggressivität, die Ausdruck in Bildern des fragmentierten, kastrierten und zerstückelten Körpers findet, zugrunde (vgl. Evans 2002: 198). Die beiden Seiten der imaginären Identifizierung spielen auch im Fetischismus eine bedeutende Rolle.

c) Das Reale

Das Register des Realen ist keinesfalls mit Realität zu verwechseln. Lacan ordnet die Körperlichkeit des Subjekts dem Register des Realen zu, d.h. der Körper ist und bleibt durch die Repräsentation entfremdet. Die kontinuierlichen Versuche, das Reale in seiner Totalität mittels unserer Sprachsysteme (dazu gehören z. B. auch Körpersprachen, Gefühle oder Musik) adäquat zu symbolisieren, scheitern ständig. Das Reale kann weder imaginiert noch in die symbolische Ordnung integriert werden (vgl. Evans 2002: 251). Im Realen existieren keine Grenzen zwischen Innen und Außen, Fantasie und Realität, Ich und Anderer. Das Reale, das diesseits der Sprache situiert ist, entzieht sich der Begrifflichkeit und ist mit dem

11 Gerade weil das symbolische Andere das Imaginäre bestimmt, ist auch ein blindes Kind in der Lage, ein Selbstbild anzunehmen. Das Symbolische ist als Ersatz und Kontrolle seiner Augen da, d.h. es wird sich selbst durch die Worte des Anderen ›sehen‹ (vgl. Nobus 1998: 120).

12 Eine ausführliche Diskussion über die Unterscheidung von Ideal-Ich und Ich-Ideal und der Relevanz für die kulturkritische Perspektive bietet Slavoj Žižek: »›Che Vuoi‹« in: Ders.: The Sublime Object of Ideology, Verso 1989: 87-129.

Instrument der Logik nicht erfassbar (vgl. Widmer 1997: 58). Es ist uns sprachlich als ein Ort der Fantasie, des Unfassbaren und Zeitlosen, nicht zugänglich, es entzieht sich ständig dem »Rendez-vous (...), zu dem wir stets gerufen sind«, schreibt Lacan (1996: 59). Durch unsere Versuche, das Reale zu symbolisieren, wird es zugleich immer auch verloren, d. h. in der symbolischen Ordnung, die durch Sprache ausgedrückt wird, bleibt ständig etwas vermisst. Nach Žižek ist das Reale kein externes widerspenstiges Ding, das sich der symbolischen Ordnung verweigert, »sondern die Bruchstelle im symbolischen Netz selbst« (Žižek 2008b: 26).

Mit dem Register des Realen veranschaulicht Lacan, dass menschliches Sein noch mehr umfasst als das durch Sprache konstituierte Subjekt. Im Realen sind »omnipotentes Erleben« und »Lustprinzip« in ihrer »reinsten Form verkörpert« (Pagel 2002: 57). Die Triebe, die Lacan weder mit Biologie noch mit Instinkten in Beziehung setzt, sind jene Momente, die die drei psychischen Register (Symbolisches, Imaginäres, Reales) miteinander verknoten (vgl. Widmer 1997: 15f.).[13]

Im postkolonialen Diskurs ist zu unterscheiden, ob vom symbolischen anderen (a), imaginären Anderen (A) oder dem kolonial entrechteten bzw. legitimierten anderen Menschen (am ehesten mit Freuds Begriff des »Nebenmenschen« zu umschreiben) die Rede ist. (vgl. Freud 1987: 426).

3. Vorzukunft

Ein weiterer wichtiger Anknüpfungspunkt der postkolonialen Theorie an die Lacansche Psychoanalyse ergibt sich aus dem Verständnis von Zeitlichkeit. Lacan führt dazu aus:

> »Wir lehren das Subjekt, sein Unbewusstes als seine Geschichte zu erkennen, das heißt, wir helfen ihm, die geschichtliche Aktualisierung der Tatsachen zu vollenden, die im Laufe seines Lebens eine gewisse Zahl von historischen ›Wendepunkten‹ bestimmt haben. Aber wenn sie diese Rolle gespielt haben, so waren sie selbst bereits geschichtliche Tatsachen und das bedeutet: in einem bestimmten Sinn anerkannt oder einer bestimmten Ordnung entsprechend zensiert.« (Lacan 1986b: 100f.)

So ist auch das Spiegelstadium nicht als Entwicklungsstufe zu verstehen, deren Erfahrungen vorhergesagt werden könnten, sondern seine Bedeutung hängt von

13 In diesem Beitrag ist es aus Platzgründen nicht möglich, auf die durch Lacan inspirierte Debatte über die sexuelle Differenz, die in eine spannungsgeladene Auseinandersetzung mit Thesen der feministischen Gender- und Queertheorie mündet, einzugehen. Mit diesen Fragen habe ich mich in meinem Aufsatz ausführlicher befasst: vgl. Brigitte Kossek: Zur Artikulation der rassischen und sexuellen Differenz in Homi K. Bhabhas ›Anatomie des kolonialen Diskurses‹. In: Anna Babka et al. (Hrsg.): Dritte Räume. Homi K. Bhabhas Kulturtheorie. Anwendung. Kritik. Reflexion. Wien, Turia & Kant, 2011 (im Druck).

Geschehnissen danach ab, die das Selbstbild des Subjekts bestimmen. Die mögliche Bedeutung des Spiegelstadiums ist retroaktiv zu entschlüsseln (vgl. Nobus 1998: 122f.).

Die Zeitstruktur der klassischen Psychoanalyse ist die abgeschlossene Vergangenheit (present perfect), jene der Lacan'schen Psychoanalyse, die Vorzukunft, d.h. das was gewesen sein wird.

> »Was sich in meiner Geschichte verwirklicht, ist nicht die abgeschlossene Vergangenheit (passé défini) dessen, was war, weil es nicht mehr ist, auch nicht das Perfekt dessen, der in dem gewesen ist, was ich bin, sondern das zweite Futur (futur antérieur) dessen, was ich für das werde gewesen sein, was zu werden ich im Begriff stehe.« (Lacan 1986b: 143).

Einfacher ausgedrückt, geht es um eine Zeitreise, die das Subjekt der Zukunft in die Vergangenheit mit dem Ziel der Integration der unbewussten Vergangenheit in den laufenden Prozess seines Werdens unternimmt. Nach Lacan ist Geschichte nicht mit Vergangenheit gleichzusetzen, denn »Geschichte ist die Vergangenheit nur, sofern diese in der Gegenwart historisiert ist (...), weil sie in der Vergangenheit erlebt worden ist« (Lacan 1990b: 20). Worauf es ankommt, setzt Lacan fort, ist weniger »sich der Geschichte zu erinnern, als sie noch einmal zu schreiben« (ebd.). Diese Überlegungen sind auch für das postkoloniale Unternehmen – der rückblickenden Neuschreibung der (verdrängten) Geschichte des Kolonialismus – relevant.

Auch die postkoloniale Theorie befasst sich mit der Hinterfragung von Zeitstrukturen. So wird die Aufmerksamkeit auf den meist unreflektiert vorausgesetzten eurozentrischen Begriff von Zeitlichkeit gelenkt, der andere kulturelle Zeitlichkeiten ausgrenzt. Bhabha kritisiert, dass ein Verständnis des ›Post‹ im Postkolonialismus als ein zeitliches ›Danach‹ (als Abfolge statt als Überlappung) einen verkürzten Begriff von Geschichte als so genannter objektiv erkennbare Realität, als abgeschlossenes Kapitel der Vergangenheit ohne Beziehung zur Gegenwart und Zukunft zum Ausdruck bringt. Er schlägt vor, das ›Post‹ als einen Raum des ›Darüber Hinaus‹ (»beyond«), als einen sich ständig verschiebenden Zwischenraum (»in-between«) zu begreifen, in dem Kolonialismus neu beschrieben wird. Das ›Darüber Hinaus‹, ist eine Reise in die Zukunft, in Visionen über andere Möglichkeiten zwischenmenschlicher Begegnung und Anerkennung. Diese Reise stellt Bhabha unter die Bedingung der Rückkehr in die Gegenwart. In diesem Sinne wird das ›Darüber Hinaus‹ zu einem »Raum der Intervention im Hier und Jetzt«, der Verantwortung impliziert (vgl. Bhabha 2000: 10). Die Reise in die Zukunft und wieder zurück in die Gegenwart ermöglicht es nach Bhabha, an einer »re-visionären Zeit« teilzuhaben und »*die Zukunft auf der uns zugewandten Seite zu berühren*« (ebd., Hervorh. i. O.). Politische Fantasie und Visionen über die Grenzen der Gegenwart hinaus sind für Veränderungen notwendig. Vergangenheit und Gegenwart sind nach Bhabha durch keine Zeitbarriere getrennt, nicht als kulturell »abgekartet«, als Gewissheit und objektive Realität, sondern als »past-present«, als »Zwischen-Raum« und als »Raum der Intervention« zu begreifen (vgl. ebd.: 13). Bhabhas Begriff von Zeitlichkeit und sein Blick in die Zukunft ist vom politischen Wunsch nach Veränderung der postkolonialen Gegenwart getragen und insofern nicht mit jenem Lacans gleichzusetzen. Bhabhas und Lacans Zeitlichkeiten stehen sich dennoch nicht unvereinbar gegenüber. So stellt Bhabha fest:

> »Meiner Meinung nach stattet die psychoanalytische Zeitlichkeit die Äußerung der ›Gegenwart‹ – ihre de-plazierten Zeiten, ihre affektiven Intensitäten – mit kulturellem und politischem Wert aus. Wenn man sie im Szenario des Unbewussten verortet, ist ›Gegenwart‹ weder das mimetische Zeichen historischer Jetzt-zeitigkeit (die Unmittelbarkeit der Erfahrung), noch ist sie der sichtbare Schlusspunkt der historischen Vergangenheit (die Teleologie der Tradition).« (Bhabha 2000: 322)

Die Zeit der Vorzukunft – das was gewesen sein wird – könnte als Herausforderung der postkolonialen Kulturwissenschaft verstanden werden, Verantwortung für nichtrepräsentierte Geschichte in der Gegenwart für die Zukunft zu übernehmen.

4. ›Blind spot‹: Psychoanalyse und Kolonialismus

Der moderne Kolonialismus und Rassismus wird kritisch als blinde Stelle in der Theorie der Psychoanalyse dargestellt. Die Begründung der Psychoanalyse durch Sigmund Freud um 1890 fällt in eine Zeit, in der sich die europäischen Nationen durch ihre Beziehung zu den Kolonien als moderne Nationalstaaten etablierten. In seinem Aufsatz »Die Frage der Laienanalyse« (1926) beschreibt Freud die Unwissenheit, die in der Psychologie über die Sexualität der erwachsenen Frau herrscht, mit »*dark continent*«, einer kolonialen Metapher des so genannten unbekannten Afrikas (vgl. Freud 2009b: 225). Nach Mary Ann Doane beschränkt sich die feministische Kritik an dieser Aussage Freuds zu oft darauf aufzuzeigen, wie dadurch weibliche Sexualität als unerforschtes Territorium aufgefasst wird, als »enigmatic, unknowable place concealed from the theoretical gaze and hence the epistemological power of the psychoanalyst« (Doane 1999: 448). Gleichzeitig wird in der feministischen Theorie jedoch der koloniale Gehalt von Freuds Analogie übersehen, kritisiert Doane. Schließlich hat Freud diese kolonialistische Vorstellung von Afrika, die Licht mit Zivilisation und Dunkelheit mit »wilden Bräuchen« analogisierte aus der Publikation des Afrikaforschers Henry M. Stanley »Through the Dark Continent« (1878) übernommen. Stanley wie Freud feminisieren Afrikas sog. mysteriöse Rätselhaftigkeit. Freuds »dark continent«, als Markierung der Unzugänglichkeit weiblicher Sexualität, ist eine historische Spur, die eine Verbindung zur kolonialen Fantasie des 19. Jahrhunderts zeigt.[14]

Die Psychoanalyse – die vor allem als das Terrain zur Erforschung der sexuellen und geschlechtlichen Differenz als Ergebnis psychosozialer Prozesse gilt – wird sowohl als Werkzeug als auch als Hindernis für die politische Intervention in sexuelle und geschlechtliche Unterdrückung aufgefasst. Erst seit den 1990er Jahren gilt die Psychoanalyse – mit der Ausnahme von Studien in den 1950er Jahren, wie z. B. jener von Fanon – auch als ein Gebiet, das zur kritischen Erforschung von rassisierten geschlechtlichen Konstruktionen von Subjektivität beitragen kann (vgl. Walton 2001). Freud, Lacan und die Psychoanalyse als kolonialistisch, rassistisch und maskulinistisch zu verwerfen, bedeutet vorschnell auf Erkenntnisse, die sie nicht nur für die klinische Arbeit, sondern auch für die Entwicklung von postkolonialer Kultur- und Rassismuskritik ermöglichen, zu verzichten. Die Lacan'sche Psychoanalyse[15], die sich hauptsächlich der sexuellen Differenz widmet, wird bereits für die Unterscheidung und Spezifizierung der Kategorie ›Rasse‹ genutzt.[16] Rassische ›Identität‹ ist, wie Anne Anlin Cheng erinnert, eine der machtvollsten Formen von (kollektiver) Fantasie. Sie schlägt vor, Rasse als Fantasie, »race-as-fantasy«, aufzufassen, die nur in der Fantasie ihre Basis hat (vgl. Cheng 2001: 167f.). Wie Bhabha orientiert sich auch Cheng an einem von der Psychoanalyse Freuds und Lacans inspirierten Konzept der Fantasie. Demnach ist Fantasie nicht als fiktives Produkt der Einbildungskraft, das der tatsächlichen Realität entgegengesetzt ist, zu begreifen. Fantasie ist vielmehr, wie Slavoj Žižek darlegt, der Rahmen, der unseren Zugang zur Realität garantiert, sie ist »our ›sense of reality‹« (Žižek 1999: 122). Im Kern bedeutet dies, dass uns Realität erst durch die Fantasie zugänglich ist. Hinfällig wird damit die Trennung zwischen einem ›realen‹ und einem ›illusionären‹ Bereich. Freud bezeichnete mit dem Begriff ›Phantasie‹ einen »Schauplatz in der Imagination, in dem ein unbewusstes Begehren inszeniert wird« (Evans 2002: 229). Damit ist nicht behauptet, dass Rassismus – eine flexible Ideologie mit eigenen Diskursformen, die vielseitiges Handeln erlauben – auf ein psychisches Phänomen zu reduzieren, sondern aus unterschiedlichen Perspektiven zu untersuchen ist.

14 Vgl. Doane 1999. Eine ausführlichere Analyse der Verwendung der »dark continent«-Metapher durch Freud und ihrer Implikationen bietet Ranjana Khanna 2004, 48-53.

15 Gefordert wird immer wieder auch die Untersuchung von kolonialen Prägungen des Werks von Jacques Lacan. Über diese Forderung hinaus, bin ich allerdings bislang auf keine Arbeit gestoßen, die dieses ehrgeizige Projekt in Angriff genommen hätte.

16 Vgl. Žižek (1999a), Seshardri-Crooks (2000); weiters auch Copjec (2004).

5. Zur Magie des ›rassischen‹ Fetisch

Bhabhas Schweigen über die Kolonialgeschichte des Fetisch-Konzepts, das er in Anlehnung an Freud verwendet, stößt auf Kritik.[17] Um Bhabhas Konzeption des rassistischen Stereotyps als Fetisch zu verstehen, ist ein kurzer Exkurs zu Freuds Konzept des Fetischismus notwendig.

Freuds Fetischismuskonzept (1927)

Für Freud ist ein weiblicher Fetischismus nicht existent.[18] Nach Freud wird der Fetisch zwar »als eine Abnormität erkannt, aber nur selten als Leidenssymptom empfunden« (Freud 2009d: 329). Im Kern bezeichnet der Fetisch die Weigerung des Knaben, zur Kenntnis zu nehmen, dass die Mutter keinen Penis besitzt. Diese Entdeckung fasst der Knabe als eine Bedrohung des eigenen Penisbesitzes, als Bedrohung des narzisstischen Selbstbildes auf.

Der Fetischismus kreist um das Problem der Verleugnung der (sexuellen) Differenz und der Angst vor der Kastration. Die sexuelle Differenz wird verleugnet durch die Fixierung auf ein magisches Objekt, den Fetisch, dem die Macht zugeschrieben wird, die sexuelle Differenz zu kaschieren und somit die Ursprungsfantasie intakt zu belassen. Der Glaube an den »Phallus des Weibes« wird bewahrt, aber auch aufgegeben (vgl. ebd.: 331). Funktion des Fetisches ist nicht nur die Ordnung der Welt entlang dieser widersprüchlichen Glaubensstruktur (Verleugnung und Anerkennung der sexuellen Differenz) auszurichten, sondern auch magische Kontrolle über die Differenz bzw. die Abwehr der Kastration durch das Fetischobjekt zu erlangen. Der Fetisch ist Zeichen des Triumphes über die Kas-

17 Zur Kritik an Bhabhas fehlender Auseinandersetzung mit der Kolonialgeschichte des Fetisches vgl. z.B. Young 1990: 144; McClintock 1995: 181-204; Moore-Gilbert 1997: 142. Der westliche Diskurs über den Fetisch beginnt mit der kolonialen ›Begegnung‹ von portugiesischen Seefahrern und westafrikanischen KüstenbewohnerInnen im 16. Jahrhundert. Das portugiesische Wort »feitiço« (vor der portugiesischen Kolonialgeschichte Afrikas nicht existent), aus dem später der Begriff Fetisch abgeleitet wurde, lässt die portugiesische Bezeichnung von Zauberei, magischen Künsten und rituellen Objekten vermuten. »Feitiço« steht für den verlorenen afrikanischen Begriff des Fetischs und seine Bedeutungen. Im 18. Jahrhundert diente der Begriff Fetisch zur Charakterisierung so genannter primitiver Religionen und Kulturen. Die Geschichte des Fetischismus von seinen kolonialen Ursprüngen bis zu Marx und Freud ist Gegenstand ausführlicher historischer Analyse: vgl. Pietz, William (1985): »The Problem of the Fetish I«. In: RES: Journal of Anthropology and Aesthetics 9: 5-17; Ders. (1987): »The Problem of the Fetish II«. In: The Origin of the Fetish. In: RES: Journal of Anthropology and Aesthetics 13: 23-45; Böhme, Hartmut (2006): Fetischismus und Kultur. Eine andere Theorie der Moderne. Reinbek bei Hamburg: rororo.

18 Zur Kritik daran vgl. z.B. Grosz, Elizabeth (1991): »Lesbian Fetishism?« in: Differences 3, 2: 39-54; Butler, Judith (1995): Körper von Gewicht. Die diskursiven Grenzen des Geschlechts. Berlin, Berlin-Verlag; McClintock 1995: 181-203.

trationsdrohung und psychische Schutzmacht gegen sie.[19] Alle möglichen physischen Objekte wie Schuhe, Pelz, Samt und selbst die Nase können nach Freud als Fetisch fungieren.

Zurück zu Bhabha. Rassistisches Stereotyp = Fetisch

Die Abhängigkeit vom Konzept der Fixiertheit (fixity) bei der Konstruktion des Andersseins ist nach Bhabha wichtiges Merkmal des kolonialen Diskurses. Die Fixiertheit auf Zeichen ethnischer oder rassischer Differenz[20], ist als Resultat der Stereotypisierung, der Hauptstrategie des kolonialen Diskurses, wie Bhabha betont, aufzufassen. Er argumentiert, dass durch die Macht der Ambivalenz – der Koexistenz von zwei unvereinbaren Impulsen wie Begehren und Verachtung – die konstitutiv für die Funktionsweise des Stereotyps (auf psychischer Ebene) ist, eine Kritik, die aus einer moralisierenden Perspektive erfolgt (so genannte falsche Ideologien) inadäquat ist. Die Ambivalenz sichert die Wiederholbarkeit des Stereotyps in historisch sich verändernden Zusammenhängen und die Effekte einer wahrscheinlichen Wahrheit und Vorhersagbarkeit, kurz seine Wiederbestätigung. Die Stereotypisierung ist nach Bhabha nicht nur als eine ambivalente und widersprüchliche Form der Repräsentation, Erkenntnis und Macht, sondern vor allem als Ermöglichung von »Prozessen der Subjektifizierung« zu begreifen (vgl. Bhabha 2000: 98). Das heißt, die Herausforderung für die Analyse besteht darin, die durch die Stereotypisierung von Andersheit als ambivalentes Objekt des Begehrens und der Verachtung ermöglichten Identifizierungsprozesse zu verstehen. Zentral bei der Konstruktion der Andersheit ist die »Artikulation von Differenz, die in der Phantasie von Ursprung und Identität selbst enthalten ist« (Bhabha 2000: 99). Das in den Worten Bhabhas »unmögliche Verlangen nach einem reinen, undifferenzierten Ursprung«, das im Stereotyp verkörpert ist, beruht auf der Fantasie bzw. dem Mythos der rassischen Reinheit, Ursprünglichkeit und Überlegenheit (vgl. ebd.: 120).

Nach Lacan charakterisiert das Fixierte und Unbewegliche das Phantasma. Er vergleicht den Schauplatz der ›Phantasie‹ mit dem eingefrorenen Bild auf der Kinoleinwand, das angehalten werden kann, um eine traumatische Szene zu vermeiden (vgl. Evans 2002: 229). Im kolonialen Diskurs wird Fantasie in der Fixiertheit des Anderen ähnlich dem festgehaltenen Bild auf der Kinoleinwand verdichtet. Die Bedeutung und Macht der im kolonialen Diskurs produzierten

19 Nach Freud erspart der Fetisch es dem Fetischisten, homosexuell zu werden, weil dadurch das »Weib« als »Sexualobjekt erträglich wird« (Freud 2009: 331). Freud gibt allerdings keine Auskunft darüber, ob das »Weib« wie eine Frau oder wie ein Mann geliebt wird.

20 Bhabha verwendet die beiden Begriffe oft synonym.

Erkenntnisse werden, wie Bhabha argumentiert, »von der Phantasie überlappt, die das unmögliche Verlangen nach einem reinen, undifferenzierten Ursprung dramatisch inszeniert« (Bhabha 2000: 120). Der Mythos von der Ganzheit und Außerordentlichkeit, ein nicht einlösbares Verlangen, ist mit der unbewussten Bezugnahme auf »Whiteness« verknüpft, wodurch der Sinn rassischer Differenzierung, Kategorisierung und Hierarchisierung hergestellt wird. Ausschlaggebend für die Wirksamkeit dieser Fantasie ist, dass »Whiteness« die Ganzheit und Außerordentlichkeit des Seins signifiziert, wie Kalpana Seshadri-Crooks (2000: 5) argumentiert. »Whiteness« fungiert, wie sie erläutert, als »master signifier«, als Signifikant, der selbst jenseits von Geschichtlichkeit und Signifizierungspraxen platziert ist, um seine historische Rolle und Position als kulturelle Erfindung verschleiern zu können (vgl. Seshadri-Crooks 2000: 2f). Visuell wahrnehmbare Differenzen, wie z. B. Haut, Haar, Knochen, die außerhalb von kolonialen Kontexten und signifizierenden Praktiken verortet werden, durch die sie erst Bedeutung erlangen, fungieren als phantastisches Versprechen, dass »Weißheit« also weit mehr als eine diskursive Konstruktion sei (vgl. ebd. 2000: 59). Die Fantasie des Weiß-Seins wird durch die Annahme der Existenz von prädiskursiven Körpermerkmalen gestützt, die den Begriff von Rasse prägen – selbst wenn das Wort nicht (mehr) strapaziert wird. Die Verdrängung der kulturellen Herstellungsprozesse der Sichtbarkeit von Körpermerkmalen führt dazu, dass diese als Natur, als spontanes und unschuldiges Ergebnis der »Evidenz des Sichtbaren«, präsentiert werden (vgl. Bhabha 2000: 118). Spontaneität, Natürlichkeit und Sichtbarkeit sind bedenkliche Merkmale, die der Form der Erkenntnis zugeschrieben werden, die das Stereotyp bietet.

Analog zu Freuds Begriff des Fetischs entwickelt Bhabha die These, dass das rassistische Stereotyp strukturell und funktional als Fetisch fungiert. Er nimmt damit eine flexiblere Verwendung von Freuds Kastrationsmodell vor. Den nach Freud im Fetischismus zum Ausdruck kommenden Wunsch »Alle Menschen haben einen Penis« übersetzt Bhabha in »Alle Menschen haben dieselbe Hautfarbe/Rasse/Kultur« (2000: 110). Desgleichen übersetzt er die Angst (vor der sexuellen Differenz) im Fetischismus, »Einige haben keinen Penis« in »Einige haben nicht dieselbe Hautfarbe/ Rasse/Kultur« (ebd.). Die Ideen rassischer Reinheit, Ursprünglichkeit und Überlegenheit werden im Stereotyp/Fetisch bewahrt und normalisiert. Hingegen bleibt ausgeschaltet, dass diese Überzeugung Ergebnis der Verleugnung von Differenz ist. Das Stereotyp als Fetisch erinnert stets an den Horror der Kastration und offeriert zugleich seine magische Kraft als Substitut für den Penis der Mutter, als Substitut für die nicht existierende Weißheit, rassische Reinheit und Überlegenheit zu fungieren. Das Stereotyp bzw. der Fetisch gewährt, wie Bhabha zeigt, Zugang zu einer Identität, die sowohl auf Herrschaft und Lust wie auf Angst und Abwehr basiert. Die Ambivalenz ist die konstitutive Bedingung des Stereotyps/Fetischs, das/der als Objekt des Begehrens und der Angst konstruiert wird, damit die Identität des kolonialen Subjekts als Differenz artikuliert wird, »die in der Phantasie von Ursprung und Identität selbst enthalten ist« (ebd.: 99). Aus dieser Perspektive besteht die Funktion des rassistischen fetischistischen Diskurses darin, den Mangel, die Bedingung der Konstituierung des Subjekts, ständig zu verdecken und sich endlos zu wiederholen. Denn das Begehren, über eine gesicherte überlegene und ganzheitliche Identität zu verfügen, lässt sich mithilfe des Symbolischen, der Sprache, zwar auffangen, jedoch nicht aufheben und bleibt damit unrealisierbar und unerreichbar. Der im Fetisch/Stereotyp festgestellte rassierte (und stets sexuierte) Andere ist ein Objekt der Fantasie, das ebenso wenig wie der Penis der Mutter existiert. Das rassistische Stereotyp, eine Unterdrückungspraktik, verhindert die Auseinandersetzung mit dem Mangel und die Kommunikation mit anderen Menschen sowie letztendlich auch die Anerkennung von Differenz auf der Grundlage von Gleichheit und Freiheit.

Das Scheitern der Sehnsucht nach dem Einssein findet nach Bhabha im Fetisch/Stereotyp und im stereotypisierenden Blick Ausdruck. In beiden manifestiert sich nach Bhabha nicht nur koloniale Fantasie und Macht, sondern potentiell immer auch (Ver-)Störung. Der Blick, der die Differenz wieder zurückspiegelt, kann zur Drohung für die KonstrukteurIn werden, dass die Differenz nur fast, aber nicht ganz absolut ist (vgl. ebd.: 120). Der/die KonstrukteurIn sieht im Stereotyp, eben weil es auf Fixierung und Substitution beruht, »immer die Spur des Fehlenden« (ebd.). Bhabha verweist damit darauf, dass Identität, Überlegenheit und Macht, die das Stereotyp als Fetisch verspricht, stets auch von innen destablisiert wird. Die Magie des Fetischs besteht aber darin, (Ver-)Störungen erträglich zu machen und Kontrolle über die bedrohliche Welt/Gesellschaft zu suggerieren. Bhabhas Fetischmodell scheint anzudeuten, dass jede Behauptung von Identität eine fetischistische Struktur aufweist. Es wirft Fragen auf, über die es sich lohnt, weiter nachzudenken.

Literatur

Babka, Anna et al (Hrsg.) (2011): Dritte Räume. Homi K. Bhabhas Kulturtheorie. Anwendung. Kritik. Reflexion. Wien: Turia & Kant (in Druck)

Bhabha, Homi K. (2000 [1994]): Die Verortung der Kultur. Tübingen: Stauffenburg

Bronfen, Elisabeth et al. (Hrsg.) (1997): Hybride Kulturen. Beiträge zur anglo-amerikanischen Multikulturalismusdiskussion. Tübingen: Stauffenburg

Cheng, Anne Anlin (2001): The Melancholy of Race. Psychoanalysis, Assimilation and Hidden Grief. Oxford: Oxford University Press

Doane, Mary Ann (1999): Dark continents: epistemologies of racial and sexual difference in psychoanalysis and the cinema. In: Evans, Jessica u. Stuart Hall (Hrsg.): visual culture: the reader. London: Sage. 448-456

Evans, Dylan (2002): Wörterbuch der Lacanschen Psychoanalyse. Wien: Turia + Kant

Freud, Sigmund (2009a [1927]): Abriss der Psychoanalyse. Einführende Darstellungen. Frankfurt a.M: Fischer

Freud, Sigmund (2009b [1927]): Die Frage der Laienanalyse. Unterredung mit einem Unparteiischen. In: Freud, Sigmund (2009a [1927]): 195-277

Freud, Sigmund (2009c [1927]): Das Ich und das Es. Metapsychologische Schriften. Frankfurt a.M.: Fischer

Freud, Sigmund (2009d [1927]): Fetischismus. In: Freud, Sigmund (2009c [1927]) 327-334

Freud, Sigmund (2006a [1901]): Schriften über Träume und Traumdeutungen. Frankfurt a.M.: Fischer

Freud, Sigmund (2006b [1901]): Über den Traum. In: Freud, Sigmund (2006a [1901]): 35-86

Freud, Sigmund (1987a [1895]): Gesammelte Werke. Nachtragsband: Texte aus den Jahren 1885-1938, Frankfurt a.M.: Fischer

Freud, Sigmund (1987b [1895]): Entwurf einer Psychologie in: Freud, Sigmund (1987a [1895])

Hall, Stuart (1997): Wann war »der Postkolonialismus«? Denken an der Grenze. In: Bronfen et al. (Hrsg.) (1997): 219-246

Kossek, Brigitte (2011): Zur Artikulation der rassischen und sexuellen Differenz in Homi K. Bhabhas ›Anatomie des kolonialen Diskurses‹. In: Anna Babka et al (Hrsg.) (2011).

Lacan, Jacques (1973a [1949]): Schriften I. (Ausgew. u. hrsg. v. Norbert Haas. Olten/Freiburg: Walter

Lacan, Jacques (1973b [1949]): Das Spiegelstadium als Bildner der Ichfunktion wie sie uns in der psychoanalytischen Erfahrung erscheint. In: Lacan (1973a [1949]). 63-70

Lacan, Jacques (1986a): Schriften I. (Hrsg. v. Norbert Haas.) Olten: Walter

Lacan, Jacques (1986b): Funktion und Feld des Sprechens und der Sprache in der Psychoanalyse. In: Lacan (1986a): 71-170

Lacan, Jacques (1990 [1975]): Das Seminar von Jacques Lacan Buch I (1953-53). Freuds Technische Schriften. Weinheim/Berlin: Quadriga

Lacan, Jacques (1990 [1975]): Einführung in die Kommentare zu den technischen Schriften von Freud. In: Lacan (1990 [1975]): 13-28

Lacan, Jacques (1996 [1973]): Die vier Grundbegriffe der Psychoanalyse. Das Seminar Buch XI. Weinheim/Berlin: Quadriga

Lacan, Jacques (2007a [1956/1957]): Das Seminar Buch IV. Die Objektbeziehung. Wien: Turia+Kant

Lacan, Jacques (2007b [1956/1957]): Einführung. In: Lacan (2007a) [1956/1957].

McClintock, Anne (1995): Imperial Leather. Race, Gender and Sexuality in the Colonial Contest. London: Routledge

Minsky, Rosalind (1992): Lacan. In: Helen Crowley u. Susan Himmelweit (Hrsg.): Knowing Women. Feminism and Knowledge. Cambridge: Polity Press, 188-205

Moore-Gilbert, Bart (1997): Postcolonial Theory. Contexts, Practices, Politics. London/New York: Verso

Nelson, Gary/Grossberg, Lawrence (Hrsg.) (1988): Marxism and the Interpretation of Culture. London: MacMillan

Nobus, Dany (Hrsg.) (1998a): Key Concepts of Lacanian Psychoanalysis. London: Rebus Press

Nobus, Dany (1998b): Life and Death in the Glass: A New Look at the Mirror Stage. In: Nobus (Hrsg.) (1998): 101-138

Pagel, Gerda (2002): Jacques Lacan zur Einführung. Hamburg: Junius

Ruhs, August (2010): Lacan. Eine Einführung in die strukturale Psychoanalyse. Wien Löcker

Seshardri-Crooks, Kalpana (2000): Desiring Whiteness. A Lacanian analysis of race. London/New York: Routledge

Said, Edward W. (1995 [1978]): Orientalism. Western Conceptions of the Orient. London/New York: Penguin

Spivak, Gayatri C. (1988): Can the Subaltern Speak? In: Nelson/Grossberg (Hrsg.): 271-313

Spivak, Gayatri C. (1999): History. In: Dies.: A Critique of Postcolonial Reason. Toward a History of the Vanishing Present. London/Cambridge: Harvard Univ. Press: 198-311

Walton, Jean (2001): Fair Sex, Savage Dreams. Race, Psychoanalysis, Sexual Difference. Durham/London: Duke University Press

Widmer, Peter (1997): Subversion des Begehrens. Eine Einführung in Jacques Lacans Werk. Wien: Turia+Kant

Wright, Elisabeth/ Wright, Edmond (Hrsg.) (1999): The Žižek reader. London: Blackwell

Young, Robert (1990): White Mythologies. Writing History and the West. London/New York: Routledge

Žižek, Slavoj (1999): Is it possible to traverse the fantasy in cyberspace? In: Wright/ Wright (Hrsg.) (1999): 102-124

Žižek, Slavoj (2008a): Lacan. Eine Einführung. Frankfurt a.M.: Fischer

Žižek, Slavoj (2008b): Der Ärger mit dem Realen. Wien: Sonderzahl

Historiographie und Anthropologie. Zur Kritik hegemonialer Wissensproduktion bei Talal Asad, Bernard S. Cohn und der Subaltern Studies Group

Roger Begrich / Shalini Randeria

»The conquest of India was a conquest by knowledge« (Cohn 1996: 16).

Die Schlüsselwerke und Autoren[1], die in diesem Kapitel über den Beitrag der Anthropologie zur postkolonialen Theorie behandelt werden, befassen sich entweder mit Fragen über die koloniale Bedingtheit der Anthropologie (Asad), oder sie wenden eine anthropologische Perspektive auf historische Untersuchungsgegenstände an (Cohn, Subaltern Studies). Ihnen gemeinsam ist die kritische Auseinandersetzung mit der – bis dahin nicht oder unzulänglich behandelten – Rolle des Kolonialismus in der sozialanthropologischen Wissensproduktion.

1. Talal Asad: Die koloniale Bedingtheit der Anthropologie

Asad nahm die für die postkoloniale Theorie zentrale Fragestellung über den Zusammenhang zwischen Macht und disziplinärem Wissen um Jahre vorweg, als er 1973 in »Anthropology and the Colonial Encounter« dazu aufforderte, über die ungleichen Machtverhältnisse zwischen dem Westen und der ›Dritten Welt‹ nachzudenken, welche die Produktion anthropologischen Wissens ermöglicht hatten (vgl. Scott/Hirschkind 2006):

> »We must begin from the fact that the basic reality which made pre-war social anthropology a feasible and effective enterprise was the power relationship between dominating (European) and dominated (non-European) cultures. We then need to ask ourselves how this relationship has affected the practical pre-conditions of social anthropology; the uses to which its knowledge was put; the theoretical treatment of particular topics; the mode of perceiving and objectifying alien societies; and the anthropologist's claim of political neutrality.« (Asad 1973a: 17)

1 Mit der maskulinen Schreibweise ignorieren wir nicht die Rolle von Autorinnen, aber bei den Einzelautoren mit welchen sich dieses Kapitel befasst (Asad und Cohn) handelt es sich um Männer, und auch das Subaltern Studies Kollektiv ist von Männern dominiert und war in seiner Anfangsphase sogar ein exklusiver Männerbund.

Die Anthropologie hatte sich zu Beginn der Kolonialzeit als Wissenschaft etabliert und gelangte zur Blüte, als sich die europäische Kolonialherrschaft dem Ende zuneigte. Während dieser Zeit produzierten europäische ForscherInnen Wissen für europäische Öffentlichkeiten über nicht-europäische Völker, die von EuropäerInnen beherrscht wurden. Vor diesem Hintergrund kritisierte Asad die Weigerung im Fach, sich ernsthaft mit den Machtstrukturen auseinanderzusetzen, innerhalb welcher sich die Disziplin entwickelt hatte (vgl. Asad 1973a). Soziale und kulturelle Umwälzungen verursacht durch koloniale Praktiken stellten laut Asad einen blinden Fleck für die Anthropologie dar.

Asads Anliegen war es, die kritische Auseinandersetzung mit der Rolle der Anthropologie in kolonialen Machtverhältnissen weg von moralisierenden Anschuldigungen gegen einzelne AnthropologInnen sowie von Diskussionen über das Fach als Werkzeug oder Handlanger des Kolonialismus hin zu einer historischen Kontextualisierung der konzeptuellen Grundbedingungen der Disziplin zu lenken.[2] Seiner Ansicht nach war die Bedeutung der Anthropologie für den Kolonialismus eher marginal – Europa hätte die kolonisierten Länder auch ohne Zutun von AnthropologInnen seinen Machtansprüchen unterworfen (vgl. Scott 2006). Als viel signifikanter erschien ihm dagegen die Rolle, welche der koloniale Kontext für die ideologischen Grundbedingungen der vorherrschenden theoretischen Ausrichtung vieler AnthropologInnen jener Zeit spielte.

Der Funktionalismus etwa eignete sich hervorragend, so Asad, um von EuropäerInnen beherrschte Gesellschaften als ganzheitliche Systeme zu erklären, ohne die koloniale Situation thematisieren zu müssen. Denn in dieser theoretischen Ausrichtung wird beispielsweise angenommen, dass lokale politische Strukturen oder Verwandtschaftssysteme Funktionen ausüben, die für das Aufrechterhalten von gesellschaftlichem Gleichgewicht und Kohärenz von Bedeutung sind.

In »Two European Images of Non-European Rule« (1973b), seinem eigenen Beitrag zu dem von ihm herausgegebenen Band »Anthropology and the Colonial Encounter«, zeigte Asad auf, dass funktionalistische Anthropologie die durch Kolonialismus hervorgerufenen Veränderungen afrikanischer politischer Strukturen nicht als Gegenstand wissenschaftlicher Reflexion betrachtete, sondern als administrative Probleme[3]. Er versuchte die Zusammenhänge zwischen Machtkon-

2 Seither hat Asad seinen kritischen, von einem profunden Skeptizismus geprägten Blick auf die konzeptuellen Grundlagen westlichen Wissens über die nicht-westliche Welt (siehe Scott and Hirschkind 2006: 1) u. a. im Zusammenhang mit Fragen von Religion und Säkularismus angewandt (vgl. Asad 1993; 2003), sowie in jüngster Zeit auch entscheidend zu den aktuellen Debatten über universelle Menschenrechte (2000), das muslimische Kopftuch in Europa (2005), oder Selbstmordattentäter (2007) beigetragen.

3 Schon in seinem ersten Buch The Kababish Arabs meinte Asad, dass es für AnthropologInnen (der späten Kolonialphase; Anm. der AutorInnen) notwendig gewesen wäre, den Funktionalis-

stellationen und den Bedingungen für Wissensproduktion offenzulegen, indem er solche funktionalistische Untersuchungen orientalistischen (d. h. islamwissenschaftlichen) Studien über Herrschaftsverhältnisse in der muslimischen Welt gegenüber stellte. Dabei kontrastierte er die Darstellungen, welche die beiden Disziplinen jeweils vom institutionalisierten Verhältnis zwischen (lokalen) Herrschern und Beherrschten zeichneten: Die funktionalistische Anthropologie beschrieb dieses Verhältnis als harmonisch, wogegen die Orientalistik es als konfliktgeladen und sogar repressiv präsentierte. Asad interessierte sich dabei insbesondere für die Vereinfachungen und Auslassungen in diesen Darstellungen. So strich er heraus, dass die funktionalistische Anthropologie der Tatsache der europäischen Zwangsherrschaft und der Abhängigkeit afrikanischer Herrscher davon keine Rechnung trug. Er wertete diese Auslassung als »non-political perception of a profoundly political fact« (Asad 1973b: 108). Die klischeeartigen funktionalistischen Darstellungen afrikanischer Stammeshäuptlinge, die mit der Zustimmung ihrer Untertanen regierten (z. B. in Fortes/Evans-Pritchard 1940), stellte Asad orientalistischen Beschreibungen islamischer Herrscher und der unfreiwilligen Unterwerfung oder zynischen Gleichgültigkeit ihrer Untergebenen gegenüber. Das Verhältnis zwischen islamischen Herrschern und Beherrschten wurde dabei als irrational und konfliktgeladen dargestellt, mit dem Potential für Ausschreitungen, welche mit Gewalt unterdrückt wurden.

Mit dieser Gegenüberstellung zielte Asad auf eine historische Kontextualisierung der epistemologischen Voraussetzungen für wissenschaftliche Arbeit ab, also auf ihre Bedingtheit durch Machtverhältnisse. Die funktionalistische Anthropologie nach dem Ersten Weltkrieg kritisierte zwar gewisse koloniale Praktiken, stelle aber das koloniale System an sich nicht in Frage. Die Orientalistik begann sich dagegen schon Ende des 19. Jahrhunderts zu etablieren – kurz vor der grossen europäischen Kolonialexpansion. Nach Asad hatten die Methoden und Fragestellungen der Orientalistik aber ihren Ursprung im späten Mittelalter und der frühen Moderne. Die OrientalistInnen betonten vor allem die Abwesenheit aufklärerischer Werte in Islamischen Gesellschaften und stellten diese als irrational und despotisch dar. Dieses Verständnis des Islams als rückständig und fanatisch, so Asad, diente als Rechtfertigung dafür, den Orient zu dominieren. So konnte die koloniale Verwaltung als bessere Alternative zur Gewaltherrschaft islamischer Despoten legitimiert werden.

mus zu erfinden, wenn er nicht schon existiert hätte »for it enabled them to analyze primitive political systems without having to consider alternative political possibilities. The character of political domination remained unproblematic because it remained part of the natural order of things.« (Asad 1970: 3)

Somit sah Asad eine Gemeinsamkeit der Orientalistik mit der funktionalistischen Anthropologie in der Tatsache, dass beide aufgrund spezifischer Schwerpunkte und Auslassungen einen Beitrag zur Rechtfertigung der kolonialen Vorherrschaft des Westens über die ›Dritte Welt‹ leisteten. Asads Kritik war also in einem historisierenden Ansatz begründet und zielte auf die ideologischen Verflechtungen positivistischer und vermeintlich neutraler Wissenschaften ab.

2. Bernard S. Cohn: Das *Empire* als intellektuelles und kulturelles Projekt

Während Talal Asad in »Anthropology and the Colonial Encounter« sein Augenmerk auf das Entstehen anthropologischen Wissens richtete, beschäftigte sich Bernard S. Cohn (1928-2003) mit der Frage, wie der ethnographische Untersuchungsgegenstand der Nachkriegszeit durch historische Entwicklungen des Kolonialismus beeinflusst war. Die programmatischen Titel zwei seiner wichtigsten Aufsatzsammlungen umreißen treffend seinen Forschungsansatz und -gegenstand: »An Anthropologist amongst Historians and Other Essays« (1987) und »Colonialism and its Form of Knowledge« (1996).

Im Einführungskapitel zu »Colonialism and its Form of Knowledge« machte Cohn deutlich, dass es unabdingbar sei, Kolonie und Metropole als ein einheitliches Untersuchungsfeld zu behandeln. Diesen Standpunkt vertrat er seit 1980 in einer kritischen Auseinandersetzung mit den Ähnlichkeiten der epistemologischen Ansätze der beiden Disziplinen, in deren Grenzbereich er sich bewegte (vgl. Cohn 1980). Geschichtswissenschaft wie auch Anthropologie, so Cohn, beschäftigten sich mit *dem Anderen* und konstituierten dieses als Untersuchungsgegenstand, indem sie es auf Distanz hielten: entweder zeitlich (Geschichte) oder räumlich (Anthropologie). Darüber hinaus wurden die wissenschaftlichen Objekte beider Disziplinen als klar abgrenzbare Einheiten konzeptualisiert: Während AnthropologInnen in »anthropologyland« nach unberührter Authentizität (also einer von westlichen Einflüssen unverfälschten, zeitlosen Echtheit) suchten, lokalisierten HistorikerInnen Geschichte in »historyland«, das innerhalb nationalstaatlicher Grenzen definiert und in nationalen Archiven studiert werden konnte.

Cohns Studien zur britischen Kolonialherrschaft in Indien waren bahnbrechend in der Art und Weise, wie sie diese epistemologischen Eingrenzungen zu überwinden suchten. Anstelle eines synchronen Ansatzes – typisch für die Ethnologie und insbesondere die amerikanische Anthropologie der Nachkriegszeit – entwickelte Cohn eine diachrone Methodologie, die nicht ausschließlich auf das Kleinräumige fokussiert war, sondern die Mikroanalyse in einen makrostrukturellen Rahmen stellte. Die Annäherung zwischen Geschichte und Anthropologie war für Cohn eine epistemologische Notwendigkeit. Seine ethnologischen Forschungen fanden in Indien statt, einem Land, das traumatisiert war vom zweiten Weltkrieg, von Hungersnöten, der antikolonialen *Quit India*-Bewegung und den pogromartigen Ausschreitungen, welche die Zweiteilung des Subkontinents begleitet hatten. Der bekannte indische Historiker Ranajit Guha beschrieb diese Umstände als ein komplettes Durchdringen des räumlich *Anderen* mit dem zeitlich *Anderen* (vgl. Guha 1987: xiv). Entgegen der positivistischen und szientistischen Trends, welche die amerikanische Anthropologie in den 1950ern beherrschten, versuchte Cohn nicht, dieses Durchdringen der Gegenwart durch die Vergangenheit zu ignorieren. Ganz im Gegenteil: Er ging das Problem, das die Gegenwart (im Sinne von Anwesenheit) der Vergangenheit stellte, als eine Frage der Macht an, die in den historischen Beziehungen zwischen Herrschern und Beherrschten zu suchen war.

Für Cohn erschöpfte sich die Untersuchung des Kolonialismus nicht in der Analyse von Kulturkontakten. Genauso wenig beschränkte sich seine Aufmerksamkeit für Fragen der Macht auf institutionelle Strukturen. Sein Interesse galt vielmehr einem Foucault'schen epistemologischen Projekt, das sich der Komplizenschaft von Wissen und Macht widmete. So befasste er sich in »Colonialism and its Form of Knowledge« (1996) mit dem Zusammenhang zwischen dem Studium indischer Sprachen durch britische Kolonialbeamte und dem damit verbundenen Anspruch, die kolonisierte Gesellschaft besser zu verstehen, um sie besser beherrschen und verwalten zu können. Cohn zeigte dabei auf, dass sich das Beherrschen indischer Sprachen durch britische Beamte auf die Sprache des Herrschens beschränkte: Die frühesten von Briten erstellten Lehrtexte für indische Alltagssprachen umfassten in erster Linie Befehle und Sätze, die an Bedienstete gerichtet werden können. Dem Interesse für indische Alltagssprachen war laut Cohn eine Obsession mit so genannten ›klassischen‹ indischen Sprachen vorausgegangen. Dazu zählten die Briten das Persische als Verwaltungssprache, das Arabische wurde für die Islamische Rechtsprechung als relevant erachtet und Sanskrit als Sprache des Hinduismus angesehen. Die Notwendigkeit, diese Sprachen zu beherrschen, erwuchs für die BritInnen aus dem Misstrauen, das sie gegenüber indischen Übersetzern und Schreibern hegten. Auf der Suche nach gesetzlichen Urtexten und Ursprachen entwickelten die Briten[4] eine vergleichende Methode, die das Klassifizieren, Eingrenzen, und Kontrollieren der Untersuchungsgegenstände ermöglichte.

Cohn zeigte auf, wie Formen von Wissen – wie z. B. Sprachen und Gesetze – definiert wurden, indem indische Informationen selektiv zu europäischem

4 Sowie andere EuropäerInnen, z. B. MissionarInnen aus Deutschland, Portugal oder Dänemark.

Wissen erklärt wurden. Britische Kolonialbeamte gingen jeweils von Analogien zu ihnen vertrauten europäischen Modellen aus. Deshalb meinte Cohn:

> »The British conquest of India brought them into a new world which they tried to comprehend using their own forms of knowing and thinking. [...] Unknowingly and unwittingly they had not only invaded and conquered a territory but, through their scholarship, had invaded an epistemological space as well. The British believed that they could explore and conquer this space through translation: establishing correspondences could make the unknown and the strange knowable.« (Cohn 1996: 53)

Forschen und Lernen wurden also als Übersetzungsarbeit verstanden. Doch Cohn legte dar, wie diese Übersetzung einerseits durch eine enge und intensive Zusammenarbeit zwischen Indern und Europäern zustande kam, und ihr andererseits eine hierarchische Arbeitsteilung zugrunde lag. Das Wissen sei von Indern geschaffen, auf Anweisung der Briten von Indern zusammengetragen und übersetzt und schließlich von Europäern kodifiziert und transformiert worden. Das in den Kolonialarchiven vorhandene Quellenmaterial der HistorikerInnen stelle somit Tributzahlungen von InderInnen an europäische Herrscher dar.

In »Colonialism and its Form of Knowledge« (1996) kündigte Cohn sein Interesse an einen Foucault'schen Ansatz zum Skizzieren diskursiver Formierungen an. Doch Paul Rabinow (1989) hat darauf hingewiesen, dass Cohn die Verbindungen zwischen Wissen und Macht schon lange vor Michel Foucault zum Gegenstand seiner Betrachtung machte. Nicholas Dirks (1996) sowie Vinay Lal (2004) haben angemerkt, dass er auch lange vor Edward W. Said die Rolle von Wissen und Macht in orientalistischen Diskursen thematisiert hatte. Cohn hatte erkannt, dass das britische Imperium nicht nur ein militärisches und wirtschaftliches Machtkonstrukt, sondern auch ein epistemologisches war. Daher könne das Wissen kolonialer Herrscher über koloniale Subjekte niemals unabhängig von den asymmetrischen Machtbeziehungen sein, welche die beiden verbanden (vgl. Guha 1987: xix). Somit arbeitete er also die Bedeutung dieser Machtverhältnisse als grundlegende Bedingung für koloniale Wissensproduktion heraus, die auch Asad beschäftigt hatte. Während Asad untersuchte, wie Macht das Generieren von Wissen bedingte, ging Cohn der Frage nach, wie das Generieren von Wissen Macht ermöglichte.

3. Subaltern Studies: Zur Kritik neokolonialistischer sowie nationalistischer Wissensproduktion

Subaltern Studies bezeichnen sowohl eine 1982 begonnene Serie von Schriften zu südasiatischer Geschichts- und Gesellschaftsforschung als auch das gleichnamige HistorikerInnenkollektiv um Ranajit Guha. Das Subaltern Studies-Projekt begann als eine Intervention in die Geschichtsschreibung Indiens, doch deren Einfluss hat nicht nur das Geschichtsbild Südasiens nachhaltig verändert,[5] sondern den Geschichts- und Sozialwissenschaften (zumindest was den aussereuropäischen Raum betrifft) sowie postkolonialen Geisteswissenschaften eine neue Richtung verliehen. Dabei sind methodische Fragen genauso relevant wie theoretische Belange, und die interdisziplinären Arbeiten einzelner Mitglieder des Kollektivs – insbesondere von Dipesh Chakrabarty (2000a, 2010) und Partha Chatterjee (1986; 1993; 2004) - nehmen heute wichtige Positionen im Kanon postkolonialer Studien ein. Edward W. Said bezeichnete den Ansatz der Subaltern Studies als »intellectually insurrectionary« (1988) und Gayatri C. Spivaks epochaler Essay »Can the Subaltern Speak?« (1988) war eine Reaktion auf die theoretischen Prämissen des neuen Paradigmas.

Der Begriff *subaltern* geht auf den Italienischen Marxisten und Kommunisten Antonio Gramsci zurück, der eine Methode zum Studium der Geschichte der subalternen Klassen entworfen hatte, während er zwischen 1926 und 1936 vom faschistischen Regime inhaftiert war (vgl. Gramsci 1971). Gramsci bezeichnete mit *subalterno* sowohl das industrielle Proletariat, als auch die untergeordneten Schichten der Landbevölkerung. Im Gegensatz zum orthodoxen Marxismus sah er die Herrschaft der Bourgeoisie nicht nur in deren Kontrolle der Staatsgewalt, sondern auch in der Art und Weise, wie kulturelle und ideologische Institutionen derart transformiert werden, dass die Partikularinteressen der herrschenden Klasse als allgemeine Interessen der gesamten Gesellschaft erscheinen. Eine Konsequenz dieser gesellschaftlichen Hegemonie im Sinne Gramscis ist es, dass die subalternen Klassen der kapitalistischen Gesellschaftsordnung implizit zustimmen.[6] Gramsci distanzierte sich von der herablassenden Haltung, welche Europas MarxistInnen gegenüber den religiösen Einstellungen und der Alltagskultur

5 Vor allem das Bild der kolonialen und nationalistischen Phase Indiens im 19. und der ersten Hälfte des 20. Jahrhunderts wurde von den Subaltern Studies nachhaltig geprägt.

6 Ranajit Guha sollte später zeigen, dass sich die europäische Geschichte von Macht und Kapital – und von der Hegemonie über die subalternen Klassen, womit es der Bourgeoisie gelang, ihre eigenen Interessen als die Interessen der Allgemeinheit zu propagieren – in der indischen Moderne nicht widerspiegelt. Es entstand eine koloniale kapitalistische Herrschaft ohne kapitalistische Kultur (d.h. ohne die entsprechenden sozialen und politischen Strukturen) oder in Guhas Worten, eine »Dominance without Hegemony« (Chakrabarty 2000b; Guha 1997).

der armen Landbevölkerung zeigten. Obschon er revolutionären Intellektuellen empfahl, die Sprache, Bräuche, und das Alltagsleben der Landbevölkerung zu verstehen, blieb in seiner Analyse das (politische) Bewusstsein der subalternen Agrarbevölkerung dennoch fragmentiert und von den dominanten Ideologien der herrschenden Elite abhängig (vgl. Chatterjee 2001).

Vor diesem theoretischen Hintergrund war es das Anliegen des Subaltern Studies-Projekts, die untergeordneten Klassen Indiens als Urheber ihrer eigenen Geschichte anzuerkennen. Der Begriff *subaltern* wurde dabei zur Bezeichnung »for the general attribute of subordination in South Asian society whether this is expressed in terms of class, caste, age, gender and office or in any other way« (Guha 1982a: vii). In seiner Einführung zum ersten Band der Serie positionierte Ranajit Guha die Arbeit des Kollektivs als Intervention gegen die zwei wichtigsten Ausrichtungen der modernen Geschichtsschreibung Indiens, die er beide als elitär bezeichnete: *kolonialistische*, respektive *neokolonialistische* Historiographie und *nationalistische* Geschichtsschreibung. Beide Versionen sahen die indische Unabhängigkeitsbewegung als ausschließlich von der Elite getragen, und keine der beiden ließ Raum für die autonomen politischen Beweggründe, Ideen und Handlungen der subalternen Klassen (vgl. Guha 1982b).

Die frühen Arbeiten des Subaltern Studies-Kollektivs konnten aufzeigen, dass die subalternen Klassen Indiens zur Kolonialzeit weder aufgrund primordialer Werte von der Elite mobilisiert wurden (wie die Neokolonialisten behaupteten), noch dass ihr politisches Bewusstsein nur durch Zutun der nationalistischen Führungselite erweckt werden konnte (wie nationalistische Historiker argumentierten). Subalterne Klassen hatten sich einerseits aus eigenen Stücken dem nationalistischen Unabhängigkeitskampf angeschlossen und andererseits agierten sie oft politisch autonom und widersetzten sich den nationalistischen Führungseliten. Die Absichten und Strategien der subalternen Klassen unterschieden sich von den Interessen der Elite (vgl. Chatterjee 2001).

Diese politische Eigenständigkeit der subalternen Klassen wurde als Konsequenz eines spezifisch *subalternen Bewusstseins* interpretiert, das sich aus der Erfahrung der Unterordnung entwickelt hatte. Doch damit stellte sich eine methodische Herausforderung, denn wie sollte man dieses Bewusstsein in historischen Quellen aufspüren? Im üblichen Archivmaterial, das von der (und für die) Kolonialverwaltung aufbewahrt worden war, werden die subalternen Klassen nur als unterwürfig dargestellt; deren politisches Bewusstsein oder autonome Handlungsstrategien finden dort keine Erwähnung. Lediglich im Moment des (meist gewaltsamen) Aufstands erscheinen die Subalternen im Archivmaterial als autonom Handelnde (vgl. ebd.).

Aus diesem Grund befassten sich die Subaltern Studies in ihrer Anfangsphase mit der Geschichte der gewaltsamen Rebellion im kolonialen Indien.[7] Doch mangels Quellen, in welchen die Stimmen der Subalternen ihre eigene Geschichte erzählen, musste ihr spezifisches Bewusstsein auf eine andere Weise herausgearbeitet werden. Die Historiker des Subaltern Studies-Kollektivs begannen, koloniale Verwaltungs- und Gerichtsdokumente gegen den Strich zu lesen, um darin Spuren des Bewusstseins, der Handlungslogik und der Organisationsformen des gewaltsamen Widerstandes der Machtlosen zu finden. Wichtig für den Ansatz war dabei auch, dass man sich bewusst von der Praxis vieler – auch den Bauernrevolten aus ideologischen Gründen günstig gestimmter – Historiker abwandte, welche religiöse Erfahrungen und mythologische oder millenaristische Aspekte von Rebellenbewegungen zu ignorieren oder rational zu erklären versuchten und dabei die charakteristischen Spuren subalternen Handelns verwischten (vgl. Guha 1983b).

Das Interesse der frühen Subaltern Studies an Volksaufständen stand im Zusammenhang mit Sympathien, welche die Mitglieder des Kollektivs für marxistisch inspirierte Demokratisierungsbewegungen und die maoistischen Aufstände im Indien der 1970er Jahre[8] hegten (vgl. Chatterjee 2001; Chakrabarty 2000b). Diese politische Inspiration fand theoretische Nahrung in den Ideen Gramscis, und es waren wohl die Affinität zum Marxismus und der methodische Ansatz, die Geschichte der Machtlosen in Dokumenten der Macht zu entziffern, welche Vergleiche zur britischen Schule der Marxistischen Historiographie nahelegten (vgl. Hobsbawn 1963; Thompson 1975). Doch die Subaltern Studies unterscheiden sich auf signifikante Weise von der britischen *History from Below,* denn sie machen deutlich, dass auch wenn die Geschichte Indiens nicht abgekoppelt von der Britischen verstanden werden könne, sie keineswegs eine Nachahmung oder gar Wiederholung westlicher Geschichte sei. Die Art und Weise, wie sich in der europäischen Moderne Staat, Macht und Kapitalismus entwickelt hatten, lasse sich nicht analog in der indischen Geschichte wiederfinden. Auch wiesen die Subaltern Studies Interpretationen des subalternen Bewusstseins als rückständig oder Lesarten der indischen Rebellionen als *präpolitisch* entschieden zurück. Die Kritik der Kategorie des *Präpolitischen* von Ranajit Guha richtete sich auch gegen jegliche Form von Historiographie, welche die Geschichte Indiens in klar identifizierbare Phasen (feudal/vormodern/modern) unterteilt (vgl. Guha 1997). Gesellschaftliche Verhältnisse Indiens, die aus einer solchen Perspektive heraus als feu-

7 Paradebeispiel hierfür ist Ranajit Guhas theoretisch wie methodologisch bahnbrechendes Werk »Elementary Aspects of Peasant Insurgency in Colonial India« (1983a).
8 Ihre Folgebewegungen haben gerade in den letzten Jahren wieder starken Auftrieb erhalten.

dal bezeichnet werden könnten, existieren nämlich gleichzeitig mit Phänomenen, die als modern gekennzeichnet werden müssen. Aus dieser Erkenntnis ergab sich für die Subaltern studies eine Kritik unilinearen Modernisierungsdenkens, welche für die postkoloniale Theorie von grosser Bedeutung wurde und sich später in Arbeiten zu *alternativen Modernitäten* (vgl. Mitchell 2000; Gaonkar 2001) oder zur *Verflechtungsgeschichte* (vgl. Conrad/Randeria 2002) niederschlagen sollte.

Ab 1985 wurde die These eines autonomen, einheitlichen subalternen Bewusstseins zunehmend infrage gestellt. Fallstudien verdeutlichten, dass und wie subalterne Klassen zwar teilweise autonome politische Projekte verfolgten, aber auch in dominante (koloniale oder nationalistische) Prozesse und Institutionen verstrickt waren. Die Neuausrichtung der Subaltern Studies wurde aber vor allem auch durch Gayatri C. Spivak inspiriert, die im vierten Band der Subaltern Studies-Serie ihren Diskussionsbeitrag »Subaltern studies: Deconstructing Historiography« (1985) und etwas später den vielzitierten Aufsatz »Can the Subaltern Speak?« (1988) veröffentlichte. Spivaks kritische Intervention vermochte aufzuzeigen, dass Subaltern studies mit ihrer Suche nach einem souveränen historischen Subjekt mit einheitlichem Bewusstsein ihre eigene Kritik an der elitären Verortung historischer Handlungsfähigkeit in autonomen Subjekten unterwanderten und dabei post-strukturale Kritik an der Idee eines einheitlichen Subjekts außer Acht ließen. Die Absicht, die Stimme der Subalternen hörbar zu machen, sei illusorisch, so Spivak, denn »the subaltern cannot speak« (Spivak 1988: 308).

In der Folge dieser Kritik diversifizierte sich die Arbeit der Subaltern Studies. Der Fokus wandte sich von der Rebellion zur Alltagserfahrung der Unterordnung. Auch wurden Genderthemen angegangen (einen weiteren Kritikpunkt Spivaks aufgreifend), und die Serie öffnete sich weiteren Autoren – so war z. B. Bernard Cohn der erste Amerikaner, der in Subaltern Studies veröffentlichte (vgl. Cohn 1985). Ab dem fünften Band der Serie wurde dem fragmentierten Charakter subalterner Geschichte und subalternen Bewusstseins deutlich mehr Rechnung getragen. Das Fragment wurde sogar phasenweise zum Programm – indem anhand subalterner Geschichte aufgezeigt werden konnte, dass Geschichte an sich fragmentiert sei und das Erzählen einer einheitlichen Nationalgeschichte ein Ding der Unmöglichkeit (vgl. Amin 1995; Chatterjee 1993; Pandey 1990; Pandey 1992). Somit kann man die Kritik der Subaltern Studies nicht nur als poststruktural und postkolonial umschreiben, sondern auch als postnational.

Die Kritik der Subaltern Studies an neokolonialistischer und nationalistischer Wissensproduktion und unilinearem Modernisierungsdenken war für die Entwicklung der postkolonialen Theorie von ebenso zentraler Bedeutung wie die Arbeiten Asads und Cohns zur kolonialen und machtpolitischen Bedingtheit von sozial- und kulturwissenschaftlichem Wissen. Zusammen zeigen die hier diskutierten, an der Grenze zwischen Anthropologie und Geschichtswissenschaft angesiedelten Werke die fundamentale Bedeutung hegemonialer Verhältnisse für koloniale und postkoloniale Wissensproduktion auf. Die in diesen Arbeiten praktizierte Integration historischer und anthropologischer Methoden und Ansätze ermöglichte auch die Anerkennung der Tatsache, dass die von Sozialanthropologen untersuchten Gesellschaften keinesfalls als auf einer ›primitiveren‹ Evolutionsstufe verstanden werden können. Anstatt als das grundsätzlich Andere des Westens müssen sie vielmehr als zeitgleich (oder »coeval«; Fabian 1983) angesehen werden, als Teil einer global verflochtenen Moderne, obschon sie daran unter asymmetrischen Bedingungen teilnehmen (vgl. Conrad/Randeria 2002). Der Fokus wechselte somit von Ungleichzeitigkeiten zu Ungleichheiten, was eine Analyse der Einwirkungen von Kapitalismus und imperialistischer Herrschaft auf europäische und außereuropäische Gesellschaften innerhalb eines gemeinsamen Rahmens notwendig machte. In dem die hier diskutierten Arbeiten ein solches Verständnis ermöglichten, haben sie eine grundlegende Bedingung für postkoloniale Studien geschaffen.

Literatur

Amin, Shahid (1995): Event, Metaphor, Memory: Chauri Chaura, 1922-1992. Berkeley: University of California Press

Asad, Talal (1970): The Kababish Arabs: Power, Authority and Consent in a Nomadic Tribe. London: C. Hurst

Asad, Talal (1973a): Anthropology and the Colonial Encounter. New York: Humanities Press

Asad, Talal (1973b): Two European Images of Non-European Rule. In: Ders. (1973a): 103-118

Asad, Talal (1993): Genealogies of Religion: Discipline and Reasons of Power in Christianity and Islam. Baltimore: Johns Hopkins University Press

Asad, Talal (2003): Formations of the Secular: Christianity, Islam, Modernity. Cultural memory in the present. Stanford, Calif: Stanford University Press

Asad, Talal (2005): Reflections on laïcité and the public sphere. In: Social Science Research Council. Items and Issues 5, 3. 2005. 1-11

Asad, Talal (2007): On Suicide Bombing. New York: Columbia University Press.

Asad, Talal (2000): What Do Human Rights Do? An Anthropological Enquiry. In: Theory & Event 4, 4. 2000. (online verfügbar unter: http://muse.jhu.edu/journals/theory_and_event/v004/4.4asad.html; Zugriff: 12. Dezember 2010)

Conrad, Sebastian/Randeria, Shalini (Hrsg.) (2002): Jenseits des Eurozentrismus: Postkoloniale Perspektiven in den Geschichts- und Kulturwissenschaften. Frankfurt a.M./New York: Campus

Chakrabarty, Dipesh (2000a): Provincializing Europe: Postcolonial Thought and Historical Difference. Princeton, N.J.: Princeton University Press

Chakrabarty, Dipesh (2000b): A small history of subaltern studies. In: Schwarz/Ray (2000): 467-85

Chakrabarty, Dipesh (2010): Europa als Provinz. Perspektiven Postkolonialer Geschichtsschreibung. Frankfurt a.M./New York: Campus

Chatterjee, Partha (1986): Nationalist thought and the colonial world: a derivative discourse? Minneapolis: University of Minnesota Press

Chatterjee, Partha (1993): The nation and its fragments: colonial and postcolonial histories. Princeton, N.J.: Princeton University Press

Chatterjee, Partha (2001): Subaltern History. In: Smelser/Baltes (2001): 15237-15241

Chatterjee, Partha (2004): The Politics of the Governed: Reflections on Popular Politics in Most of the World. University seminars/Leonard Hastings Schoff memorial lectures. New York: Columbia University Press

Cohn, Bernard (1985): The Command of Language and the Language of Command. In: Subaltern Studies VI. Writings in South Asian History and Society, Ranajit Guha (Hrsg.). 276-329

Cohn, Bernard S. (1980): History and anthropology: the state of play. In: Comparative Studies in Society and History 22, 2. 198-221

Cohn, Bernard S. (1987): An Anthropologist Among the Historians and Other Essays. Delhi/New York: Oxford University Press

Cohn, Bernard S. (Hrsg.) (1996): Colonialism and its forms of knowledge: the British in India. Princeton, N.J.: Princeton University Press

Dirks, Nicholas B. (1996): Foreword. In: Cohn, Bernard S. (1996): ix-xvii

Fabian, Johannes (2002): Time and the Other: How Anthropology Makes Its Object. New York: Columbia University Press

Fortes, Meyer/E. E. Evans-Pritchard (1940): African political systems. London: Pub. for the International institute of African languages & cultures by the Oxford university press, H. Milford

Gaonkar, Dilip Parameshwar (Hrsg.) (2001): Alternative Modernities. Durham, NC: Duke University Press

Gramsci, Antonio (1971): Selections from the Prison Notebooks of Antonio Gramsci. Trans. Quintin Hoare and Geoffrey Nowell-Smith. London: Lawrence & Wishart

Guha, Ranajit (Hrsg.) (1982): Subaltern Studies I. Writings in South Asian History and Society. Delhi: Oxford University Press

Guha, Ranajit (1982a): Preface. In: Guha (1982), vii-viii

Guha, Ranajit (1982b): On some Aspects of the Historiography of Colonial India. In: Guha (1982): 1-8

Guha, Ranajit (Hrsg.) (1983): Subaltern Studies II. Writings in South Asian History and Society. Delhi: Oxford University Press

Guha, Ranajit (1983a): Elementary aspects of peasant insurgency in colonial India. Delhi: Oxford University Press

Guha, Ranajit (1983b): The Prose of Counter-Insurgency. In: Guha (1983): 336-371

Guha, Ranajit (1987): Introduction. In: Cohn, Bernard S. (1987): vii-xxvi

Guha, Ranajit (1997): Dominance Without Hegemony: History and Power in Colonial India. Cambridge, MA: Harvard University Press

Guha, Ranajit/Spivak, Gayatri C. (Hrsg.) (1988): Selected Subaltern Studies. New York: Oxford University Press

Lal, Vinay (2004): Bernard S. Cohn and Indian History in the American Academy: A Brief Note. Manas. October 2004. (online verfügbar unter: http://www.sscnet.ucla.edu/southasia/Culture/Intellectuals/cohn.html; Zugriff: 12. Dezember 2010)

Mitchell, Timothy (Hrsg.) (2000): Questions of Modernity. Minneapolis: University of Minnesota Press

Nelson, Cary/Grossberg, Lawrence (Hrsg.) (1988): Marxism and the Interpretation of Culture. Urbana: University of Illinois Press.

Pandey, Gyanendra (1990): The Construction of Communalism in Colonial North India. Delhi: Oxford University Press

Pandey, Gyanendra (1992): In Defense of the Fragment. Writing About Hindu-Muslim Riots for ›Indian‹ Pasts? In: Representations 37. 1992. 27-55

Rabinow, Paul (1989): French Modern: Norms and Forms of the Social Environment. Cambridge, Mass: MIT Press

Said, Edward W. (1988): Foreword. In: Guha/Spivak (1988): v-x

Schwarz, Henry/Ray, Sangeeta (Hrsg.) (2000): A Companion to Postcolonial Studies. Malden, Mass: Blackwell Publishers

Scott, David (2006): The Trouble of Thinking: An Interview with Talal Asad. In: Scott/Hirschkind (2006): 243-303

Scott, David/Hirschkind, Charles (Hrsg.) (2006): Powers of the Secular Modern: Talal Asad and His Interlocutors. Cultural memory in the present. Stanford, Calif: Stanford University Press

Scott, David/Hirschkind, Charles (2006a): Introduction: The Anthropological Sketicism of Talal Asad. In: Dies. (2006): 1-11

Smelser, Neil J./Baltes, Paul B. (Hrsg.) (2001): International Encyclopedia of the Social & Behavioral Sciences. Oxford: Pergamon

Spivak, Gayatri C. (1985): Subaltern Studies: Deconstructing Historiography. In: Subaltern Studies. Writings in South Asian History and Society, 4. 1985. 330-363

Spivak, Gayatri C. (1988): Can the subaltern speak? In: Nelson/Grossberg (1988): 271-313

Postkoloniale Schlüsselwerke

Klassifizierende Blicke, manichäische Welt. Frantz Fanon: »Schwarze Haut, weiße Masken« und »Die Verdammten dieser Erde«

Jens Kastner

1. Fanon – ein Theoretiker der (Selbst-)Entfremdung

Frantz Fanon (1925–1961) gilt als einer der wichtigsten theoretischen Stichwortgeber für die kulturtheoretischen Debatten, die ab der zweiten Hälfte des 20. Jahrhunderts über die Zusammenhänge von Kultur, Rassismus und Kolonialismus geführt worden sind. Auf Martinique geboren, kämpfte Fanon als französischer Soldat im Zweiten Weltkrieg, studierte in Lyon Medizin und Philosophie und arbeitete ab 1953 als Psychiater im algerischen Blida-Joinville. Dort kam er u. a. über die Therapie von traumatisierten antikolonialen KämpferInnen mit dem antifranzösischen Widerstand in Kontakt. Ab 1956 war er als Sprecher für die Algerische Nationale Befreiungsfront FLN tätig und Mitglied von deren Zentralkomitee. Er wurde im selben Jahr aus Algerien ausgewiesen und operierte von Tunis aus als Redakteur der FLN-Zeitschrift *El Moudjahid*, später auch als Botschafter der FLN in Ghana und Mali.

In seinem ersten Buch »Peau noire, masques blancs« (1952) beschreibt er die psychologischen Wirkungen rassistischer Verhältnisse. Grundlage dafür ist noch nicht die koloniale Situation in Algerien, sondern die eigene biografische Erfahrung auf Martinique und in Frankreich selbst, insbesondere in der französischen Armee: Am eigenen Leibe erfährt Fanon den fundamentalen Widerspruch der französischen Gesellschaft, trotz des humanistischen Anspruchs der Gleichheit aufgrund der Hautfarbe diskriminiert zu werden. Er interpretiert diese Erfahrungen und Erlebnisse vor dem theoretischen Hintergrund des Existenzialismus Jean-Paul Sartres: Die Beziehung zwischen den Angehörigen verschiedener, als »Rassen« klassifizierter Gruppen erklärt sich demnach in Analogie zum Verhältnis zwischen Ich und Anderem, das die Existenzphilosophie beschrieben hatte. Darin kann sich das Ich nur über den bestätigenden, anerkennenden Blick des Anderen als Ich erkennen und erfahren. Das Ich ist nach Sartre dem Urteil des Anderen ausgeliefert und erkennt im Anderen zugleich die eigene, existenzielle Freiheit. Diese Beziehung zwischen Ich und Anderem allerdings ist konzipiert als ein Verhältnis zwischen Gleichen. Für Schwarze hingegen, so Fanon, hat das Angeblicktwerden nicht Anerkennung und damit Selbst-Erkenntnis zur Folge. Stattdessen seien sie aufgrund der rassistisch strukturierten Gesellschaft einer neurotischen Situation ausgesetzt: Als Schwarze würden sie nicht als Gleiche anerkannt, daher seien sie, um den für die Konstitution des Ich notwendigen Blick auf sich zu ziehen, gezwungen, »weiße Masken« aufzusetzen und sich selbst damit zugleich zu verleugnen.

Die strukturellen Bedingungen, die solche Prozesse der Selbstverleugnung auslösen und die Effekte, die von ihnen ausgingen, standen fortan im Zentrum von Fanons gesamtem Schaffen. Obwohl sich die empirische Basis von den eigenen Erfahrungen hin zu seiner Arbeit als Psychiater im kolonialen Algerien verschob, blieben doch die Auswirkungen, die der Kolonialismus selbst auf die Subjektkonstitution hat, der zentrale Gegenstand des Fanon'schen Werkes. Die unbewussten, einverleibten Strukturen wurden zu einem Thema, »das Fanons ganzes späteres, sowohl psychiatrisches als auch politisches Werk als Theoretiker der Entfremdung durchziehen wird«, so Fanons Mitarbeiterin und Biografin Alice Cherki (2002: 47). Diesem Problem, das mit einer antikolonialen und sozialistischen – gesellschaftstheoretischen wie gesellschaftspolitischen – Perspektive verbunden ist, widmet sich schließlich auch Fanons Hauptwerk »Les Dammes de la Terre«, das wenige Tage vor seinem Leukämie-Tod im Jahr 1961 erschien, im Jahr vor dem Ende des Algerienkrieges (1954–1962). Fanons durchaus widersprüchlichen Konzeptualisierungen der Zusammenhänge zwischen Kolonialismus, Rassismus, Kapitalismus und Kultur gehören zu den einflussreichsten des 20. Jahrhunderts.

2. Weiße Blicke, weiße Standards – schwarze Selbstverleugnung, schwarze Gewalt. Die Werke

2.1 »Schwarze Haut, weiße Masken«

Fanon weist sein Buch »Schwarze Haut, weiße Masken« in der Einleitung als »klinische Studie« (Fanon 1967: 12) aus und schlägt zugleich einen – mal manifestartigen, mal poetischen – Ton an, der alles andere als aseptisch ist: Das Nebeneinander von weißer und schwarzer »Rasse« habe zu einem »massiven psychoexistenziellen Komplex« (ebd.) geführt; ihn zu beschreiben, sei mit der Hoffnung verbunden, ihn zu zerstören. Ausführungen über Methoden wolle er den Botanikern und Mathematikern überlassen. Zugleich stellt er klar, dass es sich bei seinem Text zwar um eine psychologische Studie handele, die konstatierte Entfremdung der Schwarzen aber nicht ohne unverzügliche Berücksichtigung von sozialen und ökonomischen Realitäten erklärt bzw. aufgehoben werden könne. Der Minderwertigkeitskomplex der Schwarzen, so Fanon, äußere sich zuerst ökonomisch, dann erst in der Internalisierung. Der politischen Vorstellung, diesem Komplex mit der »verzweifelten Suche« nach der Bedeutung »schwarzer Identität« zu begegnen, erteilt Fanon ebenfalls noch vor Beginn des ersten Kapitels eine Absage. Denn das, so Fanon, was so oft die »schwarze Seele« genannt würde, sei nichts anderes als »a white man's artifact.« (Fanon 1967: 14)

Dies ist überhaupt einer der fundamentalen Befunde, deren Auswirkungen Fanon auf verschiedenen Ebenen durchspielt: Die Welt, in die der Mensch als Schwarze/r geworfen ist, unterscheidet sich nicht nur prinzipiell von derjenigen der Weißen; sie ist auch von den Weißen gemacht. Am weißen Standard richtet sich alles aus. Von der Sprache bis zum Körperbewusstsein sind die Schwarzen einer kolonial geprägten Matrix ausgesetzt, aus der es zunächst kein Entkommen gibt. Weil Sprechen immer bedeute, nicht nur eine bestimmte Syntax zu benutzen, sondern eine Kultur anzunehmen und das Gewicht einer ganzen Zivilisation zu tragen, reproduzierten die Sprechweisen der Schwarzen aus den französischen Kolonien immer auch die sozialen Hierarchien, die vom Benutzen verschiedener Dialekte verraten würde. Fanon nennt als Beispiel die französische Armee, in der Schwarze aus den Übersee-Departements besser angesehen waren als solche aus den afrikanischen Kolonien, was zur Folge gehabt habe, dass Senegalesen versuchten, durch ihr Sprechen als Antillaner zu erscheinen.

Schwarze aus den Kolonien, die das »Mutterland« besucht hätten, würden sich in der Folge nicht nur anders ausdrücken, sondern seien gleichsam körperlich mutiert. Fanon vergleicht diese Situation der Kolonisierten im »Mutterland« mit derjenigen von Leuten aus der Peripherie bzw. vom Land, die das Zentrum bzw. die Hauptstadt besuchen. Damit zeigt er u. a., dass es sich bei den Effekten einer rassistischen Strukturierung um soziale Determinanten handelt, die unabhängig von biologischen Charakteristika der rassistisch Klassifizierten wirken. Gleichermaßen begeistert von Umgebung und Umgangsformen, kopierten die Kolonisierten und die Leute vom Land die Gewohnheiten der als kultivierter Empfundenen und würden mit dieser auf sozialer Anerkennung beruhenden Kopie zu Hause, in den Worten Fanons (1967: 19), als Halbgötter verehrt. Im Gegensatz zu den Menschen vom Land können die Schwarzen allerdings die Blicke derjenigen, deren Standard sie unbewusst akzeptieren, nicht täuschen. Dies unterscheidet die Schwarzen laut Fanon auch von den ebenfalls systematischen Diskriminierungen ausgesetzten Jüdinnen und Juden – »the Jew can be unkown in his Jewishness« (Fanon 1967:

115). Die selbst erlebte und viel zitierte Szene, die Fanon im Hinblick auf diese Unausweichlichkeit beschreibt, ist der Ausspruch eines Kindes »Regarde, le negre!« (»Look, a negro!«, Fanon 1967: 111). Fanon führt ihn als Beweis seiner zentralen These an: Schwarze werden durch den Blick der Weißen determiniert. Das Körperbewusstsein der Schwarzen könne auf diese Weise immer nur ein »third-person consciousness« (Fanon 1967: 110) sein. Dass das weiße Kind den Schwarzen nicht nur als Schwarzen kennzeichnet, sondern damit seiner Mutter zugleich andeutet, es habe Angst, verweist laut Fanon eindeutig auf die historisch gewachsene, wertende Konnotation des Schwarzseins. Die negative Konnotationen des Schwarzseins – vom Schatten über die dunkle Nacht bis zu Satan symbolisiere »schwarz« etwas Negatives – ist nach Fanon dem europäischen »kollektiven Unbewussten« eingeschrieben. In expliziter Abgrenzung von den Archetypen C.G. Jungs fasst Fanon das »kollektive Unbewusste« als durch und durch kulturell, d. h. als »sum of prejudices, myths, collective attitudes of a given group.« (Fanon 1967: 188) Es werde durch Produkte der Populärkultur wie Comics und Filme aktualisiert. Insbesondere die »französisch« aufgewachsenen Schwarzen von den Antillen würden, ausgestattet mit dem europäischen »kollektiven Unbewussten« »weiß« fühlen und denken, »the Antillean conducts himself a white man; [...].« (Fanon 1967: 148) Erst in Frankreich wären sie sich ihres Schwarzseins bewusst und dadurch einer unmöglichen Situation ausgesetzt worden.

Schließlich habe erst die kulturelle Bewegung der Négritude ab den 1940er Jahren eine Selbstwahrnehmung als Schwarze möglich gemacht und ausgelöst. Fanon widmet den Werken der beiden Hauptvertreter dieser Strömung, dem Antillaner Aimé Césaire (1913–2008) und dem Senegalesen Leopold Senghor (1906–2001), mehrere Seiten, zitiert ausführlich aus ihren Gedichten und grenzt sich bei deren Interpretation von Césaires und Senghors Versuchen ab, ein positives Schwarzsein essentialistisch zu fundieren. Wenn auch Fanon mit seinem Fokus auf die subjektiven Effekte des Kolonialismus – im Gegensatz zur Schwerpunktsetzung auf ›objektive‹, sprich ökonomische und politische Auswirkungen im anglophonen Diskurs – durchaus mit Césaire und Senghor in einer Reihe steht und sich, wie Robert J.C. Young (2001: 275) meint, vor allem in der Methode (Poesie vs. Psychologie) unterscheidet, diese darzustellen, stimmt er mit den politischen Konsequenzen, die die Négritude-Vertreter aus dieser Beschreibung ziehen, doch kaum überein. Fanon lehnt die Festschreibung von Wesensmerkmalen wie beispielsweise (›schwarzer‹) Sinnlichkeit und Körperlichkeit, die gegenüber (›europäischer‹, ›weißer‹) Rationalität in Stellung gebracht wurde, nicht nur deswegen ab, weil er ein historisches, also veränderbares Konzept von Gesellschaft vertritt. Er beschreibt darüber hinaus die koloniale Matrix als dermaßen mächtig, dass eine solche Wesensbestimmung kaum eindeutig positiv gelingen kann, sondern immer zumindest ambivalent bleiben muss. Wenn auch die koloniale Situation im Hinblick auf die Selbstermächtigung und Befreiung von Schwarzen aussichtslos scheint – »For the black man there is only one destiny. And it is white.« (Fanon 1967: 228) –, so stellt Fanon doch einen Ausweg in Aussicht. In erster Linie gelte es nicht die Geschichte der Schwarzen zurückzuerobern, sondern die Geschichte der Menschheit als Bezugsrahmen für die eigene, existenzialistisch gedachte Neuerfindung zu erkennen. Niemand sei Sklave der Geschichte der Sklaverei, Weiße wie Schwarze müssten sich von der inhumanen Geschichte ihrer Vorfahren lösen und ihre Freiheit für den Aufbau der Welt des Anderen nutzen.

Diese voluntaristische Wende am Ende des Buches ist offensichtlich vor allem den existenzialistischen Grundannahmen geschuldet. Sie steht in eigenartigem Kontrast zu der Stabilität des kolonialen Standards, die Fanon beschreibt, und die das Weißsein als Norm gesetzt hat, das permanent auch und gerade durch die Nicht-Weißen bestätigt wird. Die Kolonisierten haben gelernt, sich selbst als ›die Anderen‹ wahrzunehmen und dieses ›Anderssein‹ regelrecht zu verkörpern. Dass dieses verkörperlichte Wissen nicht nur aufgezwungen, sondern – wie die Beispiele der senegalesischen Soldaten, die als Antillaner erscheinen wollen und der Antillaner, die sich als Weiße fühlen, aufzeigen – durch »die Macht des inneren Zwang und durch subjektive Anpassung (conformation) an die Norm« reproduziert werde, das, so Stuart Hall (1994a: 30), sei die Lehre aus »Schwarze Haut, weiße Masken«.

2.2 »Die Verdammten dieser Erde«

Fanon fand die aus diesem Effekt des Kolonialismus resultierenden Selbstverleugnungen und Selbstdemütigungen rassistisch Ausgegrenzter in Algerien bestätigt. Er schildert sie ausführlich in seinen beiden anschließenden Büchern, »Sociologie d'une revolution« (1959) (dt. »Aspekte der Algerischen Revolution«, 1969) und »Die Verdammten dieser Erde«. Beide Bücher allerdings sind getragen von den durch die algerische Revolution gehegten Hoffnungen auf ein Ende dieser Zustände der Selbstverleugnung und der Unterdrückung. Beide Bücher behandeln zwar auch die psychischen Auswirkungen des Kolonialismus, sind aber insgesamt, was ihre Analysen betrifft, eher soziologisch ausgerichtet. In »Aspekte der Algerischen Revolution« macht Fanon an den Bereichen der Geschlechterbeziehungen und Familienstrukturen, der medizinischen Infrastruktur und des Mediengebrauchs die Veränderungen deutlich, die sich in den Verhaltensweisen der Kolonisierten im und durch den Befreiungskampf ergeben haben.

Wegweisend im Hinblick auf spätere postkoloniale Kulturtheorien ist hier Fanons Beschreibung der Verschleierung und des Radiohörens als kulturelle Praktiken. Schleier und Radio ändern als Zeichen im Verlaufe des (antikolonialen) Kampfes mehrmals ihre Bedeutungen, was erstens auf die – von Fanon freilich noch nicht so genannte – soziale Konstruktion der Realität, zweitens auf die sozialen und kulturellen Kämpfe als genealogisches Prinzip dieser Herstellung und drittens auf die Stabilisierung neuer Bedeutungssysteme, die Etablierung der »neuen Systeme der Zeichengebung« (Fanon 1969: 57) verweist. Das Buch ist getragen von der politischen Hoffnung Fanons, so dass Beschreibungen und politischer Anspruch häufig in eins fallen, wenn Fanon beispielsweise konstatiert, die »algerische Gesellschaft erneuert sich im Befreiungskampf, in den Opfern, die sie aufbringt, um sich vom Kolonialismus zu lösen; neue zwischenmenschliche Beziehungen entstehen.« (Fanon 1969: 76)

Das nur zwei Jahre später erschienene Hauptwerk Fanons, »Die Verdammten dieser Erde«, vermischt zwar ebenfalls häufig deskriptive und normative Ebenen, ist hinsichtlich der politischen Einschätzung aber nicht mehr ganz so euphorisch. Mit den sich auftuenden Differenzen innerhalb der sich vom Kolonialismus befreienden Gesellschaft, wurde anscheinend nicht nur das analytische Augenmerk in dieser Hinsicht schärfer, sondern auch die politische Einschätzung skeptischer. Auch in »Die Verdammten dieser Erde« stellt Fanon, wie in seinen anderen Schriften, die koloniale Welt als strikt zweigeteilte, »manichäische Welt« (Fanon 1981: 34) dar. Anders als in »Aspekte der Algerischen Revolution« nimmt Fanon allerdings hier durchaus Unterschiede innerhalb der kolonialen Gesellschaft zur Kenntnis und diskutiert ausführlich die Fallstricke bei der Herausbildung einer nationalen Bourgeoisie in den Kolonien. Finden Klassenverhältnisse in »Aspekte der Algerischen Revolution« keine Beachtung, beschreibt Fanon nun die Rolle der Bourgeoisie innerhalb der kolonisierten Gesellschaft als eine vermittelnde, d. h. in Fanons Wertung als eine negative, radikalen sozialen Wandel verhindernde Bevölkerungsgruppe. Die Bourgeoisie in den kolonisierten Ländern verhindere aber nicht nur die gründliche Dekolonisierung, sondern diene darüber hinaus als »Transmissionsriemen« (Fanon 1981: 130) für den Kapitalismus. Die »Mißgeschicke des nationalen Bewußtseins« (Fanon 1981: 127), die Fanon als Titel dem Kapitel über die Bourgeoisie voranstellt, bestehen demnach aber nicht bloß in der, innerhalb der radikalen Linken häufig prinzipiell kritisierten Wendung von der sozialen hin zur nationalen Frage, sondern auch im konkreten Scheitern einer solchen politischen Ausrichtung. Denn anders als in Europa sei es den Bourgeoisien in den kolonisierten Ländern nicht gelungen, in ideologischer Hinsicht ihrer (marxistisch gesprochen) historischen Rolle gerecht zu werden und ein wie auch immer geartetes »nationales Bewusstsein« zu stiften. Stattdessen sei, als Reaktion auf dieses Scheitern, überall der »Rückfall in die Stammespositionen« (Fanon 1981: 135) zu beobachten.

Diese empirischen Befunden folgende Differenzierung zwischen den Klassen und Gruppen innerhalb der kolonisierten Gesellschaft steht insgesamt in einem Spannungsverhältnis zu der von Fanon konstatierten kolonialen Dichotomie. Noch zu Beginn des Buches versucht er, die »Zugehörigkeit zu einer bestimmten Art, einer bestimmten Rasse« (Fanon 1981: 33) mit einer marxistischen Klassenanalyse zu verknüpfen und behauptet schlicht: »Die Ursache ist Folge: man ist reich weil weiß, man ist weiß weil reich.« (ebd.) Eine befriedigende Antwort auf die Frage nach dem Verhältnis von Kapitalismus und Rassismus kann dies, selbst und gerade gemessen an Fanons eigenen Ausführungen, kaum sein. Auch was die Funktionsweisen der kolonialen Herrschaft betrifft, argumentiert Fanon hier weniger vielschichtig als noch in »Schwarze Haut, weiße Masken«. Während eine, wenn auch erzwungene Form der Komplizenschaft im ersten Buch noch mitgedacht wird, kennt die koloniale Herrschaft in der späteren Analyse nur noch eine einzige Stütze: Gewalt. Während sich in den westlichen Ländern noch »eine Schar von Predigern und Morallehrern« (Fanon 1981: 31), sprich Ideologie, zwischen Herrscher und Beherrschte stellten und für »geradezu ästhetische Formen des Respekts vor der etablierten Ordnung« (ebd.) sorgten, fänden sich solche Mechanismen in den kolonisierten Ländern nicht. Der Agent der Macht benutze nur die »Sprache der reinen Gewalt« (Fanon 1981: 32). Die Konsequenzen, die Fanon aus dieser Analyse zieht, gehören bis heute zu den umstrittensten Aspekten des Buches. Permanent, zumindest im Kontakt mit den »Kolonialherren«, der reinen Gewalt ausgesetzt, sei diese in die Körper der Kolonisierten eingesickert, sie entlade sich beispielsweise in Form »aggressive(r) Träume« (Fanon 1981: 43) und schließlich in der antikolonialen, gewaltsamen Tat: »Der Kolonisierte entdeckt die Realität und verändert sie in der Entfaltung seiner Praxis, in der Ausübung von Gewalt, in seinem Befreiungsplan« (Fanon 1981: 49). Gewalt und Befreiung sind nicht nur deskriptiv, sondern auch konzeptionell aneinander geknüpft. Dass die Dekolonisierung immer ein Phänomen der Gewalt sei, wie Fanon (1981: 29) gleich in der dritten Zeile seines Buches geschrieben hatte, ist schließlich nicht nur eine – im Übrigen keineswegs unbedingt zutreffende – Feststellung, sondern eine politische (Emanzipations-)Maßgabe.

3. Antiimperialismus vs. Postkolonialismus. Die Rezeption

Die Rezeptionsgeschichte Fanons verläuft insofern recht ambivalent, als er im Laufe der letzten Jahrzehnte für höchst unterschiedliche Projekte als theoretischer Pate herangezogen wurde: Auf der einen Seite hatte Fanon großen Einfluss auf die antiimperialistischen Befreiungsbewegungen der 1960er und 1970er Jahre. Die Beschreibung der kolonialen Welt als eine strikt zweigeteilte, »manichäische Welt« (Fanon 1981: 34), deren Logik stets dahin tendiere, die Kolonisierten physisch und psychisch zu entmenschlichen, war vor allem für die politische Propaganda sehr brauchbar (die zu Mobilisierungszwecken auf dichotome Beschreibungen angewiesen ist). So bezog sich beispielsweise der separatistische Flügel der schwarzen Bürgerrechtsbewegung in den USA auf Fanon. Die kulturelle Unterdrückung der Schwarzen in den USA wurde als mit der Situation kolonisierter Bevölkerungen vergleichbar dargestellt und ihr sollte mit dem Aufbau eines »neuen afrikanischen kulturellen Bewusstseins begegnet werden« (Carson 2004: 367). In diesem Kontext wurde für den Ausschluss aller Weißen aus dem SNCC (Student Nonviolent Coordinating Comitee), einer der wichtigsten Bürgerrechtsorganisationen, plädiert. Diese in den 1960er Jahren sehr verbreitete, separatistische Lesart Fanons steht allerdings durchaus auch in einem widersprüchlichen Verhältnis zu dessen universalistisch-humanistischen Grundannahmen.

Darüber hinaus diente Fanons Sicht auf Gewalt nicht selten der Legitimation des bewaffneten Kampfes linker, antiimperialistischer Gruppen, wobei allerdings Fanons Ausführungen selbst zwischen zeitdiagnostischen Befunden und normativer Hinwendung zu physischer Gewaltanwendung hin und her lavieren. Fanon schildert die koloniale Gesellschaft als eine durch und durch von Gewalt geprägte, die bis in die Körper der Beherrschten wirke, denen die Aggressivität folglich »in den Muskeln« (Fanon 1981: 43) sitze. Da es sich bei diesen Prozessen der Verkörperlichung laut Fanon um historische und nicht biologische handele, kann Fanon hier durchaus als Vorläufer für eine Sozialwissenschaft gelten, die, wie etwa die Habitustheorie Pierre Bourdieus (vgl. Kastner 2011), Praxismotivationen nicht allein aus rationalen Entscheidungen, sondern auch aus vorbewussten und verkörperlichten Momenten heraus erklärt. Durch die Verknüpfung dieser deskriptiven Ebene mit der normativ-politischen ist aber auch nicht von der Hand zu weisen, was nicht erst von Hannah Arendt (2000 [1970: 66f.] in ihrem Essay über Gewalt und nicht zuletzt anhand der Debatte unter den zeitgenössischen französischen Intellektuellen am Beispiel Albert Camus heftig kritisiert worden ist (vgl. Marin 1998: 155), nämlich eine Verherrlichung der (antikolonialen) Gewalt. Die Verdammten der Internationale, daran lässt Fanon keinen Zweifel, können sich nur durch, mit und in der Gewalt befreien; jegliche Formen gewaltfreien

Widerstandes gelten ihm bloß als »Schlafkur für das Volk« (Fanon 1981: 56). Die Erfolge programmatischer Gewaltlosigkeit, die einige Jahre zuvor im Dekolonisationsprozess Indiens gefeiert worden waren und die gezeigt hatten, dass Gewaltlosigkeit auch im antikolonialen Kampf keinesfalls Passivität bedeuten musste – was auch Jean-Paul Sartre im berühmten Vorwort zu den »Verdammten dieser Erde« hämisch gegen Albert Camus gerichtet behauptet hatte –, wurde von Fanon ebenso wie von seinen antiimperialistischen AnhängerInnen völlig ignoriert.

Auf der anderen Seite ist Fanons Einfluss auf die Cultural Studies und Postcolonial Studies nicht weniger immens, obwohl hier in der Regel gerade gegen Dualismen, eindeutige Zuschreibungen und reine Kategorien argumentiert wird. Die Attraktivität von Fanons »Schwarze Haut, weiße Masken« für eine poststrukturalistische Lesart entstehe nicht bloß durch die psychoanalytische Perspektive, bemerkt beispielsweise Udo Wolter (2001: 30) in seiner subjektkritischen Fanon-Studie, »sondern vor allem aufgrund der wichtigsten Kategorien, über die Fanon die identifizierenden Prozesse von Dominanz und Rassifizierung dort analysiert hat: Sprache, Sehen und Begehren, Körperlichkeit und Sexualität.« Der Literaturwissenschaftler und postkoloniale Theoretiker Homi K. Bhabha, der mit seinem Essay »Remembering Fanon« (1986) als »Initialzündung für die gesamte poststrukturalistische Fanon-Interpretation« (Wolter 2001: 198) gelesen werden kann, knüpft dabei auch an das andere Hauptwerk Fanons an. Fanon habe gezeigt, so Bhabha mit Bezug auf »Die Verdammten dieser Erde«, dass die Zeit der Befreiung »eine Zeit der kulturellen Ungewissheit und, wichtiger noch, der signifikatorischen oder repräsentationalen Unentscheidbarkeit« (Bhabha 1994: 53) sei. Stuart Hall (1994a: 27) hebt die von Fanon herausgestellte Bedeutung der »leidenschaftlichen Suche« nach Identität hervor, die sich in dieser situativen Unentscheidbarkeit ebenfalls einstellt und die sich auf eine vom Kolonialismus verschüttete oder auch vernichtete Vergangenheit richtet. Unabhängig davon, was von dieser Vergangenheit noch geborgen oder rekonstruiert werden kann, stellt sie im antikolonialen Kampf als Bezugspunkt durchaus eine »kreative Kraft für die sich entwickelnden Repräsentationsformen« (Hall 1994a: 27) dar. Gegenüber solch positiv anknüpfenden Rezeptionsweisen gibt es aber auch innerhalb der Cultural und Postcolonial Studies Widerspruch: Paul Gilroy beispielsweise teilt eher die polarisierende, antiimperialistische Interpretation von Fanons Schriften und lehnt deren Übertragbarkeit gerade deshalb ab. Da es einer »dualistischen Logik verhaftet« bleibe, so Gilroy (1999: 139), sei Fanons Werk für das Verständnis gegenwärtiger kultureller Praktiken »alles andere als hilfreich«.

Mit der Betonung der »leidenschaftlichen Suche« ist Fanon allerdings erstens nicht als Verfechter einer politischen Stärkung ethnischer Gemeinschaften (als Gegenmodell zu ›westlichen' Lebensweisen) zu verstehen. Er hat im Gegenteil deren »erstaunlichen Triumph« (Fanon 1981: 135) während der Dekolonisierungsprozesse besorgt (»voller Ingrimm«, ebd.) zur Kenntnis genommen. Als gut ausgebildeter, in der französischen Kultur verankerter und zugleich polyglotter Intellektueller habe Fanon, so Young (2001: 276), ein relativ geringes Interesse an lokalen afrikanischen Kulturen gehabt und, statt politisch auf diese zu setzen, darauf abgezielt, das westliche Denken gegen sich selbst zu wenden. Und zweitens endet der antikoloniale Kampf, um den es Fanon ging, nicht mit dem Sieg über die Kolonialmacht und dem Ende des Kolonialismus. Koloniale Muster von Unterwerfung und Unterdrückung existieren auch nach dem Kolonialismus fort. Dies ist schließlich eine der Grundannahmen auch der postkolonialen Theorie, die sich zu nicht geringen Anteilen der Fanon'schen empirisch fundierten Theorie einer sowohl psychischen als auch physischen Verankerung des Kolonialismus verdankt.

In der postkolonialen Theorie wie auch in den Subaltern Studies ist dieses Phänomen des Fortlebens kolonialer Muster *nach* dem Kolonialismus als Teil einer »Kolonialität« begriffen worden. Der Kulturtheoretiker Walter D. Mignolo (2001: 426) – dessen Buch »La Idea de América Latina« (2007) mit dem Frantz Fanon-Preis der Carribean Philosophical Association ausgezeichnet wurde – beschreibt Kolonialität als über die Prozesse von Dekolonisierung und nation building hinaus gehende »Maschine«, die im Rahmen der globalen Netzwerk-Gesellschaft soziale Ungleichheit reproduziert.

Literatur

Arendt, Hannah (2000): Macht und Gewalt [1970]. München: Piper Verlag

Bhabha, Homi K. (2000): Die Verortung der Kultur. Tübingen: Stauffenburg Verlag

Carson, Clayborne (2004): Zeiten des Kampfes. Das Student Nonviolent Coordinating Comitee (SNCC) und das Erwachen des afro-amerikanischen Widerstands in den sechziger Jahren. Nettersheim: Verlag Graswurzelrevolution

Cherki, Alice (2002): Frantz Fanon. Ein Porträt. Hamburg: Edition Nautilus

Engelmann, Jan (Hrsg.) (1999): Die kleinen Unterschiede. Der Cultural Studies-Reader. Frankfurt a.M./New York: Campus Verlag

Fanon, Frantz (1967): Black Skin, White Masks [1952]. New York: Grove Press.

Fanon, Frantz (1969): Aspekte der Algerischen Revolution. Frankfurt a.M.: Suhrkamp Verlag

Gilroy, Paul (1999): Der Status der Differenz. In: Engelmann, Jan (Hrsg.) (1999): 256-271

Hall, Stuart (1994): Rassismus und kulturelle Identität. Ausgewählte Schriften 2. Hamburg: Argument Verlag

Hall, Stuart (1994a): Kulturelle Identität und Diaspora. In: Hall, Stuart (1994): 26-43

Kastner, Jens (2011): Koloniale Klassifikationen. Zur Genese postkolonialer Sozialtheorie im kolonialen Algerien bei Frantz Fanon und Pierre Bourdieu. In: Suber, Daniel/Schäfer, Hilmar/Prinz, Sophia (Hrsg.) (2011): S. 277-302

Marin, Lou (1998): Der Ursprung der Revolte. Albert Camus und der Anarchismus. Heidelberg: Verlag Graswurzelrevolution

Mignolo, Walter (2001): Coloniality of Power and Subalternity. In: Rodríguez, Ilena (Hrsg.) (2001): 424-444

Rodríguez, Ilena (Hrsg.) (2001): The Latin American Subaltern Studies Reader. Durham and London: Duke University Press

Suber, Daniel/Schäfer, Hilmar/Prinz, Sophia (Hrsg.) (2011): Pierre Bourdieu und die Kulturwissenschaften. Zur Aktualität eines undisziplinierten Denkens, Konstanz: (UVK Verlagsgesellschaft)

Wolter, Udo (2001): Das obskure Subjekt der Begierde. Frantz Fanon und die Fallstricke des Subjekts der Befreiung. Münster: Unrast Verlag

Young, Robert J.C. (2001): Postcolonialism. An Historical Introduction. Malden/Oxford/Victoria: Blackwell Publisher

Der ›dritte Raum des Aussprechens‹ – Hybridität – Minderheitendifferenz. Homi K. Bhabha: »The Location of Culture«

Cornelia Sieber

Homi K. Bhabha gilt als wichtiger postkolonialer Theoretiker vor allem aufgrund seiner Konzeption von Kulturen als Artikulationsräumen, in denen die kulturellen Zeichen und Bedeutungen immer wieder neu verhandelt werden. Auf diese Weise können Kulturen nicht länger in sich selbst als homogen und in Opposition zu anderen Kulturen verstanden werden. Mit dieser Vorstellung von Kultur als einem dynamischen Prozess des Aushandelns deckt Bhabha das Grundproblem des gesamten Legitimationsdiskurses des frühneuzeitlichen und modernen europäischen Kolonialismus sowie jeder gegenwärtigen Rede vom ›bei uns‹ und ›bei den anderen‹ auf: Diese Diskurse beruhen auf einer verkürzten Wahrnehmung, die Kulturen durch das historisch gewachsene Oppositionsschema ›wir‹/ Norm/Ideal versus ›die anderen‹/Abnormität/Mangel betrachtet.

1. »The Location of Culture« – Eine Herausforderung für das Denken der westlichen Moderne

Geboren wurde Homi K. Bhabha 1949 in der indischen Hafenmetropole Mumbai (damals Bombay). Er studierte dort bis zum B.A.-Abschluss und siedelte anschließend nach Großbritannien um. Seinen Mastertitel in Englischer Literatur erlangte er am Christ Church College der Universität Oxford in Großbritannien, wo er 1990 mit einer Studie zum literarischen Werk von Vidiadhar Surajprasad Naipaul auch promoviert wurde. Er lehrte währenddessen über ein Jahrzehnt an der Universität Sussex, daneben auch in Oxford. Seit Mitte der 1990er Jahre lebt er in den USA, lehrte zunächst als Gastprofessor an der Universität Princeton in New Jersey und der Universität von Pennsylvania, war Mitglied der *School of Criticism and Theory* des Dartmouth College in New Hampshire und wirkte von 1997 bis 2001 als Chester D. Tripp Professor in Gesellschaftswissenschaften an der Universität Chicago. Seit 2001 ist er Anne F. Rothenberg Professor in Gesellschaftswissenschaften an der Harvard Universität, Massachusetts.

Zentrale Bedeutung für die postkolonialen Studien erlangte Bhabha mit der Veröffentlichung von »The Location of Culture« im Jahr 1994 beim Routledge Verlag (London u. a.). Das Werk bildet eine Aufsatzsammlung mit zum Teil bereits einzeln seit Mitte der 1980er Jahre veröffentlichten Beiträgen, die sich exemplarisch dem komplexen Verhältnis von Kolonialherren und Kolonisierten während der britischen Herrschaft in Indien sowie der postkolonialen, multikulturellen Situation in Großbritannien widmen. Bhabha beschreibt Wechselbeziehungen zwischen Akteuren in antagonistischen, kolonialen Machtpositionen z. B. als Prozesse von unvollständiger Anpassung der indischen Kolonisierten, die die britischen Machthaber verunsicherten und ängstigten, statt ihren Herrschafts- und »Zivilisierungs«-Anspruch zu bestätigen. Auch analysiert er gegenwärtige soziale Auseinandersetzungen, wie den von der britischen Regierung niedergerungenen Bergarbeiterstreik von 1984/85 mit Verweis auf Minderheiten wie Frauen, Ungelernte, Aushilfen, Teilzeitbeschäftigte usw., die sich nicht in dem gewerkschaftlichen Bild der Arbeiterklasse repräsentiert finden, das sich auf den vollbeschäftigten (gut bezahlten und gut organisierten) Arbeiter zentriert.

Mit seinen Analysen stellt Bhabha die binäre Logik infrage, die das westliche Denken der Moderne in besonderem Maße prägt. Das westliche moderne Denken ist stärker als das Verständnis anderer europäischer Epochen und das vieler außereuropäischer Kulturen auf die Vorstellung einer menschlichen Erkenntnisfähigkeit gegründet, die potentiell alle Phänomene verstandesmäßig begreifen und klaren Kategorien zuordnen kann. Dazu kommt die Auffassung von menschlicher Entwicklung als einem unidirektionalen, auf Perfektionierung und Vervollkommnung angelegten Prozess, so dass abstrakte Gegensatzpaare wie rational versus irrational, modern versus traditionsverhaftet, Fortschritt versus Ereignislosigkeit zur Grundlage dieses Denkens wurden, das nicht nur eine kolonialistische, sondern auch eine liberale und ab dem 19. Jahrhundert eine sozialistische Variante ausbildete. Mit dieser binären und linearen Logik verbunden war, dass anderen Kulturen keine abweichenden Dynamiken mehr zugestanden wurden.

Bhabhas Fokus liegt nun weniger darauf, das Wirken dieser Denkform als effektiven Motor des europäischen Kolonialismus zu beschreiben, wie dies andere zentrale postkoloniale TheoretikerInnen wie Edward W. Said mit »Orientalism« (1978) und Gayatri C. Spivak mit ihrem Terminus des *othering* (»The Rani of Simur« 1985) schon eindrücklich getan hatten. Bhabha geht es stattdessen darum, die Momente des Versagens dieser verengten Logik zu beleuchten und andere Denkformen anzubieten, die komplexe kulturelle Vorgänge besser erfassen können.

Dies hat es der westlichen postkolonialen Rezeption nicht leicht gemacht, mit Bhabhas Konzepten zu arbeiten, da zwar die Denk*inhalte* im nachkolonialen Zeitalter radikal verändert sind, aber gerade die Denk*strukturen* sich weniger schnell verändern lassen. Das Grundprogramm, mit dem wir Wissen generieren, trägt noch starke Spuren des Mechanismus, wonach Phänomene in Kategorien eingeordnet, gegenübergestellt, hierarchisch gegliedert und mit einer Wertung versehen werden. So erscheint es zuweilen noch schwierig, Kolonisierte, so wie Bhabha es tut, auch als Agenten, als aktive Subjekte zu begreifen, wenn sie sich teils anpassten (»mimicry«) und teils mit ›verschlagener Höflichkeit‹ (»sly civility«) gegenüber den Kolonialherren auftraten, da dies die binäre Logik irritiert, wonach Kolonisierte nur *entweder* als aktive Widerstandskämpfer *oder* passive Opfer (*oder* aber Verräter ihrer eigenen Kultur) angesehen werden können. Ihr Wirken differenzierter zu betrachten, verlangt bereits eine Ablösung von binären Denkstrukturen, denn in jener Logik würde eine differenzierte Betrachtung der Strategien der Kolonisierten auch den anderen Teil des Gegensatzpaares betreffen und eine anscheinende Relativierung der kolonialen Schuld der Europäer bedeuten. Aus Furcht vor solcher Relativierung wird gerade von überzeugten Streitern für Gerechtigkeit und Anerkennung gegenüber den ehemals kolonisierten Kulturen der Ansatz Bhabhas mit Skepsis betrachtet. Ebenso erscheint Bhabhas Plädoyer für die Anerkennung spezifischer Forderungen und Ansprüche von Minderheitensubjekten, die nicht einfach in großen Gruppenidentitäten, wie z. B. der Arbeiterklasse, aufgehen, gerade sozial engagierten GesellschaftsvertreterInnen als ein Angriff auf deren Einigkeit und geschlossene Kampfkraft. Bhabha wird so u. a. schwierige Lesbarkeit und Eklektizismus vorgeworfen, zuweilen wird auch seine Herkunft aus der Minderheit der Parsen, die sich während der britischen Kolonialherrschaft in Indien oft besser an die europäische Kultur anpassten als die hinduistische Mehrheitsbevölkerung, besonders unterstrichen. Geht man jedoch davon aus, dass das kulturelle Miteinander komplexer und dynamischer ist, als es die statischen Kategorien der binären Logik fassen können, dann eröffnen Bhabhas Konzepte wertvolle neue Perspektiven.

2. ›Third space of enunciation‹ – Der dritte Raum des Aussprechens

In dem Aufsatz »The commitment to theory«, der 1989 in dem Sammelband »Questions of Third Cinema« zuerst veröffentlicht und dann in »The location of culture« aufgenommen wurde, wendet sich Bhabha der Frage der Zeitlichkeit von Kultur zu. Er stellt ein Kulturmodell vor, das weder statisch ist noch auf einer Vorstellung von linearer Höherentwicklung beruht, womit er ein Grundbinom des modernen europäischen Denkens untergräbt, das Moderne und Tradition antagonistisch gegenüberstellt. Die eigene Organisationsform wird dort positiv als modern und fortschrittlich betrachtet und als Norm auch für die anderen Zivilisationen gesetzt, deren abweichende Entwicklungen nicht als solche wahrgenommen, sondern als Mangel an Fortschritt und Verhaftung in der Tradition gewertet werden. Bhabha betont nun die Rolle von Subjekten in kulturellen Prozessen und hebt hervor, dass das Äußern kultureller Zeichen und das Ausführen kultureller Praktiken aufgrund eines sich immerzu wandelnden Kontextes nie genau das Gleiche bedeutet, sondern eine Differenz mit sich führt, auch wenn es wie ein einfaches Bestehen auf gesetzten Wahrheiten und Werten erscheinen mag. So lenkt er den Fokus auf die Bewegung im angeblich Statischen und weist auf eine andere Form von Entwicklungsprozessen hin. Das Äußern und Ausführen wird von verschiedenen Subjekten in unterschiedlichen Situationen realisiert, die die kulturellen Zeichen und Praktiken mit jeweils subjektiv und situativ aktualisierten Bedeutungen belegen, so dass das Verhältnis zwischen den Zeichen und den mit ihnen verbundenen Bedeutungen dynamisch bleibt. Bhabha hebt diese Zweideutigkeit der Zeichen und zeichenhaften Handlungen hervor, die selbst bei anscheinend einfach wiederholter Aussage und Ausführung ihren Sinn ändern können und spricht in diesem Zusammenhang von Ambivalenz und Hybridität. Damit führt er die Erkenntnis des russischen Literaturwissenschaftlers Michail Bachtin fort, der schon in den 1920er Jahren in seiner Romantheorie, die ab den 1960er Jahren international diskutiert wurde, auf die grundlegende Hybridität der Sprache hinwies und formulierte: »Das künstlerische Bild der Sprache muss seinem Wesen zufolge eine (beabsichtigte) sprachliche Hybride sein: hier sind notwendig zwei sprachliche Bewußtseine vorhanden – das abzubildende und das abbildende, das einem anderen Sprachsystem angehört.« (Bachtin 1979: 244f.) In der poststrukturalen Sichtweise des französischen Psychoanalytikers Jacques Lacan ist ähnlich von einem ›Gleiten des Signifizierten unter dem Signifikanten‹ die Rede, die nur durch eine autoritär gesetzte momentane Verknüpfung verbunden werden, so dass nachträglich eine Bedeutung gesetzt wird (vgl. Lacan [1957] 1975: 27ff.). Für Bhabha, der wiederholt auf Lacans Erkenntnisse verweist, ist der Zeitpunkt des Aussprechens oder Ausführens eines kulturellen Zeichens nun ein solches erneutes Herstellen einer Verknüpfung zwischen Zeichenkörper und einer inhaltlichen Vorstellung, die in einem bestimmten Kontext geäußert wird, in Bezug zu einer bestimmten Situation und in Relation zu einem bestimmten Gegenüber. Dadurch wird der ›dritte Raum des Aussprechens‹ aufgespannt. Dieser kann als Bedeutungsspielraum verstanden werden, der es zulässt, dass Bedeutung zwischen dem Vergangenen (dem ›Ursprünglichen‹ oder dem zuvor hergestellten Konsens über den Sinn eines Zeichens) und dem gegenwärtigen Moment sowie zwischen verschiedenen kulturellen Subjektpositionen innerhalb einer Kultur oder verschiedener Kulturen ›ausgehandelt‹ werden kann. Die Praxis der Kultur – Bedeutung zu erinnern und zu aktualisieren –, ist demnach ein performativer und dialogischer Prozess, dem die Vorstellung von Einheitlichkeit und Eindeutigkeit von Kulturen nicht gerecht wird. Bhabha unterstreicht in diesem Sinne:

> »Cultures are never unitary in themselves, nor simply dualistic in the relation of Self to Other.« (Bhabha 1994: 35f.)

Und weiter:

> »The intervention of the Third Space of enunciation, which makes the structure of meaning and reference an ambivalent process, destroys this mirror of representation, in which cultural knowledge is customarily revealed as an integrated, open, expanding code. Such an intervention quite properly challenges our sense of the historical identity of cultures as a homogenizing, unifying force, authenticated by the originary Past, kept alive in the national tradition of the People. [...] It is only when we understand that all cultural statements and systems are constructed in this contradictory and ambivalent space of enunciation, that we begin to understand why hierarchical claims to the inherent originality and ‹purity' of cultures are untenable, even before we resort to empirical historical instances that demonstrate their hybridity. [...] It is that Third Space, though unrepresentable in itself, which constitutes the discursive conditions of enunciation that ensure that the meaning and symbols of culture have no primordial unity or fixity; that even the same signs can be appropriated, translated, rehistoricized and read anew.« (ebd. 37)

Wenn Kultur auf diese Art als Aussage- und Ausführungspraxis kulturell codierter Zeichen und Gesten in einem bestimmten zeitlichen Zusammenhang und in Relation auf bestimmte Adressaten verstanden wird, dann sollte es die Kulturtheorie auch nicht mit der Beschreibung besonderer Eigenschaften und Charakteristika einer Kultur bewenden lassen, was letztlich wieder zu kategorischer Gegenüberstellung führt. Stattdessen sollte die Kulturtheorie die kommunikativen Prozesse ›im dritten Raum des Aussprechens‹ untersuchen. Dazu betont Bhabha den situativen Aspekt der Subjektpositionen des Aussprechenden und des Angesprochenen, statt gleich das abstrakte kategorische Raster über sie zu legen. So wird der ›dritte Raum des Aussprechens‹ zu einer »*passage* of history« und einem »space of translation« (ebd. 25) statt zu einem von vornherein unversöhnlichen Schlachtfeld, auf dem sich nur die Deutung und der Wille der einen Seite gegenüber der anderen Seite durchsetzen kann. Bhabha betont:

> »The language of critique is effective not because it keeps forever separate the terms of the master and the slave, the mercantilist and the Marxist, but to the extend to which it overcomes the given grounds of opposition and opens up a space of translation: a place of hybridity, figu-

> ratively speaking, where the construction of a political object that is new, *neither the one nor the other*, properly alienates our political expectations [...].« (ebd. 25)

Mit diesem Gedanken fordert Bhabha, über das westlich moderne Verständnis von Theorie hinauszugehen. Jenes setzt auf die Abstraktion von den vielfältigen Phänomenen der Oberfläche, um die darunter verborgenen Mechanismen zu erkennen und verbindliche, nachprüfbare Aussagen und Vorhersagen zu treffen. Nun soll statt Abstraktion, Kategorisierung und der Vorhersage des Resultats die konkrete Situation, die weder gänzlich in die eine noch in die andere vorgefertigte Kategorie eingeordnet werden kann, die theoretische Beschreibung bestimmen. Das bedeutet eine große Veränderung, denn unser Verständnis von Theorie, die abstrakte Einordnung und die Vorhersage des Endergebnisses, hat uns in der westlichen Moderne das Gefühl der Sicherheit und der Beherrschbarkeit – bei richtigem Befolgen der Regeln – gegeben. Dieses moderne Theorieverständnis, die Phänomene der Welt verstandesmäßig durchschauen und so beherrschen zu können, hat gewichtig zu dem westlich modernen Überlegenheitsgefühl gegenüber den anderen Kulturen beigetragen, das Bill Ashcroft, Gareth Griffiths und Helen Tiffin in »Key Concepts in Post-Colonial Studies« (1998^2/1999: 144-147) als wesentlich für das moderne/koloniale Zeitalter beschreiben. So ist nachzuvollziehen, warum ein anderer Ansatz von Theorie für die postkolonialen Studien eine wichtige Forderung darstellt. Zeitgleich mit Bhabha haben aber auch westliche Soziologen wie Anthony Giddens (1990, 1998) und Ulrich Beck (1986, 1996) für ein anderes Theorieverständnis geworben, das ›hergestellte Unsicherheiten‹ (›manufactured uncertainty‹) in der, wie sie es nennen, zweiten, reflexiven Moderne mit einbezieht. Auch ihr Argument ist, dass die gegenwärtigen komplexen Entwicklungen nicht mehr in einfachen Kategorien zu fassen sind. Bhabha fordert nun speziell von der Kulturtheorie, dass sie Entwicklung als hybrides Wirken verschiedener Logiken erkennen und verschiedene Erklärungsmuster übereinander legen kann, die die Handlungsspielräume dazwischen und darüber hinaus, ›in-between‹ und ›beyond‹ (Bhabha 1994: 4), oder daneben, aufzeigen:

> »My illustration attempts to display the importance of the hybrid moment of political change. Here the transformational value of change lies in the rearticulation, or translation, of elements that are *neither the One* (unitary working class) *nor the Other* (the politics of gender) *but something else besides*, which contests the terms and theories of both.« (ebd. 28)

Die Bedeutung der Kulturtheorie würde dann vor allem darin liegen, spezifische Konstellationen von Subjektpositionen möglichst genau zu beschreiben und dafür die bestehenden Modelle und Begriffe bestmöglich übereinander zu legen, abzuwandeln und anzupassen, so dass geeignete Aussagen im ›third space of enunciation‹ artikuliert und Lösungen *mit* dem Adressaten ausgehandelt werden können:

> »We need a little less pietistic articulation of political principle (around class and nation); a little more of the principle of political *negotiation*.« (ebd. 28)

3. Hybridity – Hybridität

Für Bhabha ist die Hybridität ein Grundprinzip von Kultur, sie steckt, wie oben dargestellt, schon in jedem einzelnen sprachlichen Zeichen und jedem gestischen Ausdruck und setzt sich bis zur Überlagerung und dem gleichzeitigen Wirken verschiedener Logiken fort. Hybridität scheint für ihn so selbstverständlich zu sein, dass er den Begriff nur auf Nachfrage genauer erläutert, etwa in einem Interview mit Jonathan Rutherford, »The Third Space« (1990), das sich auf einige Artikel der damals noch nicht veröffentlichten Aufsatzsammlung »The Location of Culture« bezieht. In dem Interview beschreibt er Hybridität in ihrem Wirken als den Prozess und den Raum des Aushandelns von Bedeutung, als den ›third space of enunciation‹:

> »[...] all forms of culture are continually in a process of hybridity. But for me the importance of hybridity is not to be able to trace two original moments from which the third emerges, rather hybridity to me is the ‹third space' which enables other positions to emerge.« (Bhabha 1990: 211)

Bhabha beschreibt die Hybridität als den Raum *dazwischen*, zwischen Zeichenkörper und Zeicheninhalt, zwischen vergangener und aktualisierter Bedeutung, zwischen zwei Subjektpositionen, wo noch nicht alles festgelegt und festgestellt ist, sondern wo sich Möglichkeiten ergeben. Diese positive Beschreibung der Hybridität teilt Bhabha mit anderen Theoretikern wie dem schon erwähnten Literaturwissenschaftler Michail Bachtin und mit dem argentinischen Stadtanthropologen Néstor García Canclini. Bachtin ging in seinem Konzept des ›dialogischen‹ bzw. ›polyphonen Prinzips‹ (Bachtin 1929/1971: 9ff.) von der produktiven Anwesenheit verschiedener »Stimmen« aus, die in ihren Verhandlungen Widersprüche und Differenzen offen legen. Dieser Dialog bietet »die Gabe, die Welt in Wechselwirkung und Koexistenz zu sehen [...]« (37) und in einer prinzipiellen Offenheit, die darin gründet, dass der Dialog nie zu einem endgültigen Abschluss führt (187). In García Canclinis »Hybrid Cultures« (1990/1995) erscheint dann die Hybridität als vitales Prinzip von Kultur und auf die Gegenwart bezogen als Ausweis ihrer Modernität. Hybridität wird dort beschrieben als die Fähigkeit, Ideen aus früheren Zusammenhängen oder aus einer anderen Kultur aufzunehmen und sie bei diesem De- und Reterritorialisierungsprozess leicht abzuwandeln, um sie in den neuen Kontext einfügen zu können. Gleichzeitig wird der aufnehmende

Kontext durch die Einfügung der neuen Idee leicht verändert, so dass Kultur ein dynamischer Austausch- und Übersetzungsprozess ist.

Neben dieser positiven und aktiven Rolle sieht Bhabha aber auch ein Wirken der Hybridität halb im Unterbewussten und stellt damit eine weitere Grundidee des westlichen modernen Denkens infrage, das von stets bewussten und selbstbewussten Subjekten ausgeht. Ein Legitimationsargument des kolonialen Diskurses war es, die Unterwerfung der fremden Völker als »Zivilisierungsaufgabe« zu rechtfertigen. Durch Bildung und Erziehung, Zwangsarbeit und Gewalt sollten diese mit der Zeit in die Lage versetzt werden, aus den Zwängen ihrer Tradition herauszukommen und so vollständig selbstbewusst und selbstbestimmt wie die Kolonialherren zu werden. In der heutigen westlich modernen Kolonialismuskritik wird dieser gewaltlegitimierende Diskurs scharf verurteilt und für die Kolonisierten die gleiche vollständige Selbstbewusstheit angenommen wie für die Kolonialherren. So wird vor allem der aktive Widerstand gewürdigt, den die Kolonialherren in ihren Schriften verschwiegen oder diffamiert hatten und dessen Aufarbeitung tatsächlich äußerst bedeutend für die Erlangung eines angemesseneren, weniger eurozentristischen Geschichtsbildes ist. Ebenso wird die extreme Brutalität und Perfidie unterstrichen, mit der der Widerstand bekämpft wurde, so dass die Kolonisierten vor allem als Widerstandskämpfer oder als Opfer von extremer Gewalt, mit der ihr Widerstandswille gebrochen wurde, anerkannt werden. Bei Phänomenen der Anpassung und Vermischung kann man in dieser Logik jedoch fasst nur einen ›Verrat an der eigenen Kultur‹ unterstellen – und an dieser Stelle ist es wichtig, über das moderne Denkschema des stets selbst/bewussten Subjekts hinauszublicken.

Bhabha argumentiert wiederum ausgehend von Lacan, dass die Herstellung eines Selbstbildes nur über ein drittes Element funktioniert, ein Bild außerhalb des Selbst, das man ansehen kann und als Vorstellung von sich selbst übernimmt. Lacans Beispiel war das Spiegelbild, jedoch kann man sich das Selbstbild auch anhand der umgebenden Menschen und Diskurse formen. Stets ist man aber nicht das, womit man sich identifiziert, man ist nicht der Spiegel, der andere Mensch oder der Diskurs. Bhabha hebt deshalb in dem Interview mit Rutherford hervor, dass er nicht von einer Vorstellung von Identität ausgeht – und damit der Möglichkeit, ›sich selbst zu erkennen‹ und völlig selbst/bewusst zu sein –, sondern von Identifizierung mit etwas von sich verschiedenem, so dass auch das Subjekt stets unhintergehbar hybrid bleibt:

> »[...] identification is a process of identifying with and through another object, an object of otherness, at which point the agency of identification – the subject – is itself always ambivalent, because of the intervention of that otherness. But the importance of hybridity is that it bears the trace of those feelings and practices which inform it, just like a translation, so that hybridity puts together the traces of certain other meanings or discourses. [...] The process

> of cultural hybridity gives rise to something different, something new and unrecognizable, a new area of negotiation of meaning and representation.« (Bhabha 1990: 211)

Von dieser Vorstellung hybrider Subjekte ausgehend zeigt Bhabha die internen Widersprüche des modernen europäischen kolonialen Gewaltsystems auf. Es zwang die Kolonisierten zur Unterwerfung unter die eigenen Regeln und konnte sich nur damit legitimieren, dass es die Unterworfenen als den negativen Gegenpol in Bezug auf die eigenen Ideale und Werte darstellte (vgl. Spivaks Konzept des *othering*), und sich damit rechtfertigte, sie mittels der Kolonisierung auf diese Ideale und Werte hin umzuerziehen. Dies wurde als Zivilisierungsaufgabe des fortschrittlichen Westens an den traditionsverhafteten außereuropäischen Völkern dargestellt. Der Kolonialismus konnte sich so aber nur während dieser »Erziehungszeit« als notwendig ausgeben, so dass die Kolonialherren möglichst lange das Erreichen des »Erziehungsziels« herauszögern mussten, um ihre Legitimationsgrundlage zu erhalten. Bhabha zeigt nun auf, dass die Kolonialherren nicht nur vor aktivem Widerstand Angst hatten – den konnten sie meist als Barbarei brandmarken und mit überlegener Militärtechnik niederschlagen –, sondern auch vor den angepassten Kolonisierten. Je mehr jene in den zum Teil unterbewusst ablaufenden Akten der Identifikation den Diskurs, die Werte und Ideale der Kolonialherren übernahmen, – die den öffentlichen Raum monologisch beherrschten und, da alle anderen Vorstellungen diskreditiert waren, praktisch das einzige Vorbild zur Identifikation darstellten –, desto weniger ließ sich die weitere Anwesenheit und Machtausübung der Kolonialherren rechtfertigen. In den Artikeln »Of mimicry and man«, »Sly civility«, »Signs taken for wonders« und »By bread alone«, die in »The Location of Culture« enthalten sind, führt Bhabha anhand seiner Analysen von Kolonialdokumenten aus, wie unheimlich, ›unhomely‹, den Kolonialherren ihr angepasstes Gegenüber war, in dessen Augen sich für sie die Frage spiegelte, warum sie noch da waren. In den hybriden Subjekten, die ihnen im Denken und Verhalten immer ähnlicher wurden, aber gleichzeitig weiterhin die Spuren der anderen Herkunft in sich trugen, trat den Kolonialherren zudem eine Gleichheit *und* Differenz entgegen, »as a subject of a difference that is almost the same, but not quite« – »almost the same but not white« (Bhabha 1994: 86, 89). Diese anderen Subjekte hielten den Kolonialherren, indem sie sie in ihrem Verhalten nachahmten, einen Spiegel vor, der die Mimicry – Lacans Terminus für die Anpassung/Nachahmung von etwas von sich Verschiedenem – fasst als ›mockery‹ (ebd. 86), sich Lustigmachen, erscheinen ließ. Die Kolonialherren erkannten in den sie nachahmenden Kolonisierten, dass weder eine statische Dualität von ›Eigenem‹ versus ›Anderem‹ noch eine vollständige homogene Einheit und Gleichheit durch die Praxis kolonialer Gewalt zu erzwingen war, und sie erhielten durch das Zerrspiegelbild eine Ahnung davon, dass sie selbst von ihren Idealen verschieden waren, »democrat and despot [...] *less than one and double*« (Bhabha 1994: 97). Sie hatten das Wirken der Identifizierung vor Augen, das ihnen verdeutlichte, dass Identität – auch ihre eigene – keine vorgegebene, statische Größe war, in der das ›Selbst‹ ruhte. Bhabha arbeitet scharfsinnig in den Kolonialdokumenten die Nervosität, Unsicherheit und Frustration der Kolonialherren heraus, die schon allein mit ihrem binären Denken angesichts des Wirkens der ›kulturellen Differenz‹ an die Grenzen ihrer Fähigkeiten und ihrer Macht stießen.

Mindestens ebenso bedeutend wie für die historischen Studien über die Kolonialzeit sind Bhabhas Analysen auch für das Verständnis der postkolonialen Welt. Denn in der Gegenwart ist eine binäre Logik, wie sie dem westlichen modernen Denken auch nach dem Zusammenbruch des Kolonialismus noch stark zugrunde liegt, ebenso wenig geeignet, um mit dem Wirken der ›kulturellen Differenz‹ zurechtzukommen, die hybriden Subjekten anhaftet. Den Hang, kulturelle Komplexität und Dynamik immer noch modellhaft zu vereinfachen und still zu stellen in dem Raster ›gleich‹ versus ›anders‹, hält uns Bhabha zum Beispiel in der alten Sehnsucht nach dem ›Authentischen‹ und ›Exotischen‹ in anderen Kulturen vor – mittels derer man sie bequem von der ›eigenen‹ Kultur unterscheiden kann. Weiterhin kritisiert Bhabha unsere Neigung, die kulturelle Differenz innerhalb unserer Gesellschaften als ›kulturelle Diversität‹ zu vereinfachen, als das Nebeneinanderbestehen verschiedener Kulturen, zwischen denen Toleranz herrscht. In dem oben schon angesprochenen Aufsatz »The commitment to theory« führt Bhabha aus, dass Toleranz als das Aushalten von Unterschieden eine wichtige kulturelle Errungenschaft der Gegenwart darstellt, sie jedoch nicht als Rückzug in ein gepflegtes Sich-gegenseitig-in-Ruhe-lassen verstanden werden darf (1994: 20ff., bes. 32). Bhabha drängt darauf, ein neues Verständnis von kulturellen Prozessen zu entwickeln, das mit den differenten Kategorien von ›in-between‹, ›beyond‹, ›beside‹, mit der Dynamik des ›Aushandelns von Differenz‹ im ›dritten Raum des Aussprechens‹ und mit der inhärenten Hybridität in kulturellen Subjekten und Zeichen rechnet, damit uns nicht die gleiche Frustration einholt, wie er sie für unsere koloniale Vergangenheit herausgearbeitet hat.

4. Minorities – Minderheitendifferenz

Gemeinsam mit dem ›third space of enunciation‹ und der Hybridität sind die ›minorities‹/die ›Minderheitendifferenz‹ das zentrale konzeptuelle Angebot Bhabhas für die Kulturtheorie, um die zu engen und ausschließlichen Vorstellungen von Entwicklung als linearer Höherentwicklung, von Theorie als Durchschaubar-

und Beherrschbarmachen und von Subjekten als potentiell völlig selbstbewussten Agenten abzulösen.

Der Begriff ›Minderheiten‹ wird von Bhabha nicht als das Gegenstück zu den ›Mehrheiten‹ gebraucht, auf die sich unser politisches System der repräsentativen Demokratie stützt. Stattdessen sieht er sämtliche soziokulturellen Agenten, jeden einzelnen, als von Minderheitendifferenz geprägt an. Besonders klar wird dies in den Artikeln »Globale Ängste« (1997) und »Angst in kultureller Übersetzung« (1999). Jeder verkörpert demnach eine dynamische, sich verändernde Minderheit, da jeder auf unterschiedliche Weise ein »Kuddelmuddel« der eigentlich klassischen Identitätsfaktoren wie »Rasse, Klasse, Geschlecht, Generation, Region« (1997: 30) figuriert. Diese Identitätsfaktoren sind einzeln mehr oder weniger veränderlich, insbesondere die Klassen- und regionale Zugehörigkeit stellen bewegliche Identitätsfaktoren dar; und die Generation weist deutlich auf die zeitliche Veränderung hin, da sich Lebenssituationen und Ansichten ändern und neue Generationen mit anderen Erfahrungen nachkommen. Diese unterschiedliche und veränderliche Prägung jedes Einzelnen unterstreicht die generelle Schwierigkeit des Denkens in Gegensatzpaaren wie Bourgeoisie versus Arbeiterklasse; Männer versus Frauen; ›eigene‹ versus ›fremde Kultur‹; Vergangenheit versus Gegenwart. Die Vorstellung von Subjekten in ihrer Minderheitendifferenz ermöglicht es hingegen, Identifizierung *und* Differenz gleichzeitig und in uns allen wahrzunehmen und diese grundlegende Hybridität nicht als Mangel oder Bedrohung zu betrachten. Das situative Gegenüber mag dann z. B. die Rasse und das Geschlecht mit mir teilen, sich aber in der Generation und Klasse unterscheiden. Die Differenz als je einzigartige und veränderliche Konstellation verschiedener Identitätsfaktoren erscheint dann nicht mehr als das dem ›Eigenen‹ gegenüberstehende ›Andere‹, sondern als eine Qualität die alle auszeichnet – womit starre hierarchische Unterscheidungen und ungleiche, unterdrückerische Machtverhältnisse noch schwieriger legitimiert werden könnten. Wenn sich Subjekte zuvorderst in ihrer Minderheitendifferenz begegnen, statt sich weiter in binären Gegenüberstellungen zu begreifen, dann wäre dies ein günstiger Ausgangspunkt für ein ›Aushandeln der Differenz‹ im Sinne eines offenen und unabschließbaren dynamischen und dialogischen Prozesses kulturellen Engagements, wie Bhabha gleich in seiner Einführung zu *The Location of Culture* ausführt:

> »Terms of cultural engagement, whether antagonistic or affiliative, are produced performatively. The representation of difference must not be hastily read as the reflection of pre-given ethnic or cultural traits set in the fixed tablet of tradition. The social articulation of difference, from the minority perspective, is a complex, on-going negotiation that seeks to authorize cultural hybridities that emerge in moments of historical transformation. [...] The borderline engagements of cultural difference may as often be consensual as conflictual; they may con-

found our definitions of tradition and modernity; realign the customary boundaries between the private and the public, high and low; and challenge normative expectations of development and progress.« (Bhabha 1994: 2)

Literatur

Ashcroft, Bill/Gareth Griffiths/Helen Tiffin (1998/1999): Key Concepts in Post-Colonial Studies. London/New York: Routledge

Bachtin, Michail (1929/1971): Probleme der Poetik Dostojevskijs. Ed. Walter Höllerer, übersetzt von Adelheid Schramm. München: Carl Hanser

Bachtin, Michail (1979): Die Ästhetik des Wortes. Hrsg. Rainer Grübel. Frankfurt a.M.: Suhrkamp

Beck, Ulrich (1986): Risikogesellschaft. Auf dem Weg in eine andere Moderne. Frankfurt a.M.: Suhrkamp

Beck, Ulrich (1996): Reflexive Modernisierung. Eine Debatte (mit Anthony Giddens und Scott Lash). Frankfurt a.M.: Suhrkamp

Bhabha, Homi K. (1990): The Third Space. Interview with Jonathan Rutherford (Hrsg.): Identity, Community, Culture, Difference. London: Lowrence and Wishart. 201-221

Bhabha, Homi K. (1994): The location of culture. London u. a.: Routledge

Bhabha, Homi K. (1997): Globale Ängste. In: Peter Weibel/Slavoj Zizek (Hrsg.): Inklusion : Exklusion. Probleme des Postkolonialismus und der globalen Migration. Wien: Passagen Verlag. 19-44

Bhabha, Homi K. (1999): ›Angst‹ in kultureller Übersetzung. In: Hermann Herlinghaus/Utz Riese (Hrsg.): Heterotopien der Identität. Literatur in interamerikanischen Kontaktzonen. Heidelberg: Winter. 83-92

Giddens, Anthony (1990): The Consequences of Modernity. Cambridge: Cambridge University Press

Giddens, Anthony (1998): The Third Way. The Renewal of Social Democracy. Cambridge: Polity Press

Hamann, Christof /Cornelia Sieber (Hrsg.) (2002): Räume der Hybridität. Hildesheim: Olms

Lacan, Jacques (1975): Das Drängen des Buchstaben im Unbewussten. In: Ders.: Schriften II, hrsg. von Norbert Haas. Olten u. a.: Walter. 15-59

Sieber, Cornelia (2002): Wonderful diversity? Postkoloniale Einwände zur Debatte zwischen Multikulturalismus und Liberalismus. In: Hamann/Sieber (2002): 67-88

Sieber, Cornelia (2005): Die Gegenwart im Plural. Postmoderne/postkoloniale Strategien in neueren Lateinamerikadiskursen. Frankfurt a.M.: Vervuert

Spivak, Gayatri C. (1985): The Rani of Simur. In: Francis Barker et al. (Hrsg.): Europe and Its Others. Vol. 1. Proceedings of the Essex Conference on the Sociologie of Literature. Colchester: University of Essex Press. 128-151

Toro, Alfonso de (2002): Jenseits von Postmoderne und Postkolonialität. Materialien zu einem Modell der Hybridität und des Körpers als transrelationalem, transversalem und transmedialem Wissenschaftskonzept. In: Hamann/Sieber (2002): 15-52

Archäologien des okzidentalen Fremdwissens und kontrapunktische Komplettierungen – Edward W. Said: »Orientalism« und »Culture and Imperialism«

Markus Schmitz

Obschon es inzwischen üblich ist, Edward W. Said (1935-2003) an die Spitze einer gemeinsam mit Gayatri C. Spivak und Homo K. Bhabha gebildeten quasi-heiligen Trinität der Postcolonial Studies zu platzieren, nimmt der palästinensisch-amerikanische Intellektuelle innerhalb des ebenso internationalen wie interdisziplinären Diskurses eine deutliche Sonderstellung ein. Dass Said frühzeitig als Mitbegründer des akademischen Feldes kanonisiert und dennoch regelmäßig aus dem Inneren eben dieses Feldes kritisiert wird, unterstreicht die gleichzeitige Funktion seines Werkes als beinahe dogmatische Referenz und negative Matrix postkolonialer (Selbst-)Kritik. Diese ambivalente Stellung ist fraglos seiner bisweilen konservativ anmutenden Privilegierung der Klassiker der europäischen Kulturgeschichte sowie seiner expliziten Distanzierung von dem akademisch institutionalisierten Postkolonialismus geschuldet. Saids gleichzeitige Innen- und Außenstellung scheint aber ebenfalls in seinem fortgesetzten politischen Engagement als Aktivist der palästinensischen Befreiungsbewegung begründet. Diese politischen und theoretischen Facetten seiner kritischen Praxis lassen sich nicht strikt voneinander trennen. Beide determinieren sowohl die Genese als auch die Rezeption von Saids Kulturkritik.

1. Die Kritik der Orient-Re-Präsentation: »Orientalism

Der Vergleichende Literaturwissenschaftler avanciert spätestens Mitte der 1970er Jahre zu einem der führenden Interpreten Michel Foucaults in den USA. Indem er narrative Anfänge in ihrer diskursiv präfigurierten und sich historisch wandelnden Ereignishaftigkeit analysiert, schafft er ein frühes theoretisches Korrektiv zu dem vorherrschenden Verständnis von Textualität als etwas von der materiellen Geschichte weitgehend Losgelöstes. 1978 zeigt sich mit »Orientalism« (Said 1978/1995), wie weitreichend die Konsequenzen dieser theoretischen Wende sein sollten. Nun entwickelt Said aus der mikropolitischen Analyse des westlichen Disziplinarregimes eine Makro-Archäologie des westlichen Wissens vom Orient. Indem die Studie nicht nur das Thema des Eurozentrismus und Rassismus sowie seine Relation zum Kolonialismus behandelt, sondern außerdem demonstriert, dass die diskursive Konstruktion des/der orientalischen Fremden als kohärente kulturelle Figur des Anderen in einem umfassenden Macht/Wissen-Komplex eingebunden ist, schafft Said über die Grenzen des eigenen Faches hinweg ein wirkungsmächtiges Modell kolonialer Diskursanalyse. Das Buch gilt heute als Schlüsseltext für die Formation der Colonial Discourse Theory und wird regelmäßig als »Gründungsdokument« der Postcolonial Studies hypostasiert (Castro Varela/Dhawan 2005: 31).

Ein arabisch-palästinensisches Partisanenbuch

Es ist nicht allein die Begegnung mit der französischen Kritik der modernen okzidentalen Rationalität, welche Said auf die Frage der westlichen Darstellung des arabisch-islamischen Anderen stoßen lässt. Der in Jerusalem geborene und in Kairo aufgewachsene Palästinenser im New Yorker Exil überwindet mit der Orientalismus-Studie auch die bisherige Marginalisierung seines außerakademischen Lebens. Spätestens seit dem arabisch-israelischen Juni-Krieg von 1967 bringt sich Said fortschreitend in die politischen Debatten der palästinensischen Befreiungsbewegung ein. 1977 wird er Mitglied des Palästinensischen Nationalrates (PNC), dem palästinensischen Parlament im Exil. Durch den Einfluss befreundeter (pro-)palästinensischer Intellektueller wie Ibrahim Abu-Lughod, Eqbal Ahmad und Noam Chomsky ist die Orientalismus-Studie nicht nur ein frühes Dokument des allgemeinen *cultural turn* der 1970er Jahre. Sie reflektiert genauso innerpalästinensische Widerstandsdiskurse wie die Themen der amerikanischen Bürgerrechts- und Antikriegsbewegung. Diese Positionen fungieren als Korrektiv zu einer akademischen Kritikpraxis, bei der das Politische zugunsten der Analyse kulturell-textueller Produktionen zurücktritt. Gleichzeitig knüpft Said mit »Orientalism« an eine viel längere Vorgeschichte arabisch-muslimischer Orientalismuskritiken an, die spätestens seit Ende des 19. Jahrhunderts aus den antikolonialen Debatten nationaler Reformer hervorgehen. Während diese Stimmen im Westen bis in die 1950er Jahre hinein nicht wahrgenommen werden, geraten mit der politischen Dekolonisation der arabischen Welt die für selbstverständlich erachteten epistemologischen Hierarchien zwischen orientalistischen ForscherInnen und ihrem Forschungsgegenstand immer stärker ins Wanken. Saids Studie ist vor allem von frankophonen marxistischen Intellektuellen arabischer Herkunft wie Anwar Abdel-Malek oder Abdallah Laroui beeinflusst, die seit den 1960er

Jahren für die Dekolonisation des hegemonialen Orientbildes eintreten. »Orientalism« verfügt also über eine konkrete politische Agenda jenseits der Faszination poststrukturalistischer TheoretikerInnen für die Politik ästhetischer Repräsentationen. Erst aus dem Zusammentreffen von westlicher Avantgardetheorie, linker Imperialismuskritik und palästinensischem Befreiungsdiskurs bezieht die Analyse kultureller Bedeutungsherstellungen im Spannungsfeld von Macht und Repräsentation ihre besondere inhaltliche Ausrichtung. »Orientalism« ist gleichzeitig ein kulturwissenschaftlicher Beitrag und eine politisch-strategische Intervention, ohne dass sich das eine Projekt durch das andere überdeterminieren ließe. Es ist in diesem Zusammenhang wichtig darauf hinzuweisen, dass Saids wohl bekannteste Studie nur das erste Buch in einer Reihe von Studien zu westlichen Repräsentationen der arabisch-islamischen Welt ist. Die beiden unmittelbaren Folgepublikationen der als Trilogie konzipierten Serie sind »The Question of Palestine« (Said 1979) und »Covering Islam« (Said 1981). Während die historische Fallstudie die Exklusion palästinensischer Erfahrungen in der westlich-israelischen Historiographie konstatiert, um das gegen-archivische Projekt einer palästinensischen Geschichtserzählung zu entwerfen, konzentriert sich die medientheoretische Untersuchung von 1981 auf die massenmediale Darstellung von Muslimen in den USA. Die theoretische Essenz beider Studien ist freilich in »Orientalism« zu suchen.

Hegemonie, Identität und Alterität

Obschon bereits Saids methodisches Vorbild Foucault von jenem Trennungsstrich weiß, den die Grenze zum Orient für die historische Konstruktion des europäischen Selbst darstellt (vgl. Foucault 1969: 10), beschränken sich dessen Analysen auf den abendländischen Diskurs und seine Produktion von inneren Anderen. Die historische Beziehung zwischen Europa und dem Rest der Welt klammert der französische Philosoph weitgehend aus und lässt dabei unerwähnt, dass die analysierte Disziplinarmacht ebenfalls dazu verwendet wurde, die nichteuropäische Welt zu erforschen, zu besetzen und zu beherrschen. Dagegen deutet Said im Rekurs auf die Hegemonietheorie Antonio Gramscis europäische Fremdrepräsentationen als von kolonialen Kräfteverhältnissen hervorgerufene hegemoniale Effekte. Seine Genealogie der westlichen Normalisierungsmacht geschieht nicht unter dem Gesichtspunkt ihrer innereuropäischen Auswirkungen, sondern richtet die Aufmerksamkeit auf die unabgeschlossene Geschichte von Kolonialismus und Imperialismus. Saids Hinweis auf das »Foucault'sche Vergessen« des kolonialen Moments in der Kritik der Moderne stellt seit »Orientalism« einen »möglichen Ausgangspunkt des postkolonialen Textes« (Bhabha 2000: 293) dar. In dieser Lesart europäischer Identitätsdiskurse avanciert das Orientalische zum Fremden par excellence. Das Gegensatzpaar Orient/Okzident bildet gewissermaßen die cross-kulturelle Entsprechung zur innereuropäischen Dichotomie Unvernunft/Vernunft.

Das philologische Labor und die koloniale Herrschaft

Saids Kritik der akademischen Orientrepräsentation richtet sich vorrangig auf jene Phase, in deren Verlauf das bis dahin in den Dienst der christlichen *philologia sacra* gestellte Studium des Arabischen zusehends eine ausdifferenzierte Wissenschaft eigenen Ranges wird und die starke Position der Sprachwissenschaften eine spezielle Kombination aus Imagination und empirischer Beobachtung ermöglicht. Die Orientalisten des 19. Jahrhundert verharren in einer Denktradition, die das Gegensatzpaar von Ost und West als grundsätzliches Axiom ihres in Kulturen, Völker und Nationen unterteilten Weltbildes benötigt. Obwohl ihre vergleichende Klassifizierung von so genannten Sprachfamilien lediglich behauptet, den jeweiligen Beitrag der zu Völkern zusammengefassten Gesellschaften an der Zivilisationsgeschichte bemessen zu wollen, tritt mit Ernest Renans komparativer Grammatik die semitische Sprache und mit ihr der Semit als Objekt des Wissens in Erscheinung. Das von der Sprache abgeleitete und auf die Bereiche der Kultur, Moral und Religion übertragene manichäische Muster schafft eine grundlegende Prämisse für den modernen Rassismus und Kolonialismus. Said kritisiert die orientalistischen Verfahren als für niemanden außer die professionell ausgebildeten OrientalistInnen überprüfbar und beschreibt in diesem Zusammenhang das philologische Labor der Orientalistik als »phenomenon of arrested development« (Said 1978/1995: 145). Beim Orientalismus handelt es sich demnach um mehr als nur um eine isolierte philologische Unterwerfungspraxis, die fernab der materiellen Welt ein Bewusstsein vom Orientalischen als kohärente kulturelle Figur des Anderen hervorbringt. Die inneren Aneignungsprozesse der westlichen Orientforschung erwidern externe Herrschaftsverhältnisse und setzen mit dem Diskurs über den Orient eine reglementierende Praxis durch. Diesen Zusammenhang illustriert Said anhand der historischen Wechselwirkung zwischen den performativen Machtwirkungen orientalistischen Wissens und der Geschichte des europäischen Kolonialismus. Die räumliche Emphase seiner Kritik betrifft genauso die imaginierte Geographie orientalistischer Repräsentationen wie deren geopolitische Implementierung. Die Voraussetzungen und Effekte des orientalistischen Diskurses liegen also im Außen der europäischen Geschichte.

Besetzen und Rechtfertigen

Den eigentlichen Punkt Null des modernen Orientalismus markiert in Saids Studie Napoleons Besetzung Ägyptens im Jahre 1798. Die affirmativen orientalisierenden Kräfte werden genauso wie die gewalttätige Seite des Orientalismus vor dem gemeinsamen Hintergrund der imperialistischen Gesamtkultur analysiert. Nur so erklärt sich die Bedeutung des Epochendatums, das sowohl in den meisten arabischen Geschichtsdeutungen als auch in der westlichen Historiographie den Beginn der kulturellen und politischen Modernisierung des Nahen Ostens markiert. Der Rückblick auf das historische Ereignis dient Said dazu, das komplexe Phänomen des kulturellen Orientalismus zu den materiellen Grundmustern seiner Macht/Wissen-Genese zurückzuführen. Die französische Militärexpedition wird als die erste Begegnung Europas mit einer arabisch-islamischen Gesellschaft gedeutet, bei der das orientalistische Wissen direkt für koloniale Zwecke genutzt wird. Die Proto-Orientalisten der Napoleonischen Expedition nutzen das Bild eines idealisierten klassischen Orients, um über das moderne Ägypten, seine Gesellschaftsordnung und seine Kultur zu urteilen. Auf diese Weise wird rückblickend die Besatzung als Akt zivilisatorischer Entwicklungshilfe gerechtfertigt. Das koloniale Projekt behauptet, einem kulturell zum Stillstand gekommenen Raum seine frühere Größe zurückzugeben. Damit – so rekonstruiert die Orientalismus-Studie – erhalten die Begriffe ›Orient‹ und ›Orientale‹ erstmals eine besondere administrative und exekutive Konnotation. Sie avancieren zu juristischen Kategorien, die erklären, warum das, was geschah und weiterhin geschehen sollte – die gewaltsame Unterwerfung der Region – geschehen musste. Auf diesem zweifelhaften Kausalnexus fußt laut Said das Selbstverständnis des Orientalismus.

Das Archiv des Orientalismus

Mit der systematischen Ansammlung von Handschriften und anderen Informationen zur Geschichte und Kultur des Vorderen Orients beginnt ein Institutionalisierungsprozess, in dessen Verlauf die Orientalistik sich nicht nur als Wissenschaft eigenen Ranges etabliert, sondern gleichsam ein europäisches Aussagensystem über das Orientalische institutionalisiert wird. Das orientalistische Archiv ist Teil einer gemischten Ökonomie militärisch-diplomatischer Praktiken, religiös-pädagogischer Diskurse, wissenschaftlicher Autorität und künstlerisch-literarischer Produktionen. So, wie der/die Forschungsreisende die narrativen Regeln des literarischen Orientalismus befolgt, bezieht sich der/die MalerIn, DichterIn oder SchriftstellerIn seiner/ihrerseits auf die wissenschaftliche Bibliothek gelehrter

Mutmaßungen. Vor allem in den vom romantischen Motiv der Wiederherstellung eines authentischen Orients angeleiteten Diskursen erscheint der konkrete Ort als ein abstraktes Netz von intertextuellen Referenzen, symbolischen Zitaten und Bildfragmenten vorgefertigter Urteile. Die historische Wirklichkeit arabisch-islamischer Gesellschaften dient lediglich als Matrix für die erzählerisch-darstellende Bewusstseinsbildung des europäischen Ich. Obwohl vollkommen ausgeschlossen, bildet der Topos des Orientalischen einen integralen Bestandteil der kulturellen Identität Europas. Es ist eine Position des Außen, von der aus die OrientalistInnen, DichterInnen oder PolitikerInnen nicht nur über, sondern auch für den Orient sprechen. Mittels der figuralen Sprache des Orientalismus – so lautet Saids Kernthese – ist es gelungen, den konkreten geographischen Raum und seine Menschen zunächst zu einem Teil des europäischen Bewusstseins und dann zu einer tatsächlichen Kolonie zu machen.

Fortwirkende Effekte, Kritiken und aktuelle Referenzen

Wenn Saids Kritik die Kontinuitäten eines sich stetig reproduzierenden orientalistischen Kanons als Amalgam von (neo-)kolonialer Macht und Wissen hervorhebt, dann nicht zuletzt, um auch für die bis in unsere eigene Gegenwart reichende Phase nach der formalen Dekolonisation das Fortwirken kolonial-rassistischer Paradigmen in Wissenschaft, Medien und Politik zu konstatieren. Die Grundmuster des orientalistischen Repräsentationssystems stellen demnach inzwischen einen nahezu globalen Grundkonsens dar. Die kulturelle Hegemonie der USA (ihres ökonomischen, akademischen und massenmedialen Systems) führte in der zweiten Hälfte des 20. Jahrhunderts ihrerseits dazu, dass auch die arabischen Eliten zu KonsumentInnen westlicher Stereotype ihrer selbst wurden und an ihrer eigenen Orientalisierung partizipieren. Saids Kritik des orientalistischen Diskurses wird in divergierenden Lesarten direkt im Zentrum der Postcolonial Studies platziert, als dessen diskurstheoretische Vorgeschichte behandelt oder aber als Quelle für eine kritische Praxis nach dem Postkolonialismus befragt. Said gilt manchen seit »Orientalism« als akademischer Repräsentant eines neo-liberalen Kosmopolitismus, als literaturwissenschaftlicher Poststrukturalist oder gar als Postmodernist. Für andere entlarvt er sich mit dem Buch als palästinensischer (Dritte-Welt)-Nationalist, als ein gekränkter Ex-Kolonialisierter oder radikaler Internationalist. Wiederum andere Stimmen beschreiben ihn als konservativen Eurozentristen und (ver)westlich(t)en Humanisten (vgl. Schmitz 2008: 213-251). Für die Vielzahl disparater Deutungen sorgen offenbar sowohl die gleichzeitige Anwendung konkurrierender Theorien wie auch die sehr weit gefasste Themenwahl. Es gibt vielleicht nur wenige Forschungsgegenstände, deren Aussagenfelder so stark ideologisch umkämpft sind, wie der für die Studie von 1978 gewählte. Hier geht es nicht um einen freien Topos ohne Vorgeschichte, aber genauso wenig um einen historischen Gegenstand ohne Gegenwartsbezug. Obwohl die Idee des Orients inzwischen nicht zuletzt dank Saids Interventionen als antagonistische Projektion und negatives Supplement normativ gesetzten Europäertums entlarvt wurde und eine rigorose kulturgeographischen Trennung von Orient und Okzident in kritischen Wissenschaftskontexten längst als obsolet gilt, ist die inkorporierende Autorität des orientalistischen Repräsentationssystems und seiner imaginierten Geographie keineswegs vollständig gebrochen. Nicht nur das Fortschreiben des Orient-Topos in Massenmedien und Werbung trägt zur Konservierung kolonial-orientalistischer Typologien und Vorstellungswelten bei. Als politische Kategorie, als Ordnungsmuster kultureller Differenzsetzung oder geostrategisches Planungsfeld hat das diskursive Konstrukt Orient nach wie vor enormen Anteil an der Konsolidierung und Transformation konkreter sozioökonomischer Verhältnisse. Trotz seiner imaginären Herkunft kann der orientalistische Diskurs nach wie vor direkt auf die Lebenswirklichkeiten von Menschen an sehr verschiedenen Orten wirken. Der Skandal des orientalistischen Rassismus liegt insofern zuvorderst nicht im Denken eines schlechthin Fremden, das nicht (mehr) existiert. Das eigentliche Grauen bilden die fortwirkenden diskriminierenden Effekte dieses Denkens, obwohl der oder die orientalische Fremde von Natur niemals existierte.

2. Die Kulturen des Imperialismus in vergleichender Lesart – »Culture and Imperialism«

Während »Orientalism« vor allem jene wissenschaftlichen und literarischen Konfigurationen untersucht, die unmittelbar mit der kolonialen Macht Europas verbunden sind, fragen jüngere postkoloniale KritikerInnen gezielt nach den Blindstellen in Saids Analyse. Die Orientalismus-Studie wird vor allem wegen ihrer Tendenz zur umgekehrten Essenzialisierung und okzidentalistischen Totalisierung des westlichen Diskurses (al-Azm 1981), wegen ihrer Gender-Blindheit (Lewis 1995) sowie wegen der Abwesenheit wiederständiger Perspektiven kritisiert. Gerade von marxistischen KritikerInnen trikontinentaler Herkunft wird Saids Argumentation oft als zu einseitig zurückgewiesen, weil die Fokussierung auf Texte und Institutionen der kolonialen Autorität stillschweigend die Stimmen des antikolonialen Widerstandes ausblende (Ahmad 1992). Nachdem sich die Orientalismus-Studie tatsächlich nicht auf eine kohärente antikoloniale Widerstandstheorie stützt und sich dazu bekennt, unmittelbar auch keine solche hervorzubringen, wendet sich Said im Verlauf der 1980er Jahre gezielt der widerständigen Seite der kolonialen Geschichte zu. Das in »Culture and Imperialism« (Said 1993/1994) präsentierte vergleichende Neu-Lesen des Imperialismus erwidert nicht zuletzt auch jene KritikerInnen, die Said vorwerfen, einen alteuropäisch-bürgerlichen Humanismus zu konservieren und das Problem der ungleichen internationalen Arbeitsteilung zu vernachlässigen.

Exil und humanistische Kritik

Said charakterisiert seine Imperialismus-Studie aus dem Jahre 1993 als »an Exile's book« (Said 1993/1994: XXVI). Der Exilbegriff fungiert hier als methodologische Metapher für die kritische Grundhaltung einer sich bewusst ins Außen platzierenden intellektuellen Praxis, die jedem exklusiven Konsens kulturell- oder national-geschlossener Theoriesysteme mit äußerster Skepsis und oppositioneller Insistenz begegnet. Die Hervorhebung der nomadisierenden Perspektive erwidert zum einen die globalen Migrationsbewegungen vom postkolonialen Trikont in die Metropolen des Westens. Zum anderen avanciert das Motiv einer überindividuell postulierten Exilkultur im Anschluss an Theodor W. Adornos »Minima Moralia« (1951) zum Signum der von sich selbst entfremdeten westlichen Moderne. Die migrantische Erfahrung des Ausschlusses und der Nichtzugehörigkeit wird als Alternative zur herrschenden Kultur des kollektiven nationalen Sentiments gepriesen. Said begreift Humanismus als notwendigerweise unvollständigen und für kritische Revisionen offenen, aber alternativlosen Versuch, allgemeine Maßstäbe für die Kritik von globalem Unrecht und lokaler Unterdrückung zu gewinnen. Seine in diesem Sinne strategisch humanistische Kritik fahndet nach den von kanonischen humanistischen Erzählungen ausgeblendeten historischen Erfahrungen. Die Frage nach der konstitutiven Präsenz der Absenz, des Geleugneten und Ausgeschlossenen in den kulturellen Produkten der westlichen Moderne sowie das Bemühen, dieses Abwesende in einer kritisch erweiterten Form der Lektüre zu integrieren, bilden das Hauptmotiv seiner Imperialismus-Studie.

Das Gesagte und das Unsägliche

»Culture and Imperialism« fahndet nach der Wechselbeziehung zwischen wissenschaftlich-ästhetischer Kultur und der politischen materiellen Geschichte von Nationalismus und Imperialismus. Die Studie behandelt nationale europäische Kulturproduktionen als konstitutive Elemente des europäischen Imperialismus und interpretiert umgekehrt Dokumente der Heimatkultur als Zeugnisse exterritorialer kolonialer Barbarei. Bereits die Orientalismus-Studie führt die Literatur und Wissenschaftskultur des Orientalismus auf seine kolonialen Kontingenzen und ideologischen Prätentionen zurück. Nun erfährt die Analyse der dialektischen Beziehung von Kultur und Imperialismus eine deutliche Ausweitung historischer Bezüge, geographischer Referenzen und einbezogener Perspektiven.

Das als »comperative literature of imperialism« (Said 1993/1994: 18) beschriebene Verfahren zielt auf eine heterophone Repräsentation der sich überlappenden Geschichten von Imperialismus und antikolonialem Widerstand. Joseph Conrads Erzählung »Heart of Darkness« (1899) wird als literarisches Vehikel zur Formulierung einer methodischen Alternative eingeführt. Während man die bekannte koloniale Erzählung von Marlows Reise in den kolonialisierten Kongo als ausschließliche Affirmation kolonial-rassistischer Selbst- und Fremdgewissheiten deuten kann, die keine wirklichen Gegenentwürfe zu den dominanten europäischen Erklärungsmustern des Imperialismus hervorbringt, richtet sich Saids Lesart auf das dieser Novelle eigene Moment des Zweifels an der moralischen Integrität des kolonialen Projektes. Die Darstellung der zentralafrikanischen Handelsniederlassung für Elfenbein und ihres Leiters Kurtz als moralisches Monster verlogener europäischer Profitgier und heuchlerischer zivilisatorischer Diskurse wird als Hinweis auf die inneren Widersprüche und Blindstellen der imperialistischen Narration gedeutet. Kurtz personifiziert in dieser Lesart die Lüge der kolonialen Idee, gerade weil das Grauen der kolonialen Wirklichkeit, der letzte Hauch seiner skrupellosen Herrschaft, zunächst keinen direkten Eingang in den verlogenen Ideenimperialismus der europäischen Heimatkultur findet. Diesem Unsagbaren und Nichterzählten, welche Conrads Prosa lediglich erahnen lässt, gilt das eigentliche Interesse von Saids Re-Lektüre. Eine solche Interpretation des europäischen Textes verlangt selbstverständlich nach der Spezifizierung der anderen Seite, welche die referenzielle Grenze des Conrad'schen Textes, das eurozentristische Archiv des Imperialismus, überschreitet. Die Kritik der rein metropolitischen Lesarten des Textes kann gemäß Said nur dann zur Formulierung einer globalen Geschichte interdependenter Erfahrungen führen, wenn sie die kulturellen Artikulationen des antiimperialistischen Widerstands einbezieht. Said liest literarische und theoretische Werke zunächst als individuelle kreative Produkte, um sie dann als Teil einer imperialistischen Gesamtkultur zu beschreiben. Die komparatistische Konzeption von Literaturgeschichte geht von der Idee der geteilten Erfahrung aus. Daher erscheinen die kanonisierten europäischen Novellen des kolonialen 19. Jahrhunderts nicht völlig getrennt von den Erzählungen so genannter postkolonialer AutorInnen, sondern werden diese als Erwiderung auf jene interpretiert.

Kontrapunktik und Kulturkritik

Said begreift die von ihm angestrebte perspektivisch erweiterte Literatur- und Kulturkritik als Teil einer umfassenden politischen Vision post-imperialistischer Koexistenz. Wenn die von ihm empfohlene interpretative Strategie als »contrapunctual reading« (Said 1993/1994: 66) charakterisiert wird, dann handelt es sich dabei nicht um ein umfassend ausgearbeitetes theoretisches Prinzip. Dennoch hat Saids kontrapunktisches Lesen weitreichendere Implikationen, als dass es sich auf die zufällige Indienstnahme einer aus dem Bereich der klassischen Musik stammende Metapher reduzieren ließe. Seine Konzeption von Inklusion und Koexistenz, von Kontrapunktik und Vielstimmigkeit ist an der musikalischen Harmonielehre geschult. Während musikalische Kontrapunkte durch den selbstständigen Verlauf mehrerer gleichberechtigt nebeneinander geführter Stimmen entstehen, unterhalten die teilnehmenden Stimmen in Melodie und Rhythmik doch ein komplementäres, sich trotz vorübergehende Dissonanzen gegenseitig formierendes Verhältnis.

Ein paradigmatisches Modell für die literatur- und kulturwissenschaftliche Adaption der musikalischen Kontrapunktik entwickelt Said anhand der vergleichenden Lektüre von Conrads »Heart of Darkness« und Tayeb Salihs Erzählung »Mausim al-Hijra ila-l-Shamal« / »Season of Migration to the North« (1967/1969). Said liest den Text des sudanesisch-britischen Schriftstellers als mimetische Umkehrung zu den von Conrad entworfenen literarischen Figurationen und als direkte kritische Antwort auf die Brüche und die Blindstellen europäischer Repräsentationen. Salihs Novelle erwidert gemäß dieser Lesart Conrads zaghaften Zweifel an der orthodoxen Sicht des Empires, indem ihr Held, Mustafa Said, aus seinem sudanesischen Dorf in Richtung Norden aufbricht, über den Nil in die Schulen des kolonialen Kairos gelangt, um von dort als Student nach England zu gehen. Im Verlauf dieser Reise in das London der 1920er Jahre avanciert der arabische Protagonist zum unfreiwilligen Spiegelbild von Kurtz und entfesselt rituelle Gewalt gegen sich selbst, gegen europäische Frauen und das Verständnis des Erzählers. Auf diese Weise gelingt es, jene andere Seite des Imperialismus zu thematisieren, die Conrads Prosa nur erahnen lässt. Said deutet Salihs Erzählung nicht nur als literarische Spieglung des antikolonialen Kampfes um die Wiederaneignung des kolonialisierten geographischen Raumes, sondern als Ausdruck einer viel umfassenderen postimperialistischen Neuvermessung und Rückgewinnung des kulturellen Territoriums narrativer Imaginationen. Die in Conrads Erzählung schweigsamen Eingeborenen avancieren dabei zu selbstbewussten ProduzentInnen revidierter Vergangenheitsmuster und zu migrierenden AutorInnen ihrer eigenen Zukunft.

Voyage in

Said interpretiert Texte wie »Zeit der Migration in den Norden« als literarische »voyage in« (Said 1993/1994: 216), als bewusste Anstrengung, in den dominanten westlichen Repräsentationsraum einzudringen, um den Kampf um kulturelle Dekolonisation von den Peripherien ins Zentrum zu verlagern. Damit wird zugleich die Schlüsselstellung von migrantischen Intellektuellen trikontinentaler Herkunft bei der postkolonialen Revision des metropolischen Kanons hervorgehoben. Said will die herausragenden Werke der europäischen Moderne nicht kategorisch abwerten, sondern komplettieren. Dies geschieht nicht zuletzt durch die Rückführung zu jenen raum-zeitlichen Entstehungshintergründen, welche diese Werke selbst verleugnen. »Culture and Imperialism« demonstriert mittels zahlreicher kontrapunktischer Lektüren so verschiedener europäischer Klassiker wie Albert Camus' »L'Etranger« (1942), Jane Austens »Mansfield Park« (1814) oder Verdis Oper »Aida« (1871), dass, selbst wenn diese kulturellen Produktionen gezielt die Sicht auf die kolonial-rassistische Wirklichkeit versperren, heutige LeserInnen durchaus in der Lage sind, eben diese verborgenen Aspekte der kolonialen Moderne hervorzubringen. Saids Studie demonstriert eindrucksvoll, wie die militärisch-ökonomische Geschichte kolonialer Unterdrückung und Fremdassimilation mit der kulturellen Regulierung von inner-europäischen Ordnungsmustern verwoben ist. Sie entlarvt das strukturelle Zweckbündnis zwischen beiden Seiten des globalen Imperialismus.

Die in »Culture and Imperialism« empfohlene integrative Desorientierung impliziert gleichsam ein nomadisch-kontrapunktisches Erkenntnisprivileg der globalen Subalternen. Die Bedeutung nicht-westlicher Erfahrungen und Repräsentationen für die postkoloniale Revision des europäischen Humanismus bildet den zentralen Gegenstand der Studie. Saids Konzeption eines cross- oder parakulturell erweiterten Humanismus findet ihr wichtigstes Vorbild in Frantz Fanons antikolonialer Befreiungstheorie. In seinen Schriften erkennt Said einen besonders frühen Hinweis auf die Notwendigkeit der Dekolonisation und Dezentrierung des europäischen Residualhumanismus. Seine kritische Praxis bezieht sich vorsichtig optimistisch auf das Universelle, ohne darin mehr als provisorisch aufgehoben zu sein. Obwohl Edward W. Saids Bedeutung für das kritische Zusammenführen vormals disparater kultureller und politischer Debatten und sein Beitrag zu einem post-orientalistisch beziehungsweise post-imperialistisch revidierten Humanismus international längst anerkannt und sein Einfluss auf nunmehr vier Generationen von WissenschaftlerInnen und AktivistInnen unbestritten ist, betrachten jüngere VertreterInnen des postkolonialen Feldes gerade in deutschsprachigen Kontexten Saids theoretischen Ansatz als inzwischen überholt. Wer sich jedoch mit guten Argumenten für die Überschreitung dieses Schlüsselwerkes des Postkolonialismus ausspricht, sollte dasselbe zuvor wirklich durchquert haben.

Literatur

Ahmad, Aijaz (1992): In Theory: Classes, Nations, Literatures. London: Verso

al-Azm, Sadek Jalal (1981): Orientalism and Orientalism in reverse. In: Khamsin 8.1981. 5-26

Bhabha, Homi K. (2000): Die Verortung der Kultur. Tübingen: Stauffenburg

Bhabha, Homi K./Mitchel, W.J.T. (Hrsg.) (2004): Edward W. Said. Continuing the Coversation. Chicago: University of Chicago Press

Castro Varela, Maria Do Mar/Dhawan, Nikita (2005): Postkoloniale Theorie. Eine kritische Einführung. Bielefeld: transcript

Foucault, Michel (1969): Wahnsinn und Gesellschaft. Eine Geschichte des Wahns im Zeitalter der Vernunft. Frankfurt a.M.: Suhrkamp

Lewis, Reina (1995): Gendering Orientalism: Race, Femininity and Representation. New York: Routledge

Said, Edward W. (1978/1995): Orientalism. London, New York: Penguin

Said, Edward W. (1979): The Question of Palestine. London: Random

Said, Edward W. (1981): Covering Islam. New York: Pantheon

Said, Edward W. (1993/1994): Culture and Imperialism. New York: Vintage

Schmitz, Markus (2008): Kulturkritik ohne Zentrum. Edward W. Said und die Kontrapunkte kritischer Dekolonisation. Bielefeld: transcript

Sökmen, Müge Gürsoy/Ertür, Başak (Hrsg.) (2008): Waiting for the Barbarians. A Tribute to Edward W. Said. London, New York: Verso

Williams, Patrick (Hrsg.) (2001): Edward W. Said. Sage Masters of Modern Social Thought. Bd. 1-4. London/New Delhi: Sage

Sprachgewalt, Unterdrückung und die Verwundbarkeit der postkolonialen Intellektuellen: Gayatri Chakravorty Spivak: »Can the Subaltern Speak« und »Critique of Postcolonial Reason«

Miriam Nandi

1. »Ja, aber...« als Forschungsprogramm

Gayatri C. Spivak gehört zusammen mit Edward W. Said und Homi Bhabha zu den Gründungsfiguren des Postkolonialismus. Anders als Bhabha und Said interessiert sich Spivak jedoch stärker für globale wirtschaftliche Zusammenhänge und Ausbeutungsverhältnisse, von denen auch sie, so scheut sie sich nicht zuzugeben, als Konsumentin profitiert. Darüber hinaus legt sie ihren Fokus, deutlicher als ihre beiden männlichen Kollegen, auf Widersprüche innerhalb der Dritt-Welt-Länder, auf den Gegensatz zwischen der hervorragend ausgebildeten indischen Oberschicht und dem unterprivilegierten, häufig nur rudimentär gebildeten unteren Drittel der indischen Bevölkerung, insbesondere auf die Geschlechterverhältnisse und zunehmend auch auf die Differenzen zwischen der im Westen höchst erfolgreichen anglophonen indischen Literatur und den muttersprachlichen indischen Literaturen, die hierzulande so gut wie nie gelesen werden.

Spivak wurde am 24. Februar 1942 in Kalkutta geboren. Ihre Familie gehört der Brahmanenkaste an und ist ökonomisch gut gestellt. »I was growing up as a middle class child [...] – as a child from a good caste family« (1996: 16), erklärt Spivak im Gespräch mit dem lateinamerikanischen Künstler Alfred Arteaga. »I will not marginalize myself in order to get sympathy from people who are truly marginalized.« (ebd.) Diese direkte, selbstreflexive Aussage ist charakteristisch für Spivak. Die Umstände und Bedingungen der eigenen intellektuellen Produktion in den Blick zu nehmen und dabei immer wieder zwischen den Personen, über die im akademischen Diskurs gesprochen wird und jenen, die sprechen, zu unterscheiden, ist für Spivaks Denken von grundlegender Bedeutung.

Möglicherweise war Spivaks Schulbildung dafür verantwortlich, dass die junge Gayatri C. schon früh eine Sensibilität für soziale Unterschiede entwickelte. Anders als die meisten InderInnen ihrer Schicht und Generation besuchte sie keine *convent school* angelsächsischer Couleur, sondern eine Missionsschule, die von christianisierten *tribals*, den niedrigkastigen UreinwohnerInnen Indiens, geleitet wurde. 1959 schloss Spivak ihre Universitätsausbildung am Kalkuttaer Presidency College mit einem hervorragenden Examen in Englischer und Bengalischer Literatur ab. Ein Doktorandenstipendium führte sie schließlich an die University of Iowa, wo sie bei Paul de Man über den irischen Dichter William Butler Yeats promovierte. Dort lernte sie auch ihren ersten Ehemann Talbott Spivak kennen, dessen Namen sie nach der Scheidung behielt.

Aufsehen erregte die frisch promovierte Gayatri C. Spivak durch ihre brillante Übersetzung von Jacques Derridas Frühwerk »De la Grammatologie« (1975). Ihr ausführliches Vorwort zu »Of Grammatology«, das weniger eine Einführung in Derridas Denken als ein geistreicher Kommentar über die Struktur und Funktion von Vorwörtern ist, dürfte inzwischen fast so bekannt sein wie Derridas Buch selbst. Nach wie vor bezeichnet sie Derrida, dessen Werk sie eher zufällig entdeckte, als ihren wichtigsten Lehrmeister.

Ihren endgültigen Durchbruch erlangte sie mit ihrem Aufsatz »Can the Subaltern Speak?« (1988a), den sie während ihrer Zeit als Assistenzprofessorin an der University of Austin, Texas, publizierte. Nach Stationen an verschiedenen indischen, europäischen und amerikanischen Universitäten ist Gayatri C. Spivak heute University Professor of the Humanities an der Columbia University in New York. Sie war Fellow an zahlreichen Forschungsinstituten und ist eine begehrte Gastrednerin. Ihre Vortragstätigkeit führte sie u. a. nach Kapstadt, Osaka, zur *documenta* in Kassel und ins Europäische Parlament nach Straßburg. Sie gehört der Subaltern Studies Group an, und sie ist Mitherausgeberin der Zeitschriften *boundary 2*, *ARIEL*, *Cultural Critique* und *New Formations*. Für ihre Übersetzungen der Kurzgeschichten der bengalischen Autorin Mahasweta Devi erhielt sie den Übersetzerpreis der renommierten indischen Sahitya Academy (Akademie für nicht-anglophone indische Literatur).

Bekannt vor allem als postkoloniale Theoretikerin, wird Spivak nicht selten auch als »marxistisch-feministische Dekonstruktivistin« bezeichnet (MacCabe 1988: 3). Diese Charakterisierung ist sowohl zutreffend als auch missverständlich: zutreffend, weil Spivak tatsächlich auf diese drei Denkrichtungen zurückgreift, missverständlich insofern, als Spivak nicht versucht, eine Synthese aus diesen recht unterschiedlichen theoretischen Bausteinen herzustellen. Vielmehr sucht sie nach Wegen, wie sich diese drei Traditionen gegenseitig »unterbrechen« oder »in eine produktive Krise bringen« lassen (Spivak 1988b: 241). Man könnte ihre eklektische theoretische Melange auch als ein ständiges ›Ja, aber...‹ bezeichnen:

> »Ja, wir können von der Dekonstruktion eine Menge lernen, aber ein politisches Programm läßt sich damit nicht begründen.« (Spivak 1990: 104)

Oder auch:

> »Ja, wir brauchen Marxismus, aber er verliert seinen Nutzen, wenn wir die Vergeschlechtlichung des arbeitenden Körpers nicht mitdenken. Feminismus ist wichtig, aber wenn Frauen aus dem Süden zu Objekten westlichen Wohltätergeistes werden, hat er sein Ziel gänzlich verfehlt.« (Spivak 1990: 104)

2. Can the Subaltern speak: Sprachgewalt und koloniale Unterdrückung

Das Spivak'sche ›ja, aber‹ lässt sich am besten anhand ihres Schlüsseltextes »Can the Subaltern Speak?« illustrieren, der mit beinahe 20-jähriger Rezeptionsverspätung auch ins Deutsche übertragen wurde. Hier zeigt Spivak wie problematisch und folgenschwer universalistische Sprache – gerade auch in kritischen ›linken‹ Diskursen sein kann. Sie zieht dabei für westliche LeserInnen zunächst unerhört anmutende Parallelen zwischen dem Verbot der Witwenverbrennung ›Sati‹ in Indien durch die englische Kolonialverwaltung und einem Gespräch zwischen Michel Foucault und Gilles Deleuze, in dem die beiden die Geschehnisse des Mais 1968 kommentieren.

Mit Hinblick auf das Verbot von ›Sati‹, das von außen betrachtet zunächst als ›gut‹ erscheint, schreibt Spivak, dass die Betroffenen von der Kolonialverwaltung nie in angemessener Weise repräsentiert wurden. Denn diese maße sich an, für die und damit auch an Stelle der betroffenen Frauen sprechen zu können. Die Engländer stellen die Witwen als passive Opfer dar, die man vor ihrer eigenen Kultur schützen müsse. Die andere Seite, die der brahmanischen Ideologie, sei jedoch keine Alternative, denn auch die bringt die betroffenen Frauen zum Schweigen. In der Debatte um ›Sati‹ verstummen also genau die Personen, um die es eigentlich gehen sollte – die Frauen. Die Frage, die Spivak mit dem Titel ihres Essays stellt, ist daher rhetorisch. Das »subalterne Subjekt« kann nicht »sprechen«. Damit ist nicht gemeint, dass etwa Frauen in der Dritten Welt nicht reden können, bzw. passiv sind, um sich selbst zur Wehr zu setzen. Vielmehr argumentiert Spivak, dass ›sprechen‹ bedeute, einen Sprechakt vollständig zu vollziehen. Dazu gehöre allerdings, dass den Frauen auch Gehör geschenkt werde, was jedoch aufgrund der essentialistischen Sprache der beiden Diskurse (»Die Frauen wollen sterben« vs. »Wir müssen braune Frauen vor braunen Männer schützen«) nicht der Fall sei. Daher ist es Spivak zufolge politisch notwendig, dass kritische

Intellektuelle vorsichtig versuchen, Räume zu schaffen, in denen Frauen aus der Dritten Welt auch Gehör finden können.

Spivaks Pointe ist, dass sich die Struktur, die sie im kolonialen Szenario beobachtet, in heutigen politischen Diskursen fortsetzt. Auch kritische Intellektuelle können die ›andere Frau‹ auf paradoxe Weise zum Schweigen bringen, indem sie ihr einen ›freien Willen‹ zuschreiben. Selbst der französische Poststrukturalismus läuft Spivak zufolge Gefahr, in diese Falle zu tappen. So wirft sie Michel Foucault und Gilles Deleuze vor, dass sie sich, sobald sie über konkrete politische Kämpfe sprechen, ein transparentes, mit sich selbst identisches Subjekt denken. Konkret bezieht sich Spivak auf Foucaults Bemerkung, der Mai 1968 habe gezeigt, dass die Arbeiter für sich selbst sprechen könnten. Er wendet sich damit gegen seinen Kontrahenten Jean Paul Sartre, der immer wieder postuliert hat, dass die Unterdrückten einen Fürsprecher benötigten, eine Rolle, die Sartre häufig für sich reklamierte.

Was Spivak hier interessiert, ist in erster Linie nicht die Auseinandersetzung zwischen den intellektuellen Giganten Foucault und Sartre, sondern die Idee, dass ›die unterdrückten Massen für sich selbst sprechen können‹. Spivak beobachtet hier, dass ein Repräsentationsmodell eingeführt wird, in dem die Unterdrückten »sprechen, handeln und wissen« (Spivak 1988a: 67). Dies erscheint auf den ersten Blick unproblematisch, widerspricht jedoch Foucaults Subjektkritik ganz erheblich (vgl. hierzu Foucault 1973, 1974). Wenn das Subjekt nicht als Ursprung seines Handelns gedacht werden kann, wenn Foucault es ernst meint mit der Behauptung, dass der Diskurs »uns spricht« – was bedeutet es dann zu sagen, dass die Arbeiter für sich selbst sprechen können? (vgl. ebd.: 67f.) Zudem stellt sich für die Dekonstruktivistin Spivak die Frage, wie man das universalisierende Vokabular (›die Arbeiter‹, ›die Unterdrückten‹, ›die Massen‹) genauer kontextualisieren und situieren kann. Sprich: Welche Arbeiter? Wann, zu welchem Zeitpunkt? Von welchen Unterdrückten in welchem historischen Kontext sprechen wir? Hier stellt sich für Spivak schnell heraus, dass Foucault und Deleuze den französischen Kontext verallgemeinern (vgl. ebd.). So ist es gut möglich, dass sich in Frankreich im Mai 1968 so etwas wie ein ›revolutionäres Bewusstsein‹ in der Studierendenschaft, teilweise auch bei den ArbeiterInnen herausgebildet hat. Doch ist dies erstens nicht gesichert (Spivak äußerst sich nicht explizit dazu, steht einem solchen etwas blind idealistischen Vokabular jedoch skeptisch gegenüber), und zweitens, und das ist für Spivak der ganz entscheidende Punkt, kann man nicht davon ausgehen, dass eine solche breite Solidarisierung auch in beliebigen anderen Kontexten – wie etwa im Süden – möglich ist.

Des Weiteren kritisiert Spivak, dass Foucault und Deleuze ihre eigene Rolle als Intellektuelle zu wenig reflektieren. Mehr noch, sie hält Foucaults Feier der aufständischen ArbeiterInnen für eine »Maskerade« (Morton 2003: 57), die die Fürsprecher-Rolle der Intellektuellen verschleiere. Denn gerade in dem Gespräch, auf das sich Spivak bezieht, sprechen die beiden Intellektuellen ja ganz klar über, für und an Stelle der ›Massen‹. Dabei glaubt sie nicht, dass es sich rundheraus vermeiden lässt, in bestimmten Kontexten tatsächlich für und an Stelle einer unterdrückten Minderheit zu sprechen. Wer auch immer professionell mit Sprache und Kultur zu tun hat, tut dies mitunter jeden Tag. Spivak zufolge ist es jedoch ganz entscheidend, sich die eigene Rolle auch vor Augen zu führen, anstatt vorschnell zu behaupten, dass die ›Massen‹ ja für sich selber sprechen könnten (vgl. Spivak 1988a: 104).

Im letzten Teil ihres inzwischen klassisch gewordenen Artikels nimmt sich Spivak ein ganz konkretes historisches Ereignis vor, das ihrer eigenen Familiengeschichte entstammt. Spivak beschreibt wie eine junge Frau, eine entfernte Verwandte von Spivak, in Zeiten der indischen Unabhängigkeitsbewegung mit einem Attentat beauftragt wurde. Bhabuneswari brachte es nicht über sich, Menschen zu töten, gleichzeitig fühlte sie sich zu absoluter Loyalität gegenüber ihren KameradInnen verpflichtet. Sie erhängte sich schließlich, achtete aber darauf, dass niemand denken sollte, sie hätte sich etwa wegen einer unehelichen Schwangerschaft umgebracht – sie wartete, bis sie ihre Menstruation bekam – und tötete sich dann. Die (zumal aus westlicher Sicht) unerhörte Tat wurde schließlich dennoch von ihrer Familie, auch fünfzig Jahre später, falsch interpretiert. Selbst Spivaks zwanzigjährige Nichten, aufgeklärt, emanzipiert, gebildet, hielten Bhabuneswaris Selbstmord für eine Reaktion auf eine unglückliche Liebesgeschichte. Da Bhabuneswari eine Frau war, nahm niemand ihr Engagement für den Unabhängigkeitskampf ernst. So kommt Spivak erneut zu dem Schluss: Die Subalterne kann nicht sprechen, »the subaltern cannot speak«; nicht etwa, weil Bhabuneswari zu passiv oder gar zu dumm war, um für sich selbst zu sprechen, im Gegenteil, sie versuchte ganz verzweifelt, sich Gehör zu verschaffen – »Ich bin nicht schwanger, mein Selbstmord hat nichts mit einer Liebschaft zu tun, sondern mit einer schrecklichen Aufgabe, die ich nicht erfüllen kann und nicht erfüllen will« – doch auch ein halbes Jahrhundert später verstand ihre Familie diese Botschaft nicht.

»Can the Subaltern Speak« ist sehr kontrovers aufgenommen worden. Bart Moore-Gilbert (1997) beispielsweise kritisiert, sie würde Widerstandsbewegungen von entrechteten Frauen im Süden zu wenig einbeziehen. Er nennt das Beispiel der ›Banditenkönigin‹ Phoolan Devi, die nach einem Gefängnisaufenthalt, in dem sie wahrscheinlich erhebliche Gewalt erfuhr, Politikerin wurde. Benita

Parry (1987) geht noch einen Schritt weiter und argumentiert, dass Spivaks dekonstruktivistische Tendenz zur Eliminierung des politisch-protestfähigen Subjekts die subalterne Frau gewissermaßen selbst zum Schweigen bringe.

Diese Einschätzungen sind ebenso zutreffend wie verfehlt. Zutreffend, da Spivak, bei aller politischer Radikalität, sehr im Negativen bleibt, ohne positive Gegenkonzepte zu entwickeln. Ihre Theorie hat in der Tat etwas Lähmendes: Der entrechteten Frau im Süden wird nicht Gehör geschenkt, doch können sich auch kritische Intellektuelle nicht einfach erdreisten, für sie zu sprechen, Ausbeutung einfach hinzunehmen, ist auch keine Alternative usw. Verfehlt ist die Kritik jedoch insofern, als dies alles an dem Wahrheitsgehalt von Spivaks Aussagen überhaupt nichts ändert. Einer der Dreh- und Angelpunkte in Spivaks Analysen ist die dekonstruktivistische Denkfigur, dass wir die Strukturen, die wir kritisieren, immer auch bewohnen müssen, bzw. umgekehrt immer auch eine gewisse Skepsis gegenüber dem, was uns wichtig ist – beispielsweise feministische Kritik, oder auch postkoloniale Theorie – angebracht ist.

3. »A Critique of Postcolonial Reason«: Dekonstruktion universalistischer Wissenschaft

So ist auch ihr bislang umfangreichstes Buch »A Critique of Postcolonial Reason« weniger eine ›Kritik‹ im Kant'schen Sinne, auf den sich der Titel ja bezieht, kein Abriss, keine Sichtung, keine Analyse, einer wie auch immer gearteten postkolonialen Vernunft, sondern eine (Selbst-)Kritik (im wörtlichen Sinne) am postkolonialen Mainstream. Entsprechend verblüffend, fast schon polemisch mutet der Einstieg des Buches an. Denn hier erklärt Spivak, sie versuche der Figur des »native informant«, des einheimischen Informanten, in verschiedenen Disziplinen und Praktiken nachzuspüren. Schnell wird klar, dass mit dem Begriff des einheimischen Informanten, ein Begriff, der der Ethnologie entlehnt ist und dort nicht zuletzt aufgrund der Einsprüche postkolonialer Kritik ins Kreuzfeuer der Kritik geraten ist, nicht nur die postkolonialen Intellektuellen selbst gemeint sind, sondern auch ihr eigenes Konzept des Subalternen, über dessen Erfolg sie nicht glücklich ist. »A Critique of Postcolonial Reason« gliedert sich in vier Kapitel – Philosophie, Literatur, Geschichte und Kultur. Das erste, »Philosophy«, befasst sich hauptsächlich mit Kant, Hegel, Marx und der klassischen indischen Philosophie, wie sie in der Bhagavadgita formuliert wird. Das zweite Kapitel »Literature« analysiert Texte der englischen und französischen Literatur des 19. Jahrhunderts, die sie neben die Werke des südafrikanischen Schriftstellers J.M. Coetzee und der bengalischen Autorin Mahasweta Devi stellt, deren Werke sie ins Englische übertrug. Die indische Kolonialgeschichte behandelt das dritte Kapitel »History«. Es enthält über weite Strecken Argumente, die bereits in »Can the Subaltern Speak« dargelegt wurden. Im vierten Kapitel »Culture« setzt sich Spivak mit den amerikanischen Cultural Studies, insbesondere jedoch mit Frederic Jameson auseinander und kommt auf globale wirtschaftliche Ungleichheit und Ausbeutung zu sprechen.

Dass die Auseinandersetzung mit Kant den Auftakt des Buches darstellt, ist nicht zufällig. Denn hier wird die Position, die Spivak gegenüber der westlichen Philosophie, aber auch gegenüber dem postkolonialen Mainstream einnimmt, besonders klar. Wie schon im Titel des Buches angedeutet, liest Spivak Kant absichtlich ›falsch‹ bzw. wortwörtlich. Kant, dessen deontische Ethik ja gerade universell, also für alle Menschen gelten soll, erscheint im Lichte von Spivaks behutsamer Textlektüre als widersprüchlich. Sie zeigt, dass Kants ›Mensch‹ eben keine universelle Kategorie ist, sondern ein nicht als solcher ausgewiesener männlicher, gebildeter Europäer. Naturvölkern oder Frauen schreibe Kant keine moralische Urteilskraft zu. Problematisch ist in diesem Zusammenhang in erster Linie nicht Kants Euro- und Androzentrik, sondern, so Spivak, die Tatsache, dass Kants Schriften aus historischer Sicht in Zusammenhang mit der kolonialen Unterwerfung von sogenannten primitiven Völkern standen. Es liegt nahe, dass westliche Philosophie wie die Kant'sche auch als moralische Rechtfertigung für die ›Civilizing Mission‹ der imperialen Herrscher verwendet wurde: Wenn die ›Primitiven' nach Meinung von Gelehrten keine moralische Urteilskraft besitzen, dann muss man ihnen diese doch nahe bringen, politisch, zur Not auch militärisch, auf sie einwirken, um sie zu ›ganzen Menschen‹ zu machen. Spivak nimmt somit Saids Orientalismus-Argument wieder auf, geht jedoch auch ganz entscheidend über Saids Thesen hinaus. So lehnt sie Kant nicht einfach als ›orientalistisch‹ ab, denn sie weiß, dass ihr eigenes Schaffen (ob sie es nun will oder nicht) immer auch Kant (und Hegel) verpflichtet ist. Wir können, so Spivak, die historischen Strukturen und kulturellen Gegebenheiten nicht verlassen, in die wir hineingeboren wurden. Dementsprechend können wir auch die für die abendländische Philosophie so wesentlichen Konzepte wie ›Wahrheit‹, ›Universalität‹ oder gar ›Mensch‹ dekonstruieren – wir werden immer wieder auf genau diese Konzepte zurückfallen. Bei Spivak gibt es kein unkompliziertes ›back to the roots‹. Vielmehr bleibt Spivak der dekonstruktivistischen Einsicht verpflichtet, dass wir in die Strukturen eingelassen sind, die wir kritisieren. So erklärt sie an anderer Stelle: »Deconstruction can only speak in the language of the thing it criticises. So, as Derrida says, it falls prey to its own critique, in a certain way. That makes it very different from ideology critique [...]...« (Spivak 1990: 130).

Gerade auch postkoloniale Intellektuelle müssen sich, laut Spivak, ihre eigene ›Täterrolle‹ vor Augen führen, statt sich in erster Linie als ›Opfer‹ von westlichem Rassismus darzustellen (Spivak 1996: 76). In »A Critique of Postcolonial Reason« nennt sie dies auch »acknowledgement of complicity« (Spivak 1999: xi), was sich etwa mit »die Mittäterschaft einräumen« übersetzen lässt. ›Täter‹ sind postkoloniale Intellektuelle insofern, als sie an der ökonomischen und ökologischen Ausbeutung der Dritten Welt einfach aufgrund ihres Alltagshandelns beteiligt sind, ob sie dies nun wollen oder nicht.

In typisch Spivak'scher Manier fällt Spivak gegen Ende des Buches von dekonstruktivistischer Ethik auf höchstem Niveau ins ganz Konkrete. So schreibt sie über den »hässlichen Pullover der Marke French connections«, den sie an einem New Yorker Wintervormittag trägt (vgl. ebd.: 415). Jeder wisse, so Spivak, dass die großen westlichen Textilkonzerne Arbeiterinnen in der Dritten Welt zu menschenunwürdigen Bedingungen beschäftigen, dass dort Löhne gezahlt werden, die so lächerlich gering sind, dass die Pullover auch für eine schlecht bezahlte Arbeiterin im Westen erschwinglich sind. Unser angenehmer Lebensstil in den postindustriellen Nationen basiert laut Spivak zu einem nicht kleinen Teil auf der Ausbeutung von Arbeiterinnen in Bangladesh oder Rumänien.

4. Kritik und Aufgabe postkolonialer Intellektueller

Wie schwierig es ist, in dieser globalen Lage eine Position zu finden, die tatsächlich positive Veränderung bringt, macht Spivak anhand des Beispieles von prinzipiell richtigen, aber letztlich gefährlichen politischen Aktionen deutlich: Nachdem durch den Einsatz von NGOs bekannt wurde, dass der Supermarktriese *Wal Mart* Teppiche verkauft, an deren Produktion kleine Kinder beteiligt waren, boykottierten weite Teile der US-Bevölkerung den Handelsgiganten. Dieser setzte seine Zulieferer unter Druck, so dass diese alle Kinder sofort entließen. Die Kinder waren jedoch gezwungen, ihren Eltern beim Bestreiten ihres Lebensunterhalts zu helfen. Nicht wenige von ihnen landeten daher in der Prostitution. Der Boykott machte also alles nur noch schlimmer (vgl. ebd.: 417f.). Gleichwohl hält Spivak relativistische Nichteinmischungs-Posen ebenfalls für schädlich, als sei Kinderarbeit, so schreibt Spivak sichtlich empört, integraler Bestandteil bengalischer Kultur (vgl. ebd.: 418).

Ein Dilemma wie dieses erst einmal zu verstehen, sich klar zu machen, was auf dem Spiel steht, die Phänomene in ihrer Komplexität zu erfassen versuchen, das sind die Hauptziele von Spivaks Critique. Auch der große Erfolg, den die postcolonial studies vor allem in den Vereinigten Staaten feiern, erscheint im Lichte von Spivaks Denken nicht unbedingt nur als positiv. Letztlich trage, so Spivak, die Globalisierung der Wirtschaftsräume ganz erheblich dazu bei, dass Theorie wie der Postkolonialismus als Disziplin ernst genommen werde. Letztlich brauchen transnational agierende Unternehmen MitarbeiterInnen, die über ›interkulturelle Kompetenz‹ verfügen – nicht zuletzt deswegen, so Spivak, werden Lehrstühle wie der ihre überhaupt eingerichtet.

Aus diesen Gründen hält Spivak kritische Intellektuelle immer auch für ausgesprochen verwundbar. Vorschnelles Handeln kann uns den Anderen vergessen lassen, Stillstand freilich auch. Wir sind eben, so Spivak, eingelassen in die Strukturen, die wir kritisieren. Beinahe jede postkoloniale Intellektuelle hat schon einmal einen nicht fair gehandelten Kaffee getrunken, der unter Aufwand von Schadstoffen unter ausbeuterischen Bedingungen, möglicherweise auch noch unter Einsatz von halbwüchsigen Arbeitskräften, die eigentlich in die Schule gehörten, hergestellt wurde. Jede noch so politisch aktive Feministin ist mit männlichen Denkgebäuden aufgewachsen und intellektuell darin in einem so starkem Maße geschult worden, dass es ihr ausgesprochen schwer fallen wird, ein klares Korrektiv dazu zu entwickeln, das nicht von eben diesen Denkmustern borgt. Entsprechend skeptisch beurteilt sie Versuche, nicht-weiße, nicht-eurozentrische, nicht-androzentrische Theoriegebäude zu entwickeln. Auch die indische Philosophie, wie sie in der Bhagavadgita dargelegt wird, ist für Spivak nicht in irgendeiner Form intrinsisch ›gut‹, denn gerade die Gita ist im indischen Kontext sozusagen ›kolonial‹, da sie mit der Unterwerfung der Adivasi durch die indo-arische Invasion zusammenfällt (vgl. Spivak 1999: 45-50).

Entsprechend vorsichtig und skeptisch sollte, so Spivak, mit universalisierendem Vokubular umgegangen werden, auch und gerade im Kontext von politischen Kämpfen. Auch hier spürt man bei Spivak den Einfluss von Derrida, an dem sie wahrscheinlich deutlich weniger Kritik zulässt als am Postkolonialismus. Sie erklärt im Interview, dass Dekonstruktion zwar kein politisches Programm begründen könne, jedoch »in its suggestion that masterwords like ›the worker‹, or ›the woman‹ have no literal referents deconstruction is a political safeguard.« (Spivak 1990: 104). Dem Einwand, dass doch gerade diese Selbstreflexion gemäß Derrida eine Unmöglichkeit sei, begegnet sie mit einer ebenso ungewöhnlichen wie überzeugenden Analogie, in der sie Dekonstruktion mit alltäglichen Handlungen wie dem Zähneputzen vergleicht: »[...] when we actually brush our teeth, or clean ourselves everyday, or take exercise, we don't think of it as fighting a loosing battle against mortality, but, in fact, all of these efforts are doomed to failure because we are going to die.« (ebd.) Sprich: Natürlich ist Dekonstruktion – wie der Kampf gegen den Verfall des eigenen Körpers – in letzter Konsequenz zum Scheitern verurteilt, dennoch wäre es absurd, ungeduscht und mit schlecht geputzten Zähnen in die Straßenbahn zu steigen bzw. ohne weiteres Nachdenken eurozentrische und androzentrische Denkmuster stehen zu lassen.

Literatur

Foucault, Michel (1973): Wahnsinn und Gesellschaft. Übers. Ulrich Koeppen. Frankfurt a.M.: Suhrkamp.
Foucault, Michel (1974): Die Ordnung des Diskurses. [1970] Übers. Walter Seitter. München: Hanser.
Foucault, Michel (1977): Language, Counter-Memory, Practice: Selected Essays and Interviews. Ithaca: Cornell University Press
Guha, Ranajit (1997): A Subaltern Studies Reader. Minneapolis: University of Minnesota Press
MacCabe, Colin (1988): Foreword. In: Spivak (1988b): ix-xx
Moore-Gilbert, Bart (1997): Postcolonial Theory. Contexts, Practices, Politics. London: Verso
Morton, Stephen (2003): Gayatri Chakravorty Spivak. New York: Routledge
Nandi, Miriam (2009): Gayatri Chakravorty Spivak. Eine interkulturelle Einführung. Nordhausen: Bautz
Parry, Benita (1987): Problems in Current Theories of Colonial Discourse. In: Oxford Literary Review. 1:1-2. 27-58
Spivak, Gayatri C. (1988a): Can the Subaltern Speak? In: Cary Nelson/Larry Grossberg (Hrsg.): Marxism and the Interpretation of Culture. Urbana/IL: University of Illinois Press: 66-111
Spivak, Gayatri C. (1988b): In Other Worlds. New York: Routledge
Spivak, Gayatri C. (1990): The Postcolonial Critic. New York: Routledge
Spivak, Gayatri C. (1996): The Spivak Reader. Hrsg. von Donna Landry and Gerald MacLean. New York: Routledge
Spivak, Gayatri C. (1999): A Critique of Postcolonial Reason. Cambridge/Mass: Harvard University Press

Die Differenz leben. – Stuart Hall »Der Westen und der Rest« und »Wann war der Postkolonialismus«

Rainer Winter

1. Die Erfahrung der Kolonialität

Der 1932 in Jamaica geborene Stuart Hall wuchs in einer Mittelklassefamilie in Kingston auf. Er war, wie er in einem Interview sagt, das »schwärzeste Mitglied« (Hall 2000: 9). Seine Vorfahren waren Portugiesen, Inder, Afrikaner und Juden. Seine ethnische Herkunft lässt sich also nicht auf einen Ursprung zurückführen. Sie ist nicht ›rein‹, sondern vielfältig und hybrid. Auch das koloniale Jamaica war eine hybride Kultur, in der es zudem beträchtliche Spannungen zwischen der schwarzen, verarmten Bevölkerung und der Mittelklasse gab, die sich mit den Kolonialherren identifizierte. Hall protestierte schon früh gegen die koloniale Macht und trat für die Unabhängigkeit seines Landes ein. Auf dem College in Kingston erfuhr er eine englische Erziehung im klassischen Stil. 1951 ging er mit einem Rhodes-Stipendium nach Oxford, um Literatur zu studieren. Es war die Zeit, als die erste Flut von Immigranten aus dem Commonwealth nach England kam. Sein Weg von der kolonialen Peripherie ins ehemalige Zentrum der kolonialen Welt war nicht nur eine Reise in das Land, das ihm durch Bildung und Kultur schon vertraut war, sondern auch eine Erfahrung von Verletzungen, von Entfremdung und Fremdheit. Hall beschreibt seine Situation im Exil rückblickend folgendermaßen: »[...] genügend Entfernung, um das Gefühl des Verlustes und des Exils zu erleben und genügend Nähe, um das Rätsel einer auf ewig aufgeschobenen ›Ankunft‹ zu verstehen« (ebd.: 16). Er musste sich früh, in verschiedenen kulturellen Räumen zurecht finden, die in ethnischer und sozialer Hinsicht von Konflikten, Auseinandersetzungen und Hierarchien bestimmt waren. Dies machte ihm die Partikularität und Kontingenz von sich als absolut setzenden kulturellen Einstellungen, Werten und Praktiken bewusst. Als Emigrant, der sich zwischen den Kulturen befand, lernte er, Differenzen zu akzeptieren und Identität als brüchig, fragmentiert und prozesshaft wahrzunehmen.

Seit den 1990er Jahren rückt seine biographische Verankerung in (post-)kolonialen Zusammenhängen, seine Erfahrungen als »schwarzer Westinder« (ebd.:

14), immer mehr ins Zentrum seiner Analysen und Interventionen. Er ist der Auffassung, dass in der heutigen Welt, die durch Migrationsströme geprägt ist, die Erfahrung der Diaspora eine typische postmoderne Erfahrung geworden ist (vgl. ebd.: 16). Seine vor einem kolonialen Hintergrund entstandene Sensibilisierung für kulturelle Fragen, verbunden mit seinem politischen Engagement in der *New Left*, machten Hall nicht nur zu einem Pionier der Cultural Studies in Großbritannien, sondern auch zu ihrem wesentlichen Vertreter (vgl. Winter 2001).

2. Politik der Repräsentation

Hall (1994a) betrachtet die Kultur als konstitutiv für das soziale und politische Leben in der Gegenwart. Seit Ende der 1980er Jahre gilt sein Interesse ausgehend von der Sprache immer mehr den Praktiken der Repräsentation, die Bedeutung konstruieren und in Umlauf bringen. Es sind Sprachspiele und Klassifikationssysteme, die Objekten und Ereignissen Bedeutung verleihen und sie zu diskursiven Phänomenen machen. Dies impliziert in der Perspektive von Hall nicht, dass alles zum Diskurs wird und es keine vordiskursive Sphäre gibt, jedoch hat jede soziale Praktik eine Bedeutungsdimension, die nicht ›natürlich‹ gegeben, sondern durch Sprache und Repräsentation erst geschaffen wird. Es sind vor allem Kulturindustrien und kulturelle Repräsentationsregimes, die gestaltend einwirken und Sinnrahmen kreieren. Dabei haben Diskurse immer auch eine materielle Dimension. Sie sind in Beziehungen, Praktiken oder Institutionen verankert. Zudem haben sie materielle Folgen, weil sie zu bestimmten Handlungen anregen bzw. diese verhindern.

Ein damit eng verbundenes charakteristisches Merkmal von Halls Denken ist der Anti-Essentialismus, der jede Suche nach einer ursprünglichen oder essentiellen Bedeutung für abwegig erklärt (vgl. Rojek 2003: 11f.). So arbeitet er z. B. in »Neue Ethnizitäten« (Hall 1994a: 18) heraus, dass ›Schwarz-sein‹ Unterschiedliches bedeuten kann, weil es eine Vielfalt möglicher sozialer Erfahrungen und Subjektpositionen umfasst. Die Kategorie ist nicht biologisch oder transkulturell gegeben. Sie wird politisch und sozial konstruiert. »Wenn das schwarze Subjekt und die schwarze Erfahrung nicht durch die Natur oder andere wesenhafte Gegebenheiten stabilisiert werden, dann müssen sie historisch, kulturell und politisch konstruiert werden – der Begriff, der dies bezeichnet, ist der der ›Ethnizität‹« (Hall 1994a: 21).

Am Beispiel britischer Filme analysiert er, wie die Darstellung von Ethnizität mit den Dimensionen von Klasse, Sexualität und Geschlecht verwoben und so ein vielschichtiges Bild gezeichnet wird. Beispielsweise zeigt »My Beautiful

Laundrette« (1986) eine pakistanische Familie in London, die durch unterschiedliche Geschäfte wohlhabend geworden ist, und die koloniale Hierarchie umkehren kann. Vor diesem Hintergrund entwickelt sich eine Beziehung zwischen einem ›schwarzen‹ Mitglied der Familie und einem jungen ›weißen‹ Obdachlosen. Das hegemoniale Stereotyp von ›schwarz‹, das sich gewöhnlicherweise auf Männer afrikanisch-karibischer Herkunft bezieht, die zur Arbeiterklasse gehören, wird als reduktionistisch entlarvt. Der populäre Film enthüllt Vorurteile und macht Differenzen sowie Kontingenzen sichtbar; die Vorstellung einer homogenen ›schwarzen‹ Subjektivität oder Gemeinschaft erweist sich als nicht angemessen.

Vor diesem Hintergrund fordert Hall (1994a: 22) eine neue Politik der Repräsentation, die das für den Rassismus charakteristische binäre Denken überwindet und den Begriff der Ethnizität aus dem herrschenden Diskurs herauslöst. Vor allem das hegemoniale Konzept des Englischseins, wie es sich z. B. in den dominanten politischen und kulturellen Diskursen der Thatcher-Zeit fand, wurde als kultureller Absolutismus gebrandmarkt und dekonstruiert. Nur wenn die westlichen Diskurse dezentriert und ihr universalistischer Charakter in Frage gestellt werden, lassen sich Differenzen, Ambivalenzen und unterschiedliche Positionierungen aufzeigen. In dieser neuen Politik der Repräsentation kommt auch der Erfahrung der (kulturellen) Diaspora eine wichtige Bedeutung zu, wie sie sich im Werk von karibischen und schwarzen britischen KünstlerInnen findet. Sie drückt sich in einer Ästhetik des Durcheinanderwerfens, der Hybridisierung und des Wiederzusammensetzens aus. Hall (1994a: 23) grenzt sich jedoch von ästhetisierenden Konzeptionen des/der Migranten/in als eines/einer kosmopolitischen Nomaden/Nomadin ab, indem er klarstellt, dass auch Diaspora-KünstlerInnen sozial und kulturell positioniert sind.

> »In diesem Sinne sind wir alle ethnisch verortet, unsere ethnischen Identitäten sind für unsere subjektive Auffassung darüber, wer wir sind, entscheidend. Doch diese Erkenntnis schließt ein, dass eine solche Ethnizität nicht, wie es das Englischsein war, dazu verdammt ist, nur durch Marginalisierung, Enteignung, Verdrängung und das Vergessen anderer Ethnizitäten zu überleben. Dies ist genau eine Politik der Ethnizität, die auf Differenz und Verschiedenheit basiert.« (Hall 1994a: 23)

Angesichts der Zentralität des Bereichs des diskursiv Kulturellen ist es erforderlich, Repräsentationen zu produzieren, die nicht als absolut erscheinen, sondern reflexiv ihre eigene Kontingenz sichtbar machen. Auf diese Weise lässt sich die hegemoniale Macht des westlichen Diskurses in Frage stellen und transzendieren. Die Filme von Isaac Julien sind hierfür ein gutes Beispiel (vgl. Hall/Julien/Nash 1996).

3. »Der Westen und der Rest«

In »Der Westen und der Rest. Diskurs und Macht« (Hall 1994b) analysiert Hall das Aufkommen, die Verbreitung sowie die Folgen der diskursiven Konstruktion des Westens, die seit der Aufklärung die europäische Gesellschaft für die fortschrittlichste und entwickeltste Gesellschaft gehalten hat. Damit verband sich nach Hall eine folgenschwere Trennung zwischen dem ›Westen‹ und dem ›Rest‹, die die koloniale Expansion, Ausbeutung und Herrschaft legitimierte und vorantrieb. Er arbeitet heraus, dass der ›Westen‹ Teil eines komplexen Repräsentationssystems ist, das eine Überlegenheit für sich in Anspruch nimmt, die sich z. B. in der Klassifikation nicht-westlicher Völker und Gesellschaften als unterentwickelt, nicht zivilisiert oder rückständig ausdrückt. Der ›Westen‹ repräsentiert Entwicklung, Industrialisierung, Wissenschaft, Urbanität oder Säkularisierung, der ›Rest‹ Unterentwicklung, Ländlichkeit, Magie usw. Mit dieser binären Sichtweise sind Wertungen, so z. B. die Überlegenheit der westlichen Kosmologie, und damit verknüpfte Vereinfachungen verbunden. Denn sowohl die westlichen als auch die nicht-westlichen Gesellschaften sind in sich keineswegs homogen. Erst der Diskurs, der mit dieser einfachen Dichotomie arbeitet, legt dies nahe, weil er die Welt auf diese Weise einteilt. »Das ist es, was den Diskurs des ›Westens und des Rests‹ so zerstörerisch macht – er trifft grobe und vereinfachte Unterscheidungen und konstruiert eine absolut vereinfachte Konzeption von ›Differenz‹.« (Hall 1994b: 142f.)

Zunächst untersucht Hall das Zeitalter der Entdeckungen und den europäischen Expansionsprozess, die in Abgrenzung zum Islam und vor allem zu den neuen Welten in Übersee ein europäisches Identitätsbewusstsein förderten (ebd: 143ff.). Vor allem die Entdeckung und Eroberung Amerikas hatte eine paradigmatische Bedeutung. Die dort gemachte Erfahrung des Heterogenen führte bei den EuropäerInnen zur Besinnung auf die eigene Identität, die gerade deshalb als überlegen empfunden wurde, weil man der Auffassung war, man würde die ›Wilden‹ verstehen. Der ›Westen‹ hat zum ›Rest‹ ein paternalistisches Verhältnis, das durch Gewalt, Ausbeutung und ökonomische Herrschaft geprägt ist. Ein Dialog und eine tiefgehende intellektuelle Auseinandersetzung mit nicht-westlichen kulturellen und moralischen Auffassungen, die zur Infragestellung eigener Positionen führen können, ist nach der Analyse von Hall in diesem Diskurs nicht denkbar.

Anschließend analysiert Hall die Herausbildung dieser dichotomen Sichtweise, die im Sinne Michel Foucaults (1973: 48ff.) eine diskursive Formation darstellt, zwischen dem Ende des fünfzehnten und dem achtzehnten Jahrhundert. Die einzelnen Aussagen einer diskursiven Formation stehen in einem Zusammenhang, lassen Objekte erscheinen, schaffen Wissen über diese und bringen sowohl Sprechweisen als auch Subjektpositionen hervor. Diskurse tragen zur Zirkulation von Macht bei. Sie produzieren Wissen durch Sprache. Dabei ist jede Praktik in den Prozess der Bedeutungsproduktion miteinbezogen. Wenn die Macht die Wahrheit eines Diskurses durchsetzen möchte, entsteht ein Wahrheitsregime. Der Orientalismus, den Edward W. Said (1981) untersucht hat, ist hierfür paradigmatisch.

Hall unterscheidet zwischen vier verschiedenen Strategien im Diskurs des ›Westens und des Rests‹. Bei der Idealisierung wurden z. B. die ›entdeckten‹ Länder als exotisch und schön wahrgenommen, den Einheimischen wurde unterstellt, dass sie ein glückliches, naturverbundenes Leben führen würden. Vorstellungen paradiesischer und utopischer Zustände beseelten die europäische Phantasie. Hiermit waren auch sexuelle Phantasien verbunden, so die Vorstellung, dass das Geschlechtsleben der UreinwohnerInnen frei und ungehemmt wäre, weil sie keine Vernunft im westlichen Sinne ausgebildet hätten, sondern im Einklang mit der Natur leben würden. Diese Wunschphantasien konnten auch in Erniedrigungsphantasien übergehen. Die dritte diskursive Strategie bezeichnet Hall als Ver-Kennung der Differenz (1994b: 161f.). Es war den Europäern z. B. nicht möglich zu erkennen bzw. zu respektieren, dass in der Neuen Welt die Mayas oder die Azteken Hochkulturen mit differenzierten Sozialstrukturen hervorgebracht hatten und sich von anderen UreinwohnerInnen unterschieden. Alle galten als ›Indianer‹, die den EuropäerInnen unterlegen waren. Es gelang ihnen auch nicht zu verstehen, dass empfangene Geschenke komplexe Praktiken der Erwiderung zur Folge hatten und Ausdruck eines kulturellen Systems der Reziprozität waren. Gemäß der Aufklärung gab es nur den westlichen Weg des Fortschritts.

Schließlich beschreibt Hall (1994b: 164) Rituale der Herabwürdigung. Die Eingeborenen wurden als kulturlos, als gewalttätig oder als tierisch beschrieben. Vor allem der oft unbegründete Vorwurf des Kannibalismus wurde herangezogen, um sie als ›Barbaren‹ zu charakterisieren. Hier zeigt sich, dass europäische Kategorien und Normen übertragen und aufgezwungen wurden. Begleitet werden diese Strategien, die miteinander verbunden sind, durch Prozesse der Stereotypisierung und der Aufspaltung.

> »Zuerst ist die Welt symbolisch geteilt, in gut-böse, wir-sie, anziehend-abstoßend, zivilisiert-unzivilisiert, den Westen-den Rest. Alle anderen, viele Unterschiede zwischen ihnen und innerhalb dieser beiden Hälften sind zusammengebrochen, vereinfacht – d. h. stereotypisiert. Durch diese Strategie wird der Rest als etwas definiert, das der Westen nicht ist – sein Spiegelbild. Es wird als das absolute, wesenhafte, verschiedene andere repräsentiert: Der Andere.« (Hall 1994b: 167)

Er wird zum absoluten Gegenteil, zur Negation dessen, wofür der Westen steht. So gerät er in eine subalterne Position, betrachtet sich schließlich selbst als ›Anderen‹.

Abschließend hält Hall fest, dass der Diskurs des ›Westens und des Rests‹ auch heute noch einen wichtigen und mächtigen Einfluss ausübt (1994b: 178f.). Er beeinflusst nicht nur unsere Sprechweisen und Vorstellungen. Seine Wirkungen zeigen sich z.B. auch in den Modellen und Annahmen der modernen, von Max Weber geprägten Soziologie. Vor allem die Diskussionen zur Modernisierung und zur Modernität zeigen, wie sehr diese Disziplin lange Zeit die Strukturen der westlichen Gesellschaft als universal betrachtete (vgl. Reuter/Villa 2010). Erst das postkoloniale Denken, das auf unterschiedliche Weise Widerstand gegen den Kolonialismus und seine Erbschaften leistet, stellt die Dichotomie zwischen dem ,Westen und dem Rest‹ fundamental in Frage und damit auch die zwischen den kolonisierenden Mächten und den Kolonisierten, weil es sich vom kolonialen Denken und seiner Erbschaft lösen möchte.

4. Die Zeit des Postkolonialismus

In seinem Essay »Wann war ›der Postkolonialismus‹? Denken an der Grenze« (1997) untersucht Hall das Konzept des Postkolonialismus näher. Dabei geht es ihm nicht um eine Definition, sondern um die Problematisierung dessen, was es bedeutet hat und in der Zukunft bedeuten kann. Hierzu setzt er sich zunächst mit zwei Formen von Kritik am Postkolonialismus auseinander, der zu Beginn der 1990er Jahre sehr schnell an englischsprachigen Universitäten institutionalisiert wurde. So wird ›der Postkolonialismus‹ zum einen deshalb kritisiert, weil er politisch ambivalent bleibe und sich nicht eindeutig als Form des antikolonialen Widerstands positioniere. Zudem werde das Konzept zunehmend als eine universalistische Kategorie verstanden und homogenisiere unterschiedliche Zeitlichkeiten und Ethnizitäten. Die zweite Form von Kritik begreift den Postkolonialismus als Ableger des Postmodernismus und kritisiert seine optimistischen und spielerischen Aspekte, die das Spiel der Differenzen feiern und Identität lediglich als konstruiertes Produkt begreifen, die Macht kapitalistischer Verhältnisse aber ausblenden würden. Hall nimmt diese Formen von Kritik durchaus ernst, auch wenn vor allem die letztere sein diskursives Verständnis von Kultur in Frage stellt. Er denkt aber nicht, dass eine nostalgisch motivierte Rückkehr zu einer Realpolitik, die klar zwischen Freund und Feind trennen würde, möglich oder sinnvoll sei. Er stimmt den KritikerInnen jedoch zu, dass das Konzept je nach Kontext differenziert und spezifiziert werden muss (vgl. Hall 1997: 225). Nicht alle Gesellschaften seien auf die gleiche Art postkolonial.

Hall (1997: 227ff.) sieht die große Nützlichkeit des Konzepts in der Unterminierung des binären Verständnisses von Differenz, das für das westliche Denken essentiell ist, durch den Übergang zum Verständnis von »différance« im Sinne Jacques Derridas (1988). Die internen Widersprüche des binären Denkens seien von diesem und postkolonialen AutorInnen überzeugend dargelegt worden. Politisch, ökonomisch und sozial sei es aber weiterhin von Bedeutung. Hall beschreibt die wichtige Bedeutung des Postkolonialismus für diesen Übergang folgendermaßen:

> »Er markiert ihn jedoch nicht nur im Sinne von ›damals‹ und ›jetzt‹. Er verpflichtet uns auch, die binäre Form selbst, in der die koloniale Begegnung so lange dargestellt wurde, neu zu lesen. Er verpflichtet uns, die binären Oppositionen als Formen der Transkulturation neu zu lesen, die unweigerlich dazu führen, dass die kulturellen Hier-Dort-Polaritäten ein für allemal hinfällig werden.« (Hall 1997: 227)

Die Erfahrung der Diaspora, der Dezentrierung und der Globalität führen dazu, dass die Kolonialgeschichte mit Europa im Zentrum umgeschrieben wird, indem die eurozentrischen Erzählungen durch Differenz, Pluralität und Spezifität unterwandert werden sowie eine Vielfalt von oft transversal verlaufenden Verbindungen und Bewegungen sichtbar wird.

> »Diese Änderung in der Erzählperspektive verlagert die ›Geschichte‹ der kapitalistischen Moderne [...] von ihrer eurozentrischen Ausrichtung hin zu ihren weltweit zerstreuten ›Peripherien‹ [...] Das wirklich distinktive Element einer ›postkolonialen‹ Periodisierung ist das rückblickende Umformulieren der Moderne innerhalb des Kontexts der ›Globalisierung‹ [...] In dieser Hinsicht markiert der ›Postkolonialismus‹ einen entscheidenden Bruch mit der gesamten historiographischen Großnarrative.« (Hall 1997: 231f.)

Hall (ebd.: 237) hält fest, dass der Postkolonialismus zum einen nach dem Kolonialismus kommt, zum anderen über ihn hinausgeht. In seiner Lesart ist er ein »theoretisches Paradigma«, das deutlich macht, wie herkömmliche Kategorien und Konzepte hinfällig geworden sind, um die radikalen und unabänderlichen Transformationen der Welt, des Subjekts und seiner Beziehungen in der Gegenwart zu untersuchen und zu verstehen. Hall fordert im Anschluss an Derrida ein ›Denken an der Grenze‹, das sowohl dekonstruierend als auch rekonstruierend ist. Die diskursive Macht des binären Denkens wird problematisiert und in Frage gestellt. Das nicht binäre Denken ist aber ungewohnt und fordert zu neuen Konzeptionen von Handlungsmächtigkeit und Macht heraus. Vor diesem Hintergrund kann Halls Essay auch als eine (politische) Intervention verstanden werden. Ähnliches gilt in diesem Zusammenhang für seine Überlegungen zur kulturellen Identität und zum Multikulturalismus.

5. Die Dekonstruktion der kulturellen Identität

In verschiedenen Beiträgen zeigt Hall, dass das westliche Konzept der Identität, das ein zentriertes, stabiles Ego bzw. ein autonomes, rationales Selbst postuliert und im Neoliberalismus bis heute gefeiert wird, nicht hilfreich für ein angemessenes Verständnis von Subjektivität ist. Gleichzeitig lehnt er die postmodernistische Auffassung ab, die im endlosen Gleiten der Signifikanten jede fixierte Bedeutung von Identität verloren gehen sieht. Für Hall ist die Konzeption der Identität aus verschiedenen Gründen in einer Krise (vgl. Hall 1994c). Theoretisch ist das cartesianische Subjekt, das das Aufklärungsdenken und die europäische Moderne prägt, in vielen westlichen Denkrichtungen überzeugend desavouiert worden, so in der Psychoanalyse, im Marxismus, im (Post-)Strukturalismus oder im Feminismus. Identitäten werden nicht mehr als einheitlich und kohärent, sondern als plural, zerstreut, prozesshaft und fragmentiert erfahren. Beispielsweise hat die Entdeckung des Unbewussten dazu geführt, den ›Anderen‹ in sich selbst wahrzunehmen und so die Erfahrung der Fremdheit als konstitutiv für das Erleben der eigenen Person zu begreifen. Hall kommt zu dem Schluss, dass es heute keine »gesicherte oder essentialistische Konzeption der Identität« (ebd.: 181) mehr geben kann. In der globalen Postmoderne ist die Identität »aus mehreren, sich manchmal widersprechenden oder ungelösten Identitäten zusammengesetzt [...] Identität wird ein ›bewegliches Fest‹« (Hall 1994c: 182). Es gibt kein kohärentes Ich oder eine dominierende Identität, die diese verschiedenen Identitäten zusammenhalten könnten. So kommt es zu unterschiedlichen, wechselnden Identifikationen, die zu Ambivalenzen, Konflikten und Widersprüchen führen können. Es sind nun gerade die Sprechweisen, die Diskurse und die Repräsentationsregimes, die Rahmen und Erzählungen für Identitäten bereitstellen.

So analysiert Hall z. B. die Nationalkultur als ein System von Repräsentationen, das diskursiv und narrativ eine Einheit entwirft, obwohl es von Spaltungen und Differenzen bestimmt wird. Denn alle modernen Nationen sind durch kulturelle Hybridität gekennzeichnet (vgl. ebd.: 207). Deshalb müssen Differenzen zu einer Identität vernäht werden, um überhaupt eine Nationalkultur behaupten zu können (vgl. ebd.: 208). Fundamentalistische Bewegungen sind hierfür ein abschreckendes Beispiel. Hall (ebd.: 213ff.) zeigt auch, dass die Globalisierung nationale Bestrebungen unterminiert, aber keinesfalls eine kulturelle Homogenisierung hervorbringt, sondern sogar neue Identifikationen auf globaler und lokaler Ebene eröffnet.

> »Überall entstehen kulturelle Identitäten, die nicht fixiert sind, sondern im Übergang zwischen verschiedenen Positionen schweben, die zur gleichen Zeit auf verschiedene kulturelle Traditio-

> nen zurückgreifen und die das Resultat komplizierter Kreuzungen und kultureller Verbindungen sind, die in wachsendem Maße in einer globalisierten Welt üblich werden.« (Hall 1994c: 218)

Vor allem in Halls Analysen der Ethnizität seit den 1990er Jahren wird deutlich, wie das westliche Konzept von Identität zu einer Objektivierung und Rassifizierung des Anderen führt (Hall 2004a). Er strebt eine Neuartikulation des ›Schwarzsein‹ an, um dieses Repräsentationsregime und das mit ihm verknüpfte binäre Denken zu destabilisieren. Hall weist auf neue Formen der Zugehörigkeit und der Verknüpfung hin, die in einer Politik neuer Ethnizitäten im Zentrum stehen sollen. Diese soll darauf basieren, dass wir alle verschiedene soziale Identitäten haben und so nicht eine Ethnizität verabsolutiert werden darf. Die Politik neuer Ethnizitäten wird durch die Anerkennung von Differenzen realisiert. In diesem Zusammenhang fordert Hall (2004b: 222) auch eine neue multikulturelle politische Logik, die folgende Ziele hat: »eine Vertiefung, Erweiterung und Radikalisierung demokratischer Praktiken in unserem gesellschaftlichen Leben; und die unerbittliche Bekämpfung jeder Form ›rassischer‹ oder ethnisch ausgrenzender Abschließung«.

Die Arbeiten von Stuart Hall zum Postkolonialismus machen eindringlich deutlich, dass kulturelle Diversität, Pluralität und Hybridität Merkmale der globalen Postmoderne sind. Auch Identitäten sind heute einem ständigen Wandel unterworfen, leben mit und von der Differenz. Als Emigrant vom Rande des Kolonialreichs sensibilisiert für die Ränder der britischen Gesellschaft hat Hall bereits früh Erfahrungen gemacht, die heute das Leben vieler prägen.

6. Würdigung und Kritik

Stuart Halls Arbeiten zum Postkolonialismus haben eine breite Rezeption erfahren. Sie wurden nicht nur im Bereich der Cultural Studies, sondern auch in der Soziologie, der Pädagogik und der Kunst interessiert aufgenommen und kontrovers diskutiert (vgl. Morley/Chen 1996; Gilroy/Grossberg/McRobbie 2000). Dabei bleibt Halls Wirkung nicht auf den akademischen Bereich beschränkt. In Großbritannien ist er ein berühmter ›public intellectual‹, der Artikel für Zeitschriften schreibt, Statements in Radio und Fernsehen abgibt sowie in filmischen Dokumentationen zu sehen ist. Auch bei der Biennale in Venedig 2003 hat er sich zusammen mit dem aserbaidschanischen Künstler und Theoretiker Zeigam Azizov mit einem Beitrag beteiligt.

Hall begreift seine Arbeit als (politische) Intervention mit dem Ziel, Diskurse zu transformieren und zu einem demokratisch geprägten kulturellen und sozialen Wandel beizutragen. In den letzten Jahren hat er sich auch intensiv mit postkolonialer Kunst beschäftigt und ein Museum in London, die Rivington Gallery, gegründet, das Werke britischer KünstlerInnen unterschiedlicher ethnischer Herkunft und zeitgenössische Kunst aus Afrika, Asien und Lateinamerika zeigt. Es überrascht daher nicht, dass er im aktuellen Kunstdiskurs ein wichtiger Autor ist. Bei der Documenta 11 war er z. B. der Eröffnungsredner der ersten Plattform-Veranstaltung zu »Demokratie als unvollendeter Prozess« in Wien (vgl. Hall 2002).

Der Soziologe Chris Rojek (2003: 166ff.) kritisiert an Halls Arbeiten zum Postkolonialismus, dass er nicht beachtet habe, dass der Begriff der Zivilisation in Europa unterschiedliche Bedeutungen hat. Bei Hall habe man den Eindruck, er werde zur eurozentrischen Ideologie des Westens. So habe Norbert Elias gezeigt, dass darunter im 17. und 18. Jahrhundert Unterschiedliches verstanden wurde. Während z. B. in England und in Frankreich Zivilisation durchaus als universale Kategorie betrachtet wurde, die das »Selbstbewusstsein des Abendlandes« (Elias 1980: 1) zum Ausdruck brachte, wurde im deutschen Sprachgebrauch darunter etwas Nützliches verstanden, »aber doch nur einen Wert zweiten Ranges, nämlich etwas, das nur die Außenseite eines Menschen, nur die Oberfläche des menschlichen Daseins umfasst« (ebd.: 2). Kultur nahm dagegen den ersten Rang ein. Sie bezog sich auf den ›Wert‹ geistiger, religiöser und künstlerischer Produkte. Sie dient auch der Abgrenzung zwischen ›Völkern‹. Die Dichotomie »der Westen und der Rest« macht daher in einem deutschen Kontext bis heute wenig Sinn, stellt Rojek (2003: 171) fest. Mit Elias lässt sich außerdem argumentieren, dass der Begriff Zivilisation nicht ideologisch ist, sondern eine analytische Kategorie zur Beschreibung der gesellschaftlichen Entwicklung. Was Hall auch nicht erwähnt, ist die Fähigkeit des Abendlandes zur vernunftbegründeten Kritik eigener Taten, Institutionen und Ideen.

Die Verwendung poststrukturalistischer Sprach- und Diskurskonzepte hat Hall auch den Vorwurf des kulturellen Relativismus eingebracht (vgl. Rojek 2003). Wenn Bedeutungen arbiträr und kontingent sind, einem unaufhörlichen Prozess der ›différance‹ unterworfen sind, wie kann Hall dann politisch intervenieren und so bestimmte Bedeutungen präferieren? Halls Werk ist aber gerade durch das Bemühen gekennzeichnet, diesen Widerspruch auszuhalten und nichtsdestotrotz eine transformative Politik auf den Weg zu bringen.

Literatur

Derrida, Jacques (1988): Randgänge der Philosophie. Wien: Passagen

Elias, Norbert (1980): Über den Prozeß der Zivilisation. Bd.1. Frankfurt a.M.: Suhrkamp (7. Auflage)

Foucault, Michel (1973): Archäologie des Wissens. Frankfurt a.M.: Suhrkamp

Gilroy, Paul/Grossberg, Lawrence/McRobbie, Angela (Hrsg.) (2000): Without Guarantees. In Honour of Stuart Hall. London/New York: Verso

Hall, Stuart (1994): Rassismus und kulturelle Identität. Ausgewählte Schriften 2 (hrsg. v. Ulrich Mehlem et al.). Hamburg: Argument

Hall, Stuart (1994a): Neue Ethnizitäten. In: Hall (1994): 15-25

Hall, Stuart (1994b): Der Westen und der Rest: Diskurs und Macht. In: Hall (1994): 137-179

Hall, Stuart (1994c): Die Frage der kulturellen Identität. In: Hall (1994): 180-222

Hall, Stuart (1997): Wann war ›der Postkolonialismus‹? Denken an der Grenze. In: Bronfen, Elisabeth/ Marius, Benjamin/Steffen, Therese (Hrsg.): Hybride Kulturen. Tübingen: Stauffenberg. 219-246

Hall, Stuart (2000): Die Formierung eines Diaspora-Intellektuellen. In: Hall (2000): Cultural Studies. Ein politisches Theorieprojekt. Ausgewählte Schriften 3. (hrsg. v. Nora Räthzel). Hamburg: Argument. 8-33

Hall, Stuart (2002): Demokratie, Globalisierung und Differenz. In: Enwezor, Okwui et al. (Hrsg.): Demokratie als unvollendeter Prozess. Documenta 11_Plattform 1. Ostfildern: Hatje Cantz. 21-39

Hall, Stuart (2004): Ideologie-Identität-Repräsentation. Ausgewählte Schriften 4 (hrsg. v. Juha Koivisto und Andreas Merkens). Hamburg: Argument

Hall, Stuart (2004a): Das Spektakel des ›Anderen‹. In: Hall (2004): 108-166

Hall, Stuart (2004b): Die Frage des Multikulturalismus. In: Hall (2004): 188-227

Hall, Stuart/Julien, Isaac/Nash, Marc (1996): Dialogues with Stuart Hall (Isaac Julien/Marc Nash). In: Morley et al. (1996): 479-485

Morley, David/Chen, Kuan-Hsing (Hrsg.) (1996): Stuart Hall. Critical Dialogues in Cultural Studies. New York/London: Routledge

Reuter, Julia/Villa, Paula-Irene (2010): Provincializing Soziologie. Postkoloniale Theorie als Herausforderung. In: Dies. (Hrsg.): Postkoloniale Soziologie. Empirische Befunde, theoretische Anschlüsse, politische Intervention. Bielefeld: transcript. 11-46

Rojek, Chris (2003): Stuart Hall. Cambridge: Polity Press

Said, Edward W. (1981): Orientalismus. Frankfurt a.M./Berlin/Wien: Ullstein

Winter, Rainer (2001): Die Kunst des Eigensinns. Cultural Studies als Kritik der Macht. Weilerswist: Velbrück Wissenschaft

Filmographie

My beautiful Laundrette (1986), GB. Regie: Stephen Frears, Autor: Hanif Kureishi, Darsteller; Saeed Jaffrey, Rosphan Set, Daniel Day-Lewis u.a.

Mobilität, Heterotopie, Dezentrierung. Rosi Braidotti: »Nomadic Subjects«

Paula-Irene Villa

Die Arbeiten von Rosi Braidotti werden üblicherweise nicht dem seit einigen Jahren entstehenden Kanon der Postcolonial Studies zugerechnet. Dabei gibt es gute Gründe, sie bzw. einige ihrer in Philosophie, feministischer Theorie und den Kulturwissenschaften breit rezipierten Texte als postkolonial zu verstehen und sie womöglich stärker als bisher in diesem Lichte zu lesen. Braidotti thematisiert insbesondere in ihrem Buch »Nomadic Subjects. Embodiment and Sexual Difference in Contemporary Feminist Theory« (1994) neue, d. h. in ihrer Lesart postmoderne Subjektivierungsformen. Diese sind nicht nur in einem de/konstruktivistischem Sinne post-essentialistisch, sie sind es – und das macht sie für die postkoloniale Konstellation so interessant – aufgrund von Mobilitätsprozessen. Mobilität wird bei Braidotti überwiegend metaphorisch verstanden, doch auch immer wieder bezogen auf empirische Praxen und Erfahrungen der Grenzüberschreitung. Ein Beispiel für Letzteres bildet die Biographie und Selbstverortung der Autorin: Rosi Braidotti ist Philosophin und seit 1988 Professorin für Gender Studies an der Universität Utrecht in den Niederlanden. Sie war lange Jahre Leiterin des nationalen Zentrums für Women's Studies der Niederlande. Seit 2007 ist sie an derselben Universität ›Distinguished Professor in the Humanities‹. Braidotti wurde in Italien geboren, wuchs in Australien auf, wo sie auch studierte und promovierte in Paris. Sie hält nicht nur mehrere Staatsbürgerschaften, sondern spricht und arbeitet in mehreren Sprachen: Englisch, Niederländisch, Italienisch und Französisch. Darüber hinaus ist Braidotti in ihren Forschungs- und Lehrtätigkeiten nachhaltig und systematisch transnational: Sie war und ist weiterhin eine der Hauptakteurinnen der dezidiert post-nationalen, europäischen Geschlechterforschung, etwa durch die von ihr maßgeblich betriebene Gründung und Implementierung europäischer Forschungs- und Lehrnetzwerke wie ATHENA (›Thematic Network for Women's Studies‹) und NOISE (›Network of International Women's Studies in

Europe‹).[1] In ihrem Buch ›Nomadic Subjects‹ stellt ihre eigene, transnationale Biographie – die für sie eine nomadische Existenz bedeutet – einen wichtigen Ausgangspunkt theoretisch-philosophischer Überlegungen dar, sie kommt auf diese immer wieder zurück: »[...] the nomadism I defend as a theoretical option is also an existential condition that translates into a style of thinking.« (Braidotti 1994: 1) Oder, etwas ausführlicher, in einem Interview:

> »The project on nomadic subjects emerges from feminist philosophies, post-colonial philosophies and anti-racist philosophies, critical theory, social theory. And then it develops into an analytical tool to look at three classes of problems. First of all, the cultural mutations, which I call ›the cultural cartography‹: what is happening to bodies, identities, belongings, in a world that is technologically mediated, ethnically mixed and changing very fast in all sort of ways. Secondly, there is a clearly political project: can we think other ways of being globalized, of becoming planetary, or are we stuck with this neoliberal model? Is there another way in which we can rethink at our interconnections? And then, finally, the ethical issue: what are the values of subjects who are not unitary but are split, complex, nomadic?« (Braidotti 2010)

Eine sich rapide verändernde Welt, Globalisierungsprozesse, ethnische Mischungen, Fragmentierung – dies sind die hier genannten Stichworte, die den Ausgangspunkt von Braidottis Arbeiten markieren und die sich auch in ihrer eigenen Biographie finden lassen. Der theoretisch-analytische Weg, der sich daraus ergibt, ist ein dreifacher: Zunächst als Analyse gegenwärtiger – und seit mindestens zwei Jahrzehnten andauernder – kultureller Veränderungen, die sich aus der spezifischen und quantitativ zunehmenden Medialisierung und Technisierung sozialer Wirklichkeit sowie aus dem ergeben, was sich zunächst grob unter der Chiffre ›Globalisierung‹ fassen lässt. Zweitens als politische Artikulation, die versucht, feministische, demokratische und ökologische Utopien zu entwickeln. Und drittens, schließlich, als ethisches Projekt, welches danach fragt, wie sich in einer fragmentierten und komplexen, post-essentialistischen Welt inklusive der entsprechenden Verfasstheit von subjektiven Identitäten gemeinsame ethische Werte denken und umsetzen lassen. Mit diesen Anliegen reiht sich Braidotti in die Reihe feministischer, darin vor allem post-strukturalistischer und post-moderner Intellektueller ein, die den transdisziplinären und internationalen Diskurs in den 1990ern maßgeblich geprägt haben und dies z. T. noch tun (etwa Judith Butler, Jane Flax, Inderpal Grewal, Chandra Talpade Mohanty, Gayatri C. Spivak). Dieser Diskurs ist eng verflochten mit den Postcolonial Studies. Braidottis spezifischer Beitrag zu der hier skizzierten Schnittmenge von Theorien, Analysen und Perspektiven liegt in der Formulierung einer ›Denkweise‹, des Nomadismus.

1 ATHENA vgl. http://www.let.uu.nl/womens_studies/index.php?pageid=22; zu NOISE vgl. http://www.let.uu.nl/womens_studies/index.php?pageid=6.

1. Nomadismus als heterotope Denkweise

Die Nomadin bzw. die nomadische Existenz oder auch Identität reiht sich ein in die metaphorischen, womöglich heterotopen Figuren, die nicht erst seit dem ›spatial turn‹ (vgl. Bachmann-Medick 2006: 284-328) eine zentrale Rolle auf der Bühne der feministischen Theorie spielen. Der Topos des Raumes ist im Rahmen geschlechtertheoretischer bzw. feministischer Artikulationen keinesfalls neu – Christine des Pizan's »Stadt der Frauen« (de Pizan 1990) entwarf bereits zu Beginn des 15. Jahrhunderts einen Ort, der von Frauen mit Frauen und für Frauen entworfen wurde, um sich darin nicht nur gegen (männliche) Misogynie zu schützen, sondern auch einen dezidiert eigenen, eben weiblichen Raum zu erschaffen. Kanonisch geworden ist das Plädoyer von Virginia Woolf nach einem »Raum für sich allein« – »a room of one's own« (Woolf 2001). Auch hier steht der dezidiert eigene, weibliche Raum für die Sehnsucht nach sozialen Konstellationen, in denen sich intellektuelle Frauen jenseits ihrer Reduktion auf ein Geschlecht – im Unterschied zu Männern als Menschen – entfalten können. Metaphern der Räumlichkeit bilden also eine feministische Genealogie, eine Denkweise, die ihr Echo in vielen feministischen Schriften der 1980er und 1990er Jahre findet. Die US-amerikanische Feministin und Schriftstellerin Adrienne Rich etwa formulierte in Vorträgen und Essays die selbstreflexive Haltung einer »politics of location« (Rich 1985: 7-22), bei der es darum geht, die eigene Verortung in einer historisch gewordenen, politischen Landkarte verantwortungsvoll als Basis des eigenen Denkens auszuweisen – insbesondere dann, wenn diese Position eine privilegierte ist. Seitdem stellt die Auseinandersetzung mit und das Ringen um einen »kritischen wissenschaftlichen Raumbegriff [...] der die Absicht verfolgt, die eurozentrische, binäre Kartierung der Welt in Zentrum und Peripherie – durchaus im Schlepptau des Kolonialismus – in Frage zu stellen« (Bachmann-Medick 2006: 289f.) einen wichtigen Strang feministischer Theorie dar. Dabei geht es, so etwa in den Schriften von Inderpal Grewal, Caren Kaplan, Chandra Talpade Mohanty, Gayatri C. Spivak und auch Rosi Braidotti, darum, ›Raum‹ ebenso material im politischen und ökonomischen Sinne wie metaphorisch zu verstehen. Ortsveränderungen, Grenzüberschreitungen, Migrationen und Reisen – seien sie wörtlich oder metaphorisch – sind im feministischen Diskurs also eine zentrale Quelle kritischen Bewusstseins. Insofern Feminismus, welcher Ausprägung auch immer, Kritik an bestehenden Ungleichheits- und Herrschaftsverhältnissen meint, führt ein feministischer Standpunkt notwendigerweise zu einer Desidentifikation mit diesen Strukturen, zur »dissidenten Partizipation«, wie Sabine Hark (2005) es formuliert.

Rosi Braidotti stellt sich mit ihrer Figur der Nomadin durchaus in diese Denk- und Kritiktradition. »The nomad«, so Braidotti (1994: 4), »is my own figuration of a situated, postmodern, culturally differentiated understanding of the subject in general and of the feminist subject in particular«. Hiermit ist programmatisch benannt, dass sich die nomadische Denkweise vor allem damit befasst, eine – neue – Subjektform zu entwickeln. Braidotti geht es vor allem darum, eine post-moderne, feministische Subjektivität zu generieren, die gleichermaßen an materiale, praxeologische Erfahrungen realer Menschen anknüpft wie sie utopische Erzählung, gar »Mythos« (ebd.) sein will. Die Nomadin ist also weder ein empirisch-systematisch gewonnener Befund noch ein Idealtypus (im Sinne Max Webers), aber auch keine literarische Fiktion. Sie ist vielmehr eine Heterotopie.[2] Sie ist eine heterotope Metapher für postmoderne Subjektförmigkeit insofern sie dezidiert keine naive Utopie sein will, die sich auf ein angebliches Außen zu den bestehenden Verhältnissen beruft. Hier ist also der Fluchtpunkt der kritischen Überlegungen – anders als etwa bei Woolf – kein ›Außen‹ oder ›Eigenes‹, das den schädlichen gesellschaftlichen Strukturen entgegengestellt wird. Im Gegenteil greift Braidotti auf *faktische*, im Herzen gegenwärtiger Vergesellschaftungsmodi angesiedelter Erfahrungen von ›real-life women‹ (ebd.: 165) zurück, deren intrasubjektive Differenzen und scheinbare Widersprüchlichkeiten sie theoretisiert: Die Heterotopie bestünde demnach darin, eine Subjektfiguration anzubieten, die das, was bereits *ist*, jedoch durch Abstraktionen und Verallgemeinerungen überblendet wird, systematisch ernst nimmt: »the differences within each single woman, understood as the complex interplay of differing levels of experience, which defer indefinitely any fixed notion of identity« (ebd.: 178) gilt es stark zu machen. So stark, dass sie eine andere, neue Subjektfiguration tragen. Das nomadische Subjekt ist Braidottis Vision für zeitgenössische Subjektivierung im Allgemeinen und von (feministischen) Frauen im Besonderen. Zeitgenössisch heißt hier in zweifacher Hinsicht postmodern: einerseits als spezifisch historischer Moment – *postmodernity* – andererseits als Bezeichnung für Denkstile, Lebensformen und Identitätsentwürfe – *postmodernism*. Für Letzteres postuliert Braidotti:

2 Dies ist meine Lesart, Braidotti selbst bezeichnet ihren Entwurf nicht als heterotop. Foucault folgend scheint es mir aber zutreffend, die Nomadin entsprechend zu verstehen. Sie wäre demnach ein ›Gegenraum‹ zur Normalität *innerhalb* einer bestehenden Gesellschaft, nicht jenseits von dieser. Genau genommen, geht Foucault selbst überwiegend von konkreten materialen Räumen aus, wenn er von Heterotopien schreibt (Foucault 2005: 9-22). So etwa von Altersheimen (ebd.:12f.) als Realisierung von ›Nichtstun‹ in einer ansonsten ›aktiven‹ Gesellschaft. Doch zugleich benennt Foucault auch Prozesse, die heterotop sein können, beispielsweise Reisen. Die Nomadin scheint mir als dezidierter und dezidiert feministischer/kritischer Gegenentwurf zu normativen Subjektpositionen heterotop, der wiederum an bestehende Erfahrungen anknüpft – sich also bereits realisiert.

> »[...] relinquishing the historically established, phallocentric, euro-centric, hegemonic habits of thought which, until now, have provided the ›standard‹ view of human subjectivity. We must relinquish all that, in favour of a de-centred and multi-layered vision of the subject as a dynamic and changing entity, situated in a shifting context.« (Braidotti 1996: 70)

Das nomadische Subjekt ist demnach keines, das werden muss, was es immer schon war oder im Streben nach einer Utopie werden möchte. Vielmehr trägt es Erfahrungen der inneren Widersprüchlichkeit, der Fragmentierung und Verflüssigung in sich. Es begehrt nicht danach, diese Erfahrungen zu überwinden, sondern schöpft daraus eine Existenzweise: Das nomadische Subjekt ist beständig in Bewegung, und es ist dies willentlich und wissentlich. Zentral ist die positive Bewertung von Verflüssigung bzw. die Ablehnung von Fixierung jeglichen Bezuges durch die Autorin. In diesem Sinne ist die Nomadin eine postmoderne Figur par excellence. In Braidottis Augen ist sich die Nomadin vor allem der Kontingenz und der Positionalität von Identität bewusst und schlägt daraus vielfaches Kapital. Braidotti stilisiert die Nomadin als »kritisches Bewusstsein« (Braidotti 1994: 5; eig. Übersetzung), wobei das kritisch-reflexive Potenzial der Nomadin weniger auf materialer Durchquerung realer Landschaften beruht, sondern vielmehr von der »Subversion gesetzter Konventionen« (ebd.) gekennzeichnet ist, die sich aus der Ambivalenz weiblicher Subjektivität ergeben.[3] Folglich verortet Braidotti die Nomadin als dezidiert postmoderne Subjektivität in einer dezidiert postmodernen Welt (vgl. z. B. Braidotti 1994: 32). Viele der Grundannahmen, auf die sich Braidotti in ihrem Entwurf explizit bezieht – u. a. die Realitätsmächtigkeit des Sprachlichen und Diskursiven, die Dezentrierung des modernen Subjekts als souveräne Entität, die Betonung von Prozessualität und Fragmentierung, die Anerkennung partikularer Standpunkte statt vermeintliche Objektivität – lassen sich mit den von Zygmunt Bauman konstatierten Charakteristika der Postmoderne parallelisieren (vgl. Villa 2008). Die Nomadin wäre demnach die feministische Figur, die im postmodernen – und womöglich auch postkolonialen – Männerbund fehlt.

2. Strategischer Essentialismus und die Anerkennung der eigenen Differenz

Nomadinnen schlagen ihre Zelte überall auf und sind überall ›zuhause‹ – bzw. nirgends: »The nomad carries her/his essential belongings with her/him wherever she/he goes and can recreate a home base anywhere.« (Braidotti 1994: 16) Dies nicht nur oder gar überhaupt tun zu müssen, sondern es als kritische Strategie der

3 Und die ein wesentlicher Topos in den Texten einiger soziologischer Klassiker zum ›Fremden‹ und zur ›Fremdheit‹ ist, so z. B. bei Simmel, Schütz und Park. Ausführlicher hierzu Villa 2006.

affirmativen Identifizierung mit einem Ort auch zu *wollen,* unterscheidet die nomadische Verfasstheit von der erzwungenen Migration oder des Exils. Die nomadische Dynamik ist der definitorische Modus: »all that counts is the going, the process, the passing.« (ebd., 170) Daraus speist sich, so Braidotti, eine Art ›taktischer Schläue‹ der Nomadin (vgl. ebd.: 34 und 36). Insofern kein Ort in einem selbstverständlichen Sinne als ›eigener‹ angenommen und insofern immer eine Distanz zum jeweiligen Ort bewusst erhalten wird, kann das Unterwegs-Sein als Ressource geschickt eingesetzt werden: Mobilität wird zum Synonym für intellektuelle und politische Beweglichkeit, zur kritischen Taktik. Begleitet wird dies von einer Form des ›Sich-einlassens‹ im Modus des ›als ob‹ (vgl. ebd.: 5ff.). Da der Nomadin – als kritische Figur – jegliche Ontologie suspekt ist (vgl. ebd.: 173-190), sie sich jedoch immer verortet und auch kritisch interveniert, bleibt hierfür nur der Modus des ›strategischen Essentialismus‹. Darin folgt Braidotti den Überlegungen Spivaks (vgl. ebd.: 177): Strategisch essentialistisch zu agieren heißt vor diesem Hintergrund, sich als »feministische Frau« (ebd.: 179) ebenso zu engagieren und sich bewusst zu sein, als solche identifiziert zu werden, wie es heißt, diese Position und Identifizierung beständig in Frage zu stellen. In der beständigen, auch innerpsychischen Auseinandersetzung zwischen der Feministin und der Frau »in mir« (ebd.: 178) sieht Braidotti kein grundsätzliches Problem. Im Gegenteil: Man kann, so Braidotti, eine Identität bzw. eine Existenzweise darauf nicht nur gründen, sich selbst hinsichtlich der eigenen Ontologie – ich ›bin‹ eine Frau – in Frage zu stellen – als Feministin weise ich das Konzept ›Frau‹ zurück –, man kann daraus auch Gewinn und Lust beziehen:

> »Being-a-woman is not the predication of a prescriptive essence [...] I take it upon myself to recognize the totality of definitions that have been made of women as being my historical essence. On the basis of this responsability I thus take for my gender, I can start changing the rules of the game [...].« (Braidotti 1994: 187)

Die Anerkennung der eigenen Differenz – ein Geschlecht zu sein – ist demnach die Bedingung dafür, diese Differenz ändern und die Regeln ihrer Anerkennung variieren zu können. Hierzu gehört wesentlich, so Braidotti weiter, die Anerkennung der Differenzen zwischen Frauen. In ihrer Auseinandersetzung mit Fragen der Geschlechterdifferenz als Ontologie (vgl. Braidotti ebd., insbes. Kap. 8 und 9) bemüht sie sich darum, gegen sozialkonstruktivistische Positionen zu argumentieren und sich dabei für eine post-essentialistische Formulierung der Differenz stark zu machen. Dabei spielt die systematische Berücksichtigung und ebenso theoretische wie praxeologisch-politische bzw. ethische Anerkennung der Vielfältigkeit dessen, was und wie Geschlechterdifferenz jeweils ist, eine zentrale Rolle. Frauen *sind* – sie sind in ihrem ›Sein‹ viele, vielfältig. »Feminists are the post-

Woman woman« (ebd.: 169; Hervorh. i. O.). Offenbar lässt sich diese Perspektive besonders produktiv in den Kontext postkolonialer Debatten stellen. In Letzteren spielt das Leitmotiv der Dekonstruktion und Reformulierung von identitätsrelevanten sozialen Kategorien – Kultur, Ethnizität, ›Rasse‹ oder auch Mensch, Subjekt, Identität selbst – eine zentrale Rolle. Braidottis Überlegungen sind hier insofern bereits verortet als sie immer wieder Bezug nimmt auf Spivak und auf die Auseinandersetzungen innerhalb des Feminismus: Die Frau im Singular gibt es nicht, darauf haben immer wieder diejenigen Frauen aufmerksam gemacht, die als ›Andere‹ marginalisiert wurden, so u. a. lesbische Frauen oder ›women of color‹: »*Nomadism*: sexual difference as providing shifting locations for multiple female feminist embodied voices.« (ebd.: 172; Hervorh. i. O.)

Um die internen Differenzen innerhalb der Geschlechterdifferenz anzuerkennen und um daraus kritische Strategien entwickeln zu können, sind kollektive Handlungs- und Diskursformen notwendig. Für Braidotti ist ein solcher Rahmen die Wissenschaft, etwa das Feld der ›Women's Studies‹ (vgl. ebd.: 205-212). Oder, um in der Metapher zu bleiben: Nomadinnen sind nie allein unterwegs. Ihre Dynamik speist sich nicht aus den Ortsveränderungen allein, sondern auch aus der Vergemeinschaftung mit anderen (nicht) Gleichgesinnten und den Herausforderungen, die sich daraus ergeben. Eine exemplarische Dimension der Nomadin ist in diesem Sinne auch ihre ›Mehrsprachigkeit‹: Die Nomadin ist polyglott (vgl. ebd.: 8ff.), sie ist sich deshalb der Kontingenz von Sprache immer bewusst, d. h. sie hat kein ontologisches Vertrauen in der Sprache als ›Abbild‹ einer gegebenen Wirklichkeit, sondern weiß um die produktive Kraft der Sprache, die Wirklichkeiten konstituiert. Rekurrierend auf ihre eigene Biographie drückt Braidotti ihre Faszination mit monolingualen Menschen aus (vgl. ebd.: 11) – und weist zugleich darauf hin, dass gegenwärtig immer mehr Menschen vielsprachig sind und sich etwa universitäre Kontexte entsprechend ändern. Nicht nur liegt der Annahme einer kohärenten, verfügbaren ›Muttersprache‹ ein theoretischer Irrtum zugrunde, der darin besteht, dass uns Sprache einerseits immer übersteigt insofern jeder Begriff polysemisch ist und andererseits beständig im Wandel hinsichtlich seiner Bedeutungen. Auch leben immer weniger Menschen in der trügerischen Sicherheit einer ›gegebenen‹ Sprache. Vielmehr sei, so Braidotti in Anlehnung an Lacan und Kristeva (vgl. ebd.), der »Zustand der Übersetzung der gemeinsame Zustand aller denkenden Wesen« (ebd.):

> »The polyglot knows that language is not only and not even the instrument of communication but a site of symbolic exchange that links us together in a tenuous and yet workable web of mediated misunderstandings, which we call civilization.« (Braidotti 1994: 13)

3. Die Ungleichheit der Entgrenzung

Nach dieser inhaltlichen Skizze sollen abschließend kurz einige Rezeptionen und Kritiken genannt werden. Braidotti ist mit ihren Überlegungen zum nomadischen Subjekt – zu Recht – als Teil des so genannten postmodernen Feminismus wahrgenommen worden. Sie selbst positioniert sich in dieser Konstellation, die Mitte der 1990er Jahre das geschlechtertheoretische Feld dominierte. Von den verschiedenen Kritiken an diesen Perspektiven ist besonders wichtig die Mahnung zur Vorsicht gegenüber allzu euphorischen oder naiven Annahmen hinsichtlich der Pluralisierung und Dezentrierung der sozialen Welt. Zwar lässt sich tatsächlich nicht bestreiten, dass die Kategorie Frau wie viele andere Kategorien kaum noch naiv funktioniert, sie muss alltagsweltlich wie (und erst recht) theoretisch mindestens in ›Anführungszeichen‹ verwendet werden, um die Uneigentlichkeit, die ihr inne wohnt, zum Ausdruck zu bringen. Zugleich aber wirken Prozesse der Veruneigentlichung und Dezentrierungen ausgesprochen verschieden auf verschiedene Personen und Gruppen. Kurz gesagt: Wer ist wann, wo und in welchem Kontext in der Lage, die eigene Verstrickung in komplexe Regimes der Zugehörigkeit nomadisch zu ›durchqueren‹? Dies ist m. E. weniger eine Frage materieller Ressourcen, vor allem ist dies eine Frage der eigenen Erfahrungen von Verunsicherung, Nicht-Zugehörigkeit und innerer Differenz. Subalterne und Marginalisierte, als ›Andere‹ markierte Personen machen wahrscheinlich häufig solche Erfahrungen, z. B. Menschen mit Erfahrungen von sozialer Aufwärts- und Abwärtsmobilität. Oder eben solche mit den unterschiedlichsten Migrations- und Diasporahintergründen. Doch haben solche Menschen eben weitaus weniger Deutungsmacht in Bezug auf institutionelle Ordnungen und juristische Regulierungen. Dies gilt im besonderen Maße für den deutschen Kontext, der – wie chronisch wiederkehrende politische Debatten um Migration, Integration und ›nationale Leitkultur‹ nachdrücklich deutlich machen – sich wohl mehrheitlich als homogen, widerspruchsfrei und ›gegeben‹ phantasiert. Es gibt jedoch wichtige Gegenstimmen und alternative politische Artikulationen.

Ein weiterer Kritikpunkt, der heute noch deutlicher als in der unmittelbaren Zeit der Rezeption der ›Nomadin‹ zutage tritt, bezieht sich auf die Romantik der Unruhe und Mobilität, die in Braidottis Entwurf aufscheint. Im Rahmen einer zunehmenden Entgrenzung ökonomischer Logiken, die drohen, noch jeden Bereich des Sozialen zu kolonisieren, werden Mobilität, (innere) Rastlosigkeit, Autonomie und Beweglichkeit geradezu fetischisiert. Das »unternehmerische Selbst« (Bröckling 2007) ist der personifizierte Idealtyp einer zunehmend ökonomisierten Gesellschaft und dieses Selbst ist davon angetrieben, sich beständig durch neue Herausforderungen, neue Erfahrungen, neue Ziele zu ›optimieren‹. Die Nomadin lässt sich hiermit bestens verknüpfen. Bereits 1996 hat Ellen Mortensen auf die Problematik der Verherrlichung von Beschleunigung und ›manischer Mobilität‹ (vgl. Mortensen 2002: 10)[4] aufmerksam gemacht, die u. a. Braidottis Überlegungen begleitet. Um es einfach zu sagen: Wer zu schnell rennt, stolpert auch einfacher und übersieht allzu vieles auf dem Weg. Kritik brauche Zeit und Gelassenheit, so Mortensen. Dies ist heute, im Lichte auch der durchgreifenden Ökonomisierung von Wissenschaft, eine kaum zu überschätzende Warnung. Auch und womöglich gerade die Auseinandersetzung mit ›Anderen‹ und die daraus resultierende Reflexion braucht Zeit, braucht ›Ruheräume‹, in denen ergebnisoffen und unter Absehung des ›Gebrauchswerts‹ kommuniziert werden kann. Und nicht zuletzt brauchen alle Menschen, auch Nomadinnen, wechselseitige Beziehungen, die Anerkennung ermöglichen. Solche Beziehungen aber sind zwingend auf Zeitlichkeit und Raum für Entwicklungen angewiesen. Ob die postkolonialen Nomadinnen diesen immer finden bzw. gestalten wollen und können, das bleibt den andauernden Reisen überlassen.

Literatur

Bachmann-Medick, Doris (2006): Cultural Turns. Neuorientierungen in den Kulturwissenschaften. Reinbek bei Hamburg: Rowohlt

Braidotti, Rosi (2010): On Nomadism: Interview by Sara Saleri with Rosi Braidotti. In: European Alternatives. http://www.euroalter.com/2010/on-nomadism-interview-with-rosi-braidotti/ (letzter Aufruf am 5.12.2010)

Braidotti, Rosi (1994): Nomadic Subjects. Embodiment and Sexual Difference in Contemporary Feminist Theory. New York: Columbia University Press

Braidotti, Rosi (1996): Nomadic Subjectivity: A Feminist Perspective. In: Honegger, Claudia/Gabriel, Jürg M./Hirsig, René/Pfaff-Czarnecka, Joanna/Poglia, Edo (Hrsg.) (1996): Gesellschaften im Umbau. Hauptreferate des Kongresses der Schweizerischen Sozialwissenschaften (Bern 1995). Zürich: Seismo, 63-74

Bröckling, Ulrich (2007): Das unternehmerische Selbst. Soziologie einer Subjektivierungsform. Frankfurt a.M.: Suhrkamp

Foucault, Michel (2005): Die Heterotopien. Der utopische Körper. Frankfurt a.M.: Suhrkamp

Hark, Sabine (2005): Dissidente Partizipation. Eine Diskursgeschichte des Feminismus. Frankfurt a.M.: Suhrkamp

4 Mortensen 2002 ist ein Wiederabdruck des Aufsatzes von 1996 in einer buchförmigen Sammlung verschiedener Schriften der in Norwegen tätigen Literaturwissenschaftlerin.

Mortensen, Ellen (2002): Butches and Nomads. The dynamic imperative in feminist theory. In: Dies. (2002): Touching Thought. Ontology & Sexual Difference. Lanham: Lexington Books, 7-20

Rich, Adrienne (1985): Notes Toward a Politics of Location. In: Diaz-Diocaretz, Miriam/Zavala, Iris (Hrsg.) (1985): Women, Feminist Identity and Society in the 1980's. Amsterdam: John Benjamins Publishing, 7-22

Villa, Paula- Irene (2008): Zygmunt Bauman und die Geschlechterforschung: Eine viel versprechende Liaison? In: Österreichische Zeitschrift für Soziologie 4.2008. 45-61

Villa, Paula-Irene (2006): Fremd sein – schlau sein? Soziologische Überlegungen zur Nomadin. In: Gebhardt, Winfried/Hitzler, Ronald (Hrsg.): Nomaden, Flaneure, Vagabunden. Wissensformen und Denkstile der Gegenwart. Wiesbaden: VS Verlag für Sozialwissenschaften, 37-50

Essentialismuskritik, transnationaler Antirassismus, Körperpolitik. Paul Gilroy und der »Black Atlantic«[1]

Sérgio Costa

Die Rede vom ›Schwarzen Atlantik‹ als einem imaginierten kulturellen Raum, der auf die SklavInnenverschleppung von Afrika in die Amerikas zurückgeht, stellt an sich kein Novum dar. Diese Idee hat ihren festen Platz in der modernen Historiographie, komplementär zur Beschreibung eines atlantischen Dreiecks, das die Macht- und Herrschaftsbeziehungen sowie den Personen- und Güterverkehr innerhalb Afrikas, Amerikas und Europas verkörpert.

Doch in Paul Gilroys Formulierungen hat das Konzept »Black Atlantic« eine neue theoretische und politische Konnotation hinzugewonnen. Es ist ihm gelungen, das Konzept normativ aufzuladen und es gleichzeitig zu de-essentialisieren, indem er die Entstehung politischer Verbindungen weder auf die gemeinsame afrikanische Herkunft noch auf phänotypische Merkmale zurückführt, sondern auf geteilte Diskriminierungs- und Widerstandserfahrungen, die sich im »Black Atlantic« ergeben. Im Vordergrund stehen also gemeinsame Wege (routes) und nicht die gemeinsamen Wurzeln (roots) (vgl. Gilroy 1995). Dies wird im vorliegenden Beitrag in drei Schritten dargelegt.

Zuerst erfolgt ein kurzer Überblick über das Leben und Werk Paul Gilroys. Es folgt eine Auseinandersetzung mit den Spezifika seiner Definition des »Black Atlantic« und abschließend ein Ausblick auf die Bedeutung seiner Arbeit für die postkolonialen Studien und allgemein für die gegenwärtigen Kultur- und Sozialwissenschaften.

1. Zwischen DJ und LSE: Gilroys Stationen

Für einen der einflussreichsten Soziologen unserer Zeit ist die Karriere Paul Gilroys insofern ungewöhnlich, als sie auch außerhalb der Wissenschaft, nämlich in

1 Dieser Text rekurriert auf Argumente und Formulierungen, die in früheren Beiträgen ausführlicher zu finden sind (siehe vor allem Costa 2007a, Costa 2007b)

der Musik und in der antirassistischen Intervention, fest verankert ist. Paul Gilroy wurde 1956 in London geboren. Sein Studium absolvierte er an der Sussex University, die Promotion erfolgte 1986 am Centre for Contemporary Cultural Studies der University of Birmingham. Selbst während der Promotion ging er seiner Karriere als Musiker weiter nach und war sich nicht sicher, ob er die akademische Laufbahn weiterverfolgen wollte. Bis heute ist ihm die Musik ein zentrales Anliegen:

> »So my music is very important to me and remains so today. There are a number of ways in which I think sociology still has to answer some of the questions that are placed by music in people's social lives, the place of music in liberatory movements asks for a particular kind of analysis.« (Gilroy 2007)

Nach seiner Promotion arbeitete er unter anderen am Goldsmiths' College der University of London. Dort wurde er 1995 Professor of Sociology and Cultural Studies. Im Jahr 2000 ging er in die USA, um eine Position an der Yale University als Professor of Sociology and African American Studies zu übernehmen. 2005 kehrte er nach Großbritannien zurück, wo er bis heute als Anthony Giddens Professor of Social Theory an der London School of Economics and Political Science tätig ist. Parallel zu diesen wissenschaftlichen Funktionen fungiert Gilroy als Kurator von Festivals und Ausstellungen, ist Publizist und Aktivist, der Fragen zur *black diaspora* in der Öffentlichkeit wirksam thematisiert (Gilroy o. J.).

Die Arbeit Paul Gilroys reflektiert eine Vielfalt intellektueller und theoretischer Einflüsse, die von klassischen Soziologen, wie Max Weber und Norbert Elias, bis hin zum Poststrukturalismus reicht. Besonders hervorzuheben ist die Bedeutung der antirassistischen Denker wie W.E.B. Du Bois und Frantz Fanon, des Kulturwissenschaftlers Raymond Williams, der kritischen Theorie und dabei insbesondere von Theodor W. Adorno sowie der britischen Cultural Studies, hier vor allem der Arbeit von Stuart Hall.

Neben Hall wurde Gilroy zum wichtigsten Vertreter der Black British Cultural Studies (BBCS), einer Strömung, die einen großen Teil der britischen postkolonialen Studien ausmacht. Wie allgemein innerhalb der postkolonialen Studien beobachtbar, bildet auch im Rahmen der BBCS das Konzept der Differenz, das von Derridas' Begriff der *différance* (Derrida 1972) abgeleitet wird, eine unverzichtbare Referenz. Derridas' Radikalität, die sich in der Auflösung der Opposition zwischen Subjekt und Struktur widerspiegelt, wird allerdings von Gilroy anders aufgefasst, als es sonst bei den *Cultural Studies* und postkolonialen Studien der Fall ist. Gilroy stützt sich auf Derrida, um der Idee der fixen, essentiellen Differenz zu entkommen. Das Konzept Differenz wird also eingesetzt, um antinomische Diskurse zu dekonstruieren, die ein ›Ich‹ und ein ›Anderen‹, ein

›Wir‹ und ein ›Sie‹, ›Black‹ und ›British‹ als Gegensätze gegenüberstellen. Dies gilt sowohl für den kolonial-imperialistischen als auch für den rassistischen, nationalistischen oder auch den multikulturellen Diskurs. Demnach wird in diesen Diskurskonstruktionen die Differenz als homogene Identität, also als eindeutige »sameness« (Gilroy 1995: 23) zelebriert, d. h. unter der Annahme, dass hier eine Koppelung zwischen der soziokulturellen Position in einer prä-diskursiven Struktur und einem bestimmten Ort des linguistischen und politischen Sprechens besteht. Auf diese Weise wird, so Gilroy (vgl. u. a. Gilroy 1997: 29; Gilroy 2010:81), die Differenz gezähmt, homogenisiert, in eine neue Grenze eingebunden, womit sie ihren unvorhersehbaren und unsicheren Charakter verliert, von dem ihre subversiven Möglichkeiten abgeleitet werden.

Gilroy lehnt allerdings die Interpretation von Autoren wie z. B. Homi Bhabha (1994) ab, die die Möglichkeiten, Herrschaftsbeziehungen umzudeuten, dem Zufallsprinzip überlassen. Demgegenüber versucht sich Gilroy von den »rhetorical excesses of literary post-structuralism« (Gilroy 1993: 110) zu entfernen, um die Voraussetzungen für ein bewusstes politisches Handeln (agency) aufrechtzuerhalten. Der handelnde Akteur bleibt allerdings ein dezentriertes Subjekt. Gilroy geht also nicht von einem normativen Ort außerhalb des Diskurses aus, aus dem ein emanzipatorisches Subjekt hervorgeht – wie etwa das Proletariat im Marxismus. Wir haben es hier mit einem situativen Subjekt zu tun, das in bestimmten Kontexten hegemoniale Kategorisierungen in Frage stellen kann.

Die Geschichte des ›black antiracism‹ bildet den Zusammenhang, in dem Gilroy die Dekonstruktion von Herrschaftsdiskursen untersucht. Seine Erforschung der ›black diaspora‹ geht den Spannungen nach, die seinem Untersuchungskontext innewohnen. Sein erstes Buch »There Ain't No Black in the Union Jack« (Gilroy 1987) befasst sich mit Paradoxien, die mit *race* als Konzept und als Politik im britischen Kontext zusammenhängen.

Im zweiten Buch »Small Acts« (Gilroy 1993a) wird diese Debatte weitergeführt, wobei vor allem zwei Reflexionsrichtungen vertieft werden: erstens die seinerzeit zunehmende Tendenz in der Politik Großbritanniens, rassistische Vorbehalte kulturell zu verkleiden, und zweitens die Positionierung der britischen Schwarzen in der ›black diaspora‹.

In »The Black Atlantic« (Gilroy 1993b) gewinnt die Diaspora klare politische und analytische Konturen als ein Konzept, das nicht ontologisch, sondern historisch definiert wird: »The diaspora logic enforces a sense of temporality and spatiality that underscores the fact that we are not what we were.« (Gilroy 1995: 23)

In »Against Race« (Gilroy 2000) – 2001 in Großbritannien unter dem Titel »Between Camps« erschienen – formulierte Gilroy die Thesen aus dem einflussreichen Artikel »Race ends here« (Gilroy 1998) aus. Das Buch ist eine Art Manifest gegen diejenigen, die über die historischen und kulturellen Ligaturen des »Black Atlantic« hinaus eine biologische Gemeinsamkeit zwischen allen Schwarzen hervorheben wollen. Dabei zeigt Gilroy, dass das Konzept *race* – selbst wenn antirassistische Bewegungen darauf rekurrieren – zu einer Essentialisierung und De-Historisierung der Zugehörigkeit zur Diaspora führt. So führe das Konzept zu einer Apologie des schwarzen Körpers, als wäre er per se Träger einer unkorrumpierbaren Identität, die jenseits kultureller Deutungsprozesse liege.[2]

Das Buch »Darker than Blue« (Gilroy 2010) geht auf die *The W. E. B. Du Bois Lectures* zurück, die Gilroy zehn Jahre zuvor an der Harvard University gehalten hatte. Das Buch enthält drei ausführliche Essays über AfroamerikanerInnen. Im Zentrum steht die Funktion der Wirtschaft im »Black Atlantic«, wobei der kapitalistische Markt in seiner widersprüchlichen Rolle als Sphäre der Ausübung von Autonomie und Freiheit und zugleich als Ort der Reproduktion ungleicher Machtverhältnisse behandelt wird. Gleichzeitig nimmt Gilroy deutlich Stellung zu gegenwärtigen politischen Ereignissen, wie der »Krieg gegen Terror« und die »Festung Europa«:

> »Fortified Europe's contemporary multiculture marks a novel phase in the development of the black Atlantic. Oceanic slavers have given way to smaller, less seaworthy boats undertaking shorter desperate journeys out of Africa.« (Gilroy 2010: 157)

In »After Empire« (Gilroy 2004) liegt der Fokus auf dem Miteinanderleben in Europa. »Conviviality« heißt der im Buch eingeführte Schlüsselbegriff. Damit werden die in Europa vorhandenen rassistischen Praktiken nicht negiert. Die bereits existierende Koexistenz der Differenzen rückt allerdings ins Zentrum. Darüber hinaus hebt Gilroy mit »conviviality« seine Distanzierung des Begriffs Identität hervor, »which has proved to be such an ambiguous resource in the analysis of race, ethnicity, and politics« (Gilroy 2004: xi).

2. Gilroys Konzept des »Black Atlantic«

Die erste Bedeutung, die Gilroy dem »Black Atlantic« zuschreibt, ist empirisch beschreibender Natur. Hier bezieht sich »Black Atlantic« auf den Verbreitungs-

2 Eine weitere wichtige These in »Against Race« ist, dass das Aufkommen neuer Untersuchungs- und Mutationstechnologien, der Bedeutung von ›Race‹ die materielle Grundlage entzieht, da dieses Konzept von sichtbaren und messbaren Körpermerkmalen ausgeht. Demzufolge geht es bei den heutigen Körperwissenschaften nicht um visuelle äußerliche Informationen – Hautfarbe, Schädel- oder Nasenform etc. – sondern um das körperliche Innere: die Organe und die genetischen Kodierungen.

und Rekonstruktionsprozess einer »black culture«, die mit der Bewegung der afrikanischen Diaspora einhergeht.[3]

Dennoch handelt es sich nicht um ein panafrikanisches Projekt, das mit einer symbolischen Rückkehr nach Afrika zusammenhängt. Im Gegenteil: Gilroy kritisiert afro-zentrische Vorstellungen und zeigt, dass die kulturellen Manifestationen im Rahmen des »Black Atlantic« immer neue (Re-)Kombinationen und Erfindungen darstellen. Deren Wert und politische Bedeutung liegen wiederum nicht in der Treue zu einer gemeinsamen und gleich gebliebenen afrikanischen Herkunft begründet. Viel wichtiger sei die Entstehung neuer intersubjektiver Räume, in denen Erfahrungen und neue Schöpfungen ausgetauscht werden. Damit stellt der »Black Atlantic« einen kritischen Bezug zu puristischen Identitätskonzepten dar, die von zeitlosen, aus konkreten sozialen Kontexten heraus gelösten Kulturen ausgehen (vgl. Gilroy 1995: 23).

Unterschiedliche Verbindungen und Strukturen sorgen für den kulturellen Austausch innerhalb des »Black Atlantic« (vgl. Gilroy 1993b: 249). In diesem Zusammenhang ist die Entstehung eines transatlantischen Marktes für die »black culture« besonders wichtig. Dieser Markt ist an die Präferenzen der »white audiences« gekoppelt und beteiligt sich an der Konstruktion einer schwarzen Ästhetik, die zentrale Elemente einer »black fashion« in der Kleidung oder im Haarschnitt als *cool* umdeutet (vgl. ebd.: 247).

Der kollektive Musikkonsum stellt einen Eckpfeiler des »Black Atlantic« dar, wobei die Plattenläden zu einer Art Volksarchiv werden. Das Radio sowie die »Clubs« fungieren ebenfalls als Multiplikatoren einer schwarzen Kultursprache (vgl. ebd.: 252). Zwar erkennt Gilroy die Rolle kollektiver Konsummuster in der ästhetischen Konstruktion des »Black Atlantic« an, er lehnt aber zugleich die postmoderne skeptische Haltung ab, die die »schwarze Kultur« mit einem unpolitischen »Pasticcio« gleichsetzt. Schließlich ist der »Black Atlantic« seit der Sklaverei von ethisch-politischen Ansprüchen geprägt: SklavInnenrebellionen und noch eindeutiger die Haitische Revolution vor über 200 Jahren gelten hierfür als Belege. Auch die Rolle der Musik im Rahmen des »Black Atlantic« muss historisch kontextualisiert werden. Nach Gilroy können die Musik und die mit ihr einhergehenden Tanz- und Bewegungsformen als Ersatz für die öffentliche Kommunikation durch Sprache betrachtet werden. Den SklavInnen, die von der dialogisch

3 Der Begriff Diaspora findet eine immer breitere Anwendung im Rahmen der Diskussion um neue transnationale Solidaritätsnetzwerke, die auf der symbolischen Ebene keinen eindeutigen oder zumindest exklusiven Bezug zu ihrem geographischen Lebensraum haben (für einen Überblick Braziel/Mannur 2003). Der kosmopolitische Appell des Begriffs liegt darin begründet, dass er kulturelle Bindungen und politische Loyalitäten betont, die gegen Assimilationsversuche und Nationalismen resistent sind (vgl. Clifford 1994: 308).

organisierten bürgerlichen Öffentlichkeit völlig ausgeschlossen waren, blieb der Körper als einziges Ausdrucks- und Kommunikationsmedium.

Dies führt zur zweiten, der politisch-normativen Verwendung des Konzepts »Black Atlantic«. Gilroy legt dar, dass dieses Konzept einer verdrängten Dimension der Moderne entspricht. Demnach sei die Sklaverei ein Stiefkind, das die moderne Geschichte immer schon verstecken wollte, und daher zielt das politische Projekt der afrikanischen Diaspora nicht nur darauf ab, die Partizipationsrechte für die Nachfahren von SklavInnen an der modernen Politik umzusetzen. Es geht auch darum, im Einklang und komplementär zu dem, was die Feministinnen leiste(te)n, den Aufbauprozess moderner politischer Institutionen zu hinterfragen. Dabei muss im Kern moderne Politik als privilegierter Raum zur Reproduktion von Ansichten und Interessen des weißen Mannes begriffen werden. Indem sich die Politik auf die Vormachtstellung diskursiver Kommunikation gründet, Ethik und Ästhetik bzw. Rationalität und Performanz entkoppelt und überdies noch im nationalstaatlichen Rahmen verhaftet bleibt, entscheidet sich das politische Spiel a priori zugunsten jener Gruppen, die die Produktions- und Reproduktionsmechanismen der Diskurse, die in jedem einzelnen Nationalstaat als legitim konstruiert wurden, kontrollieren.

Dagegen entfaltete sich die Geschichte der afrikanischen Diaspora außerhalb der institutionellen Politik und bediente sich vornehmlich der Performanz, des Tanzes und der Musik als konstitutive Ressourcen.

Daraus resultiert eine unlösbare Spannung in den Nation-Building-Prozessen auf dem amerikanischen Kontinent. Angesichts der Suche nach ethnischer Homogenität innerhalb jeder Nation wurden die SklavInnen und ihre Nachfahren, insofern sie als biologisch und intellektuell minderwertig konstruiert wurden, zu einer Gefährdung nationaler Konstituierungsprojekte. Hierbei entsteht eine Einbindung in die moderne Geschichte, die Gilroy (1993b, 2010) in Anlehnung an Du Bois (2007 [1903]) »doppeltes Bewusstsein« nennt. Einerseits werden die Schwarzen als integraler Bestandteil moderner Geschichte begriffen, andererseits wurden bzw. werden sie von der Innenpolitik auf nationalstaatlicher Ebene systematisch ausgeschlossen.[4]

4 Das Konzept des Black Atlantic, wie Gilroy es formuliert, scheint gegen zwei Hauptkritiken an dem Begriff Diaspora immun zu sein. Die erste Kritik formuliert u. a. Anthias (1998: 558). Ihr zufolge ist der Rekurs auf den Begriff Diaspora »whilst focusing on transnational processes and commonalities, does so by deploying a notion of ethnicity which privileges the point of ‹origin' in constructing identity and solidarity«. Die zweite Kritik verkörpert u. a. Berking (2000), der davon ausgeht, dass die AutorInnen, die auf die Kategorie der Diaspora zurückgreifen, die Bedeutung des Nationalstaats systematisch unterschätzen. Gilroys Diasporabegriff idealisiert nicht eine gemeinsame Herkunft und behält die Spannung zwischen emanzipatorischen bzw. kosmopolitischen Ansprüchen und der Einbeziehung in die nationale Politik bei.

Die Kritik an der Moderne, die aus der politischen und kulturellen Formation des »Black Atlantic« hervorgeht, folgt gleichfalls einer doppelten Strategie. Sie versucht zunächst, die Teilnahme der schwarzen Bevölkerung innerhalb nationaler Zivilgesellschaften und Öffentlichkeiten zu fördern. Zugleich aber stellt sie die Legitimität formeller Politik in Frage, indem sie die partikularistischen Konstituierungsbedingungen derselben offen legt. Dieser doppelten Strategie entsprechen zwei politische Logiken, die innerhalb des »Black Atlantic« in einem Spannungsverhältnis koexistieren: die *politics of fulfilment* und die *politics of transfiguration*. Die Politik der Erfüllung geht von etablierten politischen Regeln aus und zielt darauf ab, die Gleichberechtigungsversprechen jenseits rassistischer Zuschreibungen für alle Gruppen zu verwirklichen.

Die Transfigurationspolitik definiert Gilroy in Anlehnung an die feministische politische Philosophin Seyla Benhabib als Sphäre der utopischen Energien und aus Solidarisierungs- und Gesinnungsritualen gespeist, die nicht in die Sprache institutionalisierter Politik übersetzbar sind. Es handelt sich hier nicht um einen bloßen modernen Gegendiskurs, sondern um eine Gegenkultur, die die Brüche in der Moderne anprangert (vgl. Gilroy 1993b: 37f.)

Gilroys Vorschlag läuft darauf hinaus, dass die Gegenkultur des »Black Atlantic« als philosophischer Diskurs aufgefasst wird, der die Moderne reinterpretiert und ihre Geschichte aus der Perspektive derer erzählt, die in den nationalen Narrativen mit ihren weißen Helden stets abwesend waren.

Was die singuläre Gemeinsamkeit in der Diaspora bestimmt, ist keine vorpolitische oder vorkulturelle Eigenschaft. Wie bereits oben erwähnt, verbindet nicht der schwarze Körper die Menschen in der Diaspora, sondern vergleichbare Ausgrenzungserfahrungen, die die Träger eines schwarzen Körpers in verschiedenen modernen Gesellschaften erleiden: »Phenotype has no natural meaning anterior to its mutable historical and cultural codes. The process of signification is the only issue.« (Gilroy 1997: 29).

Indem Gilroy die Konstruktion und Deutung von Körperlichkeiten ins Zentrum seiner Untersuchung setzt, führt er die Pionierarbeiten von Frantz Fanon und Stuart Hall fort. Er vermeidet sowohl die foucaultsche Vorstellung eines hinnehmenden Körpers, der durch die disziplinierende Macht beliebig kommandierbar ist, als auch die postmoderne hedonistische Sichtweise, nach der der Körper gemäß den subjektiven Präferenzen zum endlos formierbaren Konstrukt wird. Gilroy zufolge steht der Körper im Mittelpunkt von Herrschaftsrepräsentationen und ist zugleich ein Instrument »subalterner« Widerstandsstrategien.

Wie komplex und schwierig die Untersuchung des Verhältnisses zwischen Körper und Herrschaft ist, verdeutlicht Gilroy in seinen Ausführungen zu den

Ambivalenzen, die mit der neueren Darstellung schwarzer Körper in den Massenmedien assoziiert werden. So sei es jüngst in den englischsprachigen Medien zu einer bedeutungsvollen Verschiebung gekommen: Breakdance-Tänzer werden kaum noch gezeigt, stattdessen treten Schwarze nun vor allem in Werbespots von Sportartikeln auf. Während allerdings Breakdance einen »broken, twisted and vulnerable« schwarzen Körper darstellte, zeigen die Werbebilder heute einen supermächtigen, geradezu unmenschlichen Körper, der Gefahren überwindet und seine Gegner besiegt (vgl. Gilroy 1997: 23). Dabei verbindet die kommerzielle Botschaft zwar vermeintlich positive Eigenschaften mit dem schwarzen Körper (Kraft, ›Power‹, Vitalität, Leistungsfähigkeit, Potenz), jedoch verfestigt sie dabei rassistische Zuschreibungen, indem sie phänotypische Merkmale mit angeblich angeborenen Fertigkeiten koppelt. An die Stelle verhandel- und artikulierbarer Differenzen treten hier feste, fixierte Attribute, die nicht der Sphäre der Kultur, sondern der Biologie entstammen. Es ist, als ob die einst durch die Unsichtbarmachung determinierte Exklusion der Schwarzen von der bürgerlichen Öffentlichkeit nun durch die Hypervisibilisierung fortgesetzt würde. Der schwarze Körper, einst versteckt, wird jetzt als essentialistische Differenz ausgestellt. Der Körper, der dabei zum Vorschein kommt, hat freilich wenig mit jenem Subjekt zu tun, das sich im Rahmen des Widerstands gegen die Marginalisierung und die Ausgrenzung artikuliert hat. Es handelt sich um einen von seiner Historizität und seinem aufständischen Gehalt entleerten Körper. Dieser Körper besitzt nunmehr nur noch eine visuelle und sensorielle Dimension.

3. Fazit: Was bleibt von Gilroys »Black Atlantic«?

Die Rezeption von Gilroys Werk in Deutschland entspricht der weltweiten Bedeutung dieses Autors nicht. Von seinem Hauptwerk »Black Atlantic« liegen französische, japanische, portugiesische und italienische Übersetzungen, aber keine deutsche Edition vor. Gilroy wird zwar nach Deutschland zu Vorträgen eingeladen, und hat zwischen 2002 und 2004 ein wichtiges Projekt im Berliner Haus der Kulturen der Welt mit kuratiert. Hierzulande wird er allerdings eher als Publizist und Kulturkritiker denn als Sozialtheoretiker und Soziologe wahrgenommen.

Dabei sind seine Untersuchungen zum »Black Atlantic« analytisch viel bedeutender, als die Vorstellung einer bloßen Kultur- und Sozialgeschichte der afrikanischen Diaspora suggeriert. Aus diesen Untersuchungen leiten sich Elemente ab, die einige grundlegende Axiome moderner Sozialwissenschaften ergänzen oder aber auch in Frage stellen. Mindestens drei miteinander verwobene Bereiche können hier exemplarisch hervorgehoben werden:

1. Verhältnis von Macht und *Race*: Die Ausführungen Gilroys diesbezüglich korrigieren zwei gegensätzliche und irrtümliche Positionen, die in der Debatte immer noch vorherrschen, nämlich einerseits die universalistische Narrative der Moderne, die die evidenten rassistischen Einschränkungen der Staatsbürgerrechte verkennt, und andererseits die rassialisierte Sichtweise, die, ausgehend von den US-amerikanischen *racial studies,* Herrschaft und *white supremacy* gleichsetzt. Gilroy zeigt, dass Rassismen sicherlich weiter bestehen, sich aber stets verändern. Der schwarze Körper wurde längst vom globalen Kapitalismus refunktionalisiert. Überdies entstehen auch neue rassistische Trennungslinien, die nicht in eine »colour line« (black/white) eingeordnet werden können (vgl. Gilroy 2002: 555ff.).
2. Methodologischer Nationalismus und Kosmopolitismus: Mit seinem Konzept »Black Diaspora/Black Atlantic« als imaginierte Gemeinschaft, die gleichzeitig im nationalstaatlichen Kontext und in einem transnational geteilten Austauschsraum inskribiert ist, zeigt Gilroy schon sehr früh auf, wie die sozialwissenschaftliche Forschung über die nationalen Grenzen hinaus operieren kann. Ebenfalls hervorzuheben ist hier die empirische Grundlage des Modells Gilroys. Anders als in der Kosmopolitismus-Debatte üblich, ist Gilroys Überwindung der nationalistischen Perspektive nicht nur normativ begründet, sondern stützt sich auf transnational geteilte Erfahrungen, die empirisch greifbar sind.
3. »Black Atlantic« und moderne Geschichte: Gilroys Konzept des »Black Atlantic« wird oft dafür kritisiert, dass es, gegen die Ansprüche der postkolonialen Studien, eurozentrisch oder präziser ausgedrückt anglo-zentrisch bleibt. Provokativ spricht beispielsweise der Kulturanthropologe Almeida (2002: 31) in Bezug auf das portugiesische Kolonialsystem vom einem »braunen Atlantik«, um zu kritisieren, dass »die Perspektive und die Positionen Gilroys in einen anglophonen ›Black Atlantic‹ mit der Erfahrung und den Folgen des britischen Imperiums verhaftet bleibt«. Sicherlich fehlt es Gilroy an einem breiteren empirischen Horizont, der ihm ermöglichen würde, die Erfahrung der Schwarzen in Großbritannien im Rahmen des »Black Atlantic« besser einzuordnen. Dennoch gelingt es ihm in seinen Ausführungen, zunächst die Sklaverei und dann die antirassistischen Bewegungen in die moderne Geschichte prägnant zu verorten. Ganz im Sinne der postkolonialen Studien werden Sklaverei, Rassismus und Antirassismus bei Paul Gilroy zum zentralen Bestandteil einer »verwobenen Moderne« (Conrad/Randeria 2002) gemacht, die sich nicht in einem von der Welt entkoppelten Europa,

sondern in den Verflechtungen zwischen Europa, Afrika, Amerikas (und Asien) konstituiert und entwickelt.

Literatur

Almeida, Miguel V. (2002): O Atlántico Pardo: Antropologia, pós-colonialismo e o caso lusófono. In: Bastos et al. (2002): 23-63

Anthias, Floya (1998): »Evaluating ›Diaspora‹: Beyond Ethnicity?«. In: Sociology 32 (3). 557-580

Bastos, Cristiana et. al. (Hrsg.) (2002): Trânsitos coloniais. Diálogos Luso-Brasileiros. Lissabon: ICS

Bhabha, Homi K. (1994): The Location of Culture. London/New York: Routledge

Berking, Helmuth (2000): ›Homes away from Home‹: Zum Spannungsverhältnis von Diaspora und Nationalstaat. In: Berliner Journal für Soziologie 1/00. 48-59

Braziel, Jana/Mannur, Anita (Hrsg.): Theorizing Diaspora. Oxford et al.: Blackwell

Clifford, James (1994): Diasporas. In: Cultural Anthropology 9 (3). 302-338

Costa, Sérgio (2007a): Vom Nordatlantik zum ›Black Atlantic‹. Postkoloniale Konfigurationen und Paradoxien transnationaler Politik. Bielefeld: transcript

Costa, Sérgio (2007b): Ein Ort für den schwarzen Körper: Antirassismus in Brasilien. In: Diehl/ Koch (2007): 141-160

Conrad, Sebastian/Randeria, Shalini (Hrsg.) (2002): Jenseits des Eurozentrismus. Postkoloniale Perspektiven in den Geschichts- und Kulturwissenschaften. Frankfurt a.M.: Campus

Conrad, Sebastian/Randeria, Shalini (2002): Einleitung. Geteilte Geschichten. Europa in einer postkolonialen Welt. In: dies. (2002): 9-49

Derrida, Jacques (1972): Die Schrift und die Differenz [Orig.: L'Ecriture et la différence, 1967]. Frankfurt a.M.: Suhrkamp

Diehl, Paula/Koch, Gertrud (Hrsg.) (2007): Der Körper als Medium. Inszenierungen der Politik. München: Fink Verlag

Du Bois, William E.B. (2007 [1903]). The Souls of Black Folk. Oxford/New York: Oxford University Press

Gilroy, Paul (1987): There Ain't No Black in the Union Jack: The Cultural Politics of Race and Nation. London: Hutchinson/Unwin Hyman

Gilroy, Paul (1993a): Small Acts: Thoughts on the Politics of Black Cultures. London: Serpent's Tail

Gilroy, Paul (1993b): The Black Atlantic. Modernity and Double Consciousness. Cambridge, Mass: Harvard University Press

Gilroy, Paul (1995): Roots and Routes: Black Identity as an Outernational Project. In: Harris/Blue/ Griffith (1995): 15-30

Gilroy, Paul (1997): Exer(or)cising Power: Black Bodies in the Black Public Sphere. In: Thomas (1997): 20-34

Gilroy, Paul (1998): Race ends here. In: Ethnic and Racial Studies 21 (5). 838-847

Gilroy, Paul (2000): Against Race. Imagining Political Culture beyond the Color Line. Cambridge, Ms: Belknap/Harvard

Gilroy, Paul (2002): A Response. In: Ethnicities 2 (4). 2002. 554-560

Gilroy, Paul (2007): Paul Gilroy – in conversation. In: Darmatter – the ruins of imperial culture. http://www.darkmatter101.org/site/2007/05/07/paul-gilroy-in-conversation/ (Letzter Abruf am 05.05.2011)

Gilroy, Paul (2010): Darker Than Blue: On the Moral Economies of Black Atlantic Cultures. Harvard: University Press

Gilroy, Paul (o. J): Paul Gilroy Curriculum Vitae. In: http://www.uu.nl/SiteCollectionDocuments/GW/GW_Centre_Humanities/Vrede van Utrecht Leerstoel/CV Paul Gilroy.pdf (Letzter Abruf am 20.05.2011)

Harris, Herbert/Blue, Howard/Griffith, Ezra (Hrsg.) (1995): Racial and Ethnic Identity: Psychological Development and Creative Expression. London/New York: Routledge

Thomas, Helen (Hrsg.) (1997): Dance in the City. New York: St. Martin's Press

Dekoloniale Entbindung. Walter Mignolos Kritik an der Matrix der Kolonialität

Sabine Broeck

Begonnen werden muss mit einer biographischen Bemerkung, denn die Arbeiten Walter Mignolos zeichnen sich neben ihrer weitgefächerten, vielsprachigen und multidiszplinären Belesenheit vor allem durch den auch in der postkolonialen Theorieszene nicht selbstverständlichen kosmopolitischen Intellekt des Autors aus, der in seinem akademischen Leben nicht nur metaphorisch gesprochen weite Distanzen zurückgelegt hat. Aufgewachsen in Argentinien, nach einem Studium in Paris, nach akademischen Positionen in Toulouse, Indiana und Michigan, ist er seit einigen Jahren Wannamaker Professor für Romance Languages und Direktor des Center for Global Studies an der Duke University, aber damit auf keinen Fall stationär. Er unterhält enge Beziehungen zu Grass Roots Communities und alternativen, anti-kolonialen Studienzentren in Lateinamerika, gewissermaßen als Gegengewicht zur eigenen Positionierung. Er ist außerdem Permanent Researcher an der Universidad Andina Simon Bolivar in Quito, Ecuador. Als einer der weltweit herausragendsten Vertreter und Impulsgeber für die kritische, dekoloniale Theorie ist er zunehmend mobil und ubiquitär präsent, wie man an der virtuellen Zirkulation seiner Arbeiten, an den vielen Blogeinträgen, Konferenzankündigungen und freien Downloads seiner Artikel in Zeitschriften, wie zum Beispiel *Eurozine* oder *Turbulence*, oder an Interviews im frei zugänglichen Netz sehen kann. Seine wissenschaftliche Praxis ist auf allen Ebenen von großer unmittelbarer Zugänglichkeit gekennzeichnet – dies ist beileibe nicht als akademischer Normalfall zu veranschlagen.

Mignolo muss als einer der wenigen global wirksamen Intellektuellen betrachtet werden, die das Web für sich als ein Forum zur Verbreitung frei verfügbarer eigener Theoriegraphie nutzen. Aufgrund dieser Verschiebung sind inzwischen nicht mehr fein säuberlich zwei oder drei klar verortbare Hauptpublikationen zu würdigen, sondern Mignolos Praxis hat sich sich in den letzten Jahren immer mehr zu einem veritablen virtuellen Gewebe sich wiederholender, aber immer variierender und dabei konstant und selbstreflektiv revidierter Fragen, Topoi und Denkanstöße entwickelt. Deshalb wird sich diese Einführung nicht der Darstellung der

Inhalte der bekanntesten Bücher Mignolos widmen, sondern eine Reihe von topischen Schlüsselideen Mignolos, wie sie sich durch seine Arbeit ziehen, aufgreifen und diskutieren.[1] Es sei hier nur angemerkt, dass das Fehlen deutscher Übersetzungen in den letzten Jahren keinesfalls dazu geführt hat, dass Walter Mignolos weitreichende Thesen nicht im deutschen Sprachraum rezipiert, genutzt und kontrovers diskutiert werden. Selbst ein durchaus kursorischer bibliographischer Versuch offenbart die weitreichende Verbreitung seiner pionierhaften Arbeiten in verschiedensten Bereichen wie der Hispanistik und den Lateinamerika-Wissenschaften, den Kulturwissenschaften, den postkolonialen Studien in verschiedenen Disziplinen wie Anglistik, Amerikanistik und Romanistik, aber auch der Soziologie. Seine Arbeiten erschienen außer in Englisch und Spanisch ebenfalls in portugiesischen, russischen und französischen Übersetzungen.

1. ›Die Welt lesen‹ als Programm

Mignolos erste Publikationen (1978-1984) konzentrierten sich auf Semiotik, Diskursanalyse und Literaturtheorie. In den frühen achtziger Jahren begann er sich mit dem Fragenkomplex der »Erfindung Amerikas« zu beschäftigen und entwickelte daraus Schritt für Schritt in den 1990er Jahren auch eine Kritik der modernen und postmodernen Globalisierung unter westlicher Hegemonie. Kolonialität und, als Widerstand dagegen, die Dekolonisierung des Wissens wurden zu seinem programmatischen Schwerpunkt. Sehr zutreffend bezeichnet sich Mignolo auf seiner Website (www.waltermignolo.com) als »semiotician who abandoned semiotics as a discipline to read the word, the signs and the world.«

›Die Welt zu lesen‹, das ist so gut wie wörtlich zu nehmen: Er hat die unterschiedlichsten, aber miteinander verbundenen Phänomene der Globalisierungsgeschichte und globalisierter Kulturen erforscht. Dabei reicht die Bandbreite von Geschichtsschreibung über Kartographie zur Literaturwissenschaft, von Religion zu politischer Theorie, von Lateinamerika zu Europa und postsowjetischen Gesellschaften, von einer Betrachtung indigener Bevölkerungsgruppen in Lateinamerika bis zu Dialogen mit den African-Americans in den USA. Zwei seiner bekanntesten Publikationen wurden mit prestigeträchtigen Preisen bedacht: »The Darker Side of the Renaissance« (2005), erhielt den »Katherine Kovacs Singer Prize« der

1 Da inzwischen eine deutsche Übersetzung eines dieser Texte, nämlich von »Delinking. The rhetoric of modernity, the logic of coloniality and the grammar of de-coloniality« im Erscheinen begriffen ist, werde ich mich zwecks wichtiger Zitatpassagen darauf stützen, siehe Mignolo 2011. Das Original erschien in der Zeitschrift *Cultural Studies* 2007, und ist ebenfalls online abzurufen. Mignolos Publikationen sind sämtlich – sozusagen auf Knopfdruck erhältlich – in annotierter Form auf seiner eigenen Homepage erläutert (www.waltermignolo.com).

Modern Language Association, und »The Idea of Latin America« (2003) wurde ausgezeichnet mit dem »Frantz Fanon Prize« der *Caribbean Philosophical Association*. Im deutschen Kontext sind »Local Histories/Global Designs« und »The Darker Side of the Renaissance« Mignolos bekannteste Publikationen, mit denen er das Konzept der kolonialen Differenz in die Debatte über die ›Neue Welt‹, die europäische und transatlantische Moderne, sowie die Moderne der ›Amerikas‹ einbrachte. Seine Analysen entstehen dabei aus einer komplexen Verknüpfung der Semiotik und der poststrukturalistischen Historiographie. Ausgestattet mit diesem interdiszplinären Rüstzeug widmet sich Mignolo den vielschichtigen gegenseitigen Bedingtheiten zwischen politischer Macht, sozialer Organisation, Sprache und kultureller Dominanz, die seit dem 15. Jahrhundert den Prozess einer inneren und äußeren Kolonisierung der Moderne vorangetrieben haben, und zwar sowohl in den kolonisierten Teilen der Welt, der sogenannten Peripherie der Moderne, als auch in ihren Zentren.

Ich werde mich im Folgenden mit Mignolos dynamischer Begriffswelt aus Kolonialität der Macht – Delinking/Entbinden[2] – ›border gnosis‹ beschäftigen, die sich durch sein gesamtes Œuvre zieht, und die – auch wenn die Publikationen im einzelnen in deutschen Zusammenhängen nicht gründlich bekannt sind – trotzdem in post- und dekolonialen Kreisen zirkulieren.[3]

2. Dekoloniale Kritik jenseits kolonialer Wissenschaften

Es geht Mignolo – so wie ich es verstehe – um das Weben eines Netzes von Kritik anhand dieser Begriffe; einer Kritik, die er immer wieder neu refokussiert, je mehr er sich kritisch mit anderen Theorien beschäftigt. Das heißt, es geht nicht um die Erstellung einer endlich korrekten Beschreibung der Welt, die nicht mehr zu Auseinandersetzungen einladen würde. Im wahrsten Sinne wegweisend führt Mignolo stattdessen eine lebendige und unausgesetzt auf Echo dringende Auseinandersetzung mit VertreterInnen der kritischen Theorie, des Postkolonialismus, der jüngeren Black Studies, der Chicano Philosophie, der älteren Dekolonisierung, der Befreiungstheologie, dem Marxismus, dem weißen Feminismus, der Subaltern Studies, der amerikanischen Ethnic Studies und den europäischen Ansätzen der Inter- und Transkulturalität – wobei diese Strömungen hier in keiner beson-

2 Ich habe mich dafür entschieden, *delinking* mit *entbinden,* und nicht mit *entkoppeln,* wie in der demnächst vorliegenen deutschen Version, zu übersetzen, da mir die doppelte Bedeutung des Wortes *entbinden* als Loslösung und »in die Welt setzen« näher an Mignolos Text herankommt. Mignolo entlehnt diesen Begriff bei dem ägyptischen Soziologen Samir Amin.

3 Siehe dazu auch die neue Website von The Transnational Decolonial Institute: http://www.transnationaldecolonialinstitute.wordpress.com/.

deren Ordnung erscheinen. Seine Studien sind als ständiger Dialog mit anderen Denkansätzen und Strömungen angelegt, teilweise komplementär, teilweise auch kontrovers. Er bezieht sich dabei auf die zeitgenössischen Arbeiten von Maldonado Torres, Escobar, Gordon oder De Sousa Santos sowie auf Gloria Anzaldua, Maria Lugones, Madina Tlostanova, Catherine Walsh und Marina Griznik, um hier nur beispielhaft die internationale Breite sowie die generationenübergreifende Auswahl seiner DiskussionspartnerInnen/Auseinandersetzungen anzudeuten. Aber auch mit global (noch) weitestgehend unrezipierten DenkerInnen aus Europa, Afrika, Lateinamerika, aus den arabischen Ländern, den USA und den so genannten Ostblockstaaten steht er, wie seine flexibel im Internet agierende Präsenz nachvollziehbar macht, in kontinuierlichem Austausch; abzusehen auch an der Gründung einer neuen Plattform, die eine transnationale Verbindung dekolonialer Ansätze ermöglichen soll. In jüngster Zeit hat Mignolo über das *Center for Global Studies* an der Duke University eine Zusammenarbeit mit chinesischen Intellektuellen initiiert, die eine Zusammenbindung westlicher Hegemoniekritik mit einer genauen Betrachtung neuerer chinesischer imperialer Politik erzielen könnte. Diese Vielgestaltigkeit seines Denkorbits wird hier deshalb besonders betont, weil Mignolo damit zu einem der wenigen westlichen Vertreter anti-hegemonialer Cultural Studies geworden ist, der mit Open Source-Politik, Interdisziplinarität, multilingualer Auseinandersetzung und intellektueller Kollektivität (soweit der akademische Raum dies ermöglicht) Ernst macht. Ein Entbinden findet statt, und zwar auf epistemischer und wissenschaftspolitischer Ebene.

Jedoch ist solche Lebendigkeit weder zufällig noch willkürlich. Aus der Vielfalt und Offenheit der Mignolo'schen Arbeiten schält sich klar ein doppeltes Interesse heraus: Es geht zum einen um die kritische Durchquerung der Paradigmen westlicher, weißer postaufklärerischer Moderne(n), und zum anderen um die Erarbeitung einer dekolonialen Alternative. Diese doppelte kritische Arbeit entwickelt sich in einer ständigen Präzisierung der folgenden Begriffe: koloniale Modernität, Entbinden und dekoloniales Wissen als Denken auf der Grenze.

3. Die Kolonialität der Moderne

Die europäische und transatlantische Moderne als kolonial zu denken und umgekehrt Kolonialisierung und Kolonialität als ein intrinsisch modernes politisches, kulturelles und soziales Projekt zu sehen, das zentral war für die Konstitution europäischer Länder (und später der USA) seit der im 15. Jahrhundert beginnenden Unterwerfung indigener Völker im heutigen Lateinamerika und der Versklavung und Verschleppung afrikanischer Menschen seit dem frühen 17. Jahrhundert in die ›Neue Welt‹, bewirkte in den letzten zehn Jahren eine wesentliche Weiterentwicklung postkolonialer Kritik. Kolonialität der Verhältnisse war nicht mehr nur für die in der Logik der sogenannten humanistischen Zivilisation ›zurückgebliebenen‹ Länder des Südens ein historisches Phänomen, sondern der Blick wurde von den ›Opfern‹ des Kolonialismus auf die ›Täter‹ gelenkt. In dieser kritischen Perspektive, die sich unter anderem den vorgängigen Forschungen von Eric Williams zur Bedeutung des Sklavenhandels für den modernen Kapitalismus, den Forschungen Dussels und Quijanos, Immanuel Wallersteins Kritik des Kapitalismus als »global world system« und Fanon's radikalen politischen Interventionen verdankt, auch wenn sie darüber hinaus weist, erscheint die Moderne als heftig umkämpfter Zurichtungsprozess. In der geschichtlichen Entwicklung Europas und der USA, als deren größte politische, kulturelle sowie auch philosophische Errungenschaft allen voran der Humanismus der Aufklärung gilt, ist die Moderne durch ihren Subtext der kolonialen Täterschaft kompromittiert. In »Delinking. The rhetoric of modernity, the logic of coloniality and the grammar of de-coloniality« (http://waltermignolo.com/txt/publications/WMignolo_Delinking.pdf und Mignolo 2007), einem seiner programmatischen Essays, zitiert Mignolo dementsprechend zustimmend Enrique Dussel, der in seinen *Frankfurt Lectures* schon 1993 zu bedenken gab, dass die europäische Moderne sich in einer dialektischen Beziehung mit einer nichteuropäischen Alterität (an der sogenannten kolonialen Peripherie) herausbildete. Diese Dialektik der kolonialen Gewalt mache die europäische Moderne in neuer Weise sichtbar:

> »Die Moderne gilt vielen als ausschließlich europäisches Phänomen. So meinen offensichtlich Charles Taylor, Stephen Toulmin oder Jürgen Habermas. Sie beziehen sich in ihren Darlegungen zur Erklärung dieser Moderne lediglich auf europäische (nordamerikanische) Tatsachen und Personen. In diesen Vorlesungen versuchen wir den Beweis dafür anzutreten, daß die Moderne tatsächlich eine europäische Tatsache konstituiert, aber in dialektischer Beziehung zum Nicht-Europäischen als dem letzten Gehalt dieses Phänomens. Die Moderne tritt in Erscheinung, als Europa sich als Zentrum einer beginnenden Welt-Geschichte behauptet, und eben darum ist die ›Peripherie‹ Teil ihrer eigenen Definition. Das Vergessen dieser ›Peripherie‹ (und des ausgehenden 15., 16. und des beginnenden hispanisch-lusitanischen 17. Jahrhunderts) läßt die großen zeitgenössischen Denker in ihrem Verständnis der Moderne in die eurozentrische Täuschung verfallen. Wenn die Diagnose parteilich, provinziell ist, so ist auch der Versuch der Kritik oder ihrer vollen Verwirklichung gleichermaßen einseitig und teilweise falsch. Wir machen uns auf den Weg zum Ursprung des ›Mythos der Moderne‹. Die Moderne besitzt für uns eine rationale emanzipatorische ›Bedeutung‹, die wir bejahen und respektieren. Zugleich aber entwickelt sie einen irrationalen ›Mythos‹ der Rechtfertigung von Gewalt, den wir ablehnen und überwinden wollen.« (Dussel 1993: 9)

Die europäische und amerikanische Moderne kann in dieser Analyse nicht mehr sozusagen unschuldig als eine Fortschrittsentwicklung im Sinne der Erkämpfung von universaler Bürgerfreiheit, Demokratie, Rechtstaatlichkeit und materiellem Wohlstand gelesen werden, zu der der Kolonialismus als moralisch und epistemisch abgespaltenes Paradoxon erscheint, sondern sie ist unmittelbar bedingt durch Eroberung, Verwüstung, genozidaler Vernichtung, Verschleppung, kultureller Auslöschung und kolonialer Ausbeutung von Menschen und Ressourcen anderer Völker. Diese Bedingheit taucht wieder auf als gleichsam unterdrückte Spur in der immer noch vorherrschenden Agnotologie postmoderner Wissensformationen oder, um es mit dem Ausdruck von Charles Mills (1997: 18) zu sagen, in der »epistemology of ignorance« der heutigen globalisierten Welt. Wer zum Beispiel Hegel affirmativ studiert, ohne die schwarze Revolution gegen die Sklaverei auf Haiti zur Kenntnis zu nehmen, wer die humanistischen Projekte der europäischen Aufklärung in Bezug auf Formulierung säkularer, universaler Rechte lehrt, ohne zur Kenntnis zu nehmen, dass zu diesen Rechten in der Frühmoderne das Recht auf koloniale Eroberung und Besitz sowie Versklavung als programmatischer Bestandteil gehörte, kann den unterdrückerischen Subtext der europäischen Moderne nicht wahrnehmen. Eine solche Perspektive kann nicht ermessen, wie sehr die moderne Kolonialität mit ihrer ausschließlichen Ermächtigung westlicher weißer Subjektivität und Agenz sowie ihrer Abjektion der sogenannten ›Anderen‹ (Völker und Menschen) das gesamte Denken und Handeln Europas und der USA, kulturelle Praxen und Diskurse, ganz abgesehen von politischen und ökonomischen Verfasstheiten bis heute bestimmt. Das heißt, dass die Kolonialität der Macht aus Mignolos Sicht weitgehend ungebrochen, wenn auch natürlich nicht unwidersprochen besteht.

Folgendermaßen definiert Mignolo die »koloniale Matrix« (Mignolo 2011: 8): Durch die institutionelle, diskursive und politische Verflechtung der verschiedenen Ebenen von Hegemonie und Kontrolle, nämlich der Ökonomie, der staatlichen und institutionellen Hierarchien, der natürlichen und kulturellen Ressourcen, der menschlichen Reproduktion und, last not least, der Wissensbestände und der Epistemologie entsteht in der Beziehung zwischen okzidentalen Zentren und ihren Peripherien ein immer wieder erneuertes koloniales Machtverhältnis, so dass alle beteiligten Gesellschaften zutiefst von einer Kolonialität des Denkens, Seins, Wissens und Tuns geprägt sind. Kolonialität – das ist einer der entscheidenden Beiträge Mignolos für die Debatte – ist somit nicht nur eine Erscheinung, ein ›Problem‹ der kolonisierten abhängigen Seite dieses modernen Machtverhältnisses, sondern es betrifft auch die in koloniale Veranwortlichkeit, um nicht zu sagen kollektive Täterschaft oder Nutznießerschaft, eingebetteten und darauf aufgebauten kolonisierenden Gesellschaften. Kolonialität ist durch und durch modern, und moderne westliche Gesellschaften sind durch und durch kolonial, könnte man sagen, wenn es ihnen auch weitestgehend immer noch an einem aktiven, kollektiven Bewusstsein, einem Erinnern und Eignen ihrer eigenen Kolonialität mangelt. Es gibt sozusagen kein kulturelles, soziales oder politisches Phänomen unserer westlichen weißen Moderne, das eine Unschuld gegenüber der Kolonialität behaupten könnte: seien es nun Wissensformationen wie die Lebenswissenschaften, sei es der Diskurs der Geschlechterverhältnisse, sei es der politische Diskurs um Nachhaltigkeit – all diesen Phänomenen eignet eine koloniale Dimension. Es ist Mignolos Verdienst, dies immer wieder und vor allem im Hinblick auf epistemische Fragen benannt zu haben.

4. Konturen eines Denkens der Befreiung

Dekoloniale Praxis muss dementsprechend in einem doppelten Sinne zu einem intellektuellen Prozess des Entbindens von der Moderne führen. Es geht um ein »Lernen des Verlernens« (Mignolo 2011: 71), wie es bei Mignolo oft heißt, um die Praxis einer sehr prinzipiellen epistemischen Illoyalität. Indem Mignolo diesen Ansatz einerseits in seinen wissenschaftlichen Publikationen selbst verwirklicht, und andererseits in seiner lokalen und globalen Lern- und Lehrpraxis einflicht, indem er immer wieder KollegInnen und Studiererende dazu auffordert, dieses ›Verlernen‹ mit ihm zu praktizieren, verfolgt er ein gleichzeitig epistemisches, politisches und didaktisches Interesse. Diese Praxis führt ihn in fortgesetzte und weit über eine traditionell akademische Zitierpraxis hinausgehende engagierte Auseinandersetzungen mit immer neuen Gruppen besonders jüngerer WissenschaftlerInnen aus den verschiedensten Disziplinen und akademischen Kontexten. Darüber hinaus vollzieht Mignolo eine wörtlich zu nehmende Mobilisierung seines Denkens, die ihn weltweit in öffentlichen Gesprächen und Workshops sichtbar macht, und mit der er sozusagen sein Ziel, die kollektive kritische und vor allem unausgesetzte Durchquerung moderner und postmoderner Wissensformationen verkörperlicht. Die Entbindung muss aber, und das ist Mignolo besonders wichtig, eine zweite Ebene haben: Es bedeutet für ihn auch eine Freisetzung intellektueller kritischer Energie vom und aus dem akademischen Apparat der westlichen Metropolen. Dekoloniale Kritik muss von der postaufklärerischen Naivität westlicher akademischer Praxis entbunden werden, wie auch von der engen ethnozentrischen Kontrolle der kritischen Theorie in ihren verschiedenen Post-Frankfurter Schule und poststrukturalistischen Ausprägungen. So formulierten Mignolo (und sein Kollege Escobar und andere KonferenzteilnehmerInnen des ›modernity/coloniality‹-Projektes an der Duke University) bereits 2004 die paradigmatischen, durchaus als allegorisch zu verstehenden polemischen Fragen:

»Auf welche Weise könnte uns die Kritische Theorie Max Horkheimers dabei helfen, heute (in einem Moment, in dem globale und pluriversale ›Revolutionen‹ im Gange sind; in einem Moment, in dem die Diversität und Pluriversität der lokalen Geschichten aufbegehren und die Kontrolle der Universalgeschichte anfechten) die Erfahrungen und Grenz-Subjektivitäten zu denken, die sich in Koexistenz und Konflikt zwischen dem Wachstum und Aufschwung des Okzidents sowie der Entwertung, welche die okzidentale Perspektive anderen Sprachen, Kulturen, Religionen, Ökonomien, Formen der sozialen Organisation, Personen usw. aufgezwungen hat, formiert haben? Was könnte eine Kritische Theorie beitragen, die innerhalb der Geschichte Europas aus der Perspektive der seit 1492 intern Kolonisierten (Jüdinnen und Juden) entstünde? Wie müsste sich die Kritische Theorie verändern, wenn *die Verdammten dieser Erde* gemeinsam mit dem Proletariat Max Horkheimers oder der Multitude als aktuelle Übersetzung des Proletariats ins Spiel gebracht werden? Welche Transformationen sind innerhalb der Kritischen Theorie erforderlich, um Geschlecht, ›Rasse‹ und Natur vollständig in ihren konzeptuellen und politischen Rahmen einzugliedern? Wäre es schließlich wünschenswert, diese Theorie unter dem Projekt Moderne/Kolonialität und Dekolonisierung zu subsumieren? Könnte es diese Subsumption vielleicht erforderlich machen, die Artikulationen der Kritischen Theorie als einem dem 20. Jahrhundert zugehörigen Projekt hinter sich zu lassen? Könnte es sogar das Versiegen des Projekts der Moderne nahe legen?« (Mignolo 2011: 4)

In Mignolos Sicht geht es konsequenterweise nicht nur um ein Denken als Kritik, sondern auch um ein Denken der Befreiung – beides zusammen soll eine Überwindung der von der Moderne gesetzten und in der Postmoderne weiter vorangetriebenen Grenzen und Ausblendungen der Aufklärung ermöglichen. Durchaus im Sinne seiner VorgängerInnen der lateinamerikanischen Befreiungstheologie, und angelehnt an Fanons entkolonisierende Schriften in der zweiten Hälfte des 20. Jahrhunderts stützt und fordert Mignolo immer wieder die Rezeption von und den Austausch mit heutigen politischen, sozialen und kulturellen Stimmen ein, die jenseits des weißen westlichen Humanismus alternative Visionen von dekolonialer Gesellschaftlichkeit, unabhängig vom (post-)modernen Diktat der Entwicklungspolitik in ihren verschiedenen Varianten vertreten. Es geht also nur zum einen um das Projekt einer kritischen Relektüre, einer Durchquerung des aufklärerischen Erbes von seiner ›dunklen Seite‹ her – wie es Mignolo schon in »The Darker Side of the Renaissance« (2003) paradigmatisch vorangetrieben hat. Es geht zum anderen um eine radikale Loslösung vom westlichen Denken – ein Prozess, der nur denkbar ist als eine Zusammenballung (also keine Summe im schlichten additiven Sinn) radikaler pluriversaler Bewegungen von den sogenannten Rändern, den sogenannten Peripherien der Moderne her, die dadurch zum Motor und Ausgangspunkt programmatischer Formationen gesellschaftlicher Alternativen jenseits der immanent westlich-modernen Fantasie der Aufklärung, der ›Kritischen Theorie‹ und der postmodernen Reflektionen werden. Konsequenterweise führt dieser Ansatz in den Bereich einer postfanonischen, post-befreiungstheoretischen Theoriebildung, die ihre Akteure, ihre Stimmen, ihre epistemischen

Verbündeten außerhalb des akademischen Systems sucht. Dies gilt auch für die Spurensuche nach dekolonialen Akteuren der kolonialen Geschichte:

> »Die Dekolonialität dagegen entspringt anderen Quellen: dem impliziten dekolonialen Umsturz in *Die Neue Chronik und gute Regierung* von Guamán Poma de Ayala; dem politischen Traktat von Ottobah Cugoano; dem Aktivismus und der dekolonialen Kritik von Mahatma Gandhi; dem Bruch innerhalb des Marxismus, ausgelöst durch das Zusammentreffen mit dem kolonialen Vermächtnis in den Anden im Werk von José Carlos Mariátegui; der radikalen Politik einer epistemologischen Wende von Amilcar Cabral, Aimé Césaire, Frantz Fanon, Rigoberta Menchú, Gloria Anzaldúa und anderen. Mit anderen Worten, der dekoloniale Umsturz ist ein Projekt der epistemischen *Entkoppelung* in der Sphäre des Sozialen (sicherlich auch im akademischen Bereich, einer weiteren Dimension des Sozialen), während die post-koloniale Kritik und die Kritische Theorie Transformationsprojekte sind, die hauptsächlich in den Akademien Europas und der USA am Werk waren und sind.« (Mignolo 2011: 11)

5. Denken auf der Grenze

Es lässt sich bestimmt trefflich darüber streiten, ob diese Kritik in ihrer Unbedingheit gerechtfertigt ist. Fest steht aber, dass für Mignolo die größtmögliche Nähe zu Debatten außerhalb des akademischen Mainstreams eine wesentliche Herausforderung war und zunehmend ist. Mignolo strebt diese Umorientierung besonders in seiner jüngeren Praxis immer wieder an, auch wenn er sich des Widerspruchs durchaus bewusst ist, auf einen solchen Perspektivenwechsel immer wieder innerhalb des professionalisierten westlichen akademischen Betriebs hinarbeiten zu müssen, und insofern immer wieder auch in seiner eigenen Arbeit der Logik eines innerakademisch geführten Streits zu erliegen. Das Ausmaß, in dem der professionalisierte akademische Betrieb zunehmend einer Logik der global und in Konkurrenz um Ressourcen agierenden Corporate Universities unterliegt, wird von ihm selbst immer wieder kritisiert und reflektiert. Ich sehe seine fortgesetzten Bemühungen, aktiv ein ebenso global sichtbares und für viele Akteure anschlussfähiges Gegennetzwerk aufzubauen, als sinnvolle und proaktive Artikulation von entbundenem Wissen als ›Prolegomena‹, wie er es nennt, der dekolonialen Reorientierung (siehe Mignolo 2011). Wenn er eine Absage an die koloniale Grammatik (ebd.: 84) zur programmatischen Metapher macht, so ist dies für ihn einerseits ein eigenes andauerndes Untersuchungsprojekt. Alle seine neueren Veröffentlichungen zeigen an, wie sehr er sich tatsächlich schrittweise mit dem Orbit der kolonialen Macht auseinandergesetzt hat. Dies reicht von seiner frühen Kritik der so genannten Eroberung Lateinamerikas, über seine Auseinandersetzungen mit Fanon (jüngst vermittelt in seinem Dialog mit Lewis Gordon, einem der derzeitig scharfsinnigsten schwarzen karibisch/amerikanischen Philosophen), über seine Auseinandersetzung mit der Konstituierung der europäisch-amerikanischen Moderne in der Sklaverei und dem intrinsischen, aber von der Kritischen Theorie nicht bearbeiteten Zusammenhang zwischen Versklavung und Holocaust zu seinen kontinuierlichen, strategischen Verweisen auf die Arbeiten von zum Beispiel Maria Lugones, Gloria Anzaldua und Freya Schiwy, die aus seiner dekolonial-feministischen Perspektive argumentieren. Andererseits ist es aber auch immer eine Exhortation, ein didaktisch/politisches Projekt, von dem neue Stimmen, neue KooperationspartnerInnen, eine neue pluriversale Vielstimmigkeit angezogen werden soll.

Zu einer weiteren wichtigen Metapher in diesem Kontext muss Mignolos spezifische Version des ›border thinking‹ gezählt werden,[4] die er aufbauend auf Gloria Anzalduas Formulierung der chicano-amerikanischen Kultur als »borderlands« (Anzaldua 1987) entwickelt, die gleichzeitig ein Bild des Lebens auf der Grenze zwischen Kulturen und eines der ›mestizaje‹ (der Vermischung) dieser Kulturen artikuliert. Dabei ist ›border‹, die Grenze und die Erfahrung der Grenze, wiederum durchaus vielschichtig gemeint. Es geht zunächst um kulturelle, politische und soziale Grenzsituationen in Bezug auf nationale Grenzen, Klassen- und Geschlechtergrenzen, um das Erleben politischer und gewaltsam gezogener Grenzen als Ausgangspunkt für eine Theorie, die sich der modernen globalen Logik der Grenzziehungen und der hierarchisierten, machtgeladenen Differenzen widersetzt. Dieses Grenzdenken privilegiert eindeutig Interventionen aus Zusammenhängen jenseits des akademischen Apparats, die weder politisch noch theoretisch in die moderne Herrschaftslogik eingebunden sind. Dies wird immer wieder in Mignolos Schriften deutlich, wenn er sich sowohl historisch wie auch aktuell auf in den akademischen Metropolen so gut wie unbekannte DenkerInnen zum Beispiel Lateinamerikas stützt.

Es geht aber in meinen Augen auch um ein Denken auf einer mentalen Grenze, um die Entwicklung einer Perspektive, die über die Reichweite monologischer aufklärischer Welterzählungen hinausgeht. Um es noch einmal in Mignolos eigenen Worten zu sagen:

> »Das kritische Grenzdenken liefert eine Methode, um den dekolonialen Umsturz und die Verbindung zwischen Projekten voranzutreiben, die aus der kolonialen Verwundung entstehen und nun im Bereich der kolonialen und imperialen Differenzen begriffen und erforscht werden können. Das kritische Grenzdenken ist demnach jene Methode, welche die Pluriversalität (der in der imperialen Moderne gefangenen unterschiedlichen Kolonialgeschichten) mit dem universalen Projekt der Entkoppelung vom imperialen Horizont (der Rhetorik der Moderne samt der Logik der Kolonialität) verbindet, und es ist die Konstruktion anderer möglicher Welten,

4 Siehe zum Beispiel: Walter Mignolo: »The Many Faces of Cosmo-polis: Border Thinking and Critical Cosmopolitanism«, Public Culture 12.3 (Fall 2000). 721-748.

in denen es keine Weltenlenker geben wird, weder von rechts, links noch vom Zentrum. Das Problem besteht nicht darin, ob dieser Lenker einem Extrem oder der Mitte zugehört, sondern ob er dem Einheitsdenken entstammt, jener Denkunmöglichkeit, nach der eine globale Führung für das Bestehen der Welt zwingend wäre.« (Mignolo 2011: 111)

Literatur

Gloria Anzaldua (1999 [1987]): Borderlands. La Frontera. San Francisco: Aunt Lute Books

Enrique Dussel (1993): Von der Erfindung Amerikas zur Entdeckung des Anderen. Ein Projekt der Transmoderne. Düsseldorf: Patmos

Frantz Fanon (1986): Das kolonisierte Ding wird Mensch. Ausgewählte Schriften, Rainer Arnold (Hrsg.), Leipzig: Reclam

Lewis Gordon (1995): Fanon and the Crisis of European Man: An Essay on Philosophy and the Human Sciences. London: Routledge

Maria Lugones (2003): Pilgrimages/Peregrinajes.Theorizing Coalition Against Multiple Oppressions. New York: Rowman & Littlefield

Walter D. Mignolo (2000): The Many Faces of Cosmo-polis: Border Thinking and Critical Cosmopolitanism. In: Public Culture 12.3. 2000. 721-748

Walter D. Mignolo (2003): The Idea of Latin America. Oxford: Blackwell

Walter D. Mignolo (2005): The Darker Side of the Renaissance. Ann Arbor: University of Michigan Press

Walter D. Mignolo (2007): »Delinking. The rhetoric of modernity, the logic of coloniality and the grammar of de-coloniality.« In: Cultural Studies 21. 2-3 (March/May). 2007. 449-514

Walter D. Mignolo (2011): Epistemischer Ungehorsam. Rhetorik der Moderne, Logik der Kolonialität und Grammatik der Dekolonialität. Aus dem Span. übersetzt und mit einer Einleitung von Jens Kastner und Tom Waibel. Wien: Turia + Kant (i. E.)

Charles Mills (1979): The Racial Contract. Ithaca: Cornell University Press

Annibal Quijano (2000): Coloniality of Power and Eurocentrism in Latin America. In: International Sociology 15.2. 2000. 215-232

Freya Schiwy (2009): Indianizing Film: Decolonization, the Andes and the Question of Technology. Piscataway: Rutgers

Immanuel Wallerstein (1986 [1974]) Das moderne Weltsystem. Die Anfänge kapitalistischer Landwirtschaft und die europäische Weltökonomie im 16. Jahrhundert, Frankfurt a.M.: Syndikat

Eric Williams (1994 [1944]): Capitalism and Slavery, Durham: University of North Carolina Press

Talking back. bell hooks und Schwarze feministische Ermächtigung

Belinda Kazeem / Johanna Schaffer

»Breaking Bread. Insurgent Black Intellectual Life« ist der Titel eines Buches, das bell hooks gemeinsam mit Cornel West 1991 herausgibt (»Brot brechen. Rebellisches schwarzes intellektuelles Leben«).[1] Darin schreibt West über bell hooks:

> »bell hooks' (...) Arbeit formuliert den Vorschlag einer singulären menschlichen Anstrengung darum, aufrichtig mit sich selbst zu sein und den entmenschlichenden Kräften unserer Welt entgegen zu treten. Sie singt das polyphone ›Lied eines großartigen, aus vielen Teilen bestehenden demokratischen Individuums‹, das sich nach grundlegender Verbundenheit sehnt, um so die entschiedene Entwicklung jede_r und jede_s Einzelnen zu ermöglichen. Und sie singt dieses Lied in den antiphonalen, synkopierten und rhythmischen Formen, die ihr von ihren afrikanischen Vorfahren überliefert wurden – jenen Vorfahren, die sich zu schweigen weigerten, in einem fremden Land, das pharaonisch mit ihnen umging. Sing weiter, bell, sing immer weiter.« (Cornel West, in: hooks/West 1991: 62,3)[2]

Wir beginnen mit diesen Sätzen, da sie, ebenso wie der Titel des Buches und seine experimentelle Struktur, zentrale Dimensionen der Arbeit bell hooks ansprechen. Zuerst ist dies hooks hohe Aufmerksamkeit für Vermittlung, ein Bemühen um Zugänglichkeit, darum, sich eine Vielzahl an Formen einfallen zu lassen, um einer möglichst großen Bandbreite verschiedenster Lesegewohnheiten entgegen zu kommen. bell hooks Formen reichen von Theorie-Büchern (entgegen herrschender akademischer Buchkonventionen oft in deutlich großer Schrift und gänzlich ohne Fußnoten gesetzt) über autobiografische Texte bis zu Kinderbüchern und *YouTube*-Videos. Darüber hinaus wechseln sich die verschiedenen Formate be-

1 Die Übertragung dieses Zitats in das Deutsche, wie auch aller weiteren Zitate aus englischsprachigen Quellen, haben wir erstellt, da wir eine Übersetzung der Konzepte bell hooks in einen deutschsprachigen Kontext unterstützen wollen. (B.K. und J.S.)

2 Wir verwenden in unserem Text das Wort Schwarz in Großschreibung und folgen damit einer deutschsprachigen Schreibweise, die entwickelt wurde, um eine politische Dimension des Begriffs zu unterstreichen, die weit über Herkunft und Aussehen hinausreicht. Diesem Gebrauch des Begriffs folgend bezeichnet Schwarz den mehrheitlichen Teil der Weltbevölkerung, die sich als nicht weiß und nicht (ausschließlich) in europäisch-westlich-christlichen Kulturen und damit verbundenen Vorstellungen und Ideologien verwurzelt fühlt.

ständig ab, gehen ineinander über und verunmöglichen so gezielt eine Unterscheidung in theoretische, autobiographische oder literarische Texte. In all diesen Formaten experimentiert eine in politischen und popkulturellen Belangen versierte Theoretikerin und Kritikerin mit Formen der Vermittlung.

Im Titel des oben zitierten Buches kündigt sich zudem eine weitere Ebene ihrer Arbeit an, nämlich die spirituelle Dimension, die sie selbst kontinuierlich thematisiert – nicht zuletzt dann, wenn sie in einem ihrer dem Unterrichten gewidmeten Bücher schreibt, dass Bildung mit Heilung zu tun hat, mit »Ermächtigung, Befreiung, Transzendenz, Erneuerung des Lebens« (hooks 2003: 43). Und schließlich spricht Wests Zitat als weitere Ebene der Arbeiten hooks die der sprachlichen Form an. Es beschreibt diese als Rhythmus in musikalischen Metaphern, die charakteristisch sind für viele Traditionen Schwarzer Musik, und verweist damit auf die formale ebenso wie thematisch/inhaltliche Nähe der Arbeiten bell hooks zu Schwarzer Popkultur.

Als Ergänzung ließe sich unserer Ansicht nach das Wiederholen als zentrales Kompositionselement hinzufügen, das sich als Verhältnis zwischen einzelnen Büchern findet (z. B. Themen und auch Titel, die sich in vielen ihrer Bücher wiederfinden) wie auch in den sich oft spiralförmig weiterbewegenden Texten selbst – »eine sich wiederholende Reise in Kreisbewegungen« (hooks 2009: 3):

> »Meine Arbeit besteht oft aus Wiederholungen. Diese umspannen mein ganzes Leben. (...) Dieselbe Geschichte zu hören heißt, sie nicht vergessen. Also erzähle ich meine Geschichte hier wieder und wieder und wieder.« (ebd.)

Damit angesprochen ist schließlich auch die große Relevanz, die Repräsentationen in der Arbeit bell hooks' besitzen. hooks ist sowohl Repräsentationskritikerin (die sich mit den Repräsentationen z. B. des Rap Musikers Ice-T, den Filmen Spike Lees, den sexuellen Politiken Madonnas bis hin zu den Malereien Jean-Michel Basquiats beschäftigt); wie auch selbst sehr gezielt Produzentin von Repräsentationen – in 33 Jahren hat sie neben einer Vielzahl an Artikeln und Videos 33 Bücher veröffentlicht. Auf Deutsch als Bücher erschienen sind im Orlanda Frauenverlag 1994 »Black Looks. Popkultur – Medien – Rassismus«[3] und 1996 »Sehnsucht und Widerstand. Kultur, Ethnie, Geschlecht«[4].

---

3 Ins Deutsche übersetzt von Karin Meißenburg. Die US-amerikanische Erstveröffentlichung erschien 1992 als »Black Looks: Race and Representation.«

4 Dies ist eine gekürzte Fassung des 1990 erschienenen »Yearning: Race, Gender, and Cultural Politics«, übersetzt von Helga Pfetsch und Marion Sattler Charnitzky. Siehe allerdings Araba Evelyn Johnston-Arthur zur »stellenweise problematischen« Übersetzung des Textes: »Schon die Übersetzung des Originaltitels (...) würde einer kritischen Gegenlesung bedürfen und zeigt, wie wichtig hierfür eine kontextspezifische Auseinandersetzung mit den zu übersetzenden Konzepten ist.« (Johnston-Arthur 2009: 33n12)

Immer ist ihre Arbeit an der kritischen Thematisierung der Effekte und den Überschneidungen der gesellschaftlichen Klassifikationsstrukturen entlang von Rassismus, Sexismus und Klassismus orientiert und an emanzipatorischen Verhältnissen, an der Dekolonisierung und besonders an Ermächtigung ausgerichtet.

1. Biografisches

Im Folgenden zeichnen wir kurz die biografische Erzählung nach, die in zahlreichen Arbeiten bell hooks als ihr autobiografisches Fundament konstruiert wird: Gloria Jean Watkins wird 1952 in Hopkinsville im US-amerikanischen Bundesstaat Kentucky als eines von sechs Kindern einer Schwarzen Arbeiter_innenfamilie[5] geboren. Ihre Schulbildung beginnt in einer segregierten Schule und verläuft ab Mitte der 1950er Jahre entlang der Desegregierungs-Gesetzgebungen in den USA in weiß dominierten Bildungsinstitutionen. Watkins graduiert an der Hopkinsville High School, macht ihren B.A. an der Stanford University, ihren M.A. – ebenfalls in Englischer Literatur – an der University of Wisconsin-Madison, und ihren Ph.D. an der University of California, Santa Cruz mit einer Dissertation über Toni Morrison. Sie unterrichtet an zahlreichen renommierten Universitäten der USA, u. a. als Professorin an der Yale University, am Oberlin College und an der City University of New York. 2004 kehrt sie nach Kentucky zurück und arbeitet dort seitdem am Berea College.

Ihr erstes Buch gibt sie bereits zwei Jahre nach Abschluss ihres Masterstudiums heraus: *And There We Wept: Poems,* eine Sammlung von Gedichten, erscheint bereits unter dem Namen, der zu ihrem Schriftstellerinnennamen werden soll: bell hooks. Es ist der Name ihrer Urgroßmutter – die von hooks gewählte Kleinschreibung wird im deutschsprachigen Raum auffallend oft negiert – den sie unter anderem wählt,

> »um damit eine Schriftstellerinnen-Identität zu konstruieren, die all jene Impulse, die mich weg vom Sprechen zum Schweigen führten, anfechten und unterdrücken sollte. [...] Ich beanspruchte Trotz, Willen und Mut als mein Vermächtnis und bestätigte so meine Verbindung mit Ahninnen, die eine kühne und wagemutige Sprache hatten.« (hooks 1989a: 9)

Der Beginn der biografischen Angaben zu bell hooks markiert gleichzeitig einen historischen Moment im politischen Gefüge Amerikas, an dem (De-)Segregation und rassistische Diskriminierung in Arbeitsleben, Schulwesen und Alltag

5 Zu dieser schriftlichen Form und ihrer Begründung vgl. s_he: »Dagegen möchte ich einen anderen Ort von Geschlechtlichkeit setzen, einen Ort, den es zu erforschen gilt und um den wir kämpfen sollten, er sieht so aus.« http://de.anarchopedia.org/Performing_the_Gap (letzter Abruf am 13.03.11).

vor allem Schwarzer Menschen und People of Color[6] hinterfragt und aktiv bekämpft werden: Zwei Jahre nach Gloria Jean Watkins Geburt wird im Fall *Oliver L. Brown vs. Board of Education of Topeka* vom US-amerikanischen Höchstgericht entschieden, dass die Segregation gegen das 14. Grundgesetz der amerikanischen Verfassung verstößt. Dies ist eine Entscheidung, die nicht nur massive Auswirkungen auf das US-amerikanische Schulwesen haben wird, sondern auch auf die Widerstandsbewegungen Schwarzer Menschen und People of Color. 1955 etwa wird sich Rosa Parks (nicht als erste, aber als meist genannte Schwarze Frau) standhaft weigern, ihren Sitzplatz im Bus für einen weißen Mitfahrer freizumachen, und damit den *Montgomery Bus Boykott*[7] auslösen. Weitere acht Jahre werden bis zu Martin Luther King Jr.s berühmter Rede »I have a dream« vergehen. 1960 formiert sich das *Student Nonviolent Coordinating Commitee*, welches vor allem durch die Praxis von ›Sit ins‹ in den Südstaaten bekannt wird, sechs Jahre später gründen Huey Newton und Bobby Seale mit anderen Schwarzen Aktivist_innen die *Black Panther Party for Self-Defense*.

Immer wieder verweist bell hooks auf diese historischen Koordinaten und autobiographischen Komponenten – in den 1950er Jahren als Schwarze Frau in den ehemaligen Südstaaten aufzuwachsen und auf verschiedenen Ebenen, beispielsweise durch Gesetzgebung, aber auch innerhalb der Familie, Ungleichheit, Ausschlüssen und Gewalt ausgesetzt zu sein, gleichzeitig aber auch die Formierung der Bürgerrechtsbewegung und verschiedenen Organisationen der Black Power Bewegung zu erleben – als Erfahrungsdimensionen, die ihre Theoriebildung vorantrieben. Wiederholt schreibt sie beispielsweise über die auch negativen Veränderungen der Lebens- und vor allem Lernverhältnisse, die die Desegregation an Schulen für Schwarze Kinder nach sich zogen:

> »Dahin war der messianische Eifer, der charakteristisch war für die Lehrer_innen der Schwarzen Schulen und für ihre der Transformation unseres Denkens und Seins gewidmeten pädagogischen Praktiken. (…) Mit Bussen an die weißen Schulen verfrachtet lernten wir bald, dass man nicht einen eifrigen Lernwillen sondern Gehorsam von uns erwartete. (…) In den rassi-

6 Die Bezeichnung People of Colour ist ein in anglophonen Kontexten entwickelter Begriff, der die die weiße Dominanz stützende Aufteilung rassistisch und heterosexistisch diskriminierter Menschen in verschiedene rassierte Gruppen unterwandern will, um, in Anerkennung unterschiedlicher kultureller und historischer Hintergründe, Solidarität und eine Basis für gemeinsames politisches Handeln zu schaffen. Bis heute ist für diesen Begriff keine überzeugende Übersetzung ins Deutsche gelungen. Wir verwenden daher trotz unseres Interesses an Übersetzungen den englischen Begriff.

7 Der *Montgomery Bus Boycott* dauerte rund ein Jahr und wird als einer der Startpunkte des Civil Right Movements angesehen. Die Schwarzen Bewohner_innen von Montgomery protestierten gegen die segregierte Sitzordnung in den Montgomery City Bussen. Nach den massiven Protesten Schwarzer Aktivist_innen entschied das US-amerikanische Höchstgericht schlussendlich, dass Segregation in allen Bussen des Landes gegen die Verfassung verstößt.

stischen desegregierten Schulen angekommen, hatten wir eine Welt verlassen, in der die Lehrer_innen davon überzeugt waren, dass es einer politischen Haltung als Grundlage bedarf, um Schwarze Kinder zu unterrichten. Von da an hatten wir hauptsächlich weiße Lehrer_innen, deren Unterricht rassistische Stereotype verstärkte.« (hooks 1994: 3,4)

hooks hat dem Unterrichten drei Bücher gewidmet: »Teaching to Transgress. Education as the Practice of Freedom« (1994), »Teaching Community. A Pedagogy of Hope« (2003), »Teaching Critical Thinking. Practical Wisdom« (2010). Ausgangspunkt der darin entwickelten didaktischen und pädagogischen Überlegungen ist die Kritik an einem gesellschaftlichen Status quo, in dem Lernen und Lehren nicht nur in Herrschaftsräumen stattfindet, sondern mehr noch, in dem strukturell alles darauf angelegt ist, diese Herrschaft weiter zu festigen. Das betrifft sowohl die Inhalte, als auch die Formen der Wissensproduktion. Also geht es mit hooks (in enger Anlehnung an Paulo Freires »Pädagogik der Befreiung«, 1970) darum, eine grundlegend andere Methodik zu entwickeln, anhand derer sich der Raum des Klassenzimmers selbst so verändert, dass er zu einem Ort des Widerstands gegen Dominanz- und Herrschaftsstrukturen wird. Wie generell in ihren theoretischen Arbeiten basiert auch ihr Schreiben über die Praxis des Unterrichtens stark auf dem Thematisieren und Nutzbarmachen der Dimension der Erfahrung. Explizit stellt sie sich hiermit auch gegen einen anderen Ansatz, der das Regulative und potenziell Strafende dieser Unterrichtspraxis hervorhebt und problematisiert, dass möglicherweise Lernende so vor Autoritätsfiguren (Lehrende) in Beichtsituationen gebracht werden (das ist z. B. Mimi Orners Kritik, zit. in hooks 1994: 21, ebd. auch hooks Kritik an dieser Position). Freilich bleibt dies eine Spannung, die der von bell hooks dargelegten Methodik innewohnt.

2. Sprechen als widerständiger Akt: »Talking Back from the Margins«

Herausragende Qualität der Arbeit bell hooks ist ihre Ausrichtung an der Dimension der Ermächtigung, und diese richtet sich bei hooks in einem Prozess der Dekolonisierung als Dekolonisierung des Denkens zuallererst an Schwarze Menschen und People of Color. Zentraler Bestandteil ermächtigender Taktiken ist für bell hooks das Konzept des *talking back* [Widerrede leisten], da dieses sprachliche Handeln von ihr als notwendige Voraussetzung für das Empowerment Schwarzer Menschen und People of Color verstanden wird:

»Für Unterdrückte, Kolonisierte und Ausgebeutete, für die, die neben einander stehen und kämpfen, ist die Bewegung vom Schweigen hinein in die Rede eine Geste mutiger Aufsässigkeit. Sie ist eine Geste, die heilt, die neues Leben schafft und neues Wachstum ermöglicht. Dieser Akt des Sprechens, des *talking back* [des Widerrede Leistens], ist nicht nur eine Geste der leeren Worte. Er ist Ausdruck unserer Bewegung von Objekt zu Subjekt – die befreite Stimme.« (hooks 1989: 9)

Zurückzusprechen, ja überhaupt eine Stimme zu finden, ist für hooks Basis, um den Kampf gegen diskriminierende Verhältnisse, aber auch das Ringen um Selbstverwirklichung, als Subjekt – nicht als fremdbestimmtes Objekt – eröffnen zu können. *Talking back*, »sich in einer revolutionären Geste vom Schweigen hinein in die Rede zu bewegen« (ebd.: 12), ist für hooks demnach eng mit einem Prozess der Subjektwerdung verknüpft, und dieser wiederum »setzt ein, wenn wir zu verstehen beginnen, auf welche Weise Herrschaftsstrukturen das eigene Leben bestimmen, wenn wir kritisches Bewusstsein und die Fähigkeit zum kritischen Denken entwickeln, wenn wir neue, alternative Lebensgewohnheiten ersinnen und aufgrund dieses marginalen Raums von Differenz in uns Widerstand leisten« (hooks 1990a: 55). Es geht hooks hierbei also nicht nur um den Akt des Sprechens – nur weil Unterdrückte über ihre Unterdrückung sprechen, bedeutet das nicht, dass sie sich aus dem Diskurs und der Rolle der Unterdrückten herausbewegt haben. Relevant ist vielmehr der Standpunkt, von dem aus gesprochen wird. hooks argumentiert entschieden für einen »radikalen Standpunkt« (hooks 1990c:145)[8] und eine »Politik der Verortung« (ebd.). Diese sind an einer »gegenhegemonialen kulturellen Praxis« (ebd.) orientiert und definieren Räume, von denen aus ein »Prozess der Re-Vision« (hooks 1990b: 145) vorgenommen werden kann.

Einer dieser Räume, der diese Orientierungsmöglichkeit und die Option eines neuen, anderen Blickens bereithält, findet sich in bell hooks Entwurf der Marginalität. Denn diese wird bei ihr »Ort radikaler Möglichkeiten« (hooks 1990b: 152), ein Ort, »der eine radikale Perspektive bietet, aus der heraus Alternativen und neue Welten sichtbar, schaffbar und vorstellbar werden« (ebd.). Dabei ist hooks darauf bedacht, diese Positioniertheit nicht zu romantisieren oder zu mythisieren, und doch eine Lesart des Randes als Ort der Unterdrückung und ebenso des Widerstandes anzubieten. Sie fordert dazu auf, diesen Raum aktiv einzunehmen, sich in einer transgressiven Bewegung von dem Platz, der eine_r zugewiesen wird, an andere Orte zu begeben – nämlich die Ränder, und diese als Orte für ermächtigende Politiken zu nutzen.

Zusammenführend lässt sich also sagen, dass *talking back* im Zusammenhang einer Dekolonisierung des Denkens für Schwarze Menschen und People of Color einen notwendigen Ausgangspunkt markiert, der Handlungsfähigkeit und Selbstbestimmtheit als widerständige Subjekte bedeutet. Sich zudem für den Ort der Marginalisierung als Sprecher_innenposition zu entscheiden, ermöglicht eine

8 Leider ist die deutsche Übersetzung von hooks 1990b enorm ungenau. Wir übersetzen daher stellenweise neu aus dem englischen Ausgangstext, 1990c.

andere Wissensposition: »einen Ort der Verweigerung, an dem Nein gesagt werden kann zu den Kolonisator_innen, Nein zu den Unterdrücker_innen« (hooks 1990d: 150). Ihr berühmter, den Rändern als Orten der Möglichkeit gewidmeter Aufsatz »Choosing the Margin as a Space of Radical Openness« endet mit einer Bejahung des Potentials und auch der emotionalen Macht, den die selbstgewählte, und durch Schmerz, Leid und Kampf geprägte Verortung in der Marginalität als oppositionellem Ort bereithält. Er endet auch mit einer Kritik an weißen Feministinnen, die sich weiter im Zentrum bewegen, sich den Schmerz (nie die Stimme) anderer anhören, sich diese Geschichten aneignen, sie gar unter der eigenen Überschrift neu erzählen, sich aber weigern, ihre eigenen Position zu marginalisieren.

Schreiben gegen das weiße suprematistische kapitalistische Patriarchat

Bereits das erste Buch, das bell hooks als Theoretikerin und Kritikerin veröffentlicht, »Ain't I a woman? Black Woman and Feminismus« (es erscheint 1981 und damit zeitgleich mit Angela Davis' »Women, Race & Class«), insistiert darauf, verschiedene Vektoren der Unterdrückung gleichzeitig als ineinander und auch gegeneinander verzahnt zu denken. Vor allem in ihren frühen Arbeiten verbindet sie zudem die Effekte aller dieser Herrschaftsachsen mit der Geschichte und den zeitgenössischen Reartikulationen der Auswirkungen der Versklavung. Die Aufmerksamkeit dafür, wie Rassismus, Sexismus und Klassenunterdrückung gesellschaftliche Realität und darüber hinaus, wie Rassialisiertheit[9] die Zugehörigkeit zu einer bestimmten gesellschaftlichen Klasse und zu einem spezifischen Geschlecht die Lebenserfahrung der einzelnen darin bestimmen, gehört vermutlich zu den bekanntesten konzeptuellen Denkbewegungen bell hooks' und wird heute oft unter dem Stichwort Intersektionalität verhandelt.[10] hooks selbst verwendet *white supremaist capitalist patriarchy* (weißes suprematistisches kapi-

9 Wir folgen in unserem Text einer antirassistisch und anti-antisemitisch motivierten Arbeit an Begriffen im deutschsprachigen Raum – als einem Raum, der auch durch die Geschichte des Kolonialismus, der Versklavung, des Nationalsozialismus und der Shoa hergestellt wurde. ›Rassialisierung‹ soll durch seine grammatische Form auf die soziale Praxis des rassistischen Markierens und auf die Effekte eines komplexen Prozesses von Zuschreibung und Aneignung verweisen. Diese grammatische Form ist an der Denaturalisierung rassistischer Typologisierungen, die immer Manifestationen von Rassismus sind, ausgerichtet (Andere zeitgenössische deutschsprachige Texte entscheiden sich für Rassisierung oder Rassifizierung.) Zu dieser Begriffsarbeit siehe auch http://www.genderetalia.sil.at/diskussionspraxis.htm (15.03.2011).

10 Kritisch zum Gebrauch des Begriffs Intersektionalität in der deutschsprachigen Debatte und der Art, wie darin häufig gerade die dafür grundlegenden, von Women und Queers of Color geführten Debatten der 1980er und 1990er Jahre zwar akademisch institutionalisiert, jedoch deren Autor_innenschaft entnannt, und deren Texte entpolitisiert und »ent-theoretisiert« werden, vgl. Erel/Haritaworn/Gutiérrez/Rogríguez/Kleese (2007).

talistisches Patriarchat) als ihre terminologische Setzung, um die institutionelle Verschränktheit verschiedener Macht- und Herrschaftsachsen zu bezeichnen.

Grundlegend dafür ist das Konzept der weißen Suprematie (white supremacy). In ihrem 1989 erschienenen Buch »Talking Back« erläutert sie die Gründe der Verwendung dieses Begriffs genauer (hooks 1989a). ›Weiße Suprematie‹ eignet sich ihrer Meinung nach besser als der Begriff Rassismus zur Beschreibung einer globalen Struktur der Ausbeutung und Unterdrückung Schwarzer Menschen und People of Color. Darüber hinaus lässt sich damit bezeichnen, wie weiße Personen zwar links und antirassistisch denken können und doch immer noch von dem Wunsch angetrieben werden, Macht, Herrschaft und Kontrolle über Schwarze Menschen und Schwarzes Wissen auszuüben. Mit ›weißer Suprematie‹ lässt sich also mit bell hooks beschreiben, wie linksliberale weiße Personen Schwarze Menschen und People of Color oft wahrnehmen und sich auf sie beziehen, indem sie die rassistische Strukturen, die sie ja eigentlich zu bekämpfen vorgeben, verlängern und reaktualisieren. Schließlich, so bell hooks, ist weiße Suprematie ein Begriff, mit dem sich die Involviertheit Schwarzer Menschen und People of Color an der Aufrechterhaltung rassisierter Hierarchien beschreiben lässt. Denn im Gegensatz zu der Vorstellung des internalisierten Rassismus, der lediglich beinhaltet, wie Schwarze Menschen negative Gefühle und Bilder verinnerlichen, die Weiße über Schwarze Menschen entwickeln, kann mit dem Begriff der weißen Suprematie beschrieben werden, wie Schwarze Menschen nicht nur so sozialisiert werden, dass sie die Wertvorstellungen und Haltungen der weißen Suprematie verkörpern, sondern darüber hinaus auch wie sie selbst »weiße suprematistische Kontrolle« (ebd.: 113) über andere Schwarze Menschen ausüben.

3. Zur Rezeption bell hooks'

bell hooks ist wenn nicht *die*, dann zweifelsohne *eine der* bekanntesten US-amerikanischen Schwarzen Theoretiker_innen der Gegenwart. Ihre Texte gehören zum Standard-Repertoire zahlreicher Leselisten im akademischen Betrieb weltweit und sind häufig zitierte Referenzen in einem Feld, das sich kritisch mit epistemologischer und diskursiver (textueller ebenso wie visueller) Gewalt und Herrschaft beschäftigt. Umso erstaunlicher ist, wie wenig Sekundärliteratur zu ihrer Arbeit zu finden ist. Neben einigen aktuelleren, die Texte bell hooks sehr würdigenden Arbeiten (z. B. Florence 1998 und del Guadelupe Davidson/Yancy 2009), lassen sich lediglich ›eine Handvoll‹ in der ersten Hälfte der 1990er Jahre erschienene Texte finden, einige davon Buchrezensionen.[11]

Möglicherweise ist die fehlende kritische Auseinandersetzung Resultat eines Formproblems: Denn auch Textkritik folgt akademischen Konventionen, und hooks' Arbeiten, die sich auf mehreren Ebenen akademischen Konventionen verweigern, sperren sich möglicherweise auch gegen übliche Formen der Kritik. Vielleicht wäre es daher der Kritik auch abverlangt, sich eigene Formen einfallen zu lassen, um nicht selbst im Gegensatz zu den beweglichen Formaten bell hooks' starr und konservativ zu wirken. Wichtiger allerdings scheint uns ein Dilemma, das Sara Suleri bereits 1992 anspricht. In einem Artikel, der sich anhand von Texten Trinh Minh-has und bell hooks' mit methodischen Unklarheiten in feministischen Texten von Women of Color beschäftigt – oder, näher an Suleris Begriffen, in ›feministischen und rassialisiert codierten Texten‹, problematisiert Suleri sowohl die Rezeption dieser Texte wie auch die rhetorischen Strategien der Texte selbst. Beide produzieren, nach Suleri, durch eine untheoretisierte und unkritisierte Verwendung und Lesart einer Stimme, die mit autobiografischer Authentizität aufgeladen ist, eine »politische Unberührbarkeit« (Suleri 1992: 765), die letztlich ein koloniales Wissenssystem verlängert. In diesem System, so argumentiert Suleri mit Verweis auf Gayatri C. Spivak, sind die ›native informers‹ Lieferant_innen eines objektiven und objektivierbaren Wissens (ebd.: 765), während hingegen die, die dieses Wissen objektivieren, sich seit der Aufklärung in Bezug auf ihre Subjektivitäten ausführlich mit den theoretischen Problemen rund um Autobiografie und die Frage, wie subjektive Strukturen objektives Wissen herstellen können, beschäftigten und beschäftigen.

Abschließend möchten wir auf die enorme Wichtigkeit hinweisen, die die Arbeiten bell hooks im deutschsprachigen Raum als Referenzen für Schwarze Theoretikerinnen wie Grada Kilomba, Peggy Piesche, Nicola Lauré al-Samarai, Maureen Maisha Eggers, Araba Evelyn Johnston-Arthur, Sheila Mysorekar, Fatima El-Tayeb, Katharina Oguntoye, Ekpenyong Ani, Aretha Schwarzbach-Apithy u. v. a. besitzen.

Grada Kilomba beispielsweise bezieht sich in ihrem 2008 erschienen Buch »Plantation Memories. Episodes of Everyday Racism« oftmals auf bell hooks' Arbeiten. Das Buch handelt davon, wie die traumatische Vergangenheit der Plantage (Plantation) durch rassistische und sexistische Diskriminierung Schwarzer Frauen in Deutschland immer wieder aufs Neue re-inszeniert wird. Vor allem durch

11 Speziell die von Michele Wallace verfasste Rezension ist von derart massiver Polemik, dass die darin stattfindende kritische Auseinandersetzung effektiv unterminiert ist. Wallace hat Jahre später die Veröffentlichung dieser Kritik in ihrer Einleitung zu »Dark Designs« (Wallace 2004:20) bedauert.

repräsentationskritische Theorieansätze, und hier speziell mit Verweis auf bell hooks Arbeiten, zeigt es auf, wie Schwarze Frauen im weißen Mainstream durch immer wiederkehrende Repräsentationsmuster und Zuschreibungen zu Objekten gemacht werden.

Auf bell hooks' Praktiken der Verknüpfung verschiedenster Formen und Formate für ein Denken und eine Kritik, die antirassistisch, antisexistisch und antikapitalistisch orientiert sind, und ebenso auf ihre Empowerment-Konzeptionen bezieht sich auch die *Recherchegruppe zu Schwarzer österreichischer Geschichte*[12] sowohl in ihren künstlerischen als auch theoretischen Arbeiten. 2006 innerhalb des Ausstellungsprojektes »Verborgene Geschichte/n – Remapping Mozart« gegründet[13], beschäftigt sich diese Gruppe mit der Bergung, Wiederaneignung und Erzählung Schwarzer österreichischer Geschichte(n). Eine Schlüsselrolle für diese Arbeit spielt, wie Claudia Unterweger und Araba Evelyn Johnston-Arthur in ihrem Aufsatz »Selbst erzählen statt erzählt zu werden. Die Bedeutung von Schwarzer österreichischer Geschichtsschreibung« beschreiben, hooks' Konzept des *talking back from the margins*.

Eine weitere zentrale Referenz stellen schließlich bell hooks' repräsentationskritische Texte über Weißsein für die Auseinandersetzungen Schwarzer TheoretikerInnen im deutschsprachigen Kontext Kritischer Weißseinsforschung dar. Beispielsweise arbeitet der von Maureen Maisha Eggers, Grada Kilomba, Peggy Piesche und Susan Arndt 2005 herausgegebene Sammelband »Mythen, Masken, Subjekte. Kritische Weißseinsforschung in Deutschland« Weltsichten, Handlungen und Privilegien heraus, die mit weißer Hautfarbe verbunden sind, und betont, wie diese unsichtbar und gleichzeitig normalisiert werden. Darüber hinaus unterstreicht der Band das spezifische und kritische Wissen Schwarzer Menschen und People of Color über Weiße, das diese wiederum als Quelle des Empowerments und der Ermächtigung nutzen können.

Auch wenn der Begriff ›Dekolonisierung‹ sich häufig in bell hooks' Arbeiten findet, fällt ihr Name nicht unbedingt zuerst, wenn Vertreter_innen postkolonialer Theorien und Kritiken genannt werden. Dabei basieren vor allem ihre älteren repräsentationskritischen Texte zentral auf der Auseinandersetzung mit den zeitgenössischen Effekten der Geschichte der Versklavung und der Art, wie sich diese fundamental entmenschlichende Gewaltgeschichte nicht zuletzt über Repräsentationen und epistemische Gewalt immer wieder tradiert und reartikuliert. Allerdings fokussiert bell hooks daran nicht nur die destruktiven Dimensi-

12 Die Recherchegruppe zu Schwarzer österreichischer Geschichte und Gegenwart ist eine Arbeitsgruppe von Pamoja. Verein der afrikanischen Diaspora in Österreich.

13 Kuratiert wurden die Ausstellungen von Ljubomir Bratić, Araba Evelyn Johnston-Arthur, Lisl Ponger, Nora Sternfeld und Luisa Ziaja (siehe auch www.remappingmozart.mur.at).

onen, sondern – und hier liegt wohl eine ihrer Stärken beziehungsweise stellt dies einen Grund ihrer enormen Bedeutung als zeitgenössische Schwarze Theoretikerin dar – sie zeigt diese gewaltvolle Geschichte auch als Anlass sich immer wieder neu formierender Möglichkeiten des Empowerments, der Artikulation und des Widerstandes Schwarzer Menschen und People of Color.

Literatur

del Guadalupe Davidson, Maria/Yancy, George (Hrsg.) (2009): Critical Perspectives on bell hooks. New York/London: Routledge

Eggers, Maureen Masisha/Kilomba, Grada/Piesche, Peggy(Arndt, Susan (Hrsg.) (2005): Mythen, Masken, Subjekte. Kritische Weißseinsforschung in Deutschland. Münster: Unrast Verlag

Erel, Unmut/Haritaworn, Jinthana/Gutiérrez Rodríguez, Encarnación/Kleese, Christian (2007): Intersektionalität oder Simultaneität?! – Zur Verschränkung und Gleichzeitigkeit mehrfacher Machtverhältnisse – Eine Einführung. In: Hartmann, Jutta /Klesse, Christian/ Wagenknecht, Peter/Fritzsche, Bettina/Hackmann, Kristina (Hrsg.): Heteronormativität: empirische Studien zu Geschlecht, Sexualität und Macht. Wiesbaden: VS Verlag für Sozialwissenschaften. 239-250

Freire, Paulo (1970): Pedagogia do Oprimido (manuscrito em português de 1968). Publicado com prefácio de Ernani Maria Flori. Rio de Janeiro: Paz e Terra, 1970. Dt. Erstübersetzung: (1971) Pädagogik der Unterdrückten. Bildung als Praxis der Freiheit. Vom Verfasser autorisierte deutsche Übertragung von Werner Simpfendörfer. Stuttgart: Kreuz-Verlag

hooks, bell (1989): Talking Back. Thinking Feminist. Thinking Black. Boston: South End Press

hooks, bell (1989a): Talking Back. In: hooks (1989): 5-18

hooks, bell (1989b): Overcoming White Supremacy: A Comment. In: hooks (1989): 112-119

hooks, bell (1990): Sehnsucht und Widerstand. Kultur. Ethnie. Geschlecht. Berlin: Orlanda Verlag

hooks, bell (1990a): Politik radikaler schwarzer Subjektivität. In: hooks (1990): 55-66

hooks, bell (1990b): Radikale Perspektive: Sich am Rand ansiedeln. In: hooks (1990): 145-156

hooks, bell (1990c): Choosing the Margin as a Space of Radical Openness. In: hooks (1990d): 145-153

hooks, bell (1990d): Yearning. Race, Gender, and Cultural Politics. Boston: South End Press

hooks, bell (1994): Teaching to Transgress. Education as the Practice of Freedom. New York/London: Routledge

hooks, bell (2003): Teaching Community. A Pedagogy of Hope. New York/London: Routledge

hooks, bell/West, Cornel (1991): Breaking Bread. Insurgent Black Interellectual Life. Boston: South End Press

Johnston-Arthur, Araba Evelyn (2009): »... um die Leiche des verstorbenen M[...]en Soliman ...«. Strategien der Entherzigung, Dekolonisation und Dekonstruktion österreichischer Neutralitäten. In: schnittpunkt, Kazeem, Belinda/Martinez-Turek, Charlotte/Sternfeld, Nora (Hrsg.) (2009): Das Unbehagen im Museum. Postkoloniale Museologien. Wien: Verlag Turia+Kant. 11-41

Kilomba, Grada (2008): Plantation Memories. Episodes of Everyday Racism. Münster: Unrast Verlag

Namulundah Florence (1998): bell hooks' Engaged Pedagogy. A Transgressive Education for Critical Consciousness. Westport u. a.: Bergin & Garvey

Suleri, Sara (1992): Women Skin Deep: Feminism and the Postcolonial Condition. In: Critical Inquiry. Vol 18. 1992. 756-769

Wallace, Michele (2004 [1995]): For Whom the Bell Tolls: Why Americans Can't Deal with Black Feminist Intellectuals. In: Dies. (2004): Dark Designs & Visual Culture. Durham/ London: Duke University Press. 149-160

Interdisziplinäre Rezeption

Postkoloniale Ethnologie. Vom Objekt postkolonialer Kritik zur Ethnografie der neoliberalen Globalisierung

Daniel Münster

»Anthropology is a child of Western imperialism«
(Kathleen Gough 1968: 12)

»(...) the principal target of our criticism is the comprehension of the present we inhabit (...)«
(David Scott 2005: 390)

1. Ethnologie: Subjekt oder Objekt der postkolonialen Kritik?

»The complicity of colonialism and social sciences«, schrieb Ranajit Guha, der indische Historiker und Begründer der Subaltern Studies, »is nowhere more explicit than in anthropology.« (1987: xiii) Die Ethnologie hat somit eine paradoxe Stellung innerhalb des vorliegenden Versuches, das inter- und transdisziplinäre Projekt der postkolonialen Studien in ausdifferenzierten ›postkolonialen Wissenschaften‹ zu normalisieren: Einerseits hat die Ethnologie wohl keinen selbstverständlichen Platz in solch einem postkolonialen Fächerreigen, gehört sie doch zu denjenigen Fächern, die selbst Objekt massiver postkolonialer Kritik waren. In der Fachgeschichte der Ethnologie[1] müssen die kolonialen Verstrickungen heute als zentral gesehen werden (vgl. Stocking 1991). Ethnologie war lange ein europäisches Projekt und für die Erforschung des nicht-europäischen, nicht-modernen, nicht-aufgeklärten Teils der Weltbevölkerung zuständig (vgl. Trouillot 1991), in deren Deskription die Überlegenheit des wissenden Sprechersubjektes (des/der EthnografIn) und die unmarkierte Universalität des Westens (vgl. Coronil 1996) strukturell angelegt war. Auf der anderen Seite hat ethnologische Forschung eine ebenso lange Geschichte der anti-hegemonialen politischen Kritik sowie der im ethnologischen Projekt angelegten Destabilisierung eurozentrischer kultureller und gesellschaftlicher ›Normalitäten‹ wie Familie, Sexualität, Person,

1 Ethnologie verwende ich als Sammelbegriff einer Disziplin mit vielen Namen. Bei allem Bewusstsein für Unterschiede verstehe ich ›Ethnologie‹ als Synonym mit der amerikanischen Bezeichnung ›*Cultural Anthropology*‹, der britischen ›*Social Anthropology*‹ und den (z.T. problematischen) deutschen Alternativen ›Völkerkunde‹, ›Kulturanthropologie‹, ›Sozialanthropologie‹ und zunehmend ›Anthropologie‹ (vgl. zur kritischen ›Anthropologie‹ auch den Beitrag von Roger Begrich und Shalini Randeria in diesem Band).

Gender, Recht, Staatlichkeit, Religion, Rationalität und vieler weiterer. So ist es auch nicht weiter verwunderlich, dass postkoloniales Problembewusstsein bereits in den 1980er Jahren, im fachgeschichtlichen Vergleich relativ früh, in der Ethnologie die sogenannte Krise der Repräsentation mit auslöste, und postkoloniale Theorie, wenn auch teilweise vehement abgelehnt, im disziplinären Mainstream wahrgenommen wird.

Damit stellt sich die Frage nach dem Spezifikum einer postkolonialen Ethnologie im Gegensatz zur allgemeinen Ethnologie. Jede Ethnologie bewegt sich heute in einer postkolonialen Welt, aber auch in einer globalisierten, postsozialistischen und neoliberalen Welt. Jede kritische ethnografische Gegenwartsbeschreibung ist, sofern sie ein historisches Bewusstsein und ein Gespür für globale Ungleichheitsstrukturen mitbringt, postkolonial zu nennen. Es wäre irreführend, einen ›postkolonialen‹ Ansatz in eine Schublade zu stecken und von anderen Projekten einer kritischen Ethnografie zu trennen. Dennoch scheint es mir gerechtfertigt, spezifische Beiträge der postkolonialen Theorie isoliert zu betrachten und besonders fruchtbare Wechselbeziehungen zwischen einer Disziplin, die traditionell an den globalen Peripherien forscht, und einer transdisziplinären Kritik, deren Hauptanliegen man in Dipesh Chakrabartys Slogan »Europa provinzialisieren« (2000) zusammenfassen könnte, herauszuarbeiten. Die Konvergenzen zwischen postkolonialer Theorie und Ethnologie sehe ich in dem Bewusstsein für eine »Geopolitik des Wissens« (Mignolo 2002). Das meint die bleibende Einsicht, dass die Standortgebundenheit der wissenschaftlichen Erkenntnis (und der Möglichkeit diese zu äußern) nicht nur durch Gender, sexuelle Orientierung, Hautfarbe (*race*) und Klasse beeinflusst wird, sondern primär (und über dieses ›primär‹ lässt sich streiten und wurde viel gestritten) durch die ungleichen kollektiven historischen Erfahrungen mit dem Kolonialismus bestimmt ist. Darüber hinaus gibt es zahlreiche empirische Forschungsgegenstände, in denen heute die postkoloniale Theorie besonders relevant ist, wie beispielsweise in der Ethnologie des Staates (Hansen/Stepputat 2005), der Religionsethnologie (van der Veer 2001), der Nationalismusforschung (Cohn/Dirks 1988), der Entwicklungsforschung (Escobar 1995), der historischen Ethnologie (Cohn 1987b), der Wissenschafts- und Technikforschung (Prakash 1999) und natürlich in den konvergierenden Ethnologien des Kapitalismus und der neoliberalen Globalisierung. Dennoch gibt es in den letzten Jahren wohl immer weniger EthnologInnen, die von sich behaupten würden, ›postkoloniale Ethnologie‹ zu betreiben. Eher wird man sich auf einen ›postkolonialen Moment‹ in der Geschichte des Faches von ca. 1986 bis ca. 1999 einigen können.

Im Rahmen dieses kurzen Beitrages kann der Weg des Postkolonialismus in der Ethnologie nur in groben – und sicherlich einseitigen – Zügen skizziert werden. Ich möchte eine Genealogie der postkolonialen Ethnologie vorschlagen, die aus drei Momenten besteht: Von der Krise der Repräsentation in der sogenannten *Writing Culture*-Debatte über die historische Ethnologie des Kolonialismus und der kolonialen Hinterlassenschaften (*legacies*) bis hin zur Ethnologie der neoliberalen Globalisierung. Diese drei Momente der postkolonialen Ethnologie decken sich ungefähr mit den drei wichtigsten Nachbardisziplinen[2], die als zentrale Impulsgeber bzw. Reibungsflächen für postkoloniale Ansätze in Erscheinung treten: die Literaturwissenschaft, die Geschichtswissenschaft sowie die transnational orientierten Sozialwissenschaften. Die folgenden Ausführungen bewegen sich damit zwischen den beiden postkolonialen Haltungen, für die die beiden Eingangszitate von Kathleen Gough und David Scott exemplarisch stehen: Von der (postkolonialen) Krise der Ethnologie, die mit der Einsicht in Ethnologie als »Kind des Imperialismus« ihren Ausgang nimmt, zu einer (Rückkehr zur) kritischen Ethnografie der (postkolonialen) Gegenwart.

2. Geschichte der Ethnologie – postkolonial

Postkoloniale Kritik hat nicht nur eine Geschichte, sondern auch eine Geografie. Die postkoloniale Problemlage ist eine andere in Australien, im frankophonen Afrika, in Lateinamerika oder in Südasien (vgl. Young 2001) mit ihren jeweils unterschiedlichen Geschichten und Kulturpolitiken der Kolonisierung. Genauso wie es keine singuläre Ethnologie gibt, sondern das Fach in nationale Geschichten und Wissenschaftstraditionen eingebettet ist (vgl. Barth et al. 2005), so gibt es auch keine postkoloniale Kritik an der Ethnologie im Singular: In Frankreich haben der Algerienkrieg und die Impulse der Négritude-Bewegung (Césaire, Senghor, Damas) eine zentrale Stellung in den ersten kritischen Reflektionen auf die koloniale Situation der Ethnologie (z. B. Leiris 1950). In den USA hingegen klagten einerseits Native Americans die Gewalt der amerikanischen Siedlungspolitik und das Schweigen der EthnologInnen an (z. B. Deloria 1970). Andererseits formierte sich innerhalb der Universitäten unter dem Eindruck der Bürgerrechtsbewegung und des Vietnamkrieges eine radikale anti-imperialistische Ethnologie(-kritik) (vgl. Gough 1968; Hymes 1972). In der britischen Social Anthropology löste die Veröffentlichung des Sammelbandes »Anthropology and the Colonial Encounter« (Asad 1973) die erste Debatte über Ethnologie und Kolonialismus aus. Die deutschsprachige Völkerkunde/Ethnologie hingegen ist trotz (oder wegen?) ihrer

2 Die Grenzen von Disziplinen müsste man im Kontext der postkolonialen Theorie eigentlich diskutieren. Ethnologie ist wie alle modernen Fächer einer Dialektik von ›Entgrenzung‹ (z. B. in *Area Studies*, *Cultural Studies*, *Development Studies*, etc.) und (Re-)disziplinierung ausgesetzt.

Vergangenheit in einem »kolonialen Rassenstaat« (Grosse 2000) und im Nationalsozialismus (Hauschild 1995) in postkolonialen Debatten peripher geblieben.

Dieser Ansatz, Ethnologie als eingebettet in unterschiedliche nationalstaatliche Verwicklungen in Kolonialismus und Imperialismus sowie im Plural zu denken, muss allerdings noch radikalisiert werden, bleibt es andernfalls doch bei einer Geschichte der westlichen »dominanten Ethnologien«, die sich als Teil eines singulären »epistemischen Raums« (Restrepo/Escobar 2005: 100) begreifen. Erste Ansätze ›periphere Ethnologien‹ konsequent gleichberechtigt in die Fachgeschich-te mit einzubeziehen, gehen von dem sogenannten *World Anthropologies* Projekt aus:

> »(…) rather than assuming that there is a privileged position from which a ›real anthropology‹ (in the singular) can be produced and in relation to which all other anthropologies would define themselves, ›world anthropologies‹ seeks to take seriously the multiple and contradictory historical, social, cultural and political locatedness of the different communities of anthropologists and their anthropologies.« (Restrepo/Escobar 2005: 100)

Allerdings läuft so ein Ansatz Gefahr, den vernetzten Charakter einer sich herausbildenden transnationalen, anglophonen Ethnologie zu vernachlässigen und regionale (oder nationale) epistemische Gemeinschaften zu essentialisieren und im schlimmsten Fall zu einer Form von Nativismus zu werden (vgl. Narayan 1993). In Bezug auf die Rezeption der postkolonialen Theorie ist und war es neben der Herkunft der WissenschaftlerInnen daher ebenso wichtig zu fragen, wo diese forschen: Auch ehemalige Kolonien sind »nicht auf die gleiche Art ›postkolonial‹« (Hall 2002: 225). Postkolonialität äußert sich beispielsweise in rassistischen Siedlungskolonien (Südafrika, Australien) anders, als in ehemaligen Plantagenökonomien. Diese historischen Unterschiede und die verschiedenartige Einbettung in die globale Ökonomie der Gegenwart bringen eine Vielzahl von regional spezifischen postkolonialen Fragestellungen hervor, die sich nur auf Kosten ethnografischer und historischer Vereinfachung zu einem einzigen Begriff des ›Postkolonialismus‹ homogenisieren und universalisieren lassen (vgl. McClintock 1992).

3. *Writing Culture* und Postkoloniale Theorie

Folgt man Moore-Gilberts (1997) vorsichtiger Unterscheidung zwischen »postkolonialer Kritik« auf der einen Seite – die frühe, meist marxistische, dem nationalen Befreiungskampf nahe stehende Analyse – und »postkolonialer Theorie« im engeren Sinne – poststrukturalistisch, dekonstruktivistisch und von literaturwissenschaftlicher ›high theory‹ dominiert – auf der anderen, so lässt sich die ethnologische Rezeption der Letzteren auf einen Moment in der nordamerikanischen Ethnologie in den 1980er Jahren zurückführen, der meist als *Writing Culture*-Debatte, Krise der Repräsentation oder auch literarische Wende bekannt ist. Die Verschiebung von postkolonialer Kritik zu postkolonialer Theorie spiegelt sich in einem tiefgreifenden Wandel in der Konzeptualisierung des Kolonialismus in den westlichen Sozial- und Geisteswissenschaften seit den späten 1970er Jahren wider:

> »The transformation has been primarily from a structural perspective, emphasizing economics and politics, to a poststructural one, where the accent is on detailed analyses of local phenomena while highlighting cultural, discursive, and power formations in everyday life.« (Klor de Alva 1995: 268)

Die kritische Ethnologie der 1960 und 70er Jahre folgte meist Spielarten der marxistischen Dritte Welt-Kritik am globalen Kapitalismus, der im Sinne von Dependenz (vgl. Frank 1978), Unterentwicklung und Weltsystemtheorie (Wallerstein 2004) verstanden wurde und sich in der Ethnologie u. a. in der Prominenz der Peasant Studies (vgl. Kearney 1996; Wolf 1999 [1971]) und den Ansätzen der politischen Ökonomie (vgl. Roseberry 1988) bemerkbar machte. Mit der hermeneutischen und interpretativen Ethnologie etablierte sich (zunächst in den USA) eine alternative Ethnologie, die weniger an ›objektiven‹ Ungleichheitsstrukturen als an kulturellen Bedeutungsstrukturen interessiert war. Clifford Geertz' (1987) Diktum, Kulturen wie einen »Text« (über die Schultern der Eingeborenen) zu lesen, bereitete den Weg für eine Öffnung des Faches zur Literaturwissenschaft und schließlich zur neueren ›französischen Theorie‹ wie dem Poststrukturalismus, dem Postmodernismus, dem Dekonstruktivismus usw.

In seiner Einleitung zu dem namensgebenden Sammelband »Writing Culture: The Poetics and Politics of Ethnography« (Clifford/Marcus 1986) sieht der Historiker James Clifford den Anstoß für eine selbstreflexive Wende des Faches in einer zweifachen »Krise der Ethnologie«: sowohl die »poetics« als auch die »politics« der Ethnografie würden grundlegend in Frage gestellt. Die politische Seite der Krise betrifft die Legitimation, die ethnografische Praxis am Ende der kolonialen Epoche noch hat:

> »Ethnographic work has indeed been enmeshed in a world of enduring and changing power inequalities, and it continues to be implicated. It enacts power relations.« (Clifford 1986: 9)

Die andere, ›poetische‹ Seite der Krise betrifft, grob vereinfacht, die Krise der ethnografischen Repräsentation selbst und der positivistischen Annahme, kulturelle Wirklichkeit unmittelbar standortneutral abbilden zu können:

> »The critique of colonialism in the postwar period – an undermining of ‹The West's' ability to represent other societies – has been reinforced by an important process of theorizing about the limits of representation itself.« (Clifford 1986: 10)

Der wichtigste genuin postkoloniale Impuls jener Zeit ging zweifellos von dem Literaturwissenschaftler Edward W. Said und seinem Buch Orientalism (1978) aus, in dem die Wissenschaften des Orients (inkl. Ethnologie) als untrennbarer Aspekt des »kolonialen Diskurses«, des organisierten autoritativen Repräsentationsregimes verstanden wurden (zur Rezeptionsgeschichte in der Ethnologie vgl. Dirks 2004). Ethnologische Forschung aus dieser Zeit dreht sich sehr häufig um die Aufarbeitung des kolonialen oder orientalistischen Diskurses in der eigenen Praxis und in populärkulturellem Material. Nach einer vielleicht notwendigen Phase des Experimentierens und der Selbstreflektion (Spötter sagen ›Nabelschau‹) gehören eine verfeinerte Methodenreflektion und ein Bewusstsein für den Zusammenhang von Wissen und Macht sowie das Wirken der kolonialen Repräsentation (Essentialismus, binäre Oppositionen, unilineare Erzählungen) zu dem Erkenntnishorizont, hinter welchen die Ethnologie seitdem nicht mehr zurück kann. Unmittelbar war dieser Moment jedoch von ethnografischem Skeptizismus oder »ethnographic refusal« (Ortner 1995) gekennzeichnet, was teilweise einen lähmenden Einfluss auf das Fach hatte. Die Überwindung der epistemologischen Hypochondrie begann in den frühen 1990er Jahren mit der historischen Ethnologie des Kolonialismus.

4. Postkoloniale Ethnologie als Ethnologie des Kolonialismus

Im Grenzbereich von Ethnologie und Geschichte wird die Reichweite und Intensität der ideologischen, kulturellen und materiellen Effekte von Kolonialherrschaft sowohl auf die Kolonisierten als auch auf die metropolitanen Zentren des Nordens erforscht (vgl. Pels 1997). Diese manchmal unsichtbaren, häufig ungeschriebenen und oft verzögerten Effekte zeigen sich etwa in vermeintlich traditionalen Institutionen wie dem indischen Kastenwesen (vgl. Cohn 1987a; Dirks 2001) und Ritualen (vgl. Schnepel 1997), in der Ethnogenese ethnischer Gruppen oder in postkolonialer Politik und Staatlichkeit (vgl. Comaroff 1998). Historische Ethnologie ist für die Genealogie einer postkolonialen Ethnologie unter anderem deshalb so wichtig, weil hier der »Foucauldian turn«, der sich durch eine Ablehnung der »foundational narratives« (Prakash 2000) der nationalistischen und der marxistischen Geschichtsschreibung auszeichnete, auf sehr viel mehr Widerstand seitens marxistischer SozialhistorikerInnen stieß. Ein guter Ort, den Debatten zwischen dem marxistischen und dem postmodernen (post-Said) Lager zu folgen, sind die indischen Subaltern Studies-Bände[3] und ihrer Kritiker, die in der Hybridität und Heterogenität eines erweiterten Begriffs der Subalternität jenseits von ›Klasse‹ einen Verlust für die marxistische Sozialgeschichte Indiens sehen (vgl. Sarkar 2000). Insbesondere die postkoloniale Ethnologie Indiens und Lateinamerikas wurden stark von den Debatten um die Subaltern Studies beeinflusst (Rodríguez 2001; Sivaramakrishnan 2001), und indirekt das ganze Fach, da die sehr populäre Widerstandsforschung, ihre wesentlichen Impulse den Subaltern Studies verdankt (vgl. Ortner 1995; Scott 1985).

Es ist natürlich stark vereinfachend, die Ethnologie des Kolonialismus mit der historischen Ethnologie gleichzusetzen. Dennoch lässt sich für die Zeit seit den späten 1980er Jahren in der postkolonialen Ethnologie ein zunehmend historisches oder genealogisches Denken beobachten. Seit diesem »historic turn« (Ortner 2006: 8-11) wurden ahistorische und statische Kulturtheorien (Funktionalismus, Praxistheorien) durch Konzepte ersetzt, die die Geschichtlichkeit der Gesellschaften, die Eric Wolf (1982) einst ironisch »Völker ohne Geschichte« nannte, in den Mittelpunkt rückten. In Bezug auf das Ende des formalen Kolonialismus ging es dabei oft um eine Revision der populären emanzipatorischen Erzählungen des (anti-kolonialen) Nationalismus, des Marxismus und der Modernisierung (Prakash 2000). Teil dieser neuen historischen Ethnologie war es, diese drei Fortschrittserzählungen aus subalterner, feministischer oder poststrukturalistischer Perspektive in Frage zu stellen. Dies beinhaltete u. a. die Abkehr von einer Idee der Geschichte, die in Europa den Quell der Geschichte sah – des Kapitalismus, der Moderne, des Nationalstaates –, die sich von dort über die kolonisierte Welt (im Zustand des historischen ›noch nicht‹) ausbreitet (vgl. Chakrabarty 2000: 7f.). Darüber hinaus wurde der historische Bruch problematisiert, den die formale Unabhängigkeit vermeintlich darstellte, und nach dem fortgesetzten Wirken von kolonialen (kulturellen, ökonomischen, politischen) Mustern in der Gegenwart gefragt. Die Rede von der ›Postkolonialität‹ (vgl. Comaroff/Comaroff 2006; Scott 1999) machte die Runde, einer historischen Konstellation, die durch die hybride Gleichzeitigkeit von sich überlagernden traditionalen, kolonialen und postkolonialen Rechtsnormen, Ideologien oder Wissensformen gekennzeichnet ist und es einzelnen Akteuren abverlangt, zwischen diesen widersprüchlichen ›codes‹ zu navigieren (vgl. Gupta 1998; Münster 2007).

Als historische Ethnologie wurde die postkoloniale Ethnologie einerseits wieder empirischer und regionalwissenschaftlicher, andererseits kam es zu einer Auseinandersetzung auf einem hohen Niveau mit neuerer marxistischer Ge-

3 als Einstieg vgl. etwa Chaturvedi 2000

schichtsschreibung des Kolonialismus und dessen Nachfolgeprojekte, der ökonomischen Ausbeutung.

5. Postkoloniale Ethnologie als globale Ethnografie

Mit dem Ende des kalten Krieges und der ›drei Welten‹ büßte der ›strategische Essentialismus‹ einer Nord-Süd-Kritik an Überzeugungskraft ein. Die Auseinandersetzungen mit Kolonialismus und dem kolonialen Diskurs verlor damit auch ihre zentrale Stellung in der Geschichte der Ethnologie und in der historischen Ethnologie. Die epochale Bedeutung der formalen Unabhängigkeit wich einer Untersuchung weiterer komplexer Transformationen: der des Post-Sozialismus und der Globalisierung. Der weltgeschichtliche Kontext der ethnologischen Arbeit wandelte sich. Die neue Entwicklungsorthodoxie, begleitet vom neoliberalen Triumphgeheul vom ›Ende der Geschichte‹, empfahl Entwicklungsländern und dem ehemaligen Ostblock Schocktherapien und Strukturanpassungsprogramme. Die ethnologische Kritik an den neuen makrostrukturellen Bedingungen wurde einerseits materialistischer (neo-marxistisch) und andererseits empirischer in der globalen und postsozialistischen Ethnografie (vgl. Burawoy 2000; Hann 2006).

Mit der Jahrtausendwende, aber spätestens mit 9/11 und den Bush-Jr.-Jahren, hat die Ethnologie schließlich eine neue Dringlichkeit und Ernsthaftigkeit bekommen. Ethnografie der »globalen Situation« (Tsing 2000) geschieht heute im Bewusstsein, eine gemeinsame, kleiner gewordene Welt zu bewohnen, die durch extreme Ungleichheit und strukturelle Gewalt gekennzeichnet ist. Mit dem Millennium wurde auch die Ethnologie millennaristischer: Ethnografische Forschung zu ökologischen Krisen, Klimaerwärmung, Neoliberalismus, Krieg, (Anti-)Terrorismus, HIV/Aids, globalem Organhandel, Genoziden, Erdöl und Bauxit sind keineswegs unübliche Themen dieser neuen Ethnografie der Gegenwart. Die ethnografische Praxis ist dabei vielfältiger geworden. Feldforschung wird heute in an allen denkbaren Orten und ›Unorten‹ durchgeführt und folgt einer großen Bandbreite an theoretischen Interessen.

In diesem dritten und gegenwärtigen Moment der postkolonialen Ethnologie rückt diese näher an eine interdisziplinäre globale Ethnografie, die nicht nur koloniale Repräsentationen, sondern auch diejenigen des kalten Krieges zu überwinden trachtet. Sharad Chari und Katherine Verdery sprechen in diesem Zusammenhang von »post-cold war ethnography«:

> »A central task of ethnographies of imperialism and neo-colonialism today lies in apprehending the traces of the past as they emerge, not as hostage to the overarching power of ›capitalism‹, ›colonialism‹, or ›socialism‹ qua fixed entities, but as sign of the tenuous re-workings of

twentieth-century capitalist empires and their twenty-first century successors.« (Chari/Verdery 2009: 30)

Postkoloniale Ethnologie löst sich damit zunehmend in einer kritischen Ethnografie der Gegenwart auf. Das Label ›postkolonial‹ verliert an Bedeutung – sowohl als Gegenstandsbereich als auch als ›Haltung‹ innerhalb der Ethnologie.

In neueren richtungsweisenden Ethnografien, beispielweise derjenigen von Tania Li (2007), Aradhana Sharma (2008) oder Anna Tsing (2005) sehe ich dennoch zahlreiche Anknüpfungspunkte an die postkolonialen Momente der 1980er und 90er Jahre. Zum einen hat sich ein erhöhtes Bewusstsein für die Grenzen und Stärken des ethnografischen Forschens und seiner Ethik (Pels 2008) durchgesetzt. Zum anderen sind viele neuere Arbeiten einem Verständnis der ideologischen und materiellen Grundlagen des globalen ›Systems‹ verpflichtet. Das ethnografische Augenmerk liegt heute sowohl auf historischem Wandel (Transformationen), als auch auf der Einbettung ›lokaler‹ Alltagsbegegnungen in größere Makrozusammenhänge ökonomischer und kultureller Natur. Die besondere Stärke der Ethnografie liegt aber darin, dass sie wie kaum ein wissenschaftliches Genre, auch kritische Theorien der globalen Gegenwart (Empire, Neoliberalismus, globaler Kapitalismus), mit den Stimmen der Marginalisierten empirisch ›erden‹ und in Frage stellen kann. In diesem Sinne gebührt der Ethnologie eine zentrale Stellung unter den ›postkolonialen Wissenschaften‹.

Literatur

Asad, Talal (Hrsg.) (1973): Anthropology and the Colonial Encounter. London: Ithaca Press

Barth, Fredrik et al. (2005): One Discipline, Four Ways: British, German, French, and American anthropology. Chicago: University of Chicago Press

Burawoy, Michael (Hrsg.) (2000): Global Ethnography: Forces, Connections, and Imaginations in a Postmodern World. Berkeley: University of California Press

Chakrabarty, Dipesh (2000): Provincializing Europe: Postcolonial Thought and Historical Difference. Princeton: Princeton University Press

Chari, Sharad/Verdery, Katherine (2009): Thinking between the Posts: Postcolonialism, Postsocialism, and Ethnography after the Cold War. In: Comparative Studies in Society and History 51 (1). 2009. 6-34

Chaturvedi, Vinayak (Hrsg.) (2000): Mapping Subaltern Studies and the Postcolonial. London: Verso

Clifford, James (1986): Introduction: Partial Truths. In: Clifford/Marcus (1986): 1-26

Clifford, James/Marcus, George E. (Hrsg.) (1986): Writing Culture: The Poetics and Politics of Ethnography. Berkeley: University of California Press

Cohn, Bernanrd S. (1987a): The Census, Social Structure and Objectification in South Asia. In: Cohn (1987b): 224-254

Cohn, Bernard S. (1987b): An Anthropologist Among the Historians and Other Essays. Delhi: Oxford University Press

Cohn, Bernard S./Dirks, Nicholas B. (1988): Beyond the Fringe: The Nationstate, Colonialism, and the Technologies of Power. In: Journal of Historical Sociology 1 (2). 1988. 224-229

Comaroff, Jean/Comaroff, John L. (Hrsg.) (2006): Law and Disorder in the Postcolony. Chicago: University of Chicago Press

Comaroff, John (1998): Reflections on the Colonial State, in South Africa and Elsewhere: Factions, Fragments, Facts and Fictions. In: Social Identities 4 (3). 1998. 321-361

Conrad, Sebastian/Randeria, Shalini (Hrsg.) (2002): Jenseits des Eurozentrismus: Postkoloniale Perspektiven in den Geschichts- und Kulturwissenschaften. Frankfurt a.M./New York: Campus

Coronil, Fernando (1996): Beyond Occidentalism: Toward Nonimperial Geohistorical Categories. In: Cultural Anthropology 11 (1). 51-87

Deloria, Vine (1970): Custer Died for Your Sins: An Indian Manifesto. New York: Avon

Dirks, Nicholas B. (2001): Castes of Mind: Colonialism and the Making of Modern India. Princeton: Princeton University Press

Dirks, Nicholas B. (2004): Edward W. Said and Anthropology. In: Journal of Palestine Studies 33 (3). 38-54

Escobar, Arturo (1995): Encountering Development: The Making and Unmaking of the Third World. Princeton: Princeton University Press

Fox, Richard G. (Hrsg.) (1991): Recapturing Anthropology: Working in the Present. Santa Fe: School of American Research Press

Frank, André G. (1978): Dependent Accumulation and Underdevelopment. London: Macmillan

Geertz, Clifford (1987): Dichte Beschreibung: Beiträge zum Verstehen kultureller Systeme. Frankfurt a.M.: Suhrkamp

Gough, Kathleen (1968): Anthropology and Imperialism. In: Monthly Review 19 (11). 1968. 12-27

Grosse, Pascal (2000): Kolonialismus, Eugenik und bürgerliche Gesellschaft in Deutschland 1850-1918. Frankfurt a.M./New York: Campus

Guha, Ranajit (1987): Introduction. In: Cohn (1987): i-xxi

Gupta, Akhil (1998): Postcolonial Developments: Agriculture in the Making of Modern India. Durham/NC: Duke University Press

Hall, Stuart (2002): Wann gab es ›das Postkoloniale‹? Denken an der Grenze. In: Conrad, Sebastian/Randeria, Shalini (Hrsg.) (2002): 219-246

Hann, Chris (2006): ›Not the horse we wanted!‹: Postsocialism, Neoliberalism, and Eurasia. Münster: Lit

Hansen, Thomas Blom/Stepputat, Finn (Hrsg.) (2005): Sovereign Bodies: Citizens, Migrants, and States in the Postcolonial World. Princeton: Princeton University Press

Hauschild, Thomas (Hrsg.) (1995): Lebenslust und Fremdenfurcht: Ethnologie im Dritten Reich. Frankfurt a.M.: Suhrkamp

Hymes, Dell (Hrsg.) (1972): Reinventing Anthropology. New York: Pantheon

Kearney, Michael (1996): Reconceptualizing the Peasantry: Anthropology in Global Perspective. Boulder: Westview Press

Klor de Alva, J. Jorge (1995): The Postcolonization of the (Latin) American Experience: A Reconsideration of ›Colonialism‹, ›Postcolonialism‹, and ›Mestizaje‹. In: Prakash (1995): 241-275

Leiris, Michel (1950): L'ethnographe devant le colonialisme. In: Les Temps Modernes 58. 1950. 357-374
Li, Tania Murray (2007): The Will to Improve: Governmentality, Development, and the Practice of Politics. Durham, NC: Duke University Press
Loomba, Ania et al. (Hrsg.) (2005): Postcolonial Studies and Beyond. New Delhi: Permanent Black
Ludden, David (Hrsg.) (2001): Reading Subaltern Studies: Critical History, Contested Meaning, and the Globalization of South Asia. Delhi: Permanent Black
McClintock, Anne (1992): The Angel of Progress: Pitfalls of the Term »Post-Colonialism«. In: Social Text (31/32). 1992. 84-98
Mignolo, Walter D. (2002): The Geopolitics of Knowledge and the Colonial Difference. In: The South Atlantic Quarterly 101 (1). 2002. 57-97
Moore-Gilbert, Bart J. (1997): Postcolonial Theory: Contexts, Practices, Politics. London: Verso
Münster, Daniel (2007): Postkoloniale Traditionen: Eine Ethnografie über Dorf, Kaste und Ritual in Südindien. Bielefeld: transcript
Narayan, Kirin (1993): How Native is the »Native« Anthropologist? In: American Anthropologist 95 (3). 1993. 671-686
Ortner, Sherry (1995): Resistance and the Problem of Ethnographic Refusal. In: Comparative Studies in Society and History 37. 1995. 137-193
Ortner, Sherry B. (2006): Anthropology and Social Theory: culture, power, and the acting subject. Durham: Duke University Press
Pels, Peter (1997): The Anthropology of Colonialism: Culture, History, and the Emergence of Western Governmentality. In: Annual Review of Anthropology 26. 163-183
Pels, Peter (2008): What Has Anthropology Learned from the Anthropology of Colonialism? In: Social Anthropology 16 (3). 2008. 280-299
Prakash, Gyan (Hrsg.) (1995): After Colonialism: Imperial Histories and Postcolonial Displacements. Princeton: Princeton University Press
Prakash, Gyan (1999): Another Reason: Science and the Imagination of Modern India. Princeton: Princeton University Press
Prakash, Gyan (2000): Writing Post-Orientalist Histories of the Third World: Perspectives from Indian Historiography. In: Chaturvedi (2000): 163-190
Restrepo, Eduardo/Escobar, Arturo (2005): ›Other Anthropologies and Anthropology Otherwise‹: Steps to a World Anthropologies Framework. In: Critique of Anthropology 25 (2). 99-129
Rodríguez, Ileana (Hrsg.) (2001): The Latin American Subaltern Studies Reader. Durham: Duke University Press
Roseberry, William (1988): Political Economy. In: Annual Review of Anthropology 17. 1988. 161-185
Said, Edward W. (1978): Orientalism. New York: Random House
Sarkar, Sumit (2000): The Decline of the Subaltern in Subaltern Studies. In: Chaturvedi (2000): 300-323
Schnepel, Burkhard (1997): Die Dschungelkönige: Ethnohistorische Aspekte von Politik und Ritual in Südorissa/Indien. Stuttgart: Steiner
Scott, David (1999): Refashioning Futures: Criticism after postcoloniality. Princeton, NJ: Princeton University Press
Scott, David (2005): The Social Construction of Postcolonial Studies. In: Loomba et al. (2005): 385-400
Scott, James C. (1985): Weapons of the Weak: Everyday Forms of Peasant Resistance. New Haven: Yale University Press
Sharma, Aradhana (2008): Logics of Empowerment: Development, Gender, and Governance in Neoliberal India. Minneapolis: University of Minnesota Press

Sivaramakrishnan, K. (2001): Situating the Subaltern: History and Anthropology in the Subaltern Studies Project. In: Ludden (2001): 212-255

Stocking, George W. (Hrsg.) (1991): Colonial Situations: Essays on the Contextualization of Ethnographic Knowledge. Madison: University of Wisconsin Press

Trouillot, Michel-Rolph (1991): Anthropology and the Savage Slot: The Poetics and Politics of Otherness. In: Fox (1991): 17-44

Tsing, Anna Lowenhaupt (2000): The Global Situation. In: Cultural Anthropology 15 (3). 2000. 327-60

Tsing, Anna Lowenhaupt (2005): Friction: An ethnography of global connection. Princeton: Princeton University Press

van der Veer, Peter (2001): Imperial Encounters: Religion and Modernity in India and Britain. Delhi: Permanent Black

Wallerstein, Immanuel (2004): World-Systems Analysis: An introduction. Durham: Duke University Press

Wolf, Eric (1982): Europe and the People without History. Berkeley: University of California Press

Wolf, Eric R. (1999 [1971]): Peasant Wars of the Twentieth Century. Norman, OK: University of Oklahoma Press

Young, Robert (2001): Postcolonialism: An Historical Introduction. Malden: Blackwell

Postkoloniale Geschichte(n). Repräsentationen, Temporalitäten und Geopolitiken des Wissens

Olaf Kaltmeier

In der Geschichtswissenschaft sind postkoloniale Ansätze dazu angehalten, zuerst die Reichweite des Postkolonialen zu klären. Mit einem ersten, engeren Konzept von Postkolonialismus wird die historische Phase der Dekolonisation nach dem zweiten Weltkrieg – in Indien um 1949 sowie besonders in den 1960er Jahren weiter Teile des afrikanischen Kontinents – bezeichnet. Hiermit ist die formale Beendigung des Kolonialstatus' sowie die Auflösung der Kolonialreiche – vor allem des British Empire – gemeint, womit in den ehemaligen Kolonien ein neuer Prozess von nation- und state-building einsetzte. In diesem Konzept bezeichnet das Präfix ›post‹ einen historischen Wendepunkt, der eine Trennlinie zwischen kolonialer Vergangenheit und postkolonialer Gegenwart markiert.

Das zweite Konzept von Postkolonialität, das von den Postcolonial Studies vertreten wird, ist weiter gefasst und bezeichnet keine konkrete historische Epoche, sondern einen Denkmodus, der die europäische Expansions- und Eroberungspolitik im Weltmaßstab als ihren Ausgangspunkt wählt (vgl. Castro Varela/Dhawan 2005; Aikins/Bendix 2010). Die europäische koloniale Expansion wird als entscheidender Wendepunkt betrachtet, wodurch politische, kulturelle und ökonomische Muster und Dynamiken sowohl in der Peripherie als auch in den Zentren entscheidend geprägt wurden. Sie geht einher mit einer wechselseitigen Konstitution von Kolonialisierendem und Kolonialisiertem, die ihrerseits Prozessen der Hybridisierung und Transkulturation unterliegt. Dabei wird Kolonialität nicht als abgeschlossener historischer Prozess oder als spezifische Phase verstanden, sondern es wird die Persistenz kolonialer Elemente hervorgehoben.

Dieser Beitrag schließt an das zweite Konzept von Postkolonialität an und diskutiert, wie die Postcolonial Studies in geschichtswissenschaftlichen Arbeiten aufgegriffen werden können. Für die Geschichtswissenschaft können zwei Aspekte besonders hervorgehoben werden. Erstens zeichnet sich postkoloniale Geschichte durch die Transdisziplinarität der Ansätze aus, wobei sich vor allem im Sinne des cultural turn Anschlüsse an die Literatur- und Kulturwissenschaften ergeben. Bezeichnenderweise haben Vordenker der Postcolonial Studies wie Edward W. Said, Homi Bhabha, Gayatri C. Spivak und Walter Mignolo einen literaturwissenschaftlichen Hintergrund.

Zweitens sind postkoloniale Ansätze in der Geschichtswissenschaft mit einer zunehmenden Bedeutung transnationaler Geschichtsschreibung verbunden. Mit der Zurückweisung des ›methodologischen Nationalismus‹ und der Gleichsetzung der regionalen Geschichte Europas mit Universalgeschichte ergeben sich Anschlüsse und Verflechtungen mit zeitgenössischen Diskussionen in der transnationalen Geschichte, der World History, der Global History und der Entangled History (vgl. im deutschsprachigen Raum u. a. Conrad/Randeria 2002; Osterhammel/Petersson 2003; Budde/Conrad/Janz 2006; Conrad/Eckert/Freitag 2007; Epple/Kaltmeier/Linder 2011). Anders als globalgeschichtliche Großerzählungen, die beispielsweise das 19. Jahrhundert vornehmlich aus westeuropäischen Dynamiken erklären (vgl. Osterhammel 2009), oder die universelle Uniformierungsthesen aufstellen (vgl. Bayly 2006), betonen postkoloniale Ansätze das Fragmentarische und drängen vor allem auf die Überwindung von eurozentristischen Denkmodellen (vgl. Conrad/Eckert 2007).

Die Rezeption postkolonialer Ansätze in der Geschichtswissenschaft fällt regional recht unterschiedlich aus. Generell kann eine stärkere Rezeption in den Peripherien des Weltsystems und den entsprechenden Diasporas ausgemacht werden. Zu nennen ist hier das in den 1980er Jahren begonnene Projekt der indischen Subaltern Studies Group, das sich um eine neue indische Historiographie bemüht. Dieser Ansatz wurde in den 1990ern von der Latin American Subaltern Studies Group um die Literaturwissenschaftler John Beverley und Ileana Rodríguez aufgegriffen und an die Kontexte der westlichen Hemisphäre angepasst. In der letztgenannten Region ist zudem das Proyecto Modernidad/Colonialidad/Descolonialidad – mit AutorInnen wie Walter Mignolo, Aníbal Quijano, Catherine Walsh – zu nennen, das sich explizit in den Postcolonial Studies verortet. In Europa sind postkoloniale Ansätze vor allem in Hinblick auf eine neue Geschichtsschreibung der Kolonialpolitik – besonders des British Empire – aufgegriffen worden. In Deutschland führen postkoloniale Ansätze dagegen in der Geschichtswissenschaft ein Nischendasein.[1] Trotz der insgesamt eher randständigen Position von

1 Für einen aktuellen Forschungsüberblick zur Forschung über deutschen Kolonialismus vgl. Lindner (2008). Am polemischsten ist im deutschsprachigen Raum die Kritik an postkolonialen Ansätzen in der Geschichtswissenschaft wohl von dem anerkannten Sozialhistoriker Hans-Ulrich Wehler formuliert worden, der die »Alternativlosigkeit imperialistischer Welterschließung« (2006: 170) hervorhebt und den Gesellschaften des globalen Südens ein »endogenes Evolutionspotential« (72) abspricht. Zu der Motivation von postkolonialer Geschichtswissenschaft schreibt Wehler: »Hier ist die Empathie für die Verlierer des neuzeitlichen Entwicklungsprozesses, insbesondere die ‚Loser' in den Kolonien, eine starke Antriebskraft.« (165) (zur Kritik vgl. Zeller 2007)

postkolonialen Ansätzen in der etablierten Geschichtswissenschaft, haben diese doch durch kreative Neu-Ausrichtungen und herrschaftskritische Positionierungen auch über das akademische Feld hinaus Einfluss genommen.

1. Postkoloniale Geopolitiken

Aus dem Kontext der Postcolonial Studies sind keine Makroentwürfe einer neuen Globalgeschichte hervorgegangen, ganz im Gegenteil geht es darum, die hegemonialen Makroentwürfe zu dekonstruieren und die Multiperspektivität und Komplexität von ineinander verwobenen Geschichten herauszuarbeiten. Während die moderne Geschichtsschreibung eine grundlegende epistemologische Kluft zwischen dem Westen und dem Rest (vgl. Hall 1992) konstruiert – abzulesen in Denominationen wie ›Außereuropäische Geschichte‹ oder ›Überseegeschichte‹ – beschäftigen sich postkoloniale Ansätze mit der durch die europäische Expansion und Kolonisation beschleunigten globalen Verflechtung. Statt Staaten, Nationen und Zivilisationen aus sich heraus zu erklären, steht deren wechselseitige Konstitution gerade in Auseinandersetzung mit den Peripherien des Weltsystems im Zentrum des Interesses. Diese Entitäten sind somit als Ergebnis asymmetrischer Verflechtungsprozesse zu verstehen, die durch die Zirkulation von Wissen, Konzepten, Gütern, Kapital und Menschen geprägt sind. Mit Edward W. Said (1994: 30) kann festgehalten werden: »Alle Kulturen sind, zum Teil aufgrund ihres Herrschaftscharakters, ineinander verstrickt; keine ist vereinzelt und rein, alle sind hybrid, heterogen, hochdifferenziert und nicht-monolithisch.« Es kann somit von einer ›geteilten Geschichte‹ gesprochen werden, die im doppelten Wortsinn als eine gemeinsam geteilte Geschichte – shared history – und als eine Geschichte von Machtasymmetrien und sozialer Ungleichheit als divided history begriffen werden kann (vgl. Conrad/Randeria 2002: 17).

Damit vertreten postkoloniale Ansätze ein relationales Denkmodell, wie es beispielhaft an der Produktion von geopolitischen und geokulturellen Kategorien zum Ausdruck kommt. Edward W. Said (1978) hat in seiner bahnbrechenden Studie zum Orientalismus mit Rückgriff auf die Diskurstheorie Michel Foucaults herausgearbeitet, wie der Dualismus von Okzident und Orient aus einer Verquickung von Macht und Wissen im Diskurs der westeuropäischen Akademie entsteht. Ein analoges Denkmodell verfolgen auch lateinamerikanische AutorInnen, welche die Eroberung/Erfindung Amerikas als Ausgangspunkt kolonialer Expansion im Weltmaßstab begreifen (vgl. Dussel 1995). Damit wird in der gesamten westlichen Hemisphäre ein Kolonisationsprozess europäischer Mächte eröffnet, der als eines der längsten und tiefgreifendsten Kolonisationsprojekte in der Weltgeschichte verstanden werden kann. Die Konstitution Amerikas als geokulturelle Einheit ist somit ein Ergebnis des europäischen Expansions- und Eroberungsprozess, welches gleichermaßen konstitutiv für die geokulturellen Konstruktion des Westens (vgl. O'Gorman 1961; Rabasa 1993; Mignolo 2000, 2005) und den Aufstieg des kapitalistischen Weltsystems (vgl. Wallerstein 1974, 1991; Quijano/Wallerstein 1992: 549-559) war.

Die beiden vorgestellten makro-regionalen Herangehensweisen haben das explizite Ziel, kulturelle, politische und ökonomische Führungsansprüche des Westens zu relativieren, indem sie die bis dato hegemoniale Selbstwahrnehmung des Westens als Speerspitze von Fortschritt und Entwicklung dekonstruieren, diesem damit die epistemologische Sonderstellung nehmen und einen Schritt hin zu einer »Provinzialisierung Europas« (Chakrabarty 2000) machen.

Einen anderen Weg zur Überwindung eurozentristischer Hegemonie beschreiten Ansätze, die Globalisierungsdynamiken der frühen Neuzeit jenseits der kolonialen Expansion Europas – vor allem in Asien – untersuchen und dabei zu einer ›ReOrient‹-ierung von Weltgeschichte beitragen (vgl. Frank 1998; Abu Lughod 1998; Mignolo 1995).

Ein weiteres Forschungsfeld für Historiker im Kontext der Subaltern und Postcolonial Studies stellt die geopolitische Dezentrierung der Nation dar, wie es beispielhaft in dem Werk des indischen Theoretikers Partha Chatterjee (1999) zum Ausdruck kommt. Mit dem Blick auf die »Nation and its Fragments« geht es darum, »to trace in their mutually conditioned historicities the specific forms that have appeared, on the one hand, in the domain defined by the hegemonic project of nationalist modernity, and on the other, in the numerous fragmented resistances to the normalizing project« (Chatterjee 1999: 13). Mit diesem relationalen Ansatz kommen die Beiträge subalterner Gruppen – Frauen, (Klein-)Bauern, Indigene – für die »everyday forms of state-formation« (Gilbert/Nugent 1994) in den Blick.

Temporalitäten versus Entwicklung

Postkoloniale Ansätze haben die auf den Leitkonzepten von Entwicklung und Fortschritt basierenden Geschichtsmodelle der Moderne grundsätzlich in Frage gestellt und in Hinblick auf die machtpolitischen Implikationen dekonstruiert (vgl. Escobar 1995). An die Stelle universaler Modelle temporaler Abfolge, die den vermeintlich unterentwickelten Gesellschaften den Anspruch auf Gleichzeitigkeit verweigern (vgl. Fabian 1983), treten relationale Ansätze, die gerade das Ineinandergreifen unterschiedlicher Temporalitäten und Zeitschichten fokussieren. Konstitutiv für postkoloniale Ansätze ist dabei, dass die Fortdauer kolonialer Tiefenstrukturen auch nach dem formalen Prozess der Dekolonialisierung in den

Mittelpunkt der Analysen gerückt wird (vgl. Prakash 1995; Hall 1996), wobei diese bis in die heutigen postmodernen Konsumgesellschaften und deren geschichtspolitischer Bezug auf eine sinnentlehrte und kommodifizierte Retro-Kolonialität reichen kann (vgl. Kaltmeier 2011). Dabei ergeben sich – zum Teil explizite – Anschlüsse an die geschichtstheoretischen Konzepte des longue durée von Fernand Braudel oder der Zeitschichten von Reinhart Koselleck.

Aber bei dieser Verwendung des Konzeptes von Kolonialität gibt es auch Fallstricke. Eine erste Gefahr besteht darin, dass Kolonialismus soweit erweitert wird, dass das Konzept zu einem empty signifier wird. Zwar besteht in der postkolonialen Debatte ein weitreichender Konsens darüber, dass postkolonial keineswegs eine historische Etappe bezeichnet, sondern vielmehr als Denkansatz zu begreifen ist; dennoch ist gerade aus historischer Sicht der Bezug zu Kolonialismus und Postkolonialismus als spezifische historische Phase zu klären. Zu bedenken ist, dass der Begriff Kolonialismus in unterschiedlichen Regionen jeweils unterschiedliche Dynamiken bezeichnet. In Lateinamerika umfasst die Kolonialzeit die historische Periode von der Eroberung bis zur Unabhängigkeit und der Formierung post-kolonialer Republiken zu Beginn des 19. Jahrhunderts. In Indien bezieht sich die Kolonialzeit auf die Periode von 1757 bis 1949, und reicht von dem Einfluss der British East India Company bis zur direkten territorialen Kontrolle durch das British Empire. In Afrika setzten erste Kulturkontakte im Rahmen der europäischen Expansion Ende des 15. Jahrhunderts vor allem mit dem Sklavenhandel ein, während die koloniale und imperiale Kontrolle in den letzten Jahrzehnten des 19. Jahrhunderts in der Berliner Konferenz von 1884/85 ihren Höhepunkt findet (vgl. Kaltmeier/Linder/Mailaparambil 2011).

Obwohl postkoloniale Ansätze darauf abzielen, die eurozentrische Geschichtsschreibung zu dezentrieren, besteht paradoxerweise mit dem konstitutiven Bezug auf das Koloniale die Gefahr der Rezentrierung von Geschichte auf die europäische Expansion. Überdies müssen sich postkoloniale Ansätze mit der Gefahr des historischen Determinismus auseinandersetzen.[2] Mit einem strukturalistisch angelegten Konzept von Kolonialität würden sozialer Wandel und revolutionäre Brüche aus dem Blick geraten, womit die gerade vielfach thematisierte Agency von subalternen Akteuren konterkariert werden würde. Die wichtige Erkenntnis der Persistenz kolonialer Tiefenstrukturen sollte nicht dahin führen, alle Abhängigkeits-, Ausbeutungs-, Unterdrückungsverhältnisse und Repräsentationsregime von diesen abzuleiten. Zu Recht haben mehrere AutorInnen auf die Bedeutung

2 In der Analyse der indischen Gesellschaft stellt die einflussreiche Arbeit von Louis Dumont, vor allem in »Homo Hierarchicus“ (1981) eine Form des strukturellen Determinismus dar, der die historischen Dynamiken durch die Dominanz und Fortdauer von durch das Kastensystem produzierten Strukturen erklärt.

von Neo-Kolonialismus und Neo-Imperialismus hingewiesen. Um diese kolonialen Tiefenstrukturen konzeptuell zu fassen, wird in der transdisziplinären Diskussion lateinamerikanischer Postcolonial Studies ein Unterschied gemacht zwischen Kolonialismus, verstanden als eine historische Periode, und Kolonialität, verstanden als die fortdauernde und immer wieder neu artikulierte Wirkung kolonialer Werte, Diskurse, Praktiken und Institutionalisierungen in den postkolonialen Gesellschaften. Entsprechend hat Mary Louise Pratt (2008: 461) argumentiert, dass das »koloniale Erbe« nicht fest steht, sondern kontinuierlich »through continuing permutations of its signifying powers, administrative practices, and forms of violence« erneuert wird.

Welt-System und ethnische Klassifikation: Zwischen Materialismus und Repräsentation.

An postkolonialen Ansätzen wird oftmals deren vermeintliche Vernachlässigung sozio-ökonomischer Strukturen und Ungleichheitsverhältnisse sowie die Überbewertung kultureller Elemente kritisiert.[3] Meines Erachtens handelt es sich dabei um einen falschen Dualismus, der vulgärmarxistische Gegenüberstellungen von Basis und Überbau wach werden lässt, und der zudem den theoretischen Anschlüssen vieler postkolonialer Ansätze nicht gerecht wird. Wie auch in den Subaltern Studies finden sich gerade in lateinamerikanischen Ansätzen Rückgriffe auf Marxismus (vgl. Coronil 1997, Subaltern Studies Group), Dependenz Theorie (vgl. Grosfoguel 2008: 307-335) und vor allem den Weltsystemansatz (vgl. Mignolo 2000).

Statt einen Antagonismus zu überzeichnen ist auch hier relationales Denken angebracht und auf die fruchtbare Verschränkung von Repräsentationsregimen und materiellen Strukturen hinzuweisen. Mit dem Rückgriff auf die Theorieansätze von Poststrukturalismus und Cultural Studies nehmen viele postkoloniale Ansätze besonders Repräsentationsregime – vor allem in Hinblick auf Rassismus – in den Blick. Gerade in diesem Forschungsfeld ist die Verbindung zu materiellen Strukturen sinnfällig, wie es beispielhaft in dem Konzept der »Kolonialität der Macht«, das von dem peruanischen Soziologen Aníbal Quijano eingeführt und in verschiedenen postkolonialen Texten aufgegriffen wurde, zum Ausdruck kommt. Quijanos zentraler Gedanke besteht darin, dass mit der Emergenz des kapitalistischen Weltsystems eine Kolonialität der Macht entsteht, die kulturelle Unterschiede in Werte transformiert wie modern versus traditional, fortschrittlich versus rückschrittlich, weiß versus schwarz, Zivilisation versus Barbarei. So

3 Vgl. beispielhaft die Debatte zwischen der Latin American Subaltern Studies Group und der Sozialhistorikerin Florencia Mallon, aufgearbeitet bei Bustos (2002).

wird ein auf Rassismus basierendes kulturelles Klassifikationssystem etabliert, welches die ethnische Arbeitsteilung im Weltsystem prägt. Walter Mignolo (1995, 2000) hat das Konzept der »coloniality of power« dahingehend erweitert, dass es als konstitutive Schattenseite der Moderne gelten kann.

2. Decolonizing History: Geopolitiken des Wissens und das Archiv

Parallel zur ›realen‹ Geopolitik gibt es auch eine ›Geopolitik des Wissens‹, bei der indigene und andere periphere Kenntnisse, Wissenschaften und Sprachen keine Beachtung finden (vgl. Mignolo 2000). Spiegelbildlich zu der Missachtung anderen Wissens wird Wissen über den Anderen produziert. Die epistemologische Sonderrolle des Westens kritisierend hinterfragen postkoloniale Ansätze die Vorstellung universalen Wissens und fragen stattdessen nach dem spezifischen ›locus of enunciation‹ eines jeden Sprechers. Damit wird die positivistische Geschichtsschreibung, der es darum geht, Geschichte – im Singular – so zu erzählen, »wie es eigentlich gewesen« ist, zurückgewiesen. Stattdessen kann Geschichte als politische Aneignung begriffen werden. In kritischer Auseinandersetzung mit hegemonialer Geschichtsschreibung kann das politische Projekt von postkolonialen Ansätzen mit dem Lemma der Dekolonisation von geschichtlichem Wissen auf den Punkt gebracht werden.[4]

Ein erster Weg besteht darin, die hegemoniale Geschichtsschreibung und deren Theorien und Konzepte zu dekonstruieren, wie es in dem eingangs geschilderten Umgang mit geokulturellen und geopolitischen Konzepten zum Ausdruck kommt. Dabei konzentrieren sich postkoloniale Ansätze mit dem methodischen Rüstzeug poststrukturalistischer TheoretikerInnen vor allem auf Diskurse, Bilder und Körper. In diesem Zusammenhang ist eine selbstreflexive Kritik notwendig, da ja gerade das akademische Feld ganz entscheidend zur Konstruktion eurozentristischer und rassistischer Imaginationen beigetragen hat. In diesem Sinne haben postkoloniale HistorikerInnen einzelne Wissenschaften wie die Ethnologie (vgl. Steinmetz 2008), Geographie (vgl. Zimmerer 2004), Literatur (vgl. Said 1994), Kunst, Medizin und auch Geschichtswissenschaft (vgl. Prakash 1992) kritisch in Hinblick auf deren Verschränkung mit kolonialen Projekten untersucht.

Ein zweiter Weg besteht darin, subalterne Perspektiven aufzunehmen und die »Völker ohne Geschichte« (Wolf 1986) als integralen Bestandteil geschichtswissenschaftlicher Diskurse zu begreifen. Eingedenk der von Gayatri C. Spivak aufgeworfenen Problematik der Sprachlosigkeit der Subalternen in den hegemo-

4 Zur der aktuellen interdisziplinären Diskussion um die Dekolonisierung von kultur- und sozialwissenschaftlichen Methoden vgl. Smith 1999.

nialen Repräsentationsregimen und ihrer geringen Chance, politisch Gehör zu finden (vgl. Rancière 2002), geht es postkolonialen Ansätzen gerade darum, den Anteil von Subalternen an Geschichte herauszuarbeiten und so hegemoniale Geschichtsbilder zu dekonstruieren. Dabei gibt es durchaus Anschlüsse an bestehende Arbeiten der Sozialgeschichte oder die Oral History, wie beispielsweise in Bolivien das Taller de Historia Oral Andina (vgl. Stephenson 2002). Kritisch diskutiert wird in postkolonialen Ansätzen gerade auch der Stellenwert des Archivs. Zum einen geht es darum, die – oft fragile – Funktionsweise sowie performative und affektive Konstruktion von Wissen im Archiv durch die kolonialen Regierungstechniken herauszuarbeiten (vgl. Stoler 2008). Zum anderen zielen postkoloniale Ansätze darauf ab, die etablierten Archive gegen den Strich zu lesen. Denn subalternes Wissen ist in den traditionellen Archiven kaum als bewahrenswert erachtet worden, und kann somit nur vermittelt durch den vermachteten Blick rekonstruiert werden. Die Interpretation indigenen Wissens – z. B. repräsentiert durch die Kodizes der Mayas (vgl. Rabasa 2008) – erfordert dagegen sprachliche und kulturelle Kompetenzen, die in den gängigen Geschichtswissenschaften kaum vermittelt werden.

Um bei der epistemologischen Dekolonisation nicht in einen hermeneutischen Historismus zu verfallen, der analog zum kulturellen Relativismus allein eine ›wahre‹ oder ›reine‹ indigene bzw. autochthone Perspektive herausarbeiten würde, besteht eine Herausforderung darin, die wechselseitige Konstruktion von Wissen als Prozess der Transkulturation oder Hybridisierung zu begreifen. In diesem Sinne hebt Walter Mignolo die Notwendigkeit einer doppelten Kritik hervor, bei der die Konstruktion von Wissen in einer interkulturellen Kontaktzone zu begreifen ist, wobei die Herausforderung darin besteht, »to think from both traditions and, at the same time, from neither of them« (Mignolo 2002: 67). Dieser Ansatz würde dann in eine ›epistemologic creolization‹ im Sinne eines ›border thinking‹ münden. Weitgehend unerprobt ist jedoch, wie diese methodologischen Ansätze in der Forschungspraxis anzuwenden sind.

Eine weitere Herausforderung in diesem Denken auf der Grenze besteht darin, in einer selbstreflexiven Wendung die eigene Verortung in der Geopolitik des Wissens zu problematisieren (vgl. Kapoor 2004; Thies/Kaltmeier 2008). Ein/e ForscherIn aus einer geschichtswissenschaftlichen Fakultät in Deutschland, der/die in der akademischen lingua franca schreibt, hat um ein vielfaches bessere Möglichkeiten, Gehör zu finden und anerkanntes Wissen zu produzieren, als ein Kichwa-sprechender indigener Schamane aus dem ekuadorianischen Hochland.

Die postkoloniale Textproduktion richtet sich vornehmlich an ein spezifisches Segment im akademischen Feld. Dabei wird die hegemoniale Geschichtsschreibung oftmals herausgefordert, wozu sich auch postkoloniale Ansätze den Regeln des akademischen Feldes und den dort üblichen Sprachspielen unterwerfen. Damit sind postkoloniale Ansätze – verstärkt durch die Bezüge auf poststrukturalistische Theoretiker wie Foucault oder Derrida – außerordentlich weit von den Alltagswelten subalterner Gruppen entfernt, so dass eine unvermittelte Übersetzung – jenseits der Frage der Fremdsprachlichkeit – sich oftmals sehr schwierig gestaltet. Um aber eine politische Wirksamkeit im Sinne einer Dekolonisation des Wissens erzielen zu können, ist die Übersetzung wissenschaftlicher Arbeiten in zivilgesellschaftliche Zusammenhänge oder für Soziale Bewegungen sinnvoll, wie sie sich in Deutschland etwa in den Arbeitsgruppen zu postkolonialer Stadtgeschichte zeigen.[5]

In Anlehnung an die von der indigenen Kataristen-Bewegung in Bolivien entworfene Perspektive des ›Sehens mit zwei Augen‹ wäre hier festzuhalten, dass es notwendig ist, gleichzeitig mit einem ›akademischen‹ und einem ›politischen‹ Auge zu blicken. Anzustreben wäre eine wechselseitige Durchdringung beider Perspektiven im Sinne eines ›border-thinking‹, die mit der (Selbst-)Reflexion der Positionalität und Relativität von Wissen gerade auch zu Veränderungen der Kriterien für historische Wissensproduktion im akademischen Feld beitragen könnte.

Literatur

Abu Lughod, Janet (1998): Before European Hegemony: The World System A. D. 1250-1350. Oxford: Oxford University Press

Aikins, Joshua Kwesi/Bendix, Daniel (2010): post(-)colonial. In: Peripherie 120. 2010. 478-481

Bayly, Christopher A. (2006): Die Geburt der modernen Welt. Eine Globalgeschichte 1780-1914. Frankfurt a.M./New York: Campus Verlag

Budde, Gunilla/Conrad, Sebastian/Janz, Oliver (Hrsg.) (2006): Transnationale Geschichte. Themen, Tendenzen und Theorien. Göttingen: Vandenhoeck & Ruprecht

Bustos, Guillermo (2002): Enfoque subalterno e historia latinoamericana: nación, subalternidad y escritura de la historia en el debate Mallon-Beverley. In: Fronteras de la historia 7. 2002. 253-276

Castro Varela, María do Mar/Dhawan, Nikita (2005): Postkoloniale Theorie. Eine kritische Einführung. Bielefeld: transcript

Chakrabarty, Dipesh (2000): Provincialising Europe: Postcolonial Thought and Historical Difference. Princeton: Princeton University Press

5 vgl. beispielsweise http://www.freiburg-postkolonial.de/

Chambers, Iain/Curti, Lidia (Hrsg.) (1996): The Post-Colonial Question. Common Skies, Divided Horizons. London: Routledge

Chatterjee, Partha (1999): The Partha Chatterjee Omnibus. Oxford: Oxford University Press

Conrad, Sebastian/Eckert, Andreas (2007): Globalgeschichte, Globalisierung, multiple Modernen: Zur Geschichtsschreibung der modernen Welt. In: Conrad et al. (2007): 7-49

Conrad, Sebastian/Eckert, Andreas/Freitag, Ulrike (Hrsg.) (2007): Globalgeschichte. Theorien. Ansätze, Themen. Frankfurt a.M./New York: Campus

Conrad, Sebastian/Shalini, Randeria (Hrsg.) (2002): Jenseits des Eurozentrismus. Postkoloniale Perspektiven in den Geschichts- und Kulturwissenschaften. Frankfurt a.M./New York: Campus

Dirks, Nicholas (Hrsg.) (1992): Colonialism and Culture. Ann Arbor: University of Michigan Press

Dumont, Louis (1981): Homo Hierarchicus: The Caste System and Its Implications. Chicago: University of Chicago Press

Dussel, Enrique/Jáuregui, Carlos/Moraña, Mabel (Hrsg.) (2008): Coloniality at Large. Durham: Duke University Press

Dussel, Enrique (1995): The Invention of the Americas. Eclipse of «the other« and the Myth of Modernity. http://bibliotecavirtual.clacso.org.ar/ar/libros/dussel/1492in/1492in.html (letzter Zugriff 3.11.2010)

Epple, Angelika/Kaltmeier, Olaf/Lindner, Ulrike (Hrsg.) (2011): Entangled Histories. Reflecting on Concepts of Coloniality and Postcoloniality. Comparativ. 1. 2011.

Escobar, Arturo (1995): Encountering Development: The Making and Unmaking of the Third World. Princeton: Princeton University Press

Fabian, Johannes (1983): Time and the Other: How Anthropology Makes Its Object. New York: Columbia University Press

Frank, André Gunder (1998): ReOrient. Global Economy in the Asian Age. Berkeley: University of California Press

Gilbert M. Joseph/Daniel Nugent (Hrsg.) (1994): Everyday Forms of State Formation: Revolution and the Negotiation of Rule in Modern Mexico. Durham: Duke University Press

Hall, Stuart (1992): »The West and the Rest: Discourse and Power«. Formations of Modernity. In: Hall/Gieben (1992): 275-320

Hall, Stuart (1996): »When was ‹the post-colonial'? Thinking at the limit«. In: Chambers/Curti (1996). 242-260

Hall, Stuart/Gieben, Bram (Hrsg.) (1992): Formations of Modernity. London: Blackwell

Kaltmeier, Olaf (Hrsg.) (2011): Selling EthniCity. Urban Cultural Politics in the Americas. Farnham: Ashgate

Kaltmeier, Olaf (2011): Urban Landscapes of Mall-ticulturality. (Retro-)Coloniality, Consumption, and Identity Politics: The Case of the San Luis Shopping Center in Quito. In: Kaltmeier (2011): 95-116

Kaltmeier, Olaf/Linder, Ulrike/Mailaparambil, Binu (2011): Reflecting on Concepts of Coloniality/Postcoloniality in Latin America, South Asian and African Historiography. In: Epple/Kaltmeier/Linder (2011). 19-31

Kapoor, Ilan (2004): Hyper-self-reflexive development? Spivak on representing the Third World ›Other‹. In: Third World Quarterly 25,4. 2004. 627–647

Lander, E. (Hrsg.) (2000): Colonialidad del Saber, Eurocentrismo y Ciencias Sociales. Buenos Aires: CLACSO-UNESCO

Lindner, Ulrike (2008): Plätze an der Sonne? Eine Geschichtsschreibung auf dem Weg in die deutschen Kolonien. In: Archiv für Sozialgeschichte. 48. 2008. 487-510

Mignolo, Walter (1995): The Darker Side of the Renaissance. Literacy, Territoriality, and Colonization. Michigan: University of Michigan Press

Mignolo, Walter (2000): Local Histories/Global Designs. Princeton: Princeton University Press

Mignolo, Walter (2005): The Idea of Latin America. Malden: Wiley-Blackwell

O'Gorman, Eduardo (1961): The invention of America. An inquiry into the historical nature of the New World and the meaning of its history. Bloomington

Osterhammel, Jürgen (2009): Die Verwandlung der Welt. Eine Geschichte des 19. Jahrhunderts. München: C.H. Beck

Osterhammel, Jürgen/Petersson, Niels (2003): Geschichte der Globalisierung. Dimensionen – Prozesse – Epochen. München: C.H. Beck

Prakash, Gyan (Hrsg.) (1995) After Colonialism. Imperial Histories and Postcolonial Displacements. Princeton: Princeton University Press

Prakash, Gyan (1992): Writing Post-Orientalist Histories of the Third World: Indian Historiography is Good to Think. In: Dirks (1992): 353-388

Pratt, Mary Louise (2008): In the Neocolony: Destiny, Destination, and the Traffic Meaning. In: Dussel et al. (2008). 459-475

Quijano, Aníbal (2000): Colonialidad del Poder, Eurocentrismo y América Latina. In: Lander (2000): 201-246

Quijano, Aníbal/Wallerstein, Immanuel (1992): Americanity as a Concept, or the Americas in the Imaginary of the Modern World-System. In: International Journal of Social Science 134. 1992. 549-559

Rabasa, José (1993): Inventing America: Spanish Historiography and the Formation of Eurocentrism. Oklahoma: University of Oklahoma Press

Rabasa, José (2008): Thinking Europe in Indian Categories, or, »Tell me the Story of How I Conquered You«. In: Dussel et al. (2008): 43-73

Rancière, Jacques (2002): Das Unvernehmen. Frankfurt a.M.: Suhrkamp

Said, Edward W. (1978). Orientalism. New York: Vintage-Books

Said, Edward W. (1994): Kultur und Imperialismus. Frankfurt a.M.: S. Fischer

Smith, Linda Tuhiwai (1999): Decolonizing Methodologies. Research and Indigenous Peoples. London: Zed Books

Steinmetz, George (2008): The Colonial State as a Social Field: Ethnographic Capital and Native Policy in the German Overseas Empire before 1914. In: American Sociological Review 73. 2008. 589-612

Stephenson, Marcia (2002): Forging an Indigenous Counterpublic Sphere: The Taller de Historia Oral Andina in Bolivia. In: Latin American Research Review 37, 2. 2002. 99-118

Stoler, Ann Laura (2008): Along the Archival Grain. Epistemic Anxieties and Colonial Common Sense. Princeton: Princeton University Press

Thies, Sebastian/Kaltmeier, Olaf (2008): ›Can the flap of a butterfly's wing in Brazil set off a Tornado in Texas?‹ Transnationalization in the Americas and the Field of Identity Politics. In: Thies/Raab (2008): 25-46

Thies, Sebastian/Raab, Josef (Hrsg.) (2008): E Pluribus Unum? National and Transnational Identities in the Americas. Münster: Lit

Wallerstein, Immanuel (1974): The Modern World-System, Bd. I: Capitalist Agriculture and the Origins of the European World-Economy in the Sixteenth Century. New York/London: Random House

Wallerstein, Immanuel (1991): Geopolitics and Geoculture: Essays on the Changing World-System. Cambridge: Cambridge University Press

Wehler, Hans-Ulrich (2006): Transnationale Geschichte – der neue Königsweg historischer Forschung? In: Budde/Conrad/Janz (2006): 161-174
Wolf, Eric (1986): Die Völker ohne Geschichte: Europa und die andere Welt seit 1400. Frankfurt a.M./New York: Campus
Zeller, Joachim (2007): Diffuses foucaultianisches Lebensgefühl? Hans-Ulrich Wehlers Attacke gegen die »Modeströmung der ›postkolonialen Studien‹«. In: Blätter des iz3w 300. 2007. 48-50
Zimmerer, Jürgen (2004): Im Dienste des Imperiums – Die Geographen der Berliner Universität zwischen Kolonialwissenschaften und Ostforschung. In: Jahrbuch für Universitätsgeschichte 7.2004. 73-10

Postkoloniale Gender-Forschung. Ansätze feministischer postkolonialer Studien

Lann Hornscheidt

Zur Interdependenz von Gender-Forschung und Postkolonialismus

Postkoloniale Gender-Forschung kann verstanden werden als anti-rassistische feministische Wissensbildungen jenseits der Akademie, als feministische interdependente oder intersektionale, akademisch institutionalisierte Gender Studies; als Postkoloniale (institutionalisierte, akademisierte) Studien mit einem Schwerpunkt auf Gender-Analysen; oder auch als transnationaler Feminismus im deutschsprachigen Kontext (vgl. auch Dietze 2005; Wollrad 2005a, b). Alle diese verschiedenen möglichen Benennungen und Ausformungen einer postkolonialen Gender-Forschung können sich auch überschneiden oder zusammenfallen in konkreten Studien und Forschungsrichtungen. Sie zeigen jedoch gleichzeitig auch unterschiedliche Perspektivierungen, politische Positionierungen und erkenntnistheoretische Fokussierungen eines Zusammenhangs von Postkolonialen und Gender-Ansätzen. Ausgangspunkt der vorliegenden Darstellung ist die Annahme, dass Postkoloniale Studien oder Ansätze und Gender-Forschung oder -Studien nicht trennbar, sondern interdependent sind: Analysen zur Kategorisierung Gender bzw. zum Machtverhältnis Sexismus sind immer interdependent mit (Kolonial-) Rassismus und Imperialismus, bezogen auf den aktuellen deutschsprachigen Raum. Diese lokale und zeitliche Situiertheit der Forschung impliziert aber zugleich die Notwendigkeit einer transnationalen, globalisierten (glokalisierten) Perspektivierung. Postkolonial wird zudem im deutschsprachigen Kontext häufig als Oberbegriff verstanden für antirassistische Ansätze – sowie Gender-Forschung als Oberbegriff für institutionalisierte Geschlechterforschung, feministische und antisexistische Ansätze auch außerhalb der Akademie verstanden werden kann. Ich beziehe mich im Folgenden vor allem auf akademische, institutionalisierte feministische antirassistische Forschungen (vgl. Mills/Lewis 2003). Feminismus verstehe ich in Nachfolge eines Interdependenzverständnisses (vgl. Walgenbach et al. 2009) als anti- bzw. je nach sozialer Positionierung contra_rassistisch (vgl. hierzu AG Einleitung 2011; Tudor 2011). Das Zusammendenken von Sexismus und Rassismus ist damit keine Option möglicher institutionalisierter feministischer Gender-Forschung, sondern ihr Grundverständnis.

Gender Studies sind mittlerweile im deutschsprachigen und darüber hinaus in weiten Teilen des westeuropäischen Raumes ein etabliertes inter- oder transdisziplinäres Feld geworden (vgl. Hornscheidt/Baer 2011), das sich durch methodische, methodologische und inhaltliche Variabilität auszeichnet, sich in und durch Institutionalisierungen von zahlreichen BA- und MA-Studiengängen zu Gender Studies, Promotionsabschlüssen in Gender Studies, Fachorganen und einer eigenen deutschsprachigen Fachgesellschaft für Geschlechterforschung selbst ›diszipliniert‹ hat. Gender als Kategorie und Sexismus als Machtverhältnis wird in den aktuellen feministischen Gender-Forschungen in seiner undifferenzierten Konzeptualisierung als monolithisch und universalisierend kritisch hinterfragt. Wichtige Impulse dazu sind in der deutschsprachigen feministischen Gender-Forschung hier vor allem durch die Rezeption von Publikationen von sich selbst so benennenden Schwarzen Feminis_tinnen[1], insbesondere aus dem U.S.-amerikanischen Raum, entstanden (vgl. Lorde 1984b; Collins 2000; Combahee River Collective 1982; Crenshaw 1991; Moraga/Anzaldúa 1984) sowie durch postkoloniale, teils feministische, Theoretik_erinnen, die auf den untrennbaren Zusammenhang der Konstituierung von Gender und Imperialismus/Kolonialismus verwiesen haben (vgl. Mohanty 2003; Spivak 1994; Loomba 1998). Beide diese Theorieströmungen zusammen sind in Studien und Ansätzen in feministischen Politiken (vgl. Oguntoye et al. 1992; El-Tayeb 2001) und später dann auch in den institutionalisierten deutschsprachigen feministischen Gender Studies zum Zusammenhang von Sexismus und Rassismus umgesetzt worden (vgl. Broeck 1999; Dietze 2010; Kerner 2009; Nduka-Agwu/Hornscheidt 2010; Tudor 2010). Die Ausdifferenzierung der Analyse von Machtverhältnissen in und durch Ansätze zu Intersektionalität (vgl. Knapp/Klinger 2005) und Interdependenzen (vgl. Walgenbach et al. 2009) ist ein Effekt feministischer antirassistischer Wissensbildungen (vgl. Crenshaw 1991; Combahee River Collective 1982; Lorde 1984b) in- und außerhalb der Akademie und ist mittlerweile zentrale konzeptuelle Bezugsgrößen der deutschspra-

1 Hier wie im gesamten Artikel verwende ich den sog. dynamischen oder wandernden Unterstrich, bei personalen Appellationen, wie er von Tudor 2010 vorgeschlagen worden ist, d.h. wenn sprachlich Personen oder Personengruppen benannt werden. Der dynamische Unterstrich ist ein sprachliches Mittel, um Zweigenderung (Zweigeschlechtlichkeit) infrage zu stellen und aufzubrechen und geht damit über traditionelle feministische Sprachveränderungsvorschläge wie das Binnen-I hinaus. Dadurch, dass der Unterstrich durch das Wort wandert, d.h. keinen festen Platz hat, wird deutlich gemacht, dass eine Infragestellung von Zweigenderung keinen festen Ort hat und kein drittes Geschlecht beispielsweise eingeführt wird mit dieser Schreibform, wie es der statische Unterstrich macht, sondern Geschlecht an sich hinterfragt und dynamisiert wird. Vgl. AG Einleitung 2011.

chigen Gender Studies geworden. Ich fasse in diesem Artikel die Impulse von sich selbst so benennenden Schwarzen Femi_nistinnen und von sich in postkolonialer Theorie verortenden Femi_nistinnen unter dem Label postkolonialer feministischer Ansätze zusammen, da beide die Konstituierungen von Gender durch Kolonialismus/Imperialismus und Rassismus zum Ausgangspunkt nehmen und sich selbst auch aufeinander beziehen. Sie folgen dabei teils unterschiedlichen Genealogisierungen und politischen Kontexten (vgl. auch Castro Varela/Dhawan 2005), jedoch ist auch dies m. E. nicht eindeutig und klar abgrenzbar.

Während viele Ansätze sogenannter postkolonialer Theorie meinen, ohne kritische Gender-Perspektiven auskommen zu können (vgl. auch einige Artikel des vorliegenden Bandes) bzw. Sexismus als Effekt einer umfassenden imperialen Ideologie sehen und in den entsprechenden Wissensbildungen Sexismus damit häufig marginalisiert wird, vertrete ich hier die These, dass zum einen feministische institutionalisierte Gender-Forschung im deutschsprachigen aktuellen Kontext nicht ohne postkoloniale Ansätze auskommen können wie zum anderen postkoloniale Theoriebildungen zentral feministisch sind (vgl. Mohanty 2003; hooks 1994; McClintock 1995). Während Postkoloniale Studien häufig als ein Forschungsfeld betrachtet wird, welches sich mit politischen Ideologien kritisch-reflektierend befasst und Gender eine mögliche soziale Kategorie wäre – neben beispielsweise Sexualität – auf die diese Kritik angewendet werden könnte, vertrete ich eine Perspektive, in der die nur analytisch trennbare Interdependenz von (Kolonial-)Rassismus und Sexismus betont wird. Postkoloniale Genderforschung ist also ein akademisches, institutionalisiertes Feld, welches die Realisierung von Rassis_Sexismus zentral fokussiert. Entsprechend ist der Zusatz ›postkolonial‹ keine Option, sondern eine notwendige Spezifizierung von Gender-Forschung.

In feministischen Gender-Forschungen wird diese Erkenntnis häufig auch auf andere, damit verbundene und/oder daraus ableitbare interdependente Diskriminierungsformen übertragen. Wenn es dabei zu einer De-Thematisierung der Interdependenz von (Kolonial-)Rassismus und Sexismus kommt, wenn beispielsweise Intersektionalität als eine Beliebigkeit der zu untersuchenden Machtverhältnisse verstanden wird, ist diese Forschung konträr zu den Ansätzen einer postkolonialen feministischen Forschung, auch wenn sie gleichzeitig ein aus ihr abgeleiteter Effekt ist.

1. Forschungsschwerpunkte transdiziplinärer postkolonialer Gender-Forschung

Postkoloniale feministische Forschung im deutschsprachigen Raum muss grundsätzlich postkolonial sein, was sich auf mehreren, miteinander verbundenen Ebenen der Forschung realisiert:

Inhaltlich bzw. thematisch wird die Annahme isolierter sozialer Kategorien oder trennbarer struktureller Machtverhältnisse kritisch hinterfragt. Diese müssen stattdessen jeweils in ihrer Interdependenz betrachtet werden. Jede Aussage zu Gender als Kategorie muss daraufhin befragt werden, ob und wie mit dieser Bezugnahme Universalisierungen aufgemacht werden, die bestimmte, in der Regel *weiße* Vorstellungen zu einer allgemeinen, pauschalen, universalisierenden Norm erklären.

Inhaltlich lassen sich eine Vielzahl von Forschungsschwerpunkten in den heutigen deutschsprachigen Gender-Forschungen feststellen, die in einer Tradition postkolonialer feministischer Forschung stehen und diese für den deutschsprachigen Raum gleichzeitig mitbegründen und ausformulieren. Von diesen können hier nur exemplarisch einige skizziert werden:

- Historisch angelegte Forschungen, die die Involviertheit und Aktivität von Deutschland und von Deutschen in koloniale Praktiken untersuchen und dies in einer Interdependenz mit Gender als Kategorisierung bzw. mit Sexismus als Machtverhältnis analysieren (vgl. z. B. El-Tayeb 2001, 2003, 2012; Dietrich 2007; Walgenbach 2006; Kundrus 2002).
- Auf politische Prozesse, Wissensbildungen und Institutionalisierungen abzielende Forschungen, die die Dis/Kontinuitäten von Kolonialismus in historischer und aktueller Perspektive in Bezug auf politische Prozesse analysieren, wie beispielsweise Phänomene von Nationenbildungen, Globalisierung, Diaspora-Verhandlungen, aber auch die Herausbildung von Gender-Konstruktionen und feministische Politiken sowie die Zusammenhänge von Kolonialismus und Nationalsozialismus (vgl. z. B. Kilomba 2008; El-Tayeb 2011; Wright 2004; Bruns 2011; Kerner 2009; Husmann-Kastein 2011).
- Auf Sozialisationsprozesse abzielende Forschungen, die sich mit den Effekten von Kolonialrassismus auf die Sozialisation von Kindern und Jugendlichen in der heutigen deutschen Gesellschaft sowohl im Hinblick auf inhaltliche Fragen wie auch institutionelle Möglichkeiten beschäftigen (vgl. z. B. Eggers 2006, 2009; Schwarzbach-Apithy o. J.).
- Auf über verschiedene Diskurse hergestellte und getragene, sexistisch-rassistische Konzeptualisierungen, die eine Kontinuität mit kolonialen

Vorstellungen aufweisen (vgl. z. B. Dietze 2010; Haschemi Yekani 2011; Hornscheidt 2008 und 2011; Nduka-Agwu/Hornscheidt 2010).

Allen diesen Forschungsrichtungen ist gemeinsam, dass sie inter- oder transdisziplinär ausgerichtet sind und mit den inhaltlichen Fragestellungen zugleich auch die Verfasstheit von disziplinären Wissensproduktionen in vielfacher Weise reflektieren.[2] Viele der oben genannten Forschungen könnten so gleichzeitig auch mehreren der hier skizzierten Felder zugerechnet werden, was zugleich auch wiederum ihre spezifische inter- oder transdisziplinäre Ausrichtung zeigt.

Neben diesen thematischen Orientierungen gibt es feministische Forschungen, die – gemäß der weiter oben vorgeschlagenen Zweiteilung der Forschungen – in Ableitung, Ergänzung, Adaption und Veränderung postkolonialer feministischer Ansätze Fragen auf weitere Wissensbereiche übertragen und beispielsweise nach den Gemeinsamkeiten und Unterschieden zwischen unterschiedlichen Formen, beispielsweise kolonialrassistischer, ethnisierender, religiosisierender[3] und migratisierender[4] Diskriminierung, fragen, immer jeweils in der Interdependenz mit Sexismus. Dazu gehören beispielsweise Forschungen und Theoriebildungen zum Kritischen Okzidentalismus (vgl. Hornscheidt/Dietze 2006) bzw. Okzidentalismuskritik (vgl. Dietze/Brunner/Wenzel 2010), die strukturelle Privilegierungen durch Kolonialismus in historischer wie aktueller Perspektive analysieren; zu Migrationspolitiken als neorassistische Diskriminierungen in einer kolonialen Kontinuität (vgl. Castro Varela 2007; Steyerl/Gutièrrez Rodríguez 2003); zu Migratismus und Statisierung[5] (vgl. Tudor 2010), in denen die postkoloniale Verfasstheit heutiger deutscher Selbstvergewisserungen analytisch ausdifferenziert wird.

Quer zu diesen Fokussierungen auf unterschiedliche, interdependent verstandene strukturelle Diskriminierungen und Privilegierungen liegen wiederum unterschiedliche inhaltliche Schwerpunktsetzungen, wie beispielsweise Fragen

2 Eine wichtige weitere Richtung postkolonialer feministischer Forschung findet sich in der deutschsprachigen anglophonen Amerikanistik, in der eine solche Forschung, ganz im Gegensatz zur Germanistik in Deutschland, schon länger etabliert ist (vgl. Dietze 2005 und 2010; Broeck 1999). Interessanterweise hat aber sowohl die U.S.amerikanische als auch die kamerunische Germanistik einen Schwerpunkt auf postkoloniale Fragen.

3 Vgl. Brunner 2011, die die Konstruktion von Religionsvorstellungen als Religiosisierung benennt.

4 Vgl. Tudor 2010, die Migratismus als das Machtverhältnis benennt, über das Migration, Migrationserfahrung, -geschichte und –hintergrund hergestellt wird. Wie Tudor 2010 zeigt, ist Migratismus in aktuellen deutschsprachigen Diskursen häufig ein Instrument zur Realisierung von Rassismus. Bestimmte migratisierte Personen können gleichwohl auch rassistisch privilegiert sein.

5 Statisierung ist ein analytischer Begriff, der die privilegierte *weiße*, christlich-säkularisierte, männliche soziale Positionierung in Bezug auf heutiges Deutschsein benennt. Dieser Begriff ist aus dem Konzept Migratismus abgeleitet.

nach postkolonialen Dis/Kontinuitäten in gegenderten Verhaltens- und Kleidungscodes sowie ihre Diskursivierung und die jeweiligen Argumentationsstrategien zu ihrer Verteidigung oder Infragestellung (vgl. z. B. von Braun/Matthes 2007 zur deutschen Kopftuchdebatte), Sexualitätsvorstellungen (vgl. McClintock 1995) sowie der Rolle und Bewertung von Arbeit (vgl. Dhawan 2005). In diesen Forschungen und mit den jeweiligen Analysemodellen werden Übertragbarkeiten und/oder aktuelle Umsetzungen postkolonialer Kritiken auf heutige, insbesondere auf den deutschsprachigen Raum bezogene, spezifische Situationen untersucht und auch reflektiert, inwiefern Sexismus, Rassismus, religiöse Diskriminierungen usw. jeweils interdependente Realisierungsformen von einer klassenbezogenen strukturellen Diskriminierung (»Klassismus«) (vgl. Spivak 1994; Dhawan 2005) sind oder als lediglich analytisch trennbare Bestandteile eines Dispositivs struktureller transdependenter Machtverhältnisse (vgl. AG Einleitung 2011) verstanden werden können. Postkoloniale feministische Ansätze müssen kontextsensibel und situationsspezifisch angewendet werden, es gibt kein universelles Objekt und Erkenntnisinteresse einer postkolonialen feministischen Forschung, sondern die Notwendigkeit, das Spannungsverhältnis lokaler und globaler Situierungen in den Forschungen reflektiert und verantwortungsvoll zu konzeptualisieren (vgl. Mohanty 2003).

Eine weitere Gemeinsamkeit dieser Forschungsrichtungen liegt darin, dass in ihnen häufig strukturelle Privilegierungen in Bezug auf Rassismus zusammen mit strukturellen Diskriminierungen in Bezug auf Sexismus zum Thema gemacht werden und die spezifischen Diskriminierungseffekte, die durch Privilegierungen entstehen, untersucht werden.

Methodologische Konsequenzen postkolonialer Gender-Forschung

Methodologisch fordern postkoloniale feministische Ansätze als Grundlage für deutschsprachige Gender-Forschung Vorstellungen heraus, dass ein_e Fors_cherin jede Forschungsfrage stellen könnte und dürfte, für jede Position sprechen und dabei selbst eine neutrale, unvoreingenommene oder zumindest nicht in und durch diese Forschungshandlung diskriminierende Position einnehmen könnte. Durch postkoloniale feministische Ansätze wird die Frage nach Wissensproduktionen auf mehrfache Weise neu gestellt und bestimmt damit auch die Selbstbestimmung und Selbstreflektion feministischer Gender-Forschung im deutschsprachigen Raum aktualisiert: Wer spricht aus welcher sozialen Positionierung über was und wen? (vgl. Gutièrrez Rodrìguez 2006, 2008, Tudor 2011) Im Anschluss an Collins (2000) beispielsweise kann sich eine kritische, sich postkolonial verstehende Gender-Forschung fragen, welche Konsequenzen die Privilegierungen und diskriminierten Positionierungen der konkreten Forsch_erinnen jeweils für mögliche Forschungsfragen haben, welche Fragen sie stellen können und welche Position sie im Stellen dieser Fragen einnehmen, welche Methoden sie verwenden und wie die Zielsetzungen der jeweiligen Forschungen sind. Feministische postkoloniale Stimmen weisen daraufhin, dass feministische Forschung immer auch kritisch sich selbst befragen muss, inwiefern Stimmen gehört, Sprechräume geschlossen oder geöffnet, Stimmen und Wissensbildungen vereinnahmt und gewürdigt werden. D_ie Fo_rscherin selbst wird so immer auch in ihrer sozialen Positionierung kritisch zu reflektierender Teil der eigenen Forschung. Feministische postkoloniale Forschung geht von der grundsätzlichen Positioniertheit von Wissensproduktionen aus (vgl. Rich 1986; Frankenberg/Mani 1993), was mehrere Konsequenzen für eine sich postkolonial verstehende Gender-Forschung hat:

- Erst die Schaffung von Räumen und Möglichkeiten, eine (kollektive) Stimme für sozial diskriminiert Positionierte zu finden, kann zu neuen Wissensbildungen führen – diese Prozesse, so eine zentrale Aussage von Collins (2000), sind nicht ersetzbar und ein notwendiger Schritt für eine zukünftige (und utopistische) Kommunikation von allen (vgl. auch Wright 2004; El-Tayeb 2011).
- Auch Audre Lordes (1984c) Aussage »the master's tools will never dismantle the master's house« macht die Verbindung zwischen Methoden wissenschaftlichen Arbeitens und sozialen Positionierungen deutlich, die nur durch Privilegierte als trennbar aufgefasst und auf diese Weise für eigene Machtansprüche instrumentalisiert werden könnten.
- Strukturelle Diskriminierungen werden nicht lediglich als Erfahrungen konzeptualisiert, sondern sind Teil der sozialen Positionierung von Forscher_innen und Personen, auf deren Wissensproduktionen Bezug genommen wird. Daraus leitet sich ein veränderter und reflektierter Umgang mit den Stimmen Anderer und der eigenen sozialen Positionierung als Teil des Forschungsprozesses ab.
- Die Interdependenz struktureller Diskriminierungen muss jeweils betrachtet und analysiert werden. Das heißt, dass es keine universalisierten Konzeptualisierungen von Diskriminierungsstrukturen und Privilegierungsregimes gibt, sondern diese jeweils kontextspezifisch analysiert werden müssen. Dies bedeutet beispielsweise auch, dass postkoloniale Forschung spezifische Konsequenzen u. a. auf inhaltlicher und methodologischer Ebene je nach Untersuchungs- und Kommunikationsraum hat. Eine Differenzierung in unterschiedliche Formen rassistischer Diskriminierung beispielsweise ist ebenso kontextabhängig wie die spezifischen Realisierungsstrategien dieser strukturellen Diskriminierung. Postkoloniale feministische Forschung ist also immer auch lokal, wobei dies Aspekte von (auch jeweils spezifisch

sich ausbildender und zu verstehender) Globalisierung miteinschließt (vgl. Mohanty 2003 zu ›transnational feminism‹).

Eine weitere, damit zusammenhängende Frage im Anschluss an postkoloniale feministische Forschungen lautet: Welche Stimmen werden in der jeweiligen Forschung als Exp_ertinnen gehört, welche Stimmen (und von wem) werden als Forschungsmaterial analysiert und interpretiert und was wird überhaupt als Stimme, Theorie, Aussage (von wem) wahrgenommen (vgl. auch Spivak 1994)? Wie ist die soziale Positionierung der Forsch_erinnen und welche Effekte hat dies auf Perspektiven, Ressourcen, Kommunikationsformen, Forschungsschwerpunkte und vieles mehr? In einer in Bezug auf Rassismus privilegierten Positionierung, aus der ich diesen Artikel schreibe, ist es mir beispielsweise möglich, Wissensbildungen zu Rassismus als verantwortliche politische Handlung wahrzunehmen, ohne dass mich diese existentiell herausfordern müssen.

Tudor (2011) entwirft aus diesen Überlegungen einen Ansatz, in dem zwischen sozialen Positionierungen und kritischen Verortungen differenziert wird. Letztere sind Ausdruck von politisch verantwortlichen Handlungen, die sich beispielsweise in einer kritischen Reflexion und Überprüfung der eigenen Quellen, Referenzen und Forschungsfragen realisieren. Tudor (2011) schlägt u. a. eine Differenzierung von kritischen Verortungen in Abhängigkeit von sozialen Positionierungen vor und differenziert auf diese Weise zwischen anti- und contra_rassistischen feministischen Positionen und setzt so die anti-rassistischen feministischen Ansprüche von Collins (2000), Lorde (1984b) und Chrystos (1998) begrifflich um.

Während die bis hierhin diskutierten Punkte die In-Frage-Stellung der Trennbarkeit von Forschungsinhalt und Forschungsposition aufwerfen, ist ein weiteres, eng mit den zuvor besprochenen Aspekten verbundenes Themenfeld methodologischer Konsequenzen einer postkolonialen feministischen Forschung die Frage, ob im Anschluss an postkoloniale feministische Wissensproduktionen weiterhin in der deutschsprachigen Gender-Forschung zwischen einer Beschäftigung mit einem Inhalt und der wissenschaftlichen Form getrennt werden kann, wie es beispielsweise auch in Anleitungen zum wissenschaftlichen Arbeiten re_produziert wird. Postkoloniale feministische Denker_innen (vgl. Lorde 1984a; Writers/Nagar 2006) machen in ihren schriftsprachlichen Wissensproduktionen deutlich, dass die Genres akademisierter westlicher Wissensproduktionen häufig auch zu Ausschlüssen von Stimmen und Konzeptualisierungen führen (vgl. Chrystos 1998; Anzaldúa/Keating 2002; Moraga/Anzaldúa 1984), die nur durch eine (postkolonial inspirierte) Infragestellung von westlichen akademisierten Genrekonventionen herausgefordert werden können (vgl. AK Feministische Sprachpraxis; El-Tayeb 2011). Diese Infragestellung eröffnet selbst wiederum Problematisierungen der traditionellen Einteilungen von akademischen Wissensbildungen in Forschungsstand, Material und Methode. So wird die Idee von ›Material‹, welches aus Stimmen Anderer generiert ist, neu und kritisch als eine mögliche Herstellung eines Objekts, eine Entkörperung oder Vereinnahmung reflektierbar. Ein Forschungsstand kann so neu interpretiert werden als ein Einschreiben in bestimmte Wissensbildungen und ein EntNennen (vgl. Hornscheidt/Nduka-Agwu 2010)[6] und Ent_Erwähnen (Lockward 2011)[7] Anderer. Stimmen Anderer beispielsweise als Material zu verwenden, wird als eine kritisch zu hinterfragende Methode überdenkbar, in der die Frage der sozialen Positionierung der Fo_rscherin zu ihrem Erkenntnis›gegenstand‹ neu überdacht werden muss. Darüber hinaus wird die Form wissenschaftlichen Arbeitens auf diese Weise als eine auch inhaltliche Entscheidung wahrnehmbar: Wer ist Zielgruppe der Wissensproduktion, welcher Stil und welche Formkonventionen werden gewählt? Eine feministische postkoloniale Forschung impliziert zugleich auch neue Formen von Wissensvermittlung, sowohl in schriftlicher Form als auch in Unterrichtssituationen (vgl. hooks 1994), in der die Selbstverständlichkeiten von bestimmten Sprachgebräuchen und Kommunikationsformen ent_normalisiert werden. Ausgehend von diesen Überlegungen gibt es im Moment also keine feministische Forschung im deutschsprachigen Raum, die aus diesen Überlegungen heraus postkoloniale feministische Theorien und Wissensbildungen nicht mit berücksichtigen müsste; stattdessen wird die Nicht-Berücksichtigung postkolonialer feministischer Ansätze in Teilen deutschsprachiger Gender-Forschung als ein WegSchreiben einer Auseinandersetzung mit grundsätzlichen inhaltlichen, erkenntnistheoretischen und methodologischen Fragen verstanden. Aktuelle Gender-Forschung, die sich dieser Herausforderung einer Transformierung nicht stellt, ist damit ent-dependierend (vgl. Tudor 2011) und kann selbst rassistische Effekte haben. Die stark auch durch die Rezeption postkolonialer feministischer Theoriebildung in den deutschsprachigen Raum begonnene Theoretisierung von Mehrfachdiskriminierungen durch Interdependenz- und Intersektionalitätsansätze verunmöglicht es also, feministische Analysen getrennt von (Kolonial-)Rassismus durchzuführen.

6 EntNennungen ist ein analytischer Begriff für Nicht-Benennungen privilegierter Positionierungen. Die Wortbildung mit Ent- betont, dass auch Nicht-Benennungen Handlungen sind.

7 Ent_Erwähnungen sind die Nicht-Benennungen diskriminierter Positionierungen und Personen. Der Unterstrich signalisiert hier, dass es sich auch um bewusste Entscheidungen Diskriminierter, um Widerstandsstrategien handeln kann.

2. Herausforderungen postkolonialer Gender-Forschung

Abschließend versuche ich eine Zusammenstellung dazu, welche Fragen und Herausforderungen sich aktuell durch und für eine postkoloniale Gender-Forschung stellen können:

- Welche Konsequenzen hat eine postkoloniale feministische Theoriebildung für das Selbstverständnis deutscher Gender-Forschung? Diese sind im vorliegenden Artikel vor allem auf inhaltlicher und methodologischer Ebene angesprochen worden. Darüber hinaus müssen sie aber auch für die eng damit verbundene Institutionalisierungen von Gender-Forschung gestellt werden, und hier wiederum auf mehreren Ebenen: Welche wie positionierten Personen können Forschung in den Gender Studies betreiben? Wie sehen die Curricula und Studienordnungen in den Gender Studies aus? Welche Wissensbildungen werden kanonisiert, welche werden als selbstverständlich gesetzt, welche als Spezialwissen? Warum heißen die Gender Studies nicht feministische postkoloniale Studien?
- Wie werden Hierarchisierungen unterschiedlicher interdependenter Machtverhältnisse analytisch behandelt? Welche Begründungen gibt es für Hierarchisierungen an bestimmten Stellen im Forschungsprozess und welche Normalisierungen und Ausschlüsse finden darüber statt?
- Wie ist das Spannungsverhältnis zwischen einer lokal bezogenen und in translokale Kontexte eingebetteten Forschung produktiv zu gestalten? Wie kann die Situationsspezifik von Diskriminierungsstrukturen in globalisierte Zusammenhänge eingelesen werden und andersherum?
- Welche Effekte haben postkoloniale Ansätze auf das Selbstverständnis von Gender Studies: Sind beispielsweise alle Fragen nach Gender und Migration in den aktuellen deutschsprachigen Gender Studies postkolonial und auf welche Weise?
- Wie kann eine Re_Fokussierung auf Privilegierungen in einer postkolonialen feministischen Forschung im deutschen Kontext vermieden werden – wiederum inhaltlich wie auch personell?
- Wie können inhaltliche Fragen und institutionelle Ressourcen enger aufeinander bezogen werden?
- Warum sind die Rezeptionen von postkolonialer Theorie in den Gender Studies maßgeblich U.S.amerikanisch oder U.S.amerikanisch vermittelt? Was würde eine Fokusverschiebung auf andere Sprach- und Wissensbildungsräume hier bewirken und welche postkolonialen Effekte liegen in dieser Rezeption?

Abschließend verstehe ich Postkolonialismus damit als einen ›Turn‹ in der deutschsprachigen feministischen Gender-Forschung, der unabgeschlossene Konsequenzen auf inhaltlich-thematischer, methodologischer wie auch institutioneller und personeller Ebene hat. Postkoloniale feministische Forschung ist keine spezifizierende Möglichkeit aktueller Gender-Forschungen, sondern ihre notwendige momentane Ausgangssituation. Gender Studies als ein Querschnittsgebiet der Erforschung von strukturellen interdependenten Diskriminierungen ist nicht möglich ohne eine postkoloniale feministische Perspektivierung.

Literatur

AG Einleitung (2011): Feminismus. In: AK Feministische Sprachpraxis (2011): 7-57

AK Feministische Sprachpraxis (2011): Feminismus schreiben lernen. Frankfurt a. M: Brandes & Apsel

Anzaldúa, Gloria/Keating, Analuise (2002): The Bridge Called My Home: Radical Visions for Transformation. New York: Routledge

Bechhaus-Gerst, Marianne/Gieseke, Sunna (Hrsg.) (2006): Koloniale und postkoloniale Konstruktionen von Afrika und Menschen afrikanischer Herkunft in der deutschen Alltagskultur. Frankfurt a.M.: Peter Lang

Becker, Ruth/Kortendieck, Beate (Hrsg) (2008): Handbuch Frauen- und Geschlechterforschung. Theorien, Methoden, Empirie. Wiesbaden: VS-Verlag

Berg, Manfred/Wendt, Simon (Hrsg.) (2011): Racism in the Modern World. Historical Perspectives on Cultural Transfer and Adaptation. New York: Berghahn Books

Broeck, Sabine (1999): White Amnesia – Black Memory American Women's Writing and History. Frankfurt a.M.: Peter Lang

Brunner, Claudia (2011): Wissensobjekt Selbstmordattentat. Epistemische Gewalt und okzidentalistische Selbstvergewisserung in der Terrorismusforschung. Wiesbaden: VS-Verlag

Bruns, Claudia (2011): Towards a Transnational History of Racism: Interrelationships between Colonial Racism and German Anti-Semitism? The Example of Wilhelm Marr. In: Berg/Wendt (2011): 161-185

Castro Varela, MarÌa do Mar (2007): Unzeitgemäße Utopien. Migrantinnen zwischen Selbsterfindung und gelehrter Hoffnung. Bielefeld: transcript

Castro Varela, MarÌa do Mar (Hrsg.) (2005): Soziale (Un)Gerechtigkeit. Antidiskriminierung, Dekolonisierung und Demokratisierung. Münster: LiT

Chrystos (1988): Not vanishing. Vancouver: Press Gang Publishers

Collins, Patricia Hill (2000): Black feminist thought. Knowledge, consciousness, and the politics of empowerment. New York/London: Routledge

Combahee River Collective (1982): A Black Feminist Statement. In: Hull et al. (1982): 13-22

Crenshaw, KimberlÈ (1991): Mapping the Margins: Intersectionality, Identity Politics, and Violence against Women of Color. In: Stanford Law Review, 43, 6.1241-1299

Dhawan, Nikita (2011): Spricht die Subalterne Deutsch? und andere riskante Fragen: Migrantischer Aktivismus, Internationale Arbeitsteilung und die (Un)Möglichkeittransnationaler Bündnispolitiken. In: Dies./Maria do Mar Castro Varela (Hrsg.) (2011): Soziale(Un)Gerechtigkeit. Antidiskriminierung, Dekolonisierung und Demokratisierung, Münster u. a.: LIT. i. E.
Dhawan, Nikita; Castro Varela do Mar, Maria (2005): Postkoloniale Theorie. Eine kritische Einführung. Bielefeld: transcript
Dietrich, Anette (2007): Weiße Weiblichkeiten – Konstruktionen von ›Rasse‹ und Geschlecht im deutschen Kolonialismus. Bielefeld: transcript
Dietze, Gabriele (2005): Postcolonial Theory. In: von Braun, Christina/Stephan, Inge (Hrsg.): Gender@Wissen. Ein Handbuch der Gender-Theorien, Köln: Böhlau: 304-324
Dietze, Gabriele (2010): Gerechtigkeit Verhandeln. Konkurrenz von Race- und Gender in US amerikanischem Emanzipationsdiskurs. Bielefeld: transcript
Dietze, Gabriele/Brunner, Claudia/Edith Wenzel (Hrsg.) (2010): Kritik des Okzidentalismus. Transdisziplinäre Beiträge zu (Neo-)Orientalismus und Geschlecht. Bielefeld: transcript
Eggers, Maureen Maisha/Kilomba, Grada/Peggy Piesche/Susan Arndt (Hrsg.) (2005): Mythen, Masken und Subjekte. Kritische Weißseinsforschung in Deutschland, Münster: UnRast
Eggers, Maureen Maisha (2006): Die Auswirkung rassifizierter (post-)kolonialer Figurationen auf die sozialen Identitäten von weißen und schwarzen Kindern in Deutschland. In: Bechhaus-Gerst/Giesecke (2006): 383-394
Eggers, Maureen Maisha (2009): Same Differences: Interkulturelle Pädagogik meets dekonstruktivistische Geschlechterforschung. Einige Schwarze Theoretisierungen. In: Leiprecht/Scharathow (2009): 135-153
Eggers, Maureen Maisha/Kilomba, Grada/Piesche, Peggy/Arndt, Susan (Hrsg.) (2007): Mythen, Masken, Subjekte. Kritische Weißseinsforschung in Deutschland. Münster: UnRast
El-Tayeb, Fatima (2001): Schwarze Deutsche: Der Diskurs um Rasse und nationale Identität 1890-1933. Frankfurt a.M./New York: Campus
El-Tayeb, Fatima (2003): Begrenzte Horizonte. Queer Identity in der Festung Europa. In: Steyerl/Gutièrrez Rodrìguez (2003): 129-145
El-Tayeb, Fatima (2011): European Others. Queering Ethnicity in postnational Europe. Minneapolis/London: University of Minnesota Press
Frankenberg, Ruth/Mani, Lata (1993): Crosscurrents, crosstalk: race, ‚postcoloniality' and the politics of location. In: Cultural Studies 2. 292-310
Gutièrrez Rodrìguez, Encarnación (2006): Repräsentation, Postkoloniale Kritik und Subalternität. In: Gutièrrez Rodrìguez/Steyerl (2006): 17-37
Gutièrrez Rodrìguez, Encarnación (2008): Postkolonialismus. Subjektivität, Rassismus und Geschlecht, in: Becker/Kortendieck (2008): 267-275
Hark, Sabine (2005): Dissidente Partizipation. Eine Diskursgeschichte des Feminismus. Frankfurt a.M.: Suhrkamp
Haschemi Yekani, Elahe (2011): The Privilege of Crisis. Narratives of Masculinities in Colonial and Postcolonial Literature, Photography and Film. Frankfurt a.M./New York: Campus
hooks, bell (1994): Teaching to transgress: education as the practice of freedom. New York: Routledge
Hornscheidt, Lann/Baer, Susanne (2011): Transdisciplinary Gender Studies. Conceptual and Institutional Challenges. In: Lykke et al. (2011): 165-179
Hornscheidt, Lann (2008): An agenda for critical lexicographic research within Critical Discourse Studies – an investigation on racism/colonialism in monolingual Danish, German and Swedish dictionaries. In: Critical Discourse Studies Critical Discourse Studies, 5, 2. 2008.107-132

Hornscheidt, Lann/Dietze, Gabriele (2006): ›Kritischer Okzidentalismus‹. Ein Zwischenruf. In: Forum Kommune 2. 2006. 124-127
Hull, Gloria T./Scott, Patricia Bell/Smith, Barbara (Hrsg.) (1982): But Some of Us Are Brave. Black Women's Studies. Old Westbury: Feminist Press
Husmann, Jana (2010): Schwarz-Weiß-Symbolik. Dualistische Denktraditionen und die Imagination von ›Rasse‹. Religion –Wissenschaft – Anthroposophie. Bielefeld: transcript
Kerner, Ina (2009): Differenzen und Macht. Zur Anatomie von Rassismus und Sexismus. Frankfurt a.M./New York: Campus
Kilomba, Grada (2008): Plantation Memories. Episodes of Everyday Racism Münster: UnRast
Klinger, Cornelia/Knapp, Gudrun-Axeli (2005): Achsen der Ungleichheit – Achsen der Differenz. Verhältnisbestimmung von Klasse, Geschlecht, ›Rasse‹/Ethnizität. In: Transit. Europäische Revue 29. 2008. 72-95
Kundrus, Birte (2002): Moderne Imperialisten. Das Kaiserreich im Spiegel seiner Kolonien. Köln: Böhlau
Leiprecht, Rudolf/Scharathow, Wiebke (Hrsg.) (2009): Rassismuskritik Band 2 – Rassismus und politische Bildungsarbeit, Göttingen: Waxmann
Loomba, Ania (1998): Colonialism/Postcolonialism. London/New York: Routledge
Lorde, Audre (1984a): Poetry is not a luxury. In: Audre (1984b): 36-40
Lorde, Audre (1984b): Sister Outsider. Berkley, California: Crossing Press
Lorde, Audre (1984c): The master's tools will never dismantle the master's house. In: Audre (1984b): 110-114
Lykke, Nina et al. (Hrsg.) (2011): Gender Studies and Transdisciplinarity. London/New York: Routledge
McClintock, Annie (1995): Imperial Leather: Race, Gender, and Sexuality in the Colonial Contest. London: Routledge
Mills, Sarah/Lewis, Reina (2003): Feminist Postcolonial Theory: A Reader. New York: Routledge
Mohanty, Chandra Talpade (2003): Feminism without borders. Decolonizing theory, practicing solidarity. Duke: Duke University Press
Moraga, Cherrìe/Anzaldúa, Gloria (Hrsg.) (1984): This Bridge Called My Back: Writing by Radical Women of Color. Boston: Persephone Press
Nduka-Agwu, Adibeli/Hornscheidt, Lann (Hrsg.) (2010): Rassismus auf gut deutsch. Ein kritisches Nachschlagewerk zu rassistischen Sprachhandlungen. Frankfurt a.M.: Brandes & Apsel
Oguntoye, Katharina/Opitz, May/Schultz, Dagmar (Hrsg.) (1992): Farbe bekennen. Afro-deutsche Frauen auf den Spuren ihrer Geschichte. Frankfurt a.M.: Fischer
Rich, Adrienne (1986): Notes Towards a Politics of Location. In: Blood, Bread, and Poetry. Ontario: Penguin Books. 210-233
Schwarzbach-Apithy, Aretha (o. J.): Die Erfindung als Anti-Rassist – aus afrozentristischer Perspektive. Unveröffentliche Magistraarbeit Erziehungswissenschaften. Berlin
Spivak, Gayatri C. (1994): Can the subaltern speak? In: William/Chrisman (1994): 66-111
Steyerl, Hito/Gutièrrez Rodrìguez, Encarnatión (Hrsg.) (2003): Spricht die Subalterne deutsch? Migration und postkoloniale Kritik. Münster: UnRast
Tudor, Alyosxa (2011): feminismus w_orten lernen. Praktiken kritischer Ver_Ortung in feministischen Wissensproduktionen. In: AK Feministsche Sprachpraxis (2011): i. E.
von Braun, Christina/Matthes, Bettina (2007): Verschleierte Wirklichkeit. Die Frau, der Islam und der Westen. Berlin: Aufbau Verlag
Walgenbach, Katharina (2006): Die weiße Frau als Trägerin deutscher Kultur: Koloniale Diskurse über Geschlecht, ›Rasse‹ und Klasse im Kaiserreich. Frankfurt a.M: Campus

Walgenbach, Katharina/Dietze, Gabriele/Hornscheidt, Lann/Palm, Kerstin (2009): Gender als interdependente Kategorie. Intersektionalität – Diversität – Heterogenität. Opladen: Barbara Budrich
William, Patrick/Chrisman, Laura (Hrsg.) (1994): Colonial Discourse and Post-Colonial Theory. Hemel Hemstead: Harester Wheatsheaf
Wollrad, Eske (2005a): Weißsein im Widerspruch. Feministische Perspektiven auf Rassismus, Kultur und Religion. Königstein
Wollrad, Eske (2005b): Weißsein und bundesdeutsche Gender Studies. In: Eggers et al. (2005): 416-426
Wright, Michelle (2004): Becoming Black: Creating Identity in the African Diaspora. Durham, N.C.: Duke University Press
Writers, Sangtin/Nagar, Richa (2006): Playing with fire. Feminist Thought and Activism Through Seven Lives In India. Minneapolis: University of Minnesota Press

Postkoloniale Literaturwissenschaft. Methodenpluralismus zwischen Rewriting, Writing back und hybridisierenden und kontrapunktischen Lektüren

Gisela Febel

Die internationale und insbesondere die anglo-amerikanische Literaturwissenschaft kann als Wiege der kritischen postkolonialen Studien bezeichnet werden. Die drei VordenkerInnen Gayatri C. Spivak, Edward W. Said und Homi Bhabha[1] sind selbst von ihrer Ausbildung her LiteraturwissenschaftlerInnen und haben zumeist ihre je spezifischen postkolonialen Deutungsweisen an literarischen Gegenständen und Diskursen exemplifiziert und diskutiert. Zentrale Themen der postkolonialen Studien sind Identität und Alterität, Sklaverei, Rassismus, *race-class-gender*-Fragen, Diaspora, Hybridität und Multikulturalismus, Globalisierung bzw. »Glokalisierung«, Religion oder Umweltfragen etc.,[2] die alle auch in den literarischen Gegenständen eine zentrale Rolle spielen. Die Einflüsse der vielfältigen und mittlerweile sehr diversifizierten Ansätze aus den postkolonialen Methoden und Theorien sind sehr weit gestreut (vgl. Febel et al. 2006). In der Literaturwissenschaft haben Ansätze wie die postkoloniale Narratologie (vgl. Birk 2002), postkoloniale Schreibweisen und Gattungstheorien (vgl. Galster 2002, Huddart 2008), intertextuelle produktionsästhetische Verfahren wie das *Rewriting* und *Writing back* (vgl. Ashcroft 1989, Gymnich 2006), oder rezeptionsästhetische Methoden wie die von Bhabha vorgeführten hybridisierenden Lektüren

1 Vgl. in diesem Band die entsprechenden Beiträge im Kapitel 2.

2 Vgl. die Schlüsselkonzepte der Postcolonial Studies bei Ashcroft 2007 und Thieme 2003. Vgl. auch Dürbeck 2008: »Mit dem Begriff Postkoloniale Studien wird sowohl ein theoretischer Ansatz, ein Forschungsfeld, wie auch ein Theoriediskurs in den Literatur- und Kulturwissenschaften oder ein Lektüremodell bezeichnet. Wesentliche Ausgangsüberlegungen wurden von Edward W. Said, Homi Bhabha und Gayatri C. Spivak formuliert. Theoretische Leitkategorien und Analysekonzepte wie ›Orientalismus‹, ›kontrapunktische Lektüre‹, ›Writing Back‹/›Rewriting‹, ›Hybridität‹, ›Third space‹, ›Mimikry‹ und ›Remapping‹ wurden in den letzten zwei Jahrzehnten umfassend diskutiert. Postkoloniale Studien sind mittlerweile ein fester Bestandteil in Studiengängen und Schwerpunktprogrammen angloamerikanischer Universitäten und sind in diversen Readern (Williams/Chrismann 1990; Ashcroft/Griffith/Tiffin 1995 und anderen) und der »Encyclopedia of Postcolonial Studies« (2001) kanonisiert.«

(vgl. Hars 2002) oder die kontrapunktischen Lektüre nach Edward W. Said[3] etc. den Methodenpluralismus entscheidend erweitert. Trotz unterschiedlicher Referenzdiskurse dekonstruktivistischer oder marxistischer Art[4] ist das gemeinsame Ziel, die Funktionsmechanismen kolonialer Machtverhältnisse in den literarischen Texten und in ihrer diskursiven Konstruiertheit offen zu legen.

Dennoch muss man gerade in den Literaturwissenschaften feststellen, dass sich in Hinsicht auf Verbreitung, Auswahl und Zeitraum der Entwicklung postkolonialer Fragestellungen in den einzelnen nationalen Philologien und den sprachlichen Diskurs- und Denkräumen sehr unterschiedliche Situationen vorfinden lassen. So haben sich im anglo-amerikanischen Sprachraum und in Bezug auf die New English Literatures die klassischen postkolonialen Literaturanalysen à la Said oder Bhabha seit den 1970er Jahren rasant ausgebreitet und sind mittlerweile zu einem Mainstream-Paradigma geworden sind, das sich in Verknüpfungen mit Genderanalysen und Rassismuskritik als unmittelbar politisch versteht, allerdings von manchen schon als von einer post-postkolonialen Phase überholt bezeichnet wird.[5] Demgegenüber haben sich im frankophonen und im hispanophonen Raum sowie in Afrika und der Karibik, teilweise auch in der kanadischen Diaspora, unter Bezug auf andere DenkerInnen wie Fanon, Césaire, Chamoiseau und Glissant, Deleuze, Canclini und Balibar, Mbembe und Achebe etc. etwas später, seit den 1990er Jahren postkoloniale Literaturwissenschaften formiert, die andere und eigene Konzepte postkolonialer Lesarten entwickelt haben und in den traditionellen philologischen Orten wie den Universitäten oft noch stark marginalisiert sind, wohl aber in der intellektuellen Debatte seit etwa zehn Jahren eine bedeutsame Rolle spielen. Für den deutschsprachigen Raum stellt sich die Frage nach einer postkolonialen Literaturwissenschaft nochmals etwas anders, da man hier in allen Philologien wie auch in den Sozial- und Geschichtswissenschaften von einer recht großen Verspätung der Rezeption postkolonialer Theorien – und da fast ausschließlich jener angelsächsischer Provenienz – sprechen kann, die erst

3 In der interkulturellen Germanistik und in der postkolonial orientierten Philosophie gibt es Versuche der Operationalisierbarkeit der kontrapunktischen Lektüre; vgl. Dubiel 2007; Dunker 2008 b und zu postkolonialen Poetiken vgl. Lubrich 2009.

4 Vgl. in diesem Band zu den Theoriereferenzen Kapitel 1.

5 Vgl. Dunker 2008: »Wir haben es mit der paradoxen Situation zu tun, dass in den USA teilweise schon das Ende der Postcolonial Studies verkündet worden ist, während man in Deutschland das Gefühl haben kann, mit einem Interesse an kolonialen beziehungsweise postkolonialen Zusammenhängen innerhalb der Germanistik immer noch ganz am Anfang zu stehen. Und das, obwohl es inzwischen eine ganz Reihe von sehr ernst zu nehmenden Arbeiten zu diesem Problemkomplex gibt. [...] da es in den Postkolonialen Studien immer auch um die gesellschaftlich aktuell sehr bedrängenden Probleme interkulturellen Zusammenlebens geht, könnten sie ein Gegengewicht gegen die häufig beklagte mangelnde gesellschaftliche Relevanz der Germanistik bieten.«

Anfang des 21. Jahrhunderts richtig einsetzt. Speziell in der deutschen Germanistik konstatieren wir eine sehr spärliche und zögerliche Aufnahme der postkolonialen Methoden,[6] die häufig vermittelt über die amerikanische Germanistik in Deutschland rezipiert werden. Erst seit wenigen Jahren besteht ein DFG-Netzwerk postkoloniale Germanistik unter der Leitung von Axel Dunker und Gabriele Dürbeck und ebenfalls 2008 erschien ein richtungsweisendes Dossier der Zeitschrift *literaturkritik.de* mit Essays zum Schwerpunkt: »Postcolonial Studies«.[7] Es scheint mir daher geboten, den Stand der postkolonialen Literaturwissenschaft mit Blick auf die philologischen Diskursräume im Folgenden unterschiedlich zu betrachten, bevor ich abschließend auf das innovative Potenzial von postkolonialer Literaturwissenschaft eingehe.

1. Postkoloniale Studien und ihre Rolle in der Germanistik

Der Einfluss der postkolonialen Studien verspricht in der deutschen Literaturwissenschaft insofern ein innovatives Paradigma zu werden, als sich die Möglichkeit grundsätzlich neuer Lesarten vergangener und gegenwärtiger Texte bietet, wie Monika Albrecht formuliert:

> »Die große Anziehungskraft, die […] vom Postkolonialismus ausgeht, verdankt sich der Bereicherung, die jeden tatsächlichen Paradigmenwechsel kennzeichnet. Bei der literaturwissenschaftlichen Arbeit wird diese Faszination immer wieder unmittelbar spürbar, wenn sich eingehend erforschte Texte bei der Wiederlektüre aus postkolonialer Sicht auf einmal in einem anderen Licht zeigen.« (Albrecht 2008: o. S.)

Im Zentrum der neuen Kritik stehen hier vor allem die »eingestandene oder nichteingestandene Komplizenschaft [literarischer Texte] mit dem Diskurs und der Mentalität des Kolonialismus« (Albrecht 2008: o. S.;vgl. Reckwitz 2000). Die Suche nach den Implikationen eines kolonialen Denkens bestimmt in weiten Teilen

6 Vgl. Wilke 2008: »Die Nachbarfächer der Germanistik, in erster Linie die Amerikanistik, die Anglistik und die Romanistik, beschäftigen sich seit Jahren mit postkolonialen Themen. […] Parallel dazu gibt es in den USA, in England und in Frankreich einflussreiche Intellektuelle, Wissenschaftler und Künstler mit dezidiert postkolonialem Selbstverständnis, das sie in öffentliche Debatten tragen. Das alles fehlt in Deutschland weitgehend.« Vgl. auch Dürbeck 2008: »In der Germanistik haben sich Postkoloniale Studien erst später etabliert. Sie erhielten ihre wichtigsten Anstöße vor etwa zehn Jahren aus der amerikanischen Germanistik und entwickeln sich seitdem dynamisch und stetig […]. Allerdings haben sich bislang keinen eigenen Studiengänge etabliert […dennoch] sind in den letzten Jahren zahlreiche Sammel- und Tagungsbände zum Postkolonialismus in der deutschen Literatur und Kultur erschienen, die einen Dialog mit der deutschsprachigen Geschichtswissenschaft suchen«.

7 http://www.literaturkritik.de/: literaturkritik.de, Nr. 6, Juni 2008. Schwerpunkt: Postcolonial Studies. Essays.

die ersten germanistischen postkolonialen Arbeiten, die ihren Schwerpunkt in der Literatur des 19. Jahrhunderts haben (vgl. Dunker 2008b) und sich dabei insbesondere auf die Analyse der literarischen Formen des *Othering* und die Kritik des deutschen Orientalismus-Diskurses im Anschluss an Edward W. Said beziehen. Diese Richtung der postkolonialen Studien verbindet sich relativ nah mit bisherigen kritischen Untersuchungen zu Fragen des Exotismus und zum Konzept des Fremden und haben daher einfacher Eingang in die traditionelle Literaturwissenschaft gefunden. Laut Albrecht wird dabei manches eher umetikettiert, denn

> »was im deutschen Wissenschaftsbetrieb importiert wurde, ist vor allem der *Begriff* ›postkolonial‹. [...] In diesem Kontext wird allerdings meist davon ausgegangen, dass es sich bei den postkolonialen Studien um einen reinen Wissenschaftsimport handelt.« (Albrecht 2008: o. S.)

Ziel ist u. a. eine Kanonerweiterung und -revision, die »inspiriert von Edward W. Saids Forderung nach einer kontrapunktischen Lektüre [erlaubt...], geweihte Texte neu zu erschließen, bislang randständige zentraler zu positionieren (exemplarisch dazu die Arbeiten von Axel Dunker)« (Joch 2008: o. S.). Ein weiteres Ziel ist es für jede Textsorte und jeden spezifischen Text zu bestimmen, was Herbert Uerlings das »postkoloniale Potential« genannt hat (vgl. Uerlings 1997: o. S.), um so eine »literaturwissenschaftliche Expertise« im internationalen Feld der postkolonialen Studien zu erwerben (vgl. Reckwitz 2000; Albrecht 2008).

Untersucht werden auch in Verbindung mit ethnologischen postkolonialen Ansätzen[8] deutsche literarisch-ethnologische Texte, Reiseberichte, Tagebücher, Pressemedien und ähnliche Quellen auf die Frage des kolonialen und rassistischen Denkens und die eurozentristische Prägung der Erzählung hin. So werden etwa die afrikanischen Projektionen bei Leo Frobenius kolonialkritisch untersucht in Analogie mit der bekannten Kritik Achebes[9] und Saids an Joseph Conrads »Heart of Darkness« (vgl. Joch 2008).

Die Frage nach Anwendbarkeit, Anschlussfähigkeit und eigener Methodik postkolonialer Forschung wird in der deutschen Philologie immer wieder skeptisch aufgeworfen, was ein erhebliches Rezeptionshemmnis darstellt. So konsta-

---

8 vgl. Joch 2008: »Mit Homi Bhabha sehen sie [die Literaturwissenschaften], dass sich die Destabilisierung nationaler und/oder ethnischer Identitäten am markantesten in der Literatur abzeichnet. [...Sie interessieren sich,] angeregt durch die von Autoren wie James Clifford und Clifford Geertz angestoßene Writing-Culture-Debatte, für die rhetorischen und performativen Figuren ethnologischer Texte.«

9 1975 hielt Chinua Achebe, der nigerianische Autor, an der University of Massachusetts einen Vortrag, in dem er anprangerte, dass Conrads Novelle *Heart of Darkness* die AfrikanerInnen bis zur Dehumanisierung abwertete. »Die im angelsächsischen Raum seit längerem als Beispiel eines Writing back der Dekolonisierten geltende Abrechnung ist mittlerweile auch im Blickfeld deutscher Literaturwissenschaftler aufgetaucht.« (Joch 2008).

tiert Albrecht etwa: »In unserer Disziplin wäre beispielsweise nach dem Verhältnis von interkultureller Germanistik (vor allem der neueren Richtungen) und postkolonialer Literaturwissenschaft zu fragen.« (Albrecht 2008: o. S.) Die terminologische Ausdifferenzierung zwischen Imperialismus, Kolonialismus und Neo- und Postkolonialismus (vgl. Young 2001: bes. 15-69; Loomba 1998: bes. 1-19) spielt für die Literaturwissenschaften und insbesondere für die Germanistik keine zentrale Rolle. Sie analysiert zumeist Phänomene der Kolonialgeschichte und deren literarische Repräsentation in historischer und synchroner Perspektive. Daher hat auch die Präfix-Debatte kaum Bedeutung, zumal sich nach wie vor die Idee hält, dass Deutschland und somit die deutsche Literatur (und Literaturwissenschaft) keine koloniale Geschichte habe bzw. diese verdrängt und vergessen habe. Albrecht wendet gegen die These der kolonialen oder postkolonialen Amnesie ein:

> »Das ›kulturelle Gedächtnis‹ in Deutschland, so wird vielfach behauptet, sei [...] von ›Prozessen des Vergessens befallen' (Zantop). Dagegen lassen sich allein aus dem Zeitschriftenarchiv der Münsteraner Bibliothek stapelweise Artikel zum europäischen und ehemaligen deutschen Kolonialismus aus genau dieser Zeit zusammentragen, womit definitiv gesagt werden kann, dass damals keine postkoloniale Amnesie herrschte.« (Albrecht 2008: o. S.)

Das DFG-Netzwerk *Postkoloniale Studien in der Germanistik* stellt sich der Aufgabe, »die bislang vereinzelten Ansätze in den postkolonialen Studien in der Germanistik zu bündeln, kritisch aufeinander zu beziehen und für eine Neukonfiguration des Forschungsfeldes fruchtbar zu machen.« (Dürbeck/Dunker 2010: o. S.) Auch hier wird zuerst kritisch die Anschlussfähigkeit importierter postkolonialer Theorie untersucht, denn es »soll geklärt werden, inwiefern die in den bisherigen Postkolonialen Studien zur englischsprachigen und frankophonen Literatur etablierten Analysekategorien für die Untersuchung deutschsprachiger Literatur und Kultur angewendet werden können« (ebd.), so dass nach wie vor nicht von einem genuinen Teil deutscher Philologie zu sprechen ist, zumal bereits die theoretischen Hintergrund-Paradigmen des Poststrukturalismus und der Dekonstruktion[10] in Deutschland wenig Akzeptanz fanden. Stärker präsent ist die Diskursanalyse im Foucault'schen Sinne, die sich einfacher an die deutschen

10 Vgl. Struve 2012: »Als eine der zentralen Methoden hat sich in der anglophonen Theoriebildung zunächst der Ansatz der kolonialen Diskursanalyse etabliert. ›Colonial discourse analysis‹, so führt Antor aus, ›untersucht die strukturellen Bezugsrahmen von literarischen und nichtliterarischen historischen Texten und die sozialen Formationen, die Konzepte des Anderen hervorbringen. [...] Hierbei ist der anti-essentialistisch konstruktivistische Ansatz stets von besonderer Bedeutung‹.« (vgl. Antor 2002: 119 und Mills 2007) Sara Mills unterscheidet die klassische koloniale Diskurstheorie von der postkolonialen, indem sie letztere als eine Analyseform beschreibt, die sich darauf konzentriere »die Wirkungen herauszuarbeiten, die kolonialistische Unternehmungen auf aktuelle soziale Strukturen und ihre diskursiven Formationen haben« (ebd.: 15).

Verfahren der Systemtheorie anschließen ließ. Daher wird heute auch eher die Rezeption der Said'schen Analyse der Orientalismus-Diskurse in der deutschen Literaturwissenschaft favorisiert. Es soll im DFG-Netzwerk weiter untersucht werden, »welchen Stellenwert dabei hermeneutische und poststrukturalistische Verfahren der Textanalyse sowie Diskursanalyse haben« (ebd.). Die Option der methodischen Innovation wird jedoch in der jüngeren Germanistik durchaus gesehen, wie Albrecht formuliert:

> »Mit der anhaltenden Faszination postkolonialer Fragestellungen erwuchs auch die Notwendigkeit zu theoretischen und methodologischen Reflexionen. Insbesondere werden seit einiger Zeit Überlegungen dazu angestellt, worin das Besondere einer deutschen interkulturellen oder postkolonial orientierten Literaturwissenschaft bestehen könnte.« (Albrecht 2008: o. S.)

María do Mar Castro Varela und Nikita Dhawan nehmen bislang an, dass Literatur in den postkolonialen Studien im Sinne des Foucault'schen Diskursbegriffs keine gesonderte Stellung im Kolonialdiskurs einnimmt, sondern im Zusammenhang mit historiographischen, soziologischen, wirtschaftlichen, politischen oder philosophischen Dokumenten gemeinsam analysiert wird (vgl. Castro Varela et al. 2005: 24f.). Das mag ein weiterer Grund dafür sein, dass die eher textphilologisch orientierte deutsche Literaturwissenschaft nur allmählich für postkoloniale Ansätze Interesse zeigt.

Von den vier Varianten postkolonialer Literaturtheorie, die Ashcroft et al. 2007 unterscheiden,[11] scheint bislang vor allem die zweite rassismuskritische Variante, die die Analyse literarischer Repräsentationen von Erfahrungen rassistischer oder eurozentristischer Praktiken und kolonialen Denkens in den Mittelpunkt stellt, für die germanistische Forschung interessant. Methodisch resultiert daraus, wie Karen Struve formuliert,

> »eine postkoloniale ›reading strategy‹, die eine grundsätzliche Kanonkritik und eine subversive, postkoloniale Lektüre von kanonischen Texten, das Aufspüren von durch den Kolonialdiskurs verstummten Figuren, die kritische Revision der Produktionsbedingungen von Literatur sowie die postkoloniale Neubewertung textimmanenter Tropen, Metaphern oder narrativen Strategien wie Ironie umfasst.« (Struve 2012: o. S.)

11 Vgl. Struve 2012: »nämlich erstens eine regional-nationale Variante, die die lokalen Partikularismen postkolonialer Literaturen herausarbeitet; zweitens eine ›race-basierte‹ Variante [...]; drittens eine (enge) komparatistische Variante, die spezifische historische, sprachliche oder kulturelle Dimensionen über zwei oder mehr postkoloniale Literaturen hinweg untersucht; und schließlich viertens eine umfassendere komparatistische Variante, in der nicht die Differenzen sondern gerade die Vermischungsphänomene (Hybridität und Synkretismus) in den Blick genommen werden.«

Diesen Befund bestätigt auch Gabriele Dürbeck, wenn sie zusammenfassend sagt, es sei »zu beobachten, dass sich vor allem in den letzten fünf Jahren von postkolonialen Leitkategorien ausgehende Studien zur (kanonischen) deutschsprachigen Literatur und deren Repräsentationen des Fremden signifikant diversifiziert haben« (Dürbeck 2008: o. S.). Sie unterscheidet drei Phasen postkolonialer Studien in der Germanistik: »Kultur- und Herrschaftskritik, ästhetisch erweiterte Perspektive sowie Ausweitung und Ausdifferenzierung« (ebd.). Die erste Phase ist markiert durch Susanne Zantops (1997) Übertragung von Saids Orientalismus-These auf den deutschen Kolonialismus in Verbindung mit dem breit rezipierten Sammelband *The Imperialist Imagination. German Colonialism and its Legacy.* Allerdings kann man mit Dunker kritisch anmerken, dass diese

> »Fixierung auf Saids Orientalismus-Buch von 1978 [...verstellt, dass er] in späteren Arbeiten, vor allem in seinem Buch ›Culture and Imperialism‹ (1993), gerade [...] mit seinem Lektüreverfahren der ›kontrapunktischen Lektüre‹ vorgeführt hat, wie man einer Literatur begegnen kann, in der das Koloniale bestenfalls marginal zu sein scheint – und wie man dann zeigen kann, dass es das gerade nicht ist.« (Dunker 2008: o. S.)[12]

Die zweite Phase der ästhetisch erweiterten Perspektive markieren die Studien von Paul Michael Lützeler (1997, 1998 und 2005) zur Nachkriegs- und Gegenwartsliteratur, der argumentiert, dass die Gewaltgeschichte kein Sonderthema der so genannten ›Dritten Welt‹ sei. Er betont die Aspekte der postkolonialen Selbstreflexivität und der ästhetischen Polyphonie, was neue textuelle Lesarten eröffnet. Ähnlich argumentiert auch Herbert Uerlings (1997, 2001), der für eine auf die Poetizität konzentrierte Analyse der literarischen Verfahren in der Darstellung von Alterität eintritt und eine Verbindung hermeneutischer und (post-)strukturalistischer Verfahren detaillierter Textanalyse mit Methoden der Diskursanalyse favorisiert. Dunker betont die Rolle der literarischen Struktur für die Offenlegung der kolonialen Implikationen und sagt:

> »Auch in der deutschen Literatur steckt das Koloniale in der Struktur der Texte, im 19. Jahrhundert vor allem im Doppelbödigen des Realismus, der mit der Differenz arbeitet zwischen Außenseite und Untergrund, zwischen Oberflächendiskurs und Subtext. Im Gegensatz zur englischsprachigen Literatur einer Jane Austen etwa ist in der Rezeption der Texte von Eichendorff, Storm, Keller, Raabe und anderen der Konstruktion entsprechender Subtexte bis-

12 Er fährt fort: »Der Roman des 19. Jahrhunderts ist für Said Ausdruck und zugleich Katalysator für den Kolonialismus als herrschender Ideologie seiner Zeit, zumindest in den klassischen Kolonialmächten wie Frankreich und vor allem England. Dazu bedarf es für Said keiner Thematisierung des Kolonialismus in den Romanen, im Gegenteil, die Mentalität, eine Asymmetrie im (Macht-)Verhältnis von Europa und dem Rest der Welt für selbstverständlich und unhinterfragbar zu halten, wird für Said ganz wesentlich durch die ästhetische Faktur des realistischen Romans im weiteren Sinne bestätigt, ja hergestellt.« (Dunker 2008).

her zu wenig Aufmerksamkeit geschenkt worden. [... Es gilt zu erkennen], was durchaus in ihnen an kritischem oder dem herrschenden Diskurs zuwiderlaufenden Potential angelegt ist. Methodisch ist dafür eine Engführung von Diskursanalyse und *Close Reading* zu favorisieren.« (Dunker 2008: o. S.)

Gabriele Dürbeck sieht diese Entwicklung sehr positiv und stellt fest:

»Dies [postkoloniale Paradigma] wird für eine Re-Lektüre vornehmlich kanonischer Literatur genutzt und hat mittlerweile nicht nur eine Reihe innovativer ‚kontrapunktischer Lektüren‹ (Dunker 2008) angeregt. Darüber hinaus sind postkoloniale Fragestellungen auch auf Konferenzen etwa zu Theodor Fontane (Ehlich 2000) oder Gustav Freytag (Krobb 2005) diskutiert worden [...]. Mit diesen Tendenzen konstituieren die Postkolonialen Studien ein vitales und facettenreiches Forschungsfeld innerhalb der Germanistik, das nicht nur durch punktuelle Ereignisse oder vereinzelte Adaptionen charakterisiert ist.« (Dürbeck 2008: o. S.)[13]

Mit der dritten Phase, die Dürbeck etwa seit dem Jahr 2002 ausmacht, differenziert sich das Forschungsfeld aus und es werden neue Arbeitsfelder des Postkolonialismus konfiguriert. So entstehen im Kontext von Exotismus- und Reiseliteraturforschung postkoloniale Studien, die zugleich diskursanalytisch und hermeneutisch fundiert sind. Zu nennen wären insbesondere Untersuchungen zum Orientalismus (vgl. Polaschegg 2005) als auch zum Afrika-Diskurs (vgl. Fiedler 2005; Struck 2008) in der deutschen Literatur, sowie zu Südamerika (vgl. Holdenried 2004) oder den Südpazifik (vgl. Dürbeck 2007). Der selbstreflexive Aspekt setzt sich fort in Forschungen zum Kolonialismus als (Un-)Kultur mit dem Ziel einer auch in Deutschland zu vollziehenden ideologischen Dekolonialisierung (vgl. Honold/ Scherpe 2004). Es gilt, wie Dunker formuliert,

»zu demonstrieren, dass im kolonialen Weltbild a priori eine Struktur steckt, eine Struktur der Ungleichheit, der Disproportion, der Asymmetrie, der Hierarchisierung etwa von Geschlechtern, die sich in der Literatur wiederfinden lässt, und zwar jenseits von Thematisierungen und damit gerade in den ästhetischen Strukturen der Texte.« (Dunker 2008: o. S.)

Auch erste stärker theoretisch ausgerichtete Studien wie etwa der Vorschlag einer »intrakulturellen Hybridität« bei Jochen Dubiel (2007) sind im letzten Jahrzehnt entstanden. Schließlich sind jene Forschungen zu erwähnen, die postkoloniale Ansätze für die Untersuchung von Migrationsliteratur im Kontext von Multikulturalismus und Globalisierung verwenden.

13 Ähnlich argumentiert auch Axel Dunker in Bezug auf die Autoren des 19. Jahrhunderts, in dem es »so selbstverständlich [war], dass der Kolonialismus gar nicht eigens zusammenhängender thematisiert werden musste und doch Bestandteil ihrer Modulierung von Welt war. Einige Studien etwa zu Theodor Fontane haben in dieser Richtung einiges erbracht, man kann das aber genauso auch zeigen für E.T.A. Hoffmann und Joseph von Eichendorff, Adalbert Stifter und Theodor Storm, Gottfried Keller und Wilhelm Raabe.« (Dunker 2008).

»Dabei wird einerseits die interkulturelle Dimension deutschsprachiger Literatur erschlossen, beispielweise durch die Analyse der symbolischen Konstruktion kultureller Alterität im Zusammenhang globaler Machtbeziehungen und in kritischer Auseinandersetzung mit ›Ausländerfeindlichkeit‹ und Rassismus (Göttsche). Andererseits werden Anschlussmöglichkeiten an die rezente Migrations- und Globalisierungsforschung mit der Frage gesucht, ob diese auf eine breiter angelegte Theorie der Transkulturalität zu beziehen sei.« (Dürbeck 2008: o. S.)

Diese Aspekte sollen laut DFG-Netzwerk um diachrone Forschungen, Kanonkritik und aktuelle Phänomene wie Migration, Bindestrich-Literaturen, Globalisierungskritik etc. ergänzt werden, um schließlich auch genuine germanistische Perspektiven zu generieren.[14]

Susanne Wilke stellt noch weitergehende Forderungen auf, die eine postkoloniale Selbstreflexion der Literaturwissenschaft und ihrer Gegenstände in Deutschland tangieren. Postkoloniale Studien im deutschen Kontext dürften sich nicht auf die offizielle Kolonialperiode beschränken; aus der deutschen Geschichte erwachsen besondere Themen wie das Verhältnis von Kolonialismus und Naziideologie oder das Verhältnis von Kolonialismus und Antisemitismus, aber auch die spezifisch deutsche Orientalisierung des europäischen Ostens. Auch die postkoloniale Analyse der literarischen Zeugnisse des multikulturellen Deutschland und des deutschen Tourismus in postkolonialen Räume wie Namibia und Neu-Guinea (oder anderswo) nennt Wilke als Aufgaben einer erneuerten Literaturwissenschaft (vgl. Wilke 2008). Eine derartig spezifisch deutsche postkoloniale Literaturwissenschaft würde sich einerseits im internationalen Feld vergleichen und verorten[15] und andererseits auch auf besondere deutsche Diskurse zurückgreifen: »Eine germanistisch geprägte postkoloniale Perspektive sollte dabei Anschluss finden an deutsche Traditionslinien, etwa an die Rassismustheorie Hannah Arendts, die

14 Gabriele Dürbeck und Axel Dunker formulieren weiter: »Zweitens sollen die historischen Entwicklungslinien vom Präkolonialismus über die koloniale Epoche und die postkoloniale Phase bis zu deren Auswirkungen in der Gegenwart untersucht werden, indem die auch in der deutschsprachigen Literatur zunehmend wichtiger werdenden gesellschaftlichen Phänomene Interkulturalität, Migration und Globalisierung einbezogen werden. Dabei sind Reichweite und Grenzen postkolonialer Ansätze im Hinblick auf Migrations- und Globalisierungsforschung sowie Transkulturelle Studien zu klären. Drittens sind neue Schwerpunktsetzungen für die Postkolonialen Studien in der Germanistik zu diskutieren, welche Fragen einer postkolonialen Ästhetik und einer Neubewertung des Kanons einschließen.« (Dürbeck/Dunker 2010).

15 »Die deutsche Auseinandersetzung mit dem Kolonialismus ist geprägt von speziellen Mustern. Diese beeinflussen die Art und Weise, wie Deutsche fremde Räume fantasiert, wie sie konkret über die Erfahrung in den Kolonien berichtet haben und wie sie sich heute noch mit kolonialem Material beschäftigen. Germanistische postkoloniale Studien müssen dabei die spezielle (prä-/post-)koloniale Konstellationen in differenzierter Weise herausarbeiten. Sie sollten eine vergleichende Perspektive im Auge behalten und die besonderen Muster der deutschen Kolonisierung in den verschiedenen geografischen Räumen gegenüber dem britischen, französischen, belgischen und niederländischen Kolonialismus aufzeigen.« (Wilke 2008).

Kritische Theorie, die Hermeneutik oder auch die Physiognomik.« (ebd.) Hierin schließt Wilke auch an Möglichkeiten einer deutschen »Critical Whitness«-Analyse an, wie sie auch Gabriele Dietze (2009) vertritt, indem er sagt:

> »Ein Beispiel einer solchen Neuorientierung wäre die Tatsache, dass man eigentlich die gesamte deutsche Literatur nach dem Ersten Weltkrieg als postkoloniale Literatur neu lesen müsste, nicht nur die Texte, die sich speziell mit kolonialen Themen beschäftigen. Das bedeutet nicht nur ein literaturhistorisches Umdenken, sondern auch neue methodische Fragestellungen: Wie wird in diesen Texten deutsche Identität als eine Ästhetik von ›whiteness‹ konstruiert?« (Wilke 2008: o. S.)

2. Postkoloniale romanistische Literaturwissenschaft

In Frankreich, der Karibik, Afrika, Spanien und Lateinamerika sowie in der romanistischen Literaturwissenschaft haben neben den Anwendungen von Saids Orientalismus-Konzept besonders der Begriff der Polyphonie von Bachtin, der in Frankreich schon früh übersetzt und rezipiert wurde, und im Anschluss daran das Konzept der Hybridität nach Homi Bhabha auf dem Hintergrund der Derrida'schen Dekonstruktion die postkolonialen Studien beeinflusst.

Hinzu kommen die »eher frankophonen Ursprünge« (Antor 2002: 117) aus dem Kreis jener Autoren, die das 1932 in den französischen Kolonien Afrikas und der Karibik formulierte Konzept der *négritude* entwickeln wie Aimé Césaire aus Martinique und Léopold Sédar Senghor aus dem Senegal.[16] Auch die psychoanalytisch und marxistisch fundierten, rassismuskritischen Arbeiten von Frantz Fanon (1975 [1952] und 2004 [1961]) und die antikolonialen Schriften der 1950er Jahre wie Césaires *Discours sur le colonialisme* (Césaire 1970 [1950]) und die Essays *Portrait du colonisé* sowie *Portrait du colonisateur* des tunesischen Schriftstellers Albert Memmi (Paris 1985 [1957]) spielen in der romanistischen Literaturwissenschaft eine große Rolle. In der Hispanistik haben sich als kritisches postkoloniales Dispositiv vor allem auch das an Gilles Deleuze anknüpfende Konzeptpaar von Zentrum und Peripherie und eine Verknüpfung mit poststrukturalistischen Ästhetiken der Postmoderne als fruchtbar erwiesen, wie sie Canclini (1990) vorschlägt. Die differenztheorie-basierten Ansätze der französischen Dekonstruktion nach Jacques Derrida betonen einerseits von vornherein die Textualität kultureller Differenz und kritisieren zugleich bei der Rekonstruktion struktureller Binaritäten stehen zu bleiben. Vielmehr soll den literarischen Tex-

16 Die heutige Kritik an dem Konzept der *négritude* gilt der inhärenten Essentialisierung und Fortschreibung von binären Stereotypen, die man jedoch mit Spivak auch als strategischen Essentialismus verstehen kann.

ten in einem permanenten Prozess der Destruktion und Rekonstruktion von Bedeutungszuweisungen die vermeintlich natürliche und stabile Sinnhaftigkeit und Einstimmigkeit entzogen werden. Diese Version der postkolonialen Studien legt daher vermehrt das Augenmerk auf die Ambivalenz von Texten, auf ein Gleiten von kontrapunktischen Lektüren in der Differenz und auf die spezifischen Formen der postkolonialen intertextuellen *réécriture*, dem neuen und veränderten Schreiben von Texten unter (post-)kolonialen Bedingungen.

> »Die poststrukturalistisch-semiotische Perspektive besteht auf dem Konstruktcharakter kolonialer Diskurse und wendet sich damit ausschließlich der sprachlichen Verfasstheit kolonialer Verhältnisse (im Sinne des ›Kultur als Text‹-Paradigmas[17]) zu.« (Struve 2011: o. S.).

Dabei spielen auch die immer umfänglicher und bedeutsamer werdenden Literaturen der Frankophonie und Lateinamerikas, die viele renommierte Preise erhalten haben – zuletzt Le Clézio den Nobelpreis für Literatur – und so das literarische Korpus und den Kanon erheblich erweitert haben, eine große Rolle. Allerdings ist seit 2007 eine Debatte entbrannt, inwiefern es sich hier um ein Phänomen »postkolonialer Literaturen« handle, oder ob diese Texte und Autoren nicht als Teil einer erneuerten »Weltliteratur«, einer »littérature-monde«, zu behandeln wären.[18]

Hybridität und Verortung in einem literarischen »dritten Raum« sind Konzepte von Homi Bhabha, die eine gewisse Nähe zur postkolonialen Theorie von Édouard Glissant aus Martinique aufweisen, der als einer der führenden französischen Vordenker bezeichnet werden kann[19] und seit den frühen 1970er Jahren, also bereits vor Bhabha und Said, seine Konzepte entwickelt hat (vgl. Ueckmann 2012). Im Mittelpunkt seines Denkens stehen die Begriffe der Kreolisierung – als lokal und global regierende Form der Hybridität, sowohl von Kulturen als auch von Subjekten –, der Diversität als das nicht binäre, dynamische Denken von Differenzen (vgl. Febel 2010), und der Opazität als einer Form der Verweigerung von eindeutiger Sinnzuschreibung im Text und damit auch von kolonialer Deutungshoheit. »Die identifikatorische Instabilität, die keine fixierte kulturelle Differenz mehr zwischen dem Eigenen und dem Fremden zulässt,« wie Karen Struve schreibt (Struve 2012: o. S.), birgt eben in sich, wie ich hinzufügen möchte, die Möglichkeit, sich hegemonialen Zugriffs jeglicher Art zumindest symbolisch zu entziehen.

---

17 Vgl. dazu den einführenden Artikel von Bachmann-Medick 2003: Kulturanthropologie, bes. 90.

18 Vgl. dazu Le Bris et al. 2007, sowie Hargreaves et al. 2011, hier besonders der komparatistische Artikel von Typhaine Leservot 2011, 36-48.

19 Zur postkolonialen Theorie in der Frankophonie vgl. Forsdick/Murphy 2003 und Moura 2007.

»Geht man [...] davon aus, dass Identitätsbildung nur durch die Integration des Anderen in das Selbst stattfinden kann, so lassen sich alternative Identifizierungsprozesse zwischen Kolonisiertem und Kolonisator denken, die jenseits der hegelianischen Herr-Knecht-Dialektik funktionieren.« (ebd.)[20]

Édouard Glissant entwirft sein Konzept von kulturellen Mischformen der Kreolisierung ausgehend von der spezifischen Kolonialerfahrungen der Antillen, insbesondere der Entwurzelung durch Sklaverei und der Vernichtung der indigenen Bevölkerung. Kreolisierung beruht auf einem unvorhersehbaren Prozess in der Situation der dynamischen globalen Kulturkontakte, der mit unbekanntem Ausgang zu neuen, anderen Kulturformen und Subjektpositionen führt und als Kritik am Anfang der 1990er entwickelten eher essentialisierenden Begriff der Kreolität zu verstehen ist.[21] Glissant versteht unter der postkolonialen Verfasstheit der Antillen (und in Erweiterung der Welt, der »tout-monde«) einen dynamischen Kulturzustand, der, wiewohl fragmentarisch, traumatisiert und teilweise gedächtnislos, auch vielfältigen Ursprungs, offen für Mischungen, relational und polyphon ist.[22] Die Antillaner, so Glissant, zeichnen sich durch eine rhizomatische Identität aus, also

»durch ein (auf das von Deleuze und Guattari entwickelte Konzept zurückgehendes) identitäres Wurzelgeflecht, das durch eine oberflächliche, weit verzweigte Selbstkonstruktion mit vielen Berührungs- und Überschneidungspunkten gekennzeichnet ist.« (Struve 2012: o. S., vgl. weiter Glissant 1990ff., Bd. 1: bes. 23-34)

Auf dieser Grundidee des Relationalen beruht die von Glissant in mehreren Bänden formulierte spezifische *Poetik der Relation* (Glissant 1990ff.), die poetisches und essayistisches Schreiben, Fiktionen und Wissenformen vermischt und so ein besonderes Modell für postkoloniales Schreiben liefert. Die romanistische postkoloniale Literaturwissenschaft widmet sich der Entzifferung der Polyphonien und Relationen dieser Texte und fügt damit ganz im Sinne der Dekonstruktion weitere hinzu.

---

20 Vgl. Struve 2012 weiter: »Einige postkoloniale Denker wie etwa Bhabha oder Young gehen sogar davon aus, dass die Postmoderne und der Poststrukturalismus postkolonial fundiert sind.« Vgl. Bhabha 2000: 95, und Young 2001: 67f.

21 Vgl. Bernabé et al. 1993, und im Hinblick auf den Maghreb: Khatibi 1983.

22 Struve 2012: »Während er die europäischen Kulturen als ›cultures ataviques‹ beschreibt, die sich durch eindeutige, in einem Ursprung wurzelnde Geschichtsschreibung und -erzählung auszeichnet und daraus ihre stabile und die Kolonisierung legitimierende Haltung bezieht, stellen die kolonisierten Kulturen ›cultures composites‹ dar, deren Ursprünge nicht als Genese sondern als ›Digenese‹, d. h. im Vielfachen und Fragmentarischen, erzählt werden«. (vgl. Glissant 1997: 35ff.).

3. »Postcolonial Turn«? Impulse für die Literaturwissenschaften und kritische Stimmen

Romanistische Ansätze werden bislang im angelsächsischen Raum wenig und in Deutschland noch weniger rezipiert,[23] aber sie entwickeln sich teilweise in parallele Richtungen. So stellt sich die Frage der Deutungshoheit für das Memmi'sche Konzept der Binarität von Kolonisiertem und Kolonialherrn ebenso wie in der Spivak'schen Diskussion um das Sprechen der oder für die Subalterne. »The best of postcolonialism is autocritical« schreibt Gayatri C. Spivak (2000: XV) und hinterfragt die wissenschaftliche Autorität über Untersuchungs-Objekte oder -Subjekte und das Verfahren des *Othering*,[24] d. h. die Fremdbeschreibung des Anderen im Dienste der eigenen Suprematie.

Um eine intertextuelle Methode und zugleich um Stimmen aus der Peripherie geht es auch im angelsächsischen Raum schon Ende der 1980er Jahre bei Bill Ashcroft, Gareth Griffiths und Helen Tiffin in ihrem Buch *The Empire Writes Back* (1989), der als ein Gründungstext postkolonialer Literaturtheorie gilt.[25] Am Beispiel anglophoner postkolonialer Literaturen aus den ehemaligen Kolonien werden die Langlebigkeit und die diskursive Verfasstheit kolonialer Machtbeziehungen thematisiert und zugleich die textimmanenten subversiven Strategien im Umgang mit kolonialen Machtansprüchen beschrieben. Das wegweisende Buch hat auch zu einer Kanonkritik beigetragen und die *New English Literatures* als eigenständige Literaturen aus der englischsprachigen Diaspora aufgewertet.

Die anglo-amerikanische postkoloniale Literaturwissenschaft beruht natürlich im Mainstream auf den erwähnten Gründungstexten von Said (*Orientalism* 2010 [1978]), Spivak (*Can the subaltern speak?* 1988) und Bhabha (*The Location of Culture* 2000 [1994]),[26] an die bis heute immer wieder angeknüpft wird. Eine kaum zu überschauende Zahl von Einzelstudien und Sammelbänden ist hierzu erschienen, auf die im Rahmen dieses knappen Artikels nicht eingegangen werden kann.

---

23 Eine besondere Ausnahme bildet hier das Institut für Postkoloniale und Transkulturelle Studien INPUTS an der Universität Bremen, das einen interphilologischen und interdisziplinären postkolonialen Ansatz verfolgt und den Austausch zwischen verschiedenen postkolonialen Denkweisen praktiziert und fördert.

24 Vgl. zu dem auf Spivak zurückgehenden Begriff den Eintrag »Othering« in: Ashcroft 2007: 156-158.

25 Bis in die 1980er Jahre waren wissenschaftliche Untersuchungen literarischer Texte aus den ehemaligen Kolonien in der Forschungslandschaft des Commenwelth eine Randerscheinung, vgl. dazu Williams 1993: ix, Pratt 1992 und Hulme 1986.

26 Vgl. die Beiträge zu Said, Spivak und Bhabha im zweiten Kapitel des vorliegenden Bandes.

In der neueren Kritik auch an den Gründungsfiguren werden einige aktuelle Motive deutlicher, etwa die konsequente selbstkritische Ablehnung des dialektischen Denkens als eine Abwehr (oft unbewusster) Vereinnahmungsstrukturen, die »Ablehnung von binärem Denken als einer selbst dem kolonialen Diskurs verhafteten Form der Konzeptualisierung von Welt« (Antor 2002: 123). Dadurch gewinnen in den literarischen Analysen die von Bhabha vorgeschlagenen suggestiven, aber oft schwer zu bestimmenden epistemischen Metaphern des »Da-Zwischen« (Bhabha 2000: 185), des »Zwischenraums« (ebd: 10), des »Dritten Raums« (ebd.: 57), der Hybridität, sowie der »Übersetzung« (ebd.: 42), der »Verhandlung« (ebd.: 38)[27] und der »Mimikry« (ebd.: 126) einiges an Bedeutung. Ihr Anschauungspotential verführt allerdings gelegentlich zu einer verkürzten Anwendung, wenn etwa konkrete Orte wie ein Flughafen, ein Bahnhof oder ein Slum als »dritter Raum« bezeichnet werden. Eine weitere aktuelle Entwicklung ist bei der Ausdifferenzierung von intersektionalen Fragen in den literarischen Texten zu beobachten, in denen postkoloniale *Race-class-gender*-Untersuchungen verknüpft werden (vgl. Broeck 1999 und 2011). Auch die *Critical Whiteness*-Ansätze seit den 1990er Jahren können als eine weiter entwickelte Form postkolonialer Literaturwissenschaft gelten (vgl. Roediger 1990, Young 1990, Morrison 1992, Donaldson 1992, Frankenberg 1993, Dyer 1997, Hill 1997 und 2004, Bonnett 2000, Garner 2007).

Die neueren Philologien verfügen heute aufgrund der Impulse aus den postkolonialen Studien über neue Konzepte einer postkolonialen, transkulturell verfassten Weltliteratur (vgl. Le Bris 2007, sowie für den anglophonen Raum Schulze-Engler 2007: 20-32) und über »Literaturen ohne festen Wohnsitz« (vgl. Ette 2005), die Phänomene der globalen Migration und der postkolonialen Diaspora adäquat beschreiben lassen. Dabei gehen einige auch auf die Kritik ein, die immer wieder laut wurde[28] und insbesondere auf die westliche Provenienz der theoretischen Implikationen und auf den elitistischen Duktus mancher Theoriediskurse abzielt. Für die deutschen Leser ist sicherlich

> »exemplarisch auch die Kritik am Hybriditätsbegriff [...], wie sie Kien Nghi Ha in der deutschsprachigen postkolonialen Soziologie[29] formuliert. In seiner Anklage eines ›Hype um Hybridität‹ verurteilt er die Analysen, die Hybridität als ein multikulturelles, friedliches Miteinander verklären, zu diskursiven Strategien verkürzen und damit entpolitisieren bzw. sogar neokoloniale Machtmechanismen verschleiern.« (Struve 2012: o. S., vgl. Ha 2005 und 2010)

27 Dieser Begriff ist allerdings schon von Stephen Greenblatt eingeführt worden, vgl. Greenblatt 1988.

28 Vgl. zur Kritik Castro Varela et al. 2005: 111-135, sowie Parry, 2002: 66-81.

29 Vgl. zur postkolonialen Soziologie Reuter/Villa 2010: 11-46, und Boatcă/Costa 2010: 69-90.

Die oft wegen der Bezüge auf die Dekonstruktion hochkomplexe Schreibweise in den postkolonialen Analysen wird ebenso kritisiert (vgl. Young 2001: 6f., und Loomba 1998: xii) wie der hermetisch erscheinende, angeblich undurchsichtige Ausdruck, der KritikerInnen »unwissenschaftlich, elitistisch, ekklektizistisch und idiosynkratisch anmutet« (Struve 2012: o. S.).[30] Trotz der lebendigen Auseinandersetzungen scheint es mir für die Gesamtheit der Philologien, und mit Sicherheit mit Blick auf Deutschland, jedoch verfrüht, wie Bachmann-Medick (2006: 184-237) von einem *postcolonial turn*[31] in den Literaturwissenschaften zu sprechen.

Literatur

Albrecht, Monika (2008): Das kritische Korrektiv. Über Postkolonialismus und Literaturwissenschaft. In: literaturkritik.de. Nr. 6, Juni 2008. o. S., http://www.literaturkritik.de/public/druckfassung_rez.php?rez_id=11750, 16.08.2011

Antor, Heinz (2002): Postkoloniale Studien. Entwicklungen, Positionen, Perspektiven. In: Sprachkunst. Beiträge zur Literaturwissenschaft. 33. 2002. 115–130

Ashcroft, Bill/Griffiths, Gareth/Tiffin, Helen (Hrsg.) (1989): The Empire Writes Back. Theory and Practice in Post-colonial Literatures, London: Routledge

Ashcroft, Bill/Griffiths, Gareth/Tiffin, Helen (Hrsg.) (1995): The Post-Colonial Studies Reader. London und New York: Routledge

Ashcroft, Bill/Griffiths, Gareth/Tiffin, Helen (Hrsg.) (2007): Post-Colonial Studies: The Key Concepts, Second Edition. New York: Routledge

Bachmann-Medick, Doris (2003): Kulturanthropologie. In: Nünning/Nünning (2003): 86-107

Bachmann-Medick, Doris (2006): Cultural turns. Reinbek bei Hamburg: Rowohlt

Berman, Russell A. (1998): Enlightenment or Empire. Colonial Discourse in German Literature. Lincoln/London: University of Nebraska Press

Bernabé, Jean/Chamoiseau, Patrick/Confiant, Raphaël (1993): Eloge de la créolité. Paris: Gallimard.

Bhabha, Homi K. (2000 [1994]): Die Verortung der Kultur, Tübingen: Stauffenburg

Birk, Hanne/Neumann, Birgit (2002): Go-between: Postkoloniale Erzähltheorie. In: Nünning (2002): 115-152

Boatcă, Manuela/Costa, Sérgio (2010): Postkoloniale Soziologie: ein Programm. In: Reuter/Villa (2010): 69-90

Bonnett, Alastair (2000): White Identities: Historical and International Perspectives. Harlow: Prentice Hall

30 Vgl. zum Stil von Bhabha die Kritik von Bart Moore-Gilbert 1997.

31 Das mag für andere Disziplinen anders sein, so diagnostizieren Reuter und Villa im Hinblick auf die Situation in der Soziologie, dass »Postkolonialismus boomt« (Reuter/Villa 2010: 7).

Broeck, Sabine (1999): White Amnesia – Black Memory? Women's Writing and History. Frankfurt a.M./New York: Peter Lang
Broeck, Sabine (2012): No Slavery for the Subject – Slavery, Modernity and Gender. London: SUNY Press. i. E.
Canclini, Nestór García (1990): Culturas híbridas. Estrategias para entrar y salir de la modernidad. México: Grijalbo
Castro Varela, María do Mar/Dhawan, Nikita (2005): Postkoloniale Theorie: Eine kritische Einführung. Bielefeld: transcript
Césaire, Aimé (1970 [1950]): Discours sur le colonialisme. Paris: Présence africaine.
Chakrabarty, Dipesh (2002): Europa provinzialisieren. Postkolonialität und die Kritik der Geschichte. In: Conrad et al. (2002): 283-312
Conrad, Sebastian/Randeira, Shalini (Hrsg.) (2002): Jenseits des Eurozentrismus. Postkoloniale Perspektiven in den Geschichts- und Kulturwissenschaften. Frankfurt a.M./New York: Campus
Dietze, Gabriele/Brunner, Claudia/Wenzel, Edith (Hrsg.) (2009): Kritik des Okzidentalismus. Transdisziplinäre Beiträge zu (Neo-)Orientalismus und Geschlecht. Bielefeld: transcript
Dubiel, Jochen (2007): Dialektik der postkolonialen Hybridität. Die intrakulturelle Überwindung des kolonialen Blicks in der Literatur. Bielefeld: transcript
Donaldson, Laura E. (1992): Decolonizing Feminisms: Race, Gender and Empire. London: Routledge
Dunker, Axel (2008): Negationen, Oppositionen und Subtexte. Edward W. Said, die postkolonialen Studien, die deutschsprachige Literatur – und die Germanistik. In: literaturkritik.de. Nr. 6, Juni 2008. o. S., http://www.literaturkritik.de/ public/rezension.php?rez_id=11750
Dunker, Axel (2008b): Kontrapunktische Lektüren. Koloniale Strukturen in der deutschsprachigen Literatur des 19. Jahrhunderts. München: Fink
Dürbeck, Gabriele (2008): Postkoloniale Studien in der Germanistik – Periodisierung und Perspektiven. Zur Einführung. In: literaturkritik.de. Nr. 6, Juni 2008. o. S. http://www.literaturkritik.de/public/rezension.php?rez_id=11997
Dürbeck, Gabriele/Dunker, Axel (2010): Projektbeschreibung des DFG-Netzwerks Postkoloniale Studien in der Germanistik. Internetseite der DFG, o. S.
Dürbeck, Gabriele (2007): Stereotype Paradiese. Ozeanismus in der deutschen Südseeliteratur 1815-1914. Tübingen: Niemeyer
Dyer, Richard (1997): White. London: Routledge.
Eckstein, Lars (Hrsg.) (2007): English Literatures Across the Globe: A Companion. Paderborn: UTB
Erhart, Walter (Hsg.) (2004): Grenzen der Germanistik. Rephilologisierung oder Erweiterung? Stuttgart: Metzler
Ette, Ottmar (2005): ZwischenWeltenSchreiben. Literaturen ohne festen Wohnsitz. Berlin: Königshausen & Neumann
Fanon, Frantz (1975 [1952]): Peau noire, masques blancs. Paris: Seuil
Fanon, Frantz (2004 [1961]): Les damnés de la terre. Paris : Maspéro
Febel, Gisela (2010): Von Victor Segalen zu Édouard Glissant. Überlegungen zu einer Poetik des Diversen. In: Ludwig et al. (2010): 49-66
Febel, Gisela/de Souza, Hella/Sandten, Cecile (Hrsg.) (2006): Zwischen Kontakt und Konflikt. Stand und Perspektiven der Postkolonialimusforschung. Trier: WVT
Fiedler, Matthias (2005): Zwischen Abenteuer, Wissenschaft und Kolonialismus. Der deutsche Afrikadiskurs im 18. und 19. Jahrhundert. Köln: Böhlau
Forsdick, Charles/Murphy, David (Hrsg.) (2003): Francophone Postcolonial Studies. London: Arnold Publishers

Frankenberg, Ruth (1993): White Women, Race Matters: The Social Construction of Whiteness. Minnerapolis: University of Minnesota Press

Galster, Christin (2002): Hybrides Erzählen und hybride Identität im britischen Roman der Gegenwart, Frankfurt a.M.: Peter Lang

Garner, Steve (2007): Whiteness: An Introduction. London: Routledge.

Glissant, Edouard (1990ff.): Poétique de la Relation. Paris: Gallimard

Glissant, Edouard (1997): Traité du Tout-monde. Paris: Gallimard

Goldberg, David T./Quayson, Ato (Hrsg.) (2002): Relocating Postcolonialism. Oxford et al.: Wiley-Blackwell

Göttsche, Dirk (2004): Postkolonialismus als Herausforderung und Chance germanistischer Literaturwissenschaft. In: Erhart (2004): 558-576

Greenblatt, Stephen (1988): Shakespearean Negotiations: The Circulation of Social Energy in Renaissance England. Oxford: Oxford University Press

Gymnich, Marion (2006): ›Writing back‹ als Paradigma der postkolonialen Literatur. In: dies. u. a. (2006): 71-86

Gymnich, Marion/Neumann, Birgit/Nünning, Ansgar (Hrsg.) (2006): Kulturelles Wissen und Intertextualität. Theoriekonzeptionen und Fallstudien zur Kontextualisierung von Literatur. Trier: WVT

Ha, Kien Nghi (2005): Hype um Hybridität. Kultureller Differenzkonsum und postmoderne Verwertungstechniken im Spätkapitalismus. Bielefeld: transcript

Ha, Kien Nghi (2010): Postkoloniale Politik als politisches Projekt. In: Reuter/Villa (2010): 259-280

Hargreaves, Alec G./Forsdick, Charles/Murphy, David (Hrsg.) (2011): Transnational French Studies. Postcolonialism and Litterature-monde. Liverpool: Liverpool University Press

Hars, Endre (2002): Hybridität als Denk- und Auslegungsfigur. Homi K. Bhabhas theoretisches Engagement. In: http://www.kakanien.ac.at/beitr/theorie/EHars1.pdf

Hawley, John C. (Hrsg.) (2001): Encyclopedia of Postcolonial Studies. London: Greenwood Pub Group Inc

Herminghouse, Patricia / Zantop, Susanne (Hrsg.) (2001): Women in German Yearbook 17. Feminist Studies in German Literature & Culture. Lincoln, NE: University of Nebraska Press

Hill, Mike (1997): Whiteness: A Critical Reader. New York: NYU Press

Hill, Mike (2004): After Whiteness: Unmaking an American Majority. New York: NYU Press

Holdenried, Michaela (2004): Künstliche Horizonte. Alterität in literarischen Repräsentationen Südamerikas. Berlin: Erich Schmitt Verlag

Honold, Alexander / Scherpe, Klaus R. (Hrsg.) (2004): Mit Deutschland um die Welt. Eine Kulturgeschichte des Fremden in der Kolonialzeit. Stuttgart: Metzler

Huddart, David Paul (2008): Postcolonial Theory and Autobiography. London: Routledge

Hulme, Peter (1986): Colonial Encounters. Europe and the Native Caribbean 1492-179. London/New York: Routledge

Joch, Markus (2008): Zweierlei Kongo. Ein Nachtrag zu Leo Frobenius und ein Seitenblick auf Joseph Conrad. In: literaturkritik.de. Nr. 6, Juni 2008. o. S., http://www.literaturkritik.de/public/druckfassung_rez.php?rez_id=12004

Khatibi, Abdelkebir (1983): Maghreb pluriel. Paris: Denoël

Le Bris, Michel/Rouaud, Jean (Hrsg.) (2007): Pour une littérature-monde. Paris: Gallimard

Leservot, Typhaine (2011): From Weltliteratur to World Literature to Littérature-Monde: The history of a Controversial Concept. In: Hargreaves et al. (2011): 36-48

literaturkritik.de. Nr. 6, Juni 2008. Schwerpunkt: Postcolonial Studies. http://www.literaturkritik.de

Loomba, Ania (1998): Colonialism/Postcolonialism. London: Routledge

Lubrich, Oliver (2004): Das Schwinden der Differenz. Postkoloniale Poetiken: Alexander von Humboldt, Bram Stoker, Ernst Jünger, Jean Genet. Bielefeld: Aisthesis

Ludwig, Ralph/Röseberg, Dorothee (Hrsg.) (2010): Tout-Monde: Interkulturalität, Hybridisierung, Kreolisierung. Kommunikations- und gesellschaftstheoretische Modelle zwischen »alten« und »neuen« Räumen. Frankfurt a.M.: Peter Lang

Lützeler, Paul Michael (1998): Schriftsteller und die ›Dritte Welt‹. Studien zum postkolonialen Blick. Frankfurt a. M.: Suhrkamp

Lützeler, Paul Michael (2005): Postmoderne und postkoloniale deutschsprachige Literatur. Diskurs – Analyse – Kritik. Bielefeld: Aisthesis

Memmi, Albert (1985 [1957]): Portrait du colonisé précédé de Portrait du colonisateur. Paris: Gallimard

Mills, Sara (2007): Der Diskurs. Begriff, Theorie, Praxis. Tübingen: UTB

Moebius, Stephan (Hrsg.) (2012): Kulturforschungen der Gegenwart. Frankfurt a.M.: Suhrkamp, i. E.

Moore-Gilbert, Bart (1997): Homi Bhabha: ›the Babelian Performance‹. In: Moore-Gilbert (1997a): 114-151

Moore-Gilbert, Bart (Hrsg.) (1997a): Postcolonial theory. Contexts, practices, politics. London: Verso

Morrison, Toni (1992): Playing in the Dark: Whiteness and the Literary Imagination. Harvard: Harvard University Press

Moura, Jean-Marc (2007): Littératures francophones et théorie postcoloniale. Paris: PUF

Nünning, Ansgar/Nünning, Vera (Hrsg.) (2002): Neue Ansätze in der Erzähltheorie. Trier: WVT

Nünning, Ansgar/Nünning, Vera (Hrsg.) (2003): Konzepte der Kulturwissenschaften. Stuttgart: Metzler

Parry, Benita (2002): Directions and Dead Ends in Postcolonial Studies. In: Goldberg et al. (2002): 66-81

Polaschegg, Andrea (2005): Der andere Orientalismus. Regeln deutsch-morgenländischer Imagination im 19. Jahrhundert. Berlin/New York: De Gruyter

Pratt, Mary Louise (1992): Imperial Eyes. Travel Writing and Transculturation. London: Routledge

Reckwitz, Erhard (2000): »Postcoloniality ever after«. Bemerkungen zum Stand der Postkolonialismustheorie. In: Anglia 118: 1-40

Reuter, Julia/Villa, Paula-Irene (Hrsg.) (2010): Postkoloniale Soziologie. Bielefeld: transcript

Roediger, David R. (1990): The Wages of Whiteness. Race and the Making of the American Working Class.

Said, Edward W. (2010 [1978]): Orientalismus. Frankfurt a.M.: Fischer [engl. 1978]

Schulze-Engler, Frank (2007): Theoretical Perspectives: From Postcolonialism to Transcultural World Literature. In: Eckstein (2007): 20-32

Schwarz, Henry/Ray, Sangeeta (Hrsg.) (2000): A Companion to Postcolonial Studies. Malden, Massachusetts: Wiley-Blackwell

Spivak, Gayatri C. (1988): Can the Subaltern Speak? In: Cary Nelson/Larry Grossberg (Hrsg.): Marxism and the Interpretation of Culture. Urbana/IL: University of Illinois Press: 66-111

Spivak, Gayatri C. (2000): Foreword. Upon reading the Companion to ›Postcolonial Studies‹. In: Schwarz et al (2000): XV–XXII

Struck, Wolfgang (2008): Die Eroberung der Phantasie. Kolonialismus, Literatur und Film zwischen deutschem Kaiserreich und Weimarer Republik. Göttingen: V & R Unipress

Struve, Karen (2012): Postcolonial Studies. In: Moebius (2012): Manuskript, i. E.

Thieme, John (2003): Postcolonial Studies. The Essential Glossary. London: Hodder Arnold

Ueckmann, Natascha (2001): Frauen und Orientalismus: Reisetexte französischsprachiger Autorinnen des 19. und 20. Jahrhunderts. Stuttgart: Metzler

Ueckmann, Natascha (2012): Ästhetik des Chaos. Créolisation und Neobarroco im franko- und hispanokaribischen Gegenwartsroman. Habilitationsschrift. i. E.

Uerlings, Herbert (1997): Poetiken der Interkulturalität. Haiti bei Kleist, Seghers, Müller, Buch und Fichte. Tübingen: Niemeyer

Uerlings, Herbert (2006): »Ich bin von niedriger Rasse«. (Post)Kolonialismus und Geschlechterdifferenz in der deutschen Literatur. Köln: Böhlau

Uerlings, Herbert et al. (Hrsg.) (2001): Das Subjekt und die Anderen. Interkulturalität und Geschlechterdifferenz vom 18. Jahrhundert bis zur Gegenwart. Berlin: Erich Schmitt Verlag

Wilke, Sabine (2008): Über die Kunst, postkoloniale germanistische Studien zu betreiben. Zur Frage, wie man aus der Metropole auf die Metropole mit einem peripheren Blick schaut. In: literaturkritik.de. Nr. 6, Juni 2008. o. S., http://www.literaturkritik.de/public/druckfassung_rez.php?rez_id=11736

Williams, Patrick/Chrisman, Laura (Hrsg.) (1993): Colonial Discourse and Post-colonial Theory. A Reader. New York: Pearson Education

Young, Robert (2001): Postcolonialism. An Historical Introduction. Oxford: Wiley-Blackwell

Young, Robert (1990): White Mythologies: Writing History and the West. London: Routledge

Zantop, Susanne (1997): Colonial Fantasies. Conquest, Family, and Nation in Precolonial Germany. Durham/NC, London: Duke University Press

Zantop, Susanne (2001): Race, Gender, and Postcolonial Amnesia. In: Herminghouse et al. (2001): 1-13

Postkoloniale Kunstgeschichte. Revisionen von Musealisierungen, Kanonisierungen, Repräsentationen

Alexandra Karentzos

Postkoloniale Fragestellungen bedeuten für die heutige Kunstgeschichtsschreibung eine Grundlagenreflexion, eine Auseinandersetzung mit der eigenen Geschichte und den Prinzipien, von denen man lange Zeit ausgegangen war – ist doch Kunstgeschichte bis in die Gegenwart hinein eng mit kolonialistischen Ordnungsmustern, Wertungen und Repräsentationsformen verknüpft. Die postkoloniale Revision solcher Prinzipien ist in verschiedenen Feldern in Gang gekommen, die im Folgenden skizziert werden sollen: Zum einen haben sich postkoloniale Fragen im Feld der Ausstellungspraxis und der Museen artikuliert (1), zum anderen ist die Konstruktion von Kunstgeschichte als solcher und die Kanonbildung fundamental von diesen Fragen betroffen (2) und nicht zuletzt stellen auch postkoloniale Strömungen zeitgenössischer Kunst eine Herausforderung für die Kunstwissenschaft dar, die eigene Theoriebildung postkolonial weiterzudenken (3).

1. Ausstellungspraxen und Museen

Ausstellungen und insbesondere die Institution Museum sind zu einem Spannungsfeld postkolonialer Debatten geworden; ist doch bis heute eine starke kolonialistische Tradition wirkungsmächtig, ›Andere‹ und ›Anderes‹ auszustellen, so dass gerade hier Revisionen und Problematisierungen nahe liegen. In der Einleitung des Bandes mit dem programmatischen Titel »Das Unbehagen im Museum. Postkoloniale Museologien« heißt es:

> »Die Konstruktion der Nation in musealen Diskursen und Sammlungen ging historisch eng mit der Konstruktion von ›Andersheit‹ einher. So waren Museen als Institutionen der Moderne sowohl nationalstaatliche Instrumente, als auch solche des Kolonialismus – in den Depots und Schausammlungen europäischer Museen finden sich bis heute Zeugnisse kolonialer Gewalt, Beutegut und Leichenteile.« (Kazeem/Martinz-Turek/Sternfeld 2009, 7)

Zu diesen Zeugnissen gehörten insbesondere auch Artefakte beziehungsweise Kunstobjekte kolonialisierter Länder.

Der Historiker James Clifford weist darauf hin, dass europäische Museumskonzeptionen in der Präsentation außereuropäischer Kunst traditionell dem Prinzip des »culture collecting « folgen (Clifford 1993). Diese akkumulieren nach Clifford Objekte, um eine »Kultur« möglichst ganz erfassen zu können. Die postkoloniale Kritik richtet ihr Augenmerk nicht nur darauf, wie diese Objekte als Trophäen des Kolonialismus fungierten, sondern insbesondere auch auf die Grenzziehungen und Ausschlussmechanismen, mit denen solche Exponate als ›andere‹, von der ›eigenen‹, europäischen Kunstproduktion getrennte markiert wurden. Man bedenke nur den Statusunterschied, den es macht, ob ein derartiges Objekt in einer ethnographischen Sammlung, einem Naturkundemuseum oder in einem Kunstmuseum ausgestellt wird (vgl. Weibel 1997, 11).[1]

Bis in die Gegenwart hinein haben sich Begriffe wie der der so genannten »primitiven Kunst« gehalten, die scheinbar positiv die vermeintliche Ursprünglichkeit von Objekten aus afrikanischen oder südamerikanischen Ländern markieren, zugleich aber eine Dichotomie zur europäischen Kunst aufmachen und auf diese Weise die Exklusion jener Artefakte forcieren. Ein vieldiskutiertes Beispiel dafür ist die Ausstellung »Primitivism in 20th Century Art« 1984 im Museum of Modern Art in New York, in der »Affinitäten« zwischen so genannter Stammeskunst und moderner Kunst des 20. Jahrhunderts konstruiert wurden (Rubin 1984, vgl. auch Flam/Deutch 2003). Kritisiert wurde mehrfach, dass diese »Gleichstellung« mit einer Reduktion auf rein formale Kriterien und mit einer Entkontextualisierung der Kunstwerke einherging – die allein geographisch verortete »Stammeskunst« wurde mit den »Meistern« der Moderne von Picasso bis Beuys verglichen, wobei deren kolonialer Zusammenhang ausgeblendet wurde (vgl. etwa McEvilley 1984; Clifford 1985; Karp 1991, 376f.; Kravagna 2004, 99; Schmidt-Linsenhoff 2005, 19; Muttenthaler/Wonisch 2006, 20f.). Durch die angenommene »Verwandtschaft« der Objekte, so der Tenor der Kritik, werde suggeriert, dass die modernistische Formensprache universell sei. Eine Asymmetrie ergebe sich zudem daraus, dass die »Stammeskunst« zur reinen Inspirationsquelle der modernen Kunst herabgesetzt werde.

Während insofern »in den mit der Kunst der Vergangenheit beschäftigten Institutionen von einem *postcolonial turn* keine Rede sein« kann, bieten Ausstellungen zeitgenössischer Kunst seit den 1990er Jahren weitaus häufiger eine Plattform für postkoloniale Positionen (vgl. Schmidt-Linsenhoff 2005, 19). So thema-

1 Die Kulturwissenschaftlerin Mieke Bal etwa zeigt am Beispiel von New Yorker Museen die Dichotomisierung von Natur und Kultur auf: Während im »American Museum of Natural History« indigene Bevölkerungen naturalisiert und enthistorisiert wurden, dient(e) demgegenüber das Metropolitanmuseum zur Konstruktion »hochkultureller« Kunstwerke, die für historischen Fortschritt und »Zivilisiertheit« stehen (Bal 2002, 73ff.).

tisiert die zum *steirischen herbst* 1996 von Peter Weibel kuratierte Ausstellung »Inklusion : Exklusion. Kunst im Zeitalter von Postkolonialismus und globaler Migration« etwa, wie eingeschränkt der Zugang zum Kunstsystem, insbesondere zum »weißen Würfel« , dem modernen Ausstellungsraum, ist (Weibel 1997).[2]

Die *Documenta11* markiert einen weiteren Paradigmenwechsel: Als entscheidend gilt unter anderem der Umstand, dass mit dem in Nigeria geborenen Kurator Okwui Enwezor erstmals ein Nicht-Europäer für die Großausstellung in Kassel verantwortlich ist[3] (vgl. Kravagna 2004, 98; Lenk 2005; Below/von Bismarck 2005, 8f.; Marchart 2008, 60). Enwezor selbst zitiert in seinem Einführungstext zum Documenta-Katalog Gerardo Mosquera, der im Kontext großer internationaler Ausstellungen auf die Asymmetrie von »kuratierenden« und »kuratierten« Kulturen hinweist (Enwezor 2002, 46; vgl. Mosquera 1994).

Für das inhaltliche Konzept der *Documenta11*, das zum Ziel hatte, die Globalisierung der Kunst sichtbar zu machen, sind postkoloniale Diskurse maßgeblich.[4] Zum einen wird eine Dekolonisierung des europäischen Kunstdiskurses angestrebt, dadurch dass der Ausstellung vier Diskussionsforen und Workshops[5] vorgeschaltet sind: in Wien/Berlin eine Plattform zu dem Themenschwerpunkt »Unvollendete Demokratien« , in Neu Delhi zu dem Bereich »Experimente mit der Wahrheit« , in St. Lucia zu »Kreolität und Kreolisierung« und in Lagos zum Thema »Unter Belagerung: Vier afrikanische Städte, Freetown, Johannesburg, Kinshasa, Lagos« . Zum anderen werden außereuropäische KünstlerInnen, vor allem aus Afrika, als AkteurInnen verstärkt in die Ausstellung eingebunden. Bis in die 1990er Jahre hinein wurde auf den *documenta*-Ausstellungen überwiegend westeuropäisch-nordamerikanische Kunst gezeigt und erst 1992, zur *documenta 9,* hat der Kurator Jan Hoet KünstlerInnen aus den so genannten Peripherien eingeladen (vgl. Marchart 2008, 58f.; Universes in Universe 1997). Enwezor erklärt program-

2 In Europa gilt die von Jean-Hubert Martin kuratierte Ausstellung »Magiciens de la terre« , die 1989 im Centre Pompidou stattfand, trotz aller Kritik (vgl. Kravagna 2004, 99f.) als eine der ersten, die außereuropäische zeitgenössische Kunst zusammen mit gegenwärtigen Positionen aus Europa und Nordamerika zeigte. In Deutschland versuchte die Ausstellung »Kunstwelten im Dialog – Von Gaugin bis zur globalen Gegenwart« , die im Jahr 1999 im Museum Ludwig in Köln stattfand, einen größeren Bogen von der klassischen Moderne bis hin zur zeitgenössischen Kunst zu spannen.

3 Zu fragen wäre allerdings, ob Enwezor auf diese Weise nicht auf eine vermeintlich einheitliche Identität festgeschrieben zu werden droht. Nicht zu vergessen ist, dass der 1963 geborene Enwezor bereits 1983 ein Studium in New York aufnahm.

4 Damit werden Konzepte und Fragen aufgegriffen und weiterentwickelt, die bereits auf der von Catherine David kuratierten *documenta X* gestellt wurden. Im Katalog der *documenta X* sind mit Edward W. Said, Frantz Fanon und Gayatri C. Spivak zentrale postkoloniale Positionen vertreten.

5 Zu diesen waren u.a. die beiden prominenten Vertreter der Postcolonial Studies Stuart Hall und Homi K. Bhabha eingeladen.

matisch, dass die *Documenta11* »die Zusammenfassung einer Pluralität von Stimmen« sei; »die vielfach vernetzte Ausstellung« setze »[g]egen die vermeintliche Reinheit und Autonomie des Kunstobjektes [...] einen neuen Begriff von Moderne, der auf den Begriffen von Transkulturalität und Exterritorialität basiert« (Enwezor 2002, 55). Mit dieser Forderung nach Vermeidung identitärer und nationaler Festlegungen vertritt Enwezor eine dezidiert postkoloniale Position, die auch weitergeht als eine bloße institutionelle Einbindung außereuropäischer KünstlerInnen. Vielmehr geht es ihm um eine Dezentrierung des westlichen Kunstdiskurses und um eine kritische Reflexion hegemonialer Kategorisierungen und Grundlagen.

Das Entstehen von Biennalen im außereuropäischen Kontext, wie etwa der bereits 1951 gegründeten Biennale in São Paulo (der zweitältesten Biennale, nach der Biennale in Venedig), den Biennalen in Havanna (seit 1984), Istanbul (seit 1987), Dakar (seit 1992), Sharjah (seit 1993), Taipeh (seit 1998) und anderen Orten, markiert bereits eine Verschiebung der Kategorien von ›Zentrum‹ und ›Peripherie‹. Indem Pat Binder und Gerhard Haupt in dem von ihnen 1997 initiierten und geführten Internetportal »Universes in Universe – Welten der Kunst« solche Biennalen und Ausstellungen dokumentieren, machen sie auf diese Projekte auch im deutschsprachigen Raum aufmerksam und ermöglichen, dieselben in den Kontext internationaler Kunstprozesse einzuordnen (vgl. Universes in Universe 2011).

Allgemein wäre zu fragen, inwiefern unter (post-)kolonialen Vorzeichen Museen als Orte der Begegnung und Auseinandersetzung gelten können. Clifford (1997, 188-219) bezeichnet das Museum als »contact zone« . Mit dem von Mary Louise Pratt (1992, 6f.) geprägten Begriff beschreibt Clifford das koloniale Zusammentreffen als interaktiv und wechselseitig relational; dabei werden sowohl die Abhängigkeiten des Verstehens als auch die asymmetrischen Machtbeziehungen in den Blick genommen. Clifford wendet sich gegen eine einseitige Sicht der imperialen Aneignung; stattdessen ist das Museum aus dieser Perspektive ein Raum, in dem eine produktive und dynamische Beziehung, eine historisch-politischen Veränderungen unterliegende Verhandlung stattfinden kann. Cliffords Ansatz wird etwa in dem Projekt eines »Museums der Gegenwart« auf der zu Frankreich gehörenden Insel Réunion, die im indischen Ozean liegt und in der Kolonialzeit von Sklaverei und Sklavenhandel geprägt war, als Ausgangspunkt für ein »postkoloniales Ausstellen« diskutiert (Vergès/Martinz-Turek 2009, 143ff.).

Viele postkoloniale Ausstellungsprojekte zeichnen sich dadurch aus, dass sie eine Brücke zwischen künstlerischem, kuratorischem und wissenschaftlichem Bereich schlagen.[6] So entspricht etwa die von Kerstin Pinther initiierte Ausstel-

6 Aufgrund der Kürze des Textes können diese oft sehr ambitionierten Projekte, wie etwa das von Paul Gilroy und Tina Campt initiierte und von Shaheen Merali kuratierte großangelegte

lung »Afropolis«[7], um ein aktuelles Beispiel zu nennen, den Forderungen nach Transdisziplinarität, indem stadt- sowie kunst- und kulturhistorische, ethnologische und künstlerische Perspektiven miteinander verbunden werden. Die Ausstellung schließt an die Plattform 4 der *Documenta11* in Lagos an und zeigt am Beispiel afrikanischer Städte, dass Urbanität auf einer Vielzahl von Praktiken unterschiedlicher (Sub-)Kulturen und Lebensstile beruht (vgl. Pinther et al. 2010, 10ff.). Auch das rezente künstlerische Ausstellungs- und Rechercheprojekt »Das Potosí-Prinzip« [8] von Andreas Siekmann, Alice Creischer und Max Jorge Hinderer, das die koloniale Bildproduktion in der globalen Ökonomie untersucht, folgt einem transdisziplinären Konzept. Insofern wird das Medium Ausstellung als Plattform genutzt, um postkoloniale Fragen nicht nur zu visualisieren, sondern auch in einer kritischen Auseinandersetzung erfahrbar zu machen. Den linearen Meistererzählungen vieler Museen und Ausstellungen wird eine transdisziplinäre und transkulturelle Vielstimmigkeit entgegengesetzt.

2. Revision von Kunstgeschichte

Die kritische Revision von Historiographie, insbesondere der großen Erzählungen des Kolonialismus, ist grundlegend für postkoloniale Ansätze. Edward W. Said zum Beispiel bezieht sich dabei auf Walter Benjamins Thesen »Über den Begriff der Geschichte« , in denen die übliche Geschichtsschreibung als Verherrlichung von Siegern hinterfragt wird und »nicht ohne Grauen« die Herkunft von Kulturgütern betrachtet wird (Benjamin 1991, 696; vgl. Said 1979). Entsprechend distanziert wird unter postkolonialen Vorzeichen auch die Kunsthistoriographie betrachtet: Welche ›großen Erzählungen‹ zur nationalen und ethnischen Identität werden durch die Kunstgeschichte(n) konstruiert? Welche Abwertungen des ›Anderen‹ schwingen bei der Kanonbildung mit? Inwiefern ist die Funktion ›Künst-

Projekt »Der Black Atlantic« , das 2004 im Haus der Kulturen der Welt in Berlin stattgefunden hat, oder der von Sønke Gau und Katharina Schlieben 2006 kuratierte und über drei »Kapitel« geführte Themenschwerpunkt »Kolonialismus ohne Kolonien. Beziehungen zwischen Tourismus, Neokolonialismus und Migration« in der shedhalle Zürich, nicht weiter ausgeführt und erläutert werden.

7 Kuratiert wurde die Ausstellung von Kerstin Pinther, Larissa Förster und Christian Hanussek. Von November 2010 bis März 2011 wurde sie zunächst im Rautenstrauch-Joest-Museum in Köln gezeigt und anschließend im Iwalewa-Haus in Bayreuth.

8 Kuratiert wurde die Ausstellung von Alice Creischer, Max Jorge Hinderer und Andreas Siekmann. Sie fand von Mai bis September 2010 im Museo Nacional Centro de Arte Reina Sofía in Madrid statt und wurde anschließend im Haus der Kulturen der Welt in Berlin und danach im Museo Nacional de Arte und Museo Nacional de Etnografía y Folklore in La Paz/Bolivien gezeigt.

ler‹ ethnisch codiert? Ist der Status des ›Künstlers‹ in erster Linie weißen europäischen Männern vorbehalten?[9]

Die amerikanische Künstlerin und Philosophin Adrian Piper verweist in ihrem 1990 erstmals erschienenen Text »Die dreifache Verleugnung farbiger Künstlerinnen« (Piper 2006, 315ff.) auf die Ausschlussmechanismen kunsthistorischer Kanonbildung, die sich einem männlich codierten ›euro-ethnischen‹ Mainstream verschreibt. Ging es feministischer Kunstgeschichte zunächst darum, auf die geschlechtsspezifische Konstruktion und Konnotation von Begriffen wie ›Künstler‹, ›Genie‹ und ›Innovation‹ hinzuweisen und zu zeigen, dass die kunstgeschichtliche Kanonbildung im Anschluss an Giorgio Vasari als männliche Genealogie konstruiert wurde und weibliche Kreativität marginalisierte (vgl. Salomon 2006 [1991], Nochlin 1996 [1971]), so argumentiert in Ergänzung dazu Piper, dass farbige Künstlerinnen in mehrfacher Hinsicht ausgeschlossen sind: als Frauen, als Farbige und als Künstlerinnen.

In der deutschsprachigen Kunstgeschichtsschreibung werden solche Probleme in dem grundlegenden Sammelband »Projektionen. Rassismus und Sexismus in der Visuellen Kultur« diskutiert (Friedrich et al. 1997). Ziel des Bandes ist es, so Viktoria Schmidt-Linsenhoff in der Einleitung, »die Überlagerung und Durchdringung von sexuellen und ethnischen Differenzen in der ästhetischen Repräsentation vor Augen zu führen« (Schmidt-Linsenhoff 1997, 8). Untersucht man unter solchen Aspekten die von der Kunsthistoriographie betriebene Kanonbildung, gelangt man zu einer tiefgreifenden Revision hergebrachter Ordnungsprinzipien. Schmidt-Linsenhoff weist darauf hin, dass ein derartiger postkolonialer Ansatz nicht bloß darauf abzielt, einzelne, bislang unberücksichtigt gebliebene Artefakte und Kunstwerke, etwa »afrikanische Masken oder chinesische Tuchmalerei[,] in den Kanon aufzunehmen« ; vielmehr geht es »um die Reflexion der Kriterien ihres Ausschlusses« (Schmidt-Linsenhoff 2002, 11). Demnach steht nicht nur »die stoffliche Erweiterung der Gegenstandsbereiche der Kunstgeschichte« an, »sondern die selbstreflexive Erweiterung des Blickwinkels, in dem wir unseren Ausschnitt wahrnehmen« (ebd.). Ein »Bewusstsein von der Partikularität der eigenen Perspektive und ihrer Verortung in einem antizipierten Raum des Postkolonialismus« ist notwendig, um »die Einschreibung kolonialer Gewalt in die europäische Kunstgeschichte zu erkennen« (ebd.).

Ein erster Brennpunkt dieser Revision ist die Orientalismusdebatte, die Linda Nochlin 1983 mit ihrem Aufsatz »The Imaginary Orient« anstößt (Nochlin 1987). Nochlin beschreibt die europäische Orientmalerei des 19. Jahrhunderts als Teil ei-

9 Vgl. zu Künstlermythos und kultureller Differenz auch den Aufsatz von Kerstin Schankweiler (2005), die der Frage am Beispiel des Künstlers Georges Adéagbo nachgeht.

nes Machtdiskurses, in dem sich die koloniale Dominanz über den als homogen imaginierten Orient manifestiert. Mit einem solchen Verständnis des Orientalismus schließt sie dezidiert an Edward W. Saids 1978 erschienenes grundlegendes Werk »Orientalism« an, der allerdings seinerseits nicht auf die bildende Kunst eingeht (vgl. Said 2003). Nochlin erweitert Saids Untersuchungsfeld, wenn sie in exemplarischen Analysen von Bildern Jean-Léon Gérômes (Abb. 1) und Eugène Delacroix' (Abb. 2) herausarbeitet, welche Funktion diesen Kunstwerken im Zusammenhang des Orientalismus zukommt, etwa indem die Bilder die orientalische Gesellschaft als mythisch und zeitenthoben vorstellen. Gérômes Bilder beispielsweise suggerieren durch ihre genauen Detailschilderungen, authentisch und realistisch und, ähnlich der Fotografie, eine reine Wiedergabe zu sein. Dabei sei es »ein typisches Merkmal der orientalisierenden Malerei, dass sie gerade von einer Anwesenheit abhängig ist, die immer abwesend ist: die des westlichen Kolonialisten oder Touristen« (Nochlin 1997, 173). Der Schlangenbeschwörer in Gérômes gleichnamigen Bild (Abb. 1) beispielsweise steht vor einem ausschließlich ›orientalischen‹ Publi-

Abbildung 1: Jean-Léon Gerôme: *Der Schlangenbeschwörer*, 1870, Öl auf Leinwand, 84 x 122 cm, Sterling and Francine Clark Art Institute

kum. Der westliche, weiße Mann sei nur über den kontrollierenden Blick präsent, der den ›Orient‹ erst konstruiert (ebd.). Während Gérôme in seinen Bildern den ›Orient‹ als etwas Gegenwärtiges beschreibt, versetzt Delacroix' Bild »Der Tod des Sardanapal« (Abb. 2) das Geschehen in eine mythische Vorzeit und verstärkt mit der Darstellung des assyrischen Herrschers, der seinen ganzen Besitz zerstören und seine Frauen umbringen lässt, das Sinnlich-Erotisch-Sadistische des Orientkonstrukts. Nochlin problematisiert anhand dieses Beispiels auch die geschlechtlich codierten Herrschaftsverhältnisse, die durch solche Bildfindungen in den ›Orient‹ projiziert werden – ein Aspekt, den Said in seinem Buch ebenfalls nicht behandelt (vgl. dazu auch Lewis 1996). Sie fordert explizit eine kritische, analytische Kunstgeschichte, die über die ästhetische Qualität hinaus die ideologischen und politischen Implikationen der orientalistischen Bilder mitbedenkt.

Abbildung 2: Eugène Delacroix: *Der Tod des Sardanapal*, 1827-1828, Öl auf Leinwand, 392 x 496 cm, Musée du Louvre, Paris

Mit diesen postkolonialen Problemstellungen wurde ein neuer Ansatz für die Kunstgeschichte erschlossen, der die ästhetische Aneignung des ›Orients‹ durch europäische Künstler kritisch in den Blick nimmt.[10] Auf diese Weise wird die europäische Orientmalerei als ein etablierter Bestandteil der kanonisierten Kunstgeschichte revidiert.

Während die europäische Kunst im Mittelpunkt der Orientalismusdebatte steht, wird die Kunstproduktion aus dem Nahen Osten selten untersucht. Im Teilfach Islamische Kunstgeschichte wird meist der Fokus auf vormoderne Kunstproduktion der islamischen Welt gelegt, dagegen stellt die zeitgenössische Kunst aus dem arabischen Kontext an deutschen kunsthistorischen Instituten nach wie vor eine Marginalie dar (vgl. Göckede/Karentzos 2006).[11]

An Kategorien wie der des Orientalismus lässt sich auch das grundsätzliche Problem diskutieren, inwiefern geographische Verortungen der Kunst den grenzübergreifenden Kommunikationsnetzen in Vergangenheit und Gegenwart angemessen sind. Die Schwierigkeit eindeutiger Zuordnungen zeigt sich etwa am interkontinentalen Kulturaustausch: Wie Jens Baumgarten deutlich macht, spielen zum Beispiel asiatische Objekte »lange vor ihrem Einfluss in Europa im 18. und 19. Jahrhundert eine entscheidende Rolle im kolonialen Lateinamerika« – bereits der vorkoloniale Handelsverkehr im pazifischen Raum sowie der rege Kulturaustausch zwischen den Kontinenten Asien und Amerika »prägen in unterschiedlichster Weise Kunstproduktion und –distribution vom ausgehenden 16. bis ins 19. Jahrhundert« (Baumgarten 2010, 180).

Gerade im Zeichen der Globalisierung bildet das Kunstsystem einen nationen- und ortsübergreifenden Zusammenhang und überschreitet damit ebenfalls geographische Grenzziehungen. Zudem leben viele KünstlerInnen in der Dias-

10 In Deutschland ist dieser Ansatz etwa von Schmidt-Linsenhoff (2000) aufgegriffen worden. Zu nennen sind darüber hinaus die aus dem Graduiertenkolleg »Identität und Differenz« an der Universität Trier hervorgegangenen Dissertationen, die sich zentralen Themen des »Orientalismus« aus postkolonialer Perspektive nähern: den Männlichkeitskonzepten in der Bildproduktion zu Napoleons Ägyptenfeldzug (Ulz 2008), der Maskerade im Porträt des Barock (Trauth 2009) und dem Harem (Förschler 2010).

11 Dagegen lässt sich in Deutschland ein deutlich gestiegenes Interesse an Ausstellungen zeitgenössischer arabischer Kunst erkennen, wie die 2003 vom Haus der Kulturen der Welt in Berlin unter dem Titel »DisORIENTation« durchgeführte Präsentation von zeitgenössischen künstlerischen Positionen aus dem Nahen Osten zeigt. Auch erhielten nicht zuletzt die unter Leitung von Catherine David durchgeführte Documenta X, der von ihr betreute Pavillon auf der Biennale von Venedig im Jahr 2003 und vor allem das von ihr ins Leben gerufene transinstitutionelle Langzeitprojekt »Contemporary Arab Representation« ohne Zweifel eine initialisierende Funktion (vgl. Göckede/Karentzos 2006, 13). Die 2009/2010 im Martin-Gropius-Bau in Berlin veranstaltete Ausstellung »Taswir. Islamische Bildwelten und Moderne« versuchte darüber hinaus ein Bezugsfeld vormoderner islamischer Kunst und zeitgenössischer Kunst zu eröffnen.

pora (s. dazu unten Punkt 3), so dass geographische Zuordnungen auch in dieser Hinsicht fragwürdig werden.

Strittig geworden ist, ob geographische Kategorien sich zur Einteilung von Kunst und Kultur eignen. So problematisiert Irit Rogoff in ihrem Buch »*Terra Infirma*« (2000) die Wahrheitsansprüche und Erkenntnisprinzipien geographischer sowie kartographischer Ordnungskonzepte und weist auf deren Unangemessenheit insbesondere im postkolonialen Kontext hin: An gegenwärtigen künstlerischen Arbeiten zeigt sie exemplarisch, wie in ihnen Setzungen von Identität und Zugehörigkeit zur Diskussion stehen. Das Buch ist ein Beitrag zu einer breiteren Debatte unter Stichwörtern wie »dislocation« , »mapping« und »borders« .

Die Bedingtheit der jeweiligen Grenzziehungen und die spannungsreichen Beziehungen zwischen den unterschiedlichen Kontexten stellen eine besondere Herausforderung für die Kunstgeschichte dar, wenn diese versucht, im Sinne von »Global Art Studies« oder »World Art Studies« Kunst in übergreifenden Zusammenhängen zu betrachten. Die Kunstgeschichte läuft damit freilich Gefahr, totalisierende und unifizierende Perspektiven zu etablieren und das europäische Kunstverständnis absolut zu setzen. Der Kunsthistoriker Christian Kravagna spricht in Bezug auf Weltkunstgeschichte gar von einem »neoimperialen Wissensprojekt« [12].

Nicht nur räumliche Grenzen, sondern auch Unterscheidungen von so genannten Kulturen werden aus Sicht der Postcolonial und Cultural Studies problematisch. Kultur erweist sich als eine instabile, nicht-fixierbare Ordnung, die in ihrem ständigen Wandel offen ist für Neueinschreibungen von Bedeutungen. Durch das Heranziehen postkolonialer Theorien kann der Blick für diese Nicht-Fixierbarkeit der Grenzen geschärft werden. Der Kunsthistoriker Kobena Mercer etwa bezieht sich auf James Cliffords Konzept der »Traveling Cultures« , das Reise und Migration als konstitutiv für künstlerische und kulturelle Bedeutungsproduktion beschreibt, so dass ethnische Zugehörigkeiten in Bewegung geraten beziehungsweise verschwimmen (vgl. Mercer 2008, v. a. 17; Clifford 1997, 17-46). Mercer fordert angesichts dessen eine Rekonzeptualisierung der analytischen Instrumentarien, mit denen solche Objekte der Kunstgeschichte wie etwa afro-amerikanische oder ›schwarze‹ britische Kunst untersucht und interpretiert

12 So Kravagna in seinem Vortrag »Counterpoint: Eine postkoloniale Kunstgeschichte des Kontakts« im Rahmen der Tagung »Die Universalität der Kunstgeschichte? Methoden und Institutionen der Kunstgeschichte im globalen Kontext« des Ulmer Vereins, Verband für Kunst- und Kulturwissenschaften e. V. in Zusammenarbeit mit dem Kunsthistorischen Institut der Freien Universität Berlin am 12.10.2010.

werden (vgl. Mercer 2008, 7). Grundlegend für seinen Ansatz sind Begriffe von Exil, Migration und Diaspora.[13]

Solche Begriffe, die Mobilität und keine starren Grenzen (voraus-)setzen, sind kennzeichnend für einen Großteil postkolonialer Debatten der Kunstgeschichte (vgl. Kravagna 2002). So schärft etwa Birgit Haehnel im Anschluss an Félix Guattari und Gilles Deleuze[14] sowie an Rosi Braidotti[15] den Begriff des Nomadismus und verwendet dieses Konzept zur Beschreibung gegenwärtiger Kunst (vgl. Haehnel 2007).

Postkoloniale Theoriebildung kritisiert nicht nur Naturalisierungen, die über geographische (Zu-)Ordnungen hergestellt werden, sondern auch solche Naturalisierungen, die – damit eng verknüpft – ethnische und rassische Differenz an Körpern festzumachen suchen. Unter anderem wird in der Kunstgeschichte Halls Kritik an essentialistischen Auffassungen von ›Schwarz-sein‹ (1994a) aufgegriffen, nicht zuletzt weil Hall sich auch die Frage nach der *visuellen* Repräsentation von ›Andersheit‹ stellt. In seinem Aufsatz »Das Spektakel des ›Anderen‹« (2004a) wird an Bildern aus der Alltagskultur und den Massenmedien herausgearbeitet, welche Stereotypisierungen bei der Repräsentation von ›Differenz‹ in ihnen zum Tragen kommen.

In diesem Forschungsfeld ist auch Mercers Buch »Welcome to the Jungle« (1994) angesiedelt: Mercer erweitert die Kunstgeschichte um Perspektiven der Black Cultural Studies, indem er nicht nur die Kunstproduktion etwa Robert Mapplethorpes (171ff.) und Isaac Juliens (221ff.) nach den Politiken von Ethnizität, Sexualität und ›Race‹ befragt, sondern auch populärkulturelle Phänomene wie Videoclips von Michael Jackson (33ff.) oder die »style politics« des ›Black Hair‹ (97ff.) untersucht. Die Semantik der Hautfarben und der damit verbundenen Körperpolitiken in der Kunst sind auch Thema der Whiteness Studies, wobei »Weißsein« als unmarkierte Instanz hinterfragt wird und sich letztlich als »Schlüsselkategorie des Rassismus« erweist (Schmidt-Linsenhoff 2004, 9).

Bei der postkolonialen Analyse von Körperdarstellungen gilt es insbesondere auch, die Funktion der Medien in den Blick zu nehmen: Medien wie die Fotografie sind eng mit der kolonialistischen Wissensproduktion verwoben (vgl. etwa Bate 2004; Brandes 2010). In der Auseinandersetzung mit den stereotypen Bildern, die der Kolonialismus hervorgebracht hat, gilt es, »die evidenzproduzierenden, naturalisierenden Effekte der jeweiligen medialen Verfahren sichtbar zu machen« (Schade/Wenk 2011, 116).

13 Dabei bezieht er sich insbesondere auf Edward W. Said (1984), Stuart Hall (1994a [1988], 1994b[1990]) und Paul Gilroy (1993).
14 Vgl. zu Guattari/Deleuze den Beitrag von Angermüller/Bellina in diesem Band.
15 Vgl. zu Rosi Braidotti den Beitrag von Villa in diesem Band.

Kravagna lenkt den kunsthistorischen Blick darüber hinaus auch auf die Bedeutung von (Kunst-)Erziehung und Bildung für die Politik der Kolonialisierung des 19. und frühen 20. Jahrhunderts. Ziel der kolonialen Ausbildungsprogramme, auch in der Kunst, sei es gewesen, »eine möglichst weitgehende Identifikation der Unterworfenen mit den moralischen und kulturellen Werten, rechtlichen Normen und sozialen Praktiken der kolonialen Macht« zu erzielen und so »die Akzeptanz der von ihr etablierten gesellschaftlichen Ordnung« zu garantieren (108). Kravagna setzt dagegen die reformpädagogischen Bestrebungen der Bengal School in Kalkutta, die auf eine Synthese von einheimischen Traditionen und einer kosmopolitischen, transkulturellen Öffnung angelegt ist. Er versteht diese pädagogischen Modelle als »Laboratorien einer neuen, postkolonialen Gesellschaft« (123).

Eine postkoloniale Kunstgeschichte kommt nicht umhin, sich auf dieses Experimentierfeld zu begeben und neue Instrumentarien für die Analyse von Kunst zu entwickeln, zumal die gegenwärtige Kunst selbst eine solche Auseinandersetzung einfordert.

3. Zeitgenössische Kunst als Herausforderung für die Theoriebildung

Für postkoloniale Kunst als Programmatik sind zwei Faktoren wesentlich: zum einen, auf der institutionellen Ebene, die Globalisierung des Kunstbetriebs, zum anderen, auf der thematischen Ebene, die Auseinandersetzung zahlreicher KünstlerInnen mit kultureller Differenz und mit Zuschreibungen von Identität, mit Effekten der Globalisierung, mit Diskursen des Multikulturalismus, mit Diaspora-Erfahrungen etc. Gerade auch die Frage nach der Identität der KünstlerInnen – im Spannungsfeld von ethnischen Zuschreibungen und Stereotypisierungen – steht dabei zur Debatte. Am Beispiel von KünstlerInnen arabischer oder persischer Herkunft zeigt der Sammelband »Der Orient, die Fremde« (Göckede/Karentzos 2006) auf, wie diese in ihren Arbeiten die Mechanismen westlicher Orientdarstellungen reflektieren und sie sowohl »zur Selbstsemantisierung wie auch zur Dekonstruktion des okzidentalen Blickes« (ebd.) verwenden.

Obwohl postkoloniale Kunst in ihrer Disparität nicht auf eine Linie reduziert werden kann, lassen sich einige strukturelle Gemeinsamkeiten vieler dieser Arbeiten ausmachen: Institutionskritik, Identitätsfragen und Ironie zählen dazu. Einige künstlerische Beiträge nutzen Ironie, um eine De-Ontologisierung von Identitätssetzungen zu erreichen und mit ethnisch codierten Sinnkonstruktionen spielerisch umgehen zu können – ist es doch durch Ironie möglich, Setzungen distanziert, im Modus des Als-ob zu wiederholen und gängige Einteilungsschemata – wie die der Hautfarbe, der ›Rasse‹, des Geschlechts usw. – kritisch zu reflektieren. Im Sinne der Systemtheorie könnte man von einer »Beobachtung zweiter Ordnung« sprechen: Solche künstlerischen Arbeiten beobachten, anhand welcher Unterscheidungen üblicherweise beobachtet wird, und problematisieren diese. Die Künstlerin Kara Walker zum Beispiel gebraucht in ihren Scherenschnitten, die sich vor allem mit der Geschichte der Sklaverei in den USA auseinandersetzen, die Unterscheidung von Weiß und Schwarz spielerisch: Die Differenz wird umcodiert, indem Weiß zu Schwarz wird und Schwarz zu Weiß (Abb. 3). Walker sagt über diese Technik, die zu Beginn des 19. Jahrhunderts populär war: »Die alten Schattenrisse wirkten [...] fast ironisch auf mich – all die weißen Menschen, die da ganz

Abbildung 3: Kara Walker: *Slavery! Slavery! Presenting a GRAND and LIFELIKE Panoramic Journey into Picturesque Southern Slavery or "Life at 'Ol' Virginny's Hole' (sketches from Plantation Life)" See the Peculiar Institution as never before! All cut from black paper by the able hand of Kara Elizabeth Walker, an Emancipated Negress and leader in her Cause* (Ausstellungsansicht, Detail), Scherenschnitt aus Papier auf Wand (3,7 x 25,9 m) 1997, Collections of Peter Norton and Eileen Harris Norton, Santa Monica, California.

schwarz erscheinen.«[16] Damit spricht Walker zentrale Aspekte ihrer eigenen Arbeit an: Die schwarze, undifferenzierte Binnenform unterläuft in dieser Hinsicht rassistische Unterscheidungen (vgl. Karentzos 2008). Zugleich nutzt Walker Ironie zur Selbstsemantisierung, indem sich die Künstlerin als *»an Emancipated Negress and leader in her Cause «* bezeichnet[17] – auf diese provokative Weise spiegelt sie Ausschlussmechanismen und Stereotypenbildungen des Kunstbetriebs, die wie ein kolonialistisches Strukturprinzip etwa die Institution Museum geprägt haben.

Eine besondere Herausforderung liegt in solcher Kunst nicht zuletzt für die Wissenschaft: Diese muss ihre theoretischen Prinzipien überprüfen, ihre Beobachtungs- und Analyse-Instrumente anpassen, um der Reflexivität solcher Kunst gerecht zu werden. Deutlich wird diese Herausforderung etwa an dem Projekt »Mapping Sitting« der Künstler Akram Zaatari und Walid Raad (Bassil et al. 2002). Basierend auf der Sammlung der Fondation Arabe pour l'image (FAI), die Fotografien aus dem Nahen Osten archiviert, stellen die beiden Künstler in »Mapping Sitting« neue Archiv-Ordnungen vor (Abb. 4, siehe folgende Seite) (Göckede 2006). Die Wissensproduktion durch Fotografie wird dabei kritisch vorgeführt und vor allem das anthropologische und ethnographische Wissen über ›Andere‹ ironisiert. Mithin ist in solchen Werken eine radikale Kritik von Ordnungsschemata angelegt, die den Kolonialismus bestimmen (vgl. Karentzos 2007).[18]

Die postkoloniale künstlerische Praxis hat mit ihren ironischen Umstülpungen von Wissenssystemen eine eigene Reflexionsdynamik erreicht, die auf der wechselseitigen Rezeption von Kunst und Wissenschaft beruht und nicht zuletzt Impulse für die Wissenschaft gibt. Dabei kann den Kunstwerken keine bloß illustrative Funktion im Rahmen postkolonialer Debatten zugeschrieben werden; vielmehr gilt es, die künstlerischen Arbeiten als eigenständige Beiträge in den Diskussionen zu betrachten.

---

16 Zit. n. Marion Ackermann: »Schatten und Risse in der zeitgenössischen Kunst« , in: dies.: SchattenRisse. Silhouetten und Cutouts, hg. von Helmut Friedel, Ostfildern-Ruit 2001, S. 233–250, Ausst.-Kat. Städtische Galerie im Lenbachhaus, München, S. 233.

17 So nennt sie sich im Titel ihrer Arbeit: *»Slavery! Slavery! Presenting a GRAND and LIFE-LIKE Panoramic Journey into Picturesque Southern Slavery or « Life at ›Ol' Virginny's Hole‹ (sketches from Plantation Life)« See the Peculiar Institution as never before! All cut from black paper by the able hand of Kara Elizabeth Walker, an Emancipated Negress and leader in her Cause«* , 1997, Collections of Peter Norton and Eileen Harris Norton, Santa Monica, California.

18 Solche Kritik manifestiert sich nicht zuletzt in der künstlerischen Auseinandersetzung mit touristischen Praktiken (vgl. etwa Lisl Pongers Arbeiten »Passagen«, 1996 und »Déjà vu«, 1999) sowie mit der Tradition der Künstlerreise (vgl. etwa Birgit Heins Film »Baby I will make you sweat«, 1994 oder Elke Krystufeks Künstlerinreise auf die Südseeinsel Palau, die bereits 1914/15 Ziel des Künstlers Max Pechstein war, 2009).

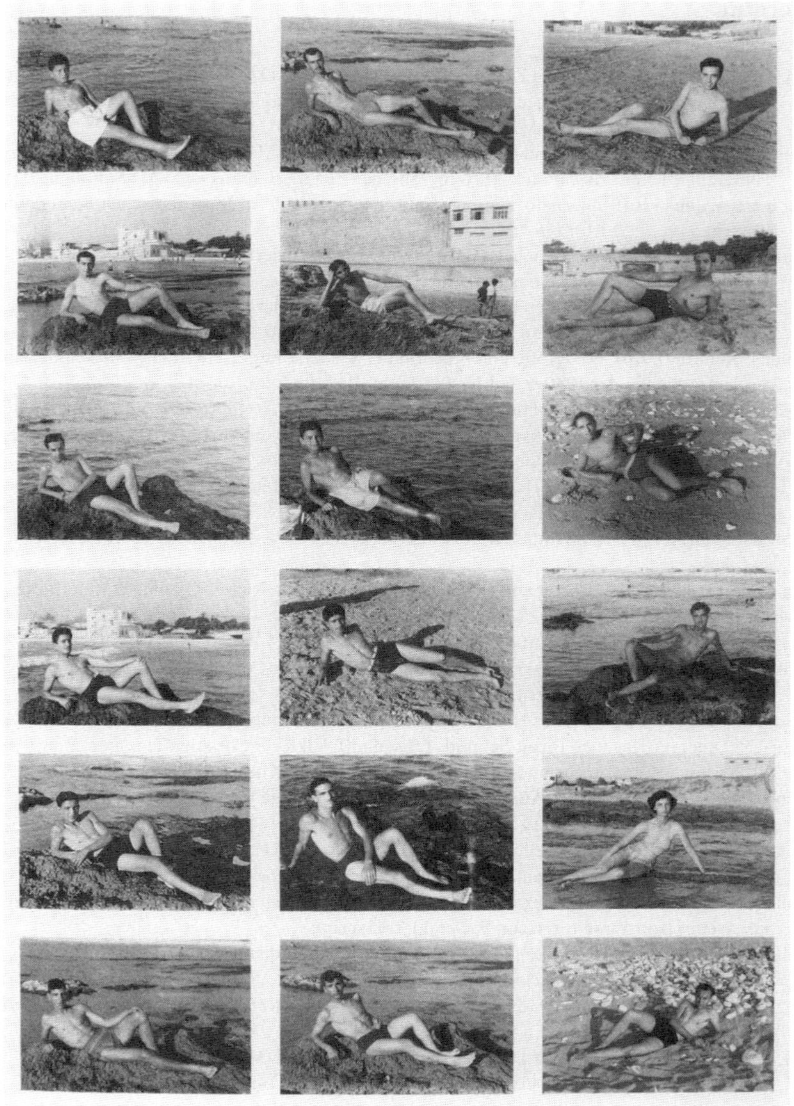

Abbildung 4: Walid Raad und Akram Zaatari: *Itinerant: Beach Series – Reclining. Portraits from Studio Shehrazade, Photographer: Hashem el Madani, Lebanon, 1940-60s* (Mapping Sitting 2002)

Literatur

Bal, Mieke (2002): Kulturanalyse. Frankfurt a.M.: Suhrkamp
Karl Bassil, Zeina Massri, Akram Zaatari, Walid Raad (Hg.) (2002): Mapping Sitting. On Portraiture and Photography. A Project by Akram Zaatari and Walid Raad. Ausst.-Kat. Palais des Beaux-Arts Brussels, Beirut: Mind the Gap and Fondation Arabe pour l'Image
Bate, David (2004): Fotografie und der koloniale Blick. In: Wolf, Herta (Hrsg.) (2004): Diskurse der Fotografie – Fotokritik am Ende des fotografischen Zeitalters. Frankfurt a.M.: Suhrkamp. 115-132
Baumgarten, Jens (2010): Transformation asiatischer Artefakte in brasilianischen Kontexten. In: Karentzos et al. (2010): 178-194
Below, Irene/ von Bismarck, Beatrice (Hrsg.) (2005): Globalisierung/Hierarchisierung. Kulturelle Dominanz in Kunst und Kunstgeschichte. Marburg: Jonas
Benjamin, Walter (1991): Über den Begriff der Geschichte. In: ders.: Gesammelte Schriften, hg. von Rolf Tiedemann u. Hermann Schweppenhäuser, Frankfurt a.M.: Suhrkamp, Bd. 1, 691-704.
Brandes, Kerstin (2010): Fotografie und »Identität« . Visuelle Repräsentationspolitiken in künstlerischen Arbeiten der 1980er und 1990er Jahre. Bielefeld: transcript
Clifford, James (1985): Histories of the Tribal and the Modern. In: Art in America 73. April 1985. 164-77
Clifford, James (1993): On Collecting Art and Culture. In: Simon During (Hrsg.) (1993): The Cultural Studies Reader. London/New York: Routledge, 57-76
Clifford, James (1997): Routes. Travel and Translation in the Late Twentieth Century. Cambridge, Massachusetts, London: Harvard University Press
Documenta (Hrsg.) (1997): documenta X. Politics-Poetics. Ausst.-Kat. Kassel. Ostfildern-Ruit: Hatje Cantz
Documenta (Hrsg.) (2002): Documenta11_Plattform 5. Ausst.-Kat. Kassel. Ostfildern-Ruit: Hatje Cantz
Enwezor, Okwui (2002): Die Black Box. In: Documenta (2002): 42-55
FAI: www.fai.org.lb (letzter Abruf am 20.05.2011)
Flam, Jack/Deutch, Miriam (2003): Primitivism and Twentieth-Century Art. A Documentary History. Berkeley u. a.: University of California Press
Förschler, Silke (2010): Bilder des Harem: Medienwandel und kultureller Austausch. Berlin: Reimer
Friedrich, Annegret/Haehnel, Birgit/Schmidt-Linsenhoff, Viktoria/Christina Threuter (Hrsg.) (1997): Projektionen. Rassismus und Sexismus in der visuellen Kultur. Marburg: Jonas
Gilroy, Paul (1993): The Black Atlantic: Modernity and Double Consciousness. Cambridge, MA/ London: Harvard University Press
Göckede, Regina (2006): Zweifelhafte Dokumente. Zeitgenössische arabische Kunst, Walid Raad und die Frage der Re-Präsentation. In: Göckede/Karentzos (2006): 185-203
Göckede, Regina/Karentzos, Alexandra (Hrsg.) (2006): Der Orient, die Fremde. Positionen zeitgenössischer Kunst und Literatur. Bielefeld: transcript
Haehnel, Birgit (2007): Regelwerk und Umgestaltung. Nomadistische Denkweisen in der Kunstwahrnehmung nach 1945. Berlin: Reimer
Hall, Stuart (1994): Rassismus und kulturelle Identität. Ausgewählte Schriften 2. Hamburg: Argument Verlag
Hall, Stuart (1994a [1988]): Neue Ethnizitäten. In: Hall, Stuart (1994): 15-25
Hall, Stuart (1994b [1990]): Kulturelle Identität und Diaspora. In: Hall, Stuart (1994): 26-43
Hall, Stuart (2004): Ideologie-Identität-Repräsentation. Ausgewählte Schriften 4. Hamburg: Argument
Hall, Stuart (2004a): Das Spektakel des ›Anderen‹. In: Hall, Stuart (2004): 108-166

Haus der Kulturen der Welt in Zusammenarbeit mit Tina Campt und Paul Gilroy (Hrsg.) (2004): Der Black Atlantic. Ausst.-Kat. Berlin: Haus der Kulturen der Welt

Karentzos, Alexandra (2007): Männliche Reproduktion. Serialität und Lachen in ›postkolonialer‹ Kunst. In: kritische berichte, 4.2007. 50-57

Karentzos, Alexandra (2008): Beobachtung und Differenz. Weiß wird zu Schwarz und Schwarz wird zu Weiß – Kara Walkers Spiel mit Unterscheidungen. In: kritische berichte, 4.2008. 22-27

Karentzos, Alexandra/Kittner, Alma-Elisa/Reuter, Julia (Hrsg.) (2010): Topologien des Reisens. Tourismus – Imagination – Migration / Topologies of Travel. Tourism – Imagination – Migration. Internetpublikation der Universitätsbibliothek Trier. Link: http://ubt.opus.hbz-nrw.de/volltexte/2010/565/pdf/Topologien_des_Reisens.pdf

Karp, Ivan (1991): Other Cultures in Museum Perspektive . In: Karp, Ivan/ Lavine, Steven D. (Hrsg.) (1991): Exhibiting Culture. Poetics and Politics of Museum Display. Washington: Smithsonian Inst. Press. 373-385

Kazeem, Belinda/Martinz-Turek, Charlotte/Sternfeld, Nora (Hrsg.) (2009): Das Unbehagen im Museum. Postkoloniale Museologien. Wien: Turia + Kant

Kravagna, Christian (Hrsg.) (2002): Routes. Imaging travel and migration. Frankfurt a.M.: Revolver

Kravagna, Christian (2004): Transkulturelle Blicke. Repräsentationsprobleme außereuropäischer Kunst. In: Christoph Tannert/Ute Tischler (Hrsg.) (2004): Men in Black. Handbuch der kuratorischen Praxis. Frankfurt a.M.: Revolver. 98-103

Kravagna, Christian (2010): Im Schatten großer Mangobäume. Kunsterziehung und transkulturelle Moderne im Kontext der indischen Unabhängigkeitsbewegung. In: Holert, Tom/von Osten, Marion (Hrsg.) (2010): Das Erziehungsbild. Die visuelle Kultur des Pädagogischen. Wien: Schlebrügge. 105-131

Lenk, Wolfgang (2005): »Die erste postkoloniale Documenta« . In: Glasmeier, Michael/Stengel, Karin (Hrsg.) (2005): archive in motion – 50 Jahre/Years documenta 1955-2005. Ausst.-Kat. Kunsthalle Fridericianum Kassel. Göttingen: Steidl, 375-387

Lewis, Reina (1996): Gendering Orientalism: Race, Femininity and Representation. London/New York: Routledge

Marchart, Oliver (2008): Hegemonie im Kunstfeld. Die documenta-Ausstellungen dX, D11, d12 und die Politik der Biennalisierung. Köln: Walther König

McEvilley, Thomas (1984): »Doctor Lawyer Indian Chief« . In: Artforum International 23. Nov 1984. 54-61

Mercer, Kobena (1994) : Welcome to the Jungle. New Positions in Black Cultural Studies. London/ New York: Routledge

Mercer, Kobena (2008): Introduction. In: Ders. (Hrsg.) (2008): Exiles, Diasporas and Strangers. Cambridge, Massachusetts: MIT Press. 6-27

Mosquera, Gerardo: Some Problems in Transcultural Curating. In: Jean Fisher (Hrsg.) (1994): Global Visions: Towards a New Internationalism in the Visual Arts. London: Kala Press in association with the Institute of International Visual Arts. 133-139.

Muttenthaler, Roswitha /Wonisch, Regina (2006): Gesten des Zeigens. Zur Repräsentation von Gender und Race in Ausstellungen. Bielefeld: transcript

Linda Nochlin: The Imaginary Orient. In: Art in Amerika, 73.1983 (5). 119-131 u. 186-191, dt. Fassung in: Exotische Welten. Europäische Phantasien, Ausst.-Kat. Institut für Auslandsbeziehungen und Württembergischer Kunstverein, Stuttgart, Bad Cannstatt: Edition Cantz 1987. 172-179

Pinther, Kerstin/Förster, Larissa/Hanussek, Christian (Hrsg.) (2010): »In Afropolis« . In: Afropolis. Stadt, Medien, Kunst. Auss.-Kat. Rautenstrauch-Joest-Museum Kulturen der Welt, Köln. Köln: Walther König, 10-19.

Pratt, Mary Louise (1992): Imperial Eyes. Travel Writing and Transculturation. London: Routledge

Rubin, William (Hrsg.) (1984): Primitivism in 20th Century Art: Affinity of the Tribal an the Modern. New York, NY: Museum of Modern Art

Said, Edward W. (2003 [1978]): Orientalism. London: Penguin

Said, Edward W. (1979): The Question of Palestine. London/New York: Routledge & Kegan Paul

Said, Edward W. (1990 [1984]): Reflections on Exile. In: Fergusson, Russel/Gever, Martha/Minh-ha, Trinh T. (Hrsg.) (1990): Out There: Marginalization and Contemborary Culture. New York/ Cambridge, MA: New Museum of Contemporary Art/MIT Press, 357-366

Schankweiler, Kerstin: Künstlermythos und kulturelle Differenz. Selbstverständnis und Projektion am Beispiel von Georges Aedéagbo. In: Graduiertenkolleg Identität und Differenz (Hg.): Ethnizität und Geschlecht. (Post-)Koloniale Verhandlungen in Geschichte, Kunst und Medien. Köln u. a.: Böhlau 2005, 175-193.

Schmidt-Linsenhoff, Viktoria (1997): Einleitung. In: Friedrich et al. (1997): 8-14

Schmidt-Linsenhoff, Viktoria (2000): Der Schleier als Fetisch. Bildbegriff und Weiblichkeit in der kolonialen und postkolonialen Fotografie. In: Fotogeschichte. 20. 2000 (H. 76). 25-38

Schmidt-Linsenhoff, Viktoria (2002): Kunst und kulturelle Differenz oder: Warum hat die kritische Kunstgeschichte in Deutschland den *postcolonial turn* ausgelassen? In: Dies. (2002a): 7-16

Schmidt-Linsenhoff, Viktoria (Hrsg.) (2002a): Schwerpunkt: Postkolonialismus. Kunst und Politik. Jahrbuch der Guernica-Gesellschaft. 4.2002

Schmidt-Linsenhoff, Viktoria (2004): Weiße Blicke. Bild- und Textlektüren zu Geschlechtermythen des Kolonialismus. In: Schmidt-Linsenhoff, Viktoria/Hölz, Karl/Uerlings, Herbert (Hrsg.) (2004): Weiße Blicke. Geschlechtermythen des Kolonialismus. Marburg: Jonas. 8-18

Schmidt-Linsenhoff, Viktoria (2005): Das koloniale Unbewusste in der Kunstgeschichte. In: Below/von Bismarck (2005): 19-38

Schmidt-Linsenhoff, Viktoria (2010): Ästhetik der Differenz. Postkoloniale Perspektiven vom 16. bis 21. Jahrhundert (2 Bd.). Marburg: Jonas

Trauth, Nina (2009): Maske und Person: Orientalismus im Porträt des Barock. Berlin/München: Deutscher Kunstverlag

Ulz, Melanie (2008): Auf dem Schlachtfeld des Empire. Männlichkeitskonzepte in der Bildproduktion zu Napoleons Ägyptenfeldzug. Marburg: Jonas

Universes in Universe (1997): »Zitate und Kommentare zur Einbeziehung von Kunst aus Afrika, Asien, Lateinamerika in die documenta IX, 1992« . URL: http://www.universes-in-universe.de/doc/d_d9zit.htm (letzter Abruf am 20.05.2011)

Universes in Universe (2011): URL: http://universes-in-universe.org (letzter Abruf am 20.05.2011)

Vergès, Françoise/Martinz-Turek, Charlotte (2009): Postkoloniales Ausstellen. Über das Projekt eines ›Museums der Gegenwart‹ auf der Insel Réunion. Ein Interview. In: Kazeem/Martinz-Turek/Sternfeld (2009): 143-165

Weibel, Peter (1997): Jenseits des weißen Würfels. Kunst zwischen Kolonialismus und Kosmopolitismus. In: Weibel (1997a): 8-36

Weibel, Peter (Hrsg.) (1997a): Inklusion : Exklusion. Versuch einer neuen Kartografie der Kunst im Zeitalter von Postkolonialismus und globaler Migration. Ausst.-Kat. steirischer herbst 96 in Graz. Köln: DuMont

Postkoloniale Medienwissenschaft. Mobilität und Alterität von Ab/Bildung

Ulrike Bergermann

Eigentlich müsste der Titel ›Post/koloniale Medienwissenschaft‹ heißen, denn mit der Silbe ›post‹ sind wir nicht in einem ›Danach‹ angekommen, wie vielfach in den Postcolonial Studies selbst kritisiert[1] – vielmehr problematisiert die Frage nach der Medialität immer schon die Vorgängigkeiten von Darstellungsordnungen. ›Postkoloniale Medientheorie‹ gibt es also doppelt: 1. als Analyse von Funktionen und Inhalten von Einzelmedien in kolonialen und postkolonialen Gesellschaften,[2] 2. als Untersuchung der Möglichkeitsbedingungen von Darstellung, die – z. B. mit einem Schwerpunkt auf die euro-amerikanische Moderne – sich nur in Bezug auf ein Anderes, auf den/die Anderen herausgebildet hat. Dabei liegt eine postkoloniale Medienwissenschaft quer zu verschiedenen anderen Disziplinen und Debatten (schon insofern Wissensproduktion medial gefasst ist), von denen ich im Folgenden drei Felder umreißen möchte: (1) Sprache, Schrift und Gegenlesen – Repräsentation und Subalternes, (2) Cultural, Pop und Whiteness Studies – Medien ›in‹ Alltagskultur und Politik, (3) Raum, Karte und Globus – Bilder von der Welt, um abschließend Vorschläge für postkoloniale Relektüren der Medientheorie zu skizzieren.[3]

---

1 Zur weiteren Kritik an der Bezeichnung ›postkolonial‹ (er verschleiere die Bedeutung des Kapitalismus zugunsten eines Kulturalismus und sei vor allem getragen durch privilegierte Dritte-Welt-Intellektuelle, die vom Prestige amerikanischer Eliteuniversitäten profitieren wollten, münde aber in Universalismen) vgl. u. a. Ella Shohat oder Anne McClintock 1992; etwas später auch Arif Dirlick und Rey Chow; oder auch Stuart Hall (1997): 220.

2 Vgl. exemplarisch Landau/Kaspin (Hrsg.) (2002).

3 Alle Bereiche profitieren von den Ergebnissen der Gender Studies und müssen sich als Beiträge zur Intersektionalitätsforschung verstehen, um der Komplexität in den Ungleichzeitigkeiten und Überlagerungen historischer wie kultureller Singularitäten und Regelhaftigkeiten, von *race, class* und *gender*, aber auch der Problematik eines akademischen Bezugs auf eine Realität gerecht zu werden, die von Gewalt gekennzeichnet ist.

1. Sprache, Schrift und Gegenlesen. Repräsentation und Subalternes

Dass Sprache in der Konstruktion der/des kolonialen Anderen eine Rolle spielt, zeigt sich bereits bei der ersten ›Berührung‹ von Kolumbus mit den sogenannten UreinwohnerInnen und ihrer ›Übersetzung‹ in Konzepte wie ›border zone‹, ›trading zone‹ usw.[4] Postkoloniale Medienwissenschaft könnte allzu schnell als das Feld begriffen werden, das die Medien ins Auge fasst, die in diese ›trading zone‹ eingehen und in den Ländern hinter den Begegnungszonen entsprechende Stereotype zirkulieren lassen. Wie die Arbeit der Colonial/modernity group um Walter D. Migonolo zeigt, ist die (fundamental schriftzentrierte) Idee der Moderne von ihrer Kolonialgeschichte nicht zu trennen (vgl. Mignolo/Escobar 2010a). Lesen und Schreiben unterliegen immer schon Politiken des ›othering‹, die bereits in Gang sind, bevor gesprochen wird, bevor Literatur verglichen oder übersetzt wird, bevor eine Disziplin darüber arbeitet (vgl. Spivak 2003). Gleichzeitig lässt sich die Privilegierung der Schrift gegenüber der Sprache im Kontext der kolonialen Moderne an vielen Stellen aufzeigen, so etwa in der modernen »Erfindung der Nation« im 18. Jahrhundert, die sich ihrer Zusammengehörigkeit via Buchdruck, v. a. durch die neuen Massenmedien Roman und Zeitung versicherte, nachdem die stummen heiligen Sprachen als Medien der großen, weltumspannenden Gemeinschaften der Vergangenheit zurücktreten; als nach 1640 immer weniger Bücher in Latein und immer mehr in den jeweiligen Landessprachen erschienen, zeigte sich daran die Erosion dieser großen Gemeinschaften im Zuge des entstehenden »print capitalism« (Anderson 1983/1997: passim).

Aber auch in der kolonialen Herabsetzung oraler Kulturen zeigt sich laut Édouard Glissant (1995/2005) die Überhöhung der Schriftlichkeit, da beispielsweise die aus Afrika verschleppten SklavInnen ihrer kulturellen Wurzeln und Sprachen beraubt wurden und neue, kreolische Sprachen entwickeln mussten. Andere medienhistorische Arbeiten betonen die Bedeutung von neuen Formationen von Schrift, Formularen und Akten für die Migration im 16. Jahrhundert, als konvertierte Juden und Mauren aus Spanien nach Amerika auswanderten: Abstammungsregister, Konvertierungslisten, Passagierscheine, Ausreiseanträge und Kontrollverzeichnisse banden »Passagiere und Papiere« untrennbar aneinander (vgl. Siegert 2006). Zudem war es im prä-kolumbianischen Lateinamerika und in der spanischen Kolonisation im 16. Jahrhundert durchaus üblich, dass die spanischen Missionare die Intelligenz und den Zivilisationsgrad von Menschen danach einteilten, ob diese die Alphabetschrift hatten oder nicht (vgl. Mignolo 2000, 2010, 2011).

4 Eine postkoloniale Medienwissenschaft kann hier profitieren von den Theoretisierungen des Übersetzens; Buden/Nowotny (2008), translate/eipcp (2008).

Solche epistemologischen Dimensionen kolonialer Techniken verfolgt auch Mary Louise Pratt (1992/2008) mit dem Begriff der »Imperial Eyes« des 17. und 18. Jahrhunderts in den *contact zones* von KolonisatorInnen und Kolonisierten. Europa, so ihre These, hat sich im Blick auf sein Anderes (mit-)hervorgebracht, und dazu waren Techniken und eine bestimmte Wissenschaftsproduktion unabdingbar: die Kartografierung der Welt und die Systematisierung der Natur.[5] Aufzeichnungs- und Vermessungsmedien, Drucktechniken und Kartografie prägten ab 1700 (durch die Augen und Hände der entsprechenden AgentInnen) das »European global or planetary subject.« (ebd.: 30) Dementsprechend schlägt Homi Bhabha »Weltliteratur« als paradigmatisches Forschungsfeld einer postkolonialen Medientheorie vor (Bhabha 1994/1997: 137)[6], wobei ›Literatur‹ keinesfalls eine Abwendung von ›Medien‹ bedeutet – postkoloniale Theorie teilt mit den Philologien den Bezug auf dekonstruktive Methoden und deren Erweiterungen. Ulfried Reichardt (2008) etwa hat zu einer »Poetik des Globalen« aufgerufen, die von der Literaturwissenschaft ihren Ausgang nimmt, aber von Anfang mit einer weiträumigeren ›Vermessung‹ von Globalisierung beginnt – etwa mit der Frage, welche Denkräume sich eröffnen, wenn eine auf binär formierten Wissensbeständen beruhende kulturelle Beobachtung nicht mehr greift. Damit können viele verschiedene Phänomene aus Literatur, Film, Kunst und Pop auf ihre Bezüge aus und auf Globalität untersucht werden. Das Verhältnis von Partikularität und Universalität ist dabei jedes Mal neu auszuformulieren, kann aber in seiner spezifischen Materialität und Medialität eine paradigmatische Auskunft über Globalität geben (vgl. Reichardt 2010). Dass wir dabei als Lesende und Schreibende dieser umfassenden ›Weltliteratur‹ selbst unhintergehbar im Repräsentationssystem verstrickt sind und lediglich ›provinzielle‹ Repräsentationen der Welt liefern, ist spätestens seit Dipesh Chakrabartys vielzitierter Formel des Provinzialisierens von Europa offensichtlich (vgl. Chakrabarty 1992/2010: 62). Sie fordert daher ein ›anderes‹ Lesen, ein Lesen als herrschaftskritische Arbeit, als »interventionistische Metapher«, denn jede Repräsentation ist Teil einer Machtbeziehung (ebd.: 35). Versucht man die Figur des Provinzialisierens auf die euro-amerikanische Wissensproduktionen zu beziehen (vgl. exempl. Reuter/Villa 2010), so bedeutet dies, dass Wissenschaften ihre Begriffe als partikulare verstehen, den eigenen Universalismen und Fortschrittskonzepten auf die Spur kommen und sich auch auf empirische politische Gegebenheiten zu beziehen wissen.

5 Vgl. im Anschluss daran die Studie von Christine Hanke (2007), die eine innovative Lektüre auch von Graphen, Diagrammen und anderen Visualisierungsformen der kolonialen Vermesser vorlegt.

6 Als exemplarisch für das Forschungsfeld vgl. Saussy (2006), Dimock (2007); u. a. mit Ansätzen aus der Normalismus- und Diskursanalyse Jürgen Links: Ammann et al. (2010).

2. Cultural, Pop und Whiteness Studies. Medien in Alltagskultur und Politik

In britischen wie US-amerikanischen Cultural Studies sind Analysen von Alltags- und Populärkultur mittels Kategorien wie *race*, *class* und *gender* selbstverständlicher Bestandteil, beispielsweise in Analysen rassistischer Stereotype in der Werbung, der Frage nach selbstbestimmten Bildern in Talkshows und Sitcoms, neokolonialistischen Produktionsbedingungen von Konsumgütern oder der Kommerzialisierung von Hip Hop (vgl. etwa Paul Gilroys Kapitel »Jewels brought from Bondage: Black Music and the Politics of Authenticity« im Buch ›Black Atlantic‹). Exemplarisch stehen auch die Texte Kobena Mercers für Forschungen, die »Black Cultural Studies« heißen können. Der Band »Unthinking Eurocentrism: Multiculturalism and the Media« von Ella Shohat und Robert Stam verbindet Eurozentrismuskritik mit Konzepten von Multikulturalismus, postkolonialem Diskurs und neuen Nationalismen auch in der ›Dritten Welt‹ vor dem Hintergrund von Medien und Populärkultur, von Hollywood bis zu Alternativmedien (›indigenous media‹ u. a.) (vgl. Shohat/Stam 1994/2007: o. S.). Die umfangreiche Studie unternimmt hierzu sowohl Close readings und stellenweise detailreiche ästhetische Analysen einzelner Filme als auch Begriffsarbeit an ›Hybridität‹, ›Whiteness‹ oder dem ›imperialistischen Imaginären‹. Rey Chow hat sich scharf gegen die Funktionalisierungen von Third worldist scholars an den Eliteuniversitäten des Westens, gegen das Ignorieren von Klassenunterschieden zwischen postkolonialen Eliten, Beforschten und kosmopolitisch Reisenden, aber auch gegen die ›dekonstruktive‹ Auffassung gewandt, Subalterne kämen vielleicht nicht selbst zur Sprache, aber seien in den Spalten des Systems, den *gaps of language* mitartikuliert (vgl. Chow 1993: 35). Zudem hat Chow früh begonnen, Cultural und Comparative Studies auf (oft deutschsprachige) Medienwissenschaften zu beziehen. Der Westen suche das Authentische im Eingeborenen zu der Zeit, in der die Aura durch Reproduktionstechniken verlorengehe (ebd.: 44). Das Konzept der Hybridität hat Kien Nghi Ha (2010) u. a. auf Popkultur, Filme und Musik übertragen: Der Spätkapitalismus eigne sich Mischformen vom Hybridauto bis zum Sampling oder Multifunktionsgeräten in neuen Warenförmigkeiten nur an.

Im Anschluss an die Cultural Studies sind aus der deutschsprachigen Kommunikationswissenschaft mehrere Bände erschienen, die diese Perspektiven auf Einzelmedieninhalte, Massenmedienanalysen oder Identitätskonstruktionen beziehen.[7] Hier geht es beispielsweise um die Repräsentation migrantischer Jugendlicher in Talkshows, um Fangemeinden, um ›Identitätsbildung durch Medienan-

7 Die Einführung in »Medienidentitäten« nennt verschiedene soziologische Arbeitszusammenhänge als Entstehungshintergrund: Winter et al. (2003): 7; Hepp et al. (2005). Vgl. auch

gebote‹, um die Analyse von Spartenkanälen und Zielgruppenprogrammen oder um transnationale Medienkonzerne.[8] Insbesondere Andreas Hepp untersucht den kulturellen Wandel im Gefolge der Globalisierung der Medienkommunikation in Formen von transnationalen Netzwerken (vgl. Hepp 2004: 8 et passim). Im Unterschied zu den zum Teil stark philosophisch geprägten Arbeiten der englischsprachigen Cultural Studies besteht in diesen Studien nach wie vor die Vorstellung, dass ›Medien‹ und ›Subjekte‹ noch als beforschbare Einheiten zu verstehen sind und nicht bereits ihre Vorgängigkeitslogiken in Frage zu stellen sind. Eine methodologisch engere Verwandtschaft besteht zwischen kulturwissenschaftlicher Medienwissenschaft und Nachbarfächern wie Kunstwissenschaft oder Geschichte, von deren postkolonialen Arbeiten profitiert werden kann.[9]

Zentral für eine postkoloniale Medienwissenschaft sind darüber hinaus die Critical Whiteness Studies. Als deutschsprachige ›Kritische Weißseinsforschung‹ weisen sie weniger explizite einzelne Medienbezüge auf, als dass sie grundlegende Fragen der (Un-)Sichtbarkeit, der visuellen Norm und der Dominanzkultur bearbeiten.[10] Richard Dyer etwa untersuchte Schwarz und Weiß im Film nicht nur anhand der einzelnen Rollen, Figuren und Narrative für schwarze und weiße SchauspielerInnen, sondern auch in der Geschichte der Film-Technologien, die eben nicht neutrale DokumentaristInnen des Lichteinfalls sind, sondern seit dem Anfang des 20. Jahrhunderts hart bearbeitet werden mussten, bis die richtigen Materialien, Filmbeschichtungen, Schminke und Beleuchtungen aufeinander abgestimmt waren, damit Weiße auch wirklich weiß aussahen und Blonde blond (vgl. Dyer 1995). Dyers Analysen der Ikonizität von Hell und Dunkel, von Weisheit

---

Castells (1996/2002) zu den Umbrüchen in Arbeit und Subjektivität durch die Globalisierung bes. im Zuge der Informationstechnologien.

8 Vgl. Winter et al. (2003), Hepp et al. (2005). Während hier stärker kapitalismus- und institutionenkritische Texte Eingang finden als in dekonstruktiv-philosophischen Ansätzen, bleiben Grundbegriffe von Subjekt, Wissen oder Geschichte epistemologisch unberührt, vgl. Hepp et al. (2005); Hepp/Löffelholz (2002).

9 Für Ersteres vgl. als Neuerscheinungen: Schmidt-Linsenhoff (2010), Brandes (2010), Ulz/Haehnel (2010), Schnittpunkt/Kazeem et al. (2009). Historische Arbeiten zum Thema Ausstellen bearbeiten z. B. Völkerschauen oder ethnologische Sammlungen, Dreesbach (2005), Lange (2006), Berner et al. (2011). Im Medium der Ausstellung arbeiten: Der Black Atlantic, HKW Berlin 2004; Projekt Migration, Kölnischer Kunstverein/DOMiT, Köln 2005; MOV!NG ON, NGBK Berlin 2005. Für eine (Kultur-)Geschichte der Diaspora siehe: Mayer (2005). Kulturhistorisches Material für die Untersuchung von kolonialen Bildstereotypen bieten u. a.: Honold/Scherpe (2004), Zeller (2008), Ciarlo (2003). Astrid Kusser (2011) analysiert den *Cake walk*, einen Tanz, der um 1850 von Sklaven in den USA aus Elementen afrikanischer Tänze und Parodien von Bewegungstypen ihrer Herren entwickelt wurde, als komplexes Gefüge aus Körper- und Medienbewegungen. Vgl. Axster (2010).

10 Zentrale deutschsprachige Veröffentlichungen sind: Eggers et al. (2005), Wollrad (2005), Amesberger/Halbmayr (2008), Dietze (2011).

und Aufklärung und Erleuchtung und von dunklen Gestalten überlagern sich mit Analysen geschlechtsspezifischen Darstellungsweisen. Das gilt für Bilder, aber auch für abstraktere Überlegungen zu Visualität und Sichtbarkeit im Verhältnis zur Produktion von Wissen und Normalität. Nur ›die anderen‹, dunkleren Farben werden markiert, der als universal gesetzte Maßstab nicht. So bleibt die Farbe Weiß unsichtbar. ›Weiß‹ erscheint wie der Nullpunkt, von dem aus sich das Koordinatensystem für die anderen Punkte allererst aufspannt, der aber nicht selbst sichtbar mit in die Darstellung eingeht (vgl. Rotman 1987/2000: 44-82). Das wäre auch auf die forschenden und medialen Subjekte zu beziehen. In ihrer Untersuchung zu Unsichtbarkeit und Visualisierung von *race* im Internet betrachtet Lisa Nakamura das Netz als eine »machine for not-seeing as well as of vision« und findet in ihren »minority popular cultures« neben neuen Modi der Selbstrepräsentation auch Variationen rassifizierter Stereotype (vgl. Nakamura 2008: 208f.).[11]

Einen anderen Ansatz bieten Studien, die Filmgeschichte mit Postcolonial Theory verbinden (vgl. Nagl 2009; Gotto 2006), Forschungen zum transnationalen Kino (vgl. Durovicová/Newman 2010), aber auch Filmanalysen im Kontext von Cultural Studies. Hamid Naficys Begriff des *accented cinema* ›provinzialisiert‹ das globale Kino, denn es ist unmöglich, akzentfrei zu sprechen (vgl. Naficy 2001: 23). Schon in Medien wie dem Telefon oder dem Brief brächten exilierte Subjekte spezielle Narrative und Stile hervor; für das Kino wären weitere Motive und Ästhetiken zu beschreiben, die er in taktiler Optik, Selbstreflexivität und Multifokalität sucht.[12]

3. Raum, Karte und Globus. Bilder von der Welt

Insbesondere mit den elektronischen Medien erscheinen ›das Globale‹ und ›die Moderne‹ als eins, wie Arjun Appadurai ausführt, denn die Vorstellungen von Nähe und Ferne, die Auswahl möglicher Selbstbilder und ein positiv besetzter Kosmopolitanismus korrespondieren mit realen Bewegungen: »as with mediation, so with motion« (Appadurai 1996: 3f.). Appardurai interessiert der »Raum der Imaginationen«, der durch die Praktiken im Umgang mit Medien und Migration entsteht und der weder einfach emanzipatorisch noch nur disziplinierend und kommerzialisiert sei, sondern in vielem unvorhersehbar und in jedem Fall umstritten. Zwischen lokalen Mikronarrativen und globalen Massenmedien werden

11 Der Folgeband verspricht Analysen von *race and racialization* in Web 2.0 und Social media: Nakamura/Chow-White (Hrsg.) (in Druck).

12 Dem Essentialismusverdacht können seine Interpretationen nicht immer entgehen. Vgl. dagegen Heidenreich (2010).

diasporische Situationen durchaus begehrenswert. Vertriebensein oder zu große Nähe (»nightmares of electronic propinquity on the other«, ebd.: 28), Phänomene des *global cultural flow* will Apparduraj mittels fünf »Dimensionen« beschreiben – *ethnoscapes, mediascapes, technoscapes, financescapes, ideoscapes* (ebd.: 33-36) –, deren Bezeichnungen schon auf räumliche, sich überlagernde und fluide ›Landschaften‹ verweisen. Im Anschluss an Andersons Überlegungen zum Buchdruck als dem Motor der *imagined nations* situieren sich die scapes als Motoren der imagined worlds, die sich rund um den Globus spannen.

Nicht von den Imaginationen, sondern Vermessungen der Welt geht ein weiteres medienwissenschaftlich relevantes Feld aus. Denn grundlegend medienbestimmt ist der Blick auf den Globus, ein symbolischer und ikonischer Bezugspunkt auch im Denken des Kosmopolitismus. Was, verstärkt seit der europäischen Aufklärung, als Weltbürgertum diskutiert wurde, erhält im 20. Jahrhundert mit der technisch realisierten Ikone des blauen Planeten ein wirkungsmächtiges Emblem. Der Blick auf den Globus hat Konsequenzen für postkoloniales Denken. Er steht in einer Kontinuität von Weltabbildung, die in der Kartografie mit Herrschaftswissen (über Handelsreisen bis Kriegsführung) verknüpft ist, der die erdbeobachtenden und Kontinente verbindenden Kabel und Satelliten neue Dimensionen verleihen und die im 21. Jahrhundert durch weltweite Verfügbarkeit von Bildern von der Welt durch Internet im Verbund mit Satelliten und Webcams, prominent in Diensten wie Google Earth, ebenso demokratisiert wie gleichzeitig privatisiert wird. Dieser Bereich setzt sich zusammen aus Figuren von Netzen bis zur kinetischen Landschaft (vgl. Virilio 1978), die die Medien- und Verkehrsgeschichte[13] entwickelt haben, um die Phänomene und Effekte des Verbundenseins, der instantanen Übertragung mit naturwissenschaftlich-technischen Bildern von terrestrischen, nautischen und astronomischen Karten, Globen, dem ›Raumschiff Erde‹, digitalem *mapping* von Klimakatastrophen usw. zu beschreiben.

Aber nicht über die medialen Werkzeuge treffen hier Medienwissenschaft und Postcolonial Studies zusammen, sondern auch in ihrer Bearbeitung von ›Standpunkten‹ zwischen Partikularität und Globalität. Postcolonial Studies untersuchen das Verhältnis von Universalität (der ganzen Welt, dem Bild des Ganzen, der gleichen Botschaft rund um den Globus, den gleichen ethischen Grundsätzen für alle usw.) und Singularität (gelegentlich mit medienpessimistischen Zügen); beide beziehen sich auch auf Kulturgeschichte, etwa die Geschichte der Perspektive

13 Die Technikgeschichte der weltumspannenden Kommunikation seit 1900 beschreibt Hartmann (2006) an drei Stationen (Kabel für Telegrafen und Telefone, drahtlose Sendung für Funk, Radio, Satelliten, und dem Internet). Lisa Parks (2005) verfolgt nicht nur die Technikgeschichte des Satelliten, sondern auch die ersten ›global‹ gesendeten Fernsehproduktionen, ästhetische und politische Konstellationen.

als europäischer Darstellungskonvention, ihre subjektivierenden Funktionen, auf das Verhältnis von Sichtbarkeit und Sagbarkeit und das Licht als weißer Bildlichkeit, außerdem auf Philosophien der Alterität sowie die Geschichte der Ethnologie. Die Zentralperspektive, genauer: die Verbindung von epistemologischen und visuellen Ebenen, die sich mit ihr und durch sie herausbildet, ist die Folie, von der aus die Multiplizierung und Dynamisierung der Standpunkte ausgehen sollte (vgl. Bergermann 2010). Sich ein Bild von der Welt zu machen heißt seit Kopernikus, sich auf einer Kugel zu sehen oder genauer: eine Kugel vor sich zu sehen, auf der man nicht ist, den Globus von außen zu betrachten (vgl. Sloterdijk 2001). Die Entdeckungsreisen und Eroberungen in anderen Kontinenten durch die EuropäerInnen folgten nun nicht nur einem neuen Globus, sondern, so Hannah Arendt, verdanken sich einer Dynamik des Teleskops, in der sich die »Erweiterung der Erdoberfläche« (Arendt 1958/1994: 245) mit der Akkumulation von Reichtümern verbindet, die Kartografierung sich abschließt und der Erdball schrumpft.

Die Satellitenbilder der Erde sind tendenziell Allgemeingut geworden. Trotz gewisser Einschränkungen[14] lässt sich konstatieren, dass der individualisierte Blick, der Anflug des Blicks aus dem Weltall auf einen selbst gewählten Punkt auf der Erdoberfläche, eine Form der Verfügbarkeit suggerieren könnte, die nicht mehr automatisch von Ermächtigungswissen und Herrschaftsinteressen gelenkt ist, sondern die Erde eher als begehbaren Spielball für alle erscheinen lässt. Welche Verschiebungen im Verhältnis von Standpunkt, Subjekt und Bildtechnik sind damit inauguriert? Es bilden sich keine *imagined communities* ab, nur geographische, nationale, lokale Zuordnungen sind möglich, aber die Flugansicht bei Google Earth schafft ein Gefühl von einer Verbundenheit der Orte, durchaus nicht vom Schrumpfen der Entfernungen, sondern von deren genießendem Ausbuchstabieren, im sicheren Gleiten. Jetzt ist es nicht mehr die NASA, kein militärisch-staatlicher Komplex, der das Bild der ganzen Erde produziert, seine Verteilung regelt, ideologisch lenkt, sondern ein privatwirtschaftlich verfasstes Unternehmen mit geheimer Datenpolitik, im Schutz der kapitalistischen Marktordnung, die diese Daten als betriebswirtschaftlich notwendiges Geheimwissen behandelt, welches jeder demokratischen Kontrolle entzogen bleibt.

Im Zuge des Spatial turn in den Kulturwissenschaften hat sich auch die Medienwissenschaft dem Raum zugewandt[15] und damit einen medientheoretisch

14 Nötig sind ein Computer, Internetzugang und eine gewisse *computer literacy*, was schon einen großen Teil der Erdbevölkerung ausschließt; darüber hinaus sind die Bilder militärisch relevanter Gebiete auf verschiedene Weisen zensiert; die Bilder sind nicht unbedingt aktuell usw.

15 Vielfältige Aufarbeitung und Neubearbeitung der klassischen Texte von Edward Soja (*Thirdspace* 1996) u. a. bieten im deutschsprachigen Raum exemplarisch: Döring/Thielmann (2009a), dies.

informierten Blick auch auf die Globalisierung geworfen, etwa unter dem Begriff der »Mediengeographie« (Döring/Thielmann 2009b: 49), die zunächst den eigenen postkolonialen Standpunkt nicht thematisiert,[16] andererseits durch den Rekurs auf Bruno Latour nicht vermeiden kann. Denn dessen Moderne-Begriff kommt nicht ohne die Unterscheidung von Wilden und Zivilisierten aus, und sein medienwissenschaftlich produktives Konzept der *immutable mobiles* hat Latour am französischen Seefahrer La Pérouse und seiner Umsetzung indigenen Wissens entwickelt. Iris Därmann (2007) beschreibt die Funktionalisierung der Ethnologie und anderer Fächer durch diejenigen Wissenschaften, die sich damit das Problem der Anderen ›outsourcen‹; sie nennt auch konkrete kultur- und medienwissenschaftliche Forschungsthemen der letzten Jahre wie ›Bild-Text-Zahl‹ oder ›Codierung‹, die besonders universale Geltungsansprüche impliziert haben.[17]

Postkoloniale Relektüren der Medientheorie

Erhard Schüttpelz' Weltmediengeschichte 1500-1800 (2009) nimmt die Rekonstruktion beliebter medienhistorischer Klischees zur medientechnischen Überlegenheit des Westens zum Ausgangspunkt, etwa den nordwesteuropäischen Gegensatz von Mündlichkeit und Schriftlichkeit im 17. Jahrhundert. Mit Latours *immutable mobiles* also den Dingen, die ebenso mobil wie unveränderlich sind beschreibt Schüttpelz die Kennzeichen der Medien und der Zeichensysteme, die die Wege zu einer westlichen Dominanzkultur ebnen sollten, und kritisiert ihre implizierte Trennung der Welt in moderne und nichtmoderne Kulturen. Hier deutet sich einmal mehr an, dass in den kanonisierten Bezugstexten der Medienwissenschaft Relektüren vorzunehmen sind, die die Frage nach dem konstitutiven An-

(2008), Günzel (2007), ders. (2011), Werber (2007).

16 Der Band umfasst nach dem umfangreichen ersten Teil Latour-Virilio-Schüttpelz Beiträge aus kommunikationswissenschaftlich-semiotischer Perspektive (Judith Miggelbrink zu »visuellen Geographien“), zu einer ›Medienästhetik des Draußen‘ (Marc Ries) oder zur Visual Culture der globalen Technologie-Campusarchitekturen (Tom Holert) u. a. Kulturhistorischer orientiert dagegen: Schröder/Höhler (2005).

17 Es gibt »wohl kaum einen Kulturwissenschaftler, der sich etwa bei der Verwendung solch genereller Kategorien wie ›Fremder‹, ›Bild‹, ›Text‹, ›Zahl‹, ›Oralität‹, ›Gedächtnis‹, ›Körper‹, ›Inszenierung‹, ›Techniken‹, ›Geschichte', ›Codierung‹ – um nur wahllos einige der gängigen kulturwissenschaftlichen Kategorien herauszugreifen – Rechenschaft über deren spezifisch fremdkulturelle Bedeutung ablegt. Dies nämlich hätte zur Folge, dass die universalistisch erscheinende Geltung der eigenen Kategorien, die ansonsten zwangsläufig von einem unhinterfragten Bekenntnis zum europäischen Idiom und geopolitischem Raum getragen wäre, auf die konkrete Probe gestellt würde. Es hat den Anschein, daß die (mindestens deutschsprachigen) Kulturwissenschaften (als regionale europäische Wissenschaften und kulturelle Praktiken) sich selbst von der gängigen theoretischen Affirmation des (wie noch zu sehen sein wird, durchaus fragwürdigen) Kulturrelativismus und ihrer Kritik am hegemonialen Status der europäischen Kultur schlichtweg ausnehmen zu können glauben.« Därmann (2007): 18f.

deren der in Konstruktion begriffenen Fach- und Theoriegeschichte auch in ihrer postkolonialen Grundierung zu lesen wissen. Eine postkoloniale Medienwissenschaft bedarf der aktuellen Selbstreflexion. Und der Reflexion ihrer Geschichte.

Der rückblickend als Fachbegründer adressierte Marshall McLuhan hat in seinen zahlreichen bildreichen Beschreibungen der Medienkultur im 20. Jahrhundert auch Bilder für die Globalität von Massenmedien und für ihre Mediengeschichte gefunden. Die berühmte These, Medien seien als »extensions of man« zu betrachten, bedeutet nicht nur eine Ausweitung der menschlichen Körpergrenzen in die Werkzeuge hinein, sondern verbindet das Zentralnervensystem mittels der elektromagnetischen Technik mit der Welt, denn durch den Computer werden wir an das globale Netz angeschlossen: »[U]nsere jetzt sich vollziehende Übertragung unseres ganzen Lebens in die geistige Form der Information macht den ganzen Erdball und die Familie der Menschheit zu einem einzigen Bewusstsein.« (McLuhan 1964/2002: 159) »In the electric age we wear all mankind as our skin« (ebd.: 138), was innen und was außen ist, verschränkt sich in dieser Umstülpungsfigur; die Anderen, das ist unsere Haut. Das globale Dorf[18] zeichne sich durch eine Abwendung vom überbewerteten Sehsinn und eine Hinwendung zu den Nahsinnen aus, wodurch neue Kollektive entstehen, wie es vor der Herrschaft des Visuellen in der oralen Stammeskultur gewesen sei. Das Radio wird nun aus der »Stammestrommel« erklärt (*tribal drum*); drei Jahrzehnte vor dem Internet sah McLuhan das globale Dorf durch das Fernsehen (insbesondere das grenzüberschreitende Satellitenfernsehen) realisiert. Ein Konglomerat aus Techno-Utopien und klischeehafter Historiographie sortiert die Welt nach Maßgabe von Medientechniken, ihrer erfundenen wilden Urgeschichte und ihrer stammesartigen Zukunft. Ebenfalls zu befragen wäre die Figur des ›Wilden‹ in frühen Texten der Kybernetik: Für Norbert Wiener wie für William Ross Ashby diente sie für Beschreibungen der Programmierbarkeit eines unbeschriebenen Gehirns (vgl. Wiener 1948/1963: 225f. et passim; Ashby 1956: 5367). Zu fragen wäre auch nach einem Graecozentrismus Kittlers, oder: Gibt es eine exotisierende Tendenz im Ägyptisieren der Archivtheorie? Ziel wäre insgesamt, den weichen, aber dennoch gegebenen Kanon der Medienwissenschaft gegenzulesen mit dem Blick auf ihre verschiedenen Verfahren des *otherings*. Ein halbes Jahrhundert nach Kybernetik und McLuhan beginnt die aktuelle Medienwissenschaft, weitere ihrer Wurzeln in den »Körpertechniken« von Marcel Mauss (vgl. Schüttpelz 2010), in »kolonialer Mobilität von Personen, Zeichen und Dingen« (in ders., »Die Moderne im Spiegel des Primitiven« 2005) und in »Trance und Medien« (Hahn/Schüttpelz 2009) zu untersuchen. Judith Butler entwickelt – mit Blick auf Bilder, auf deren Zirku-

18 Begriff aus: McLuhan (1962): The Gutenberg Galaxy. Toronto: University of Toronto Press.

lation und auf das Verhältnis von Normativität und Visualität (Butler 2007: 43, 2010: 17f.) Fragen nach den Rahmen, die unsere Wahrnehmung, Eindrücke und Affekte strukturieren: Was sind die medialen Bedingungen von Empfindungsfähigkeit? Was Butler hier für den Krieg entwickelt, beschreibt die Bedingungen der Wahrnehmbarkeit des Anderen auch darüber hinaus. Und was darin am Beispiel der Fotografie expliziert wird (sich also an *embedded journalism*, Zeugenschaft, Publizistisches wie Fototheoretisches anschließen lässt), ist in seinen Formulierungen für Rahmung und Zirkulation nicht nur auf andere Einzelmedien übertragbar, sondern bietet eine Beschreibung: der Medialität zirkulierender Dinge überhaupt. Was bezeichnet und abbildet, muss mobil sein – und existiert nur durch sein Anderes.

Literatur

Amesberger, Helga/Halbmayr, Brigitte (2008): Das Privileg der Unsichtbarkeit. Rassismus unter dem Blickwinkel von Weißsein und Dominanzkultur. Wien: Braumüller

Ammann, Wilhelm/Mein, Georg/Parr, Rolf (Hrsg.) (2010): Globalisierung und Gegenwartsliteratur. Heidelberg: Synchron

Anderson, Benedict (1983/1993): Die Erfindung der Nation. Zur Karriere eines folgenreichen Konzepts. Frankfurt a.M./New York: Campus

Anderson, Benedict (1983): Kulturelle Wurzeln. In: Bronfen et al. (1997): 31-58

Appadurai, Arjun (1996): Modernity at Large. Cultural Dimensions of Globalization. Minneapolis. London: University of Minnesota Press

Arendt, Hannah (1958/1994): Vita activa oder Vom tätigen Leben. München, Zürich: Piper

Ashcroft, Bill/Griffiths, Gareth/Tiffin, Helen (Hrsg.) (1995/2004): The Post-Colonial Studies Reader. London/New York: Routledge

Axster, Felix (2010): Ethnographisches Spektakel: Koloniale Stereotypisierungen und die Inszenierung von Whiteness auf deutschen Bildpostkarten. Dissertation an der Universität zu Köln. Unveröff. Manuskript

Bergermann, Ulrike/Otto, Isabell/Schabacher, Gabriele (Hrsg.) (2010a): Das Planetarische. Kultur – Technik – Medien im postglobalen Zeitalter. München: Fink

Bergermann, Ulrike (2010b): Das Planetarische. Vom Denken und Abbilden des ganzen Globus. In: Dies. et al. (2010): 17-41

Berner, Margit/Hoffmann, Anette/Lange, Britta (Hrsg.) (2011): Sensible Sammlungen. Anthropologische Objekte im Depot. Hamburg: Philo Fine Arts

Bhabha, Homi K. (1987): Die Frage der Identität. In: Bronfen et al. (1997): 97-122

Bhabha, Homi K. (1999): Arrivals and Departures. In: Naficy (1999): vii-xii

Bhabha, Homi (1994/1997): Verortungen der Kultur. In: Bronfen et al. (1997): 123-148

Boone, Elizabeth Hill/Mignolo, Walter D. (Hrsg.) (1994): Writing without Words. Alternative Literacies in Mesoamerica and the Andes. Durham/London: Duke University Press

Brandes, Kerstin (2010): Fotografie und ›Identität‹. Visuelle Repräsentationspolitiken in künstlerischen Arbeiten der 1980er und 1990er Jahre. Bielefeld: transcript

Bronfen, Elisabeth/Marius, Benjamin/Steffen, Therese (Hrsg.) (1997): Hybride Kulturen. Beiträge zur anglo-amerikanischen Multikulturalismusdebatte. Tübingen: Stauffenburg

Buden, Boris/Nowotny, Stefan (Hrsg.) (2008): Übersetzung: Das Versprechen eines Begriffs. Wien: Turia + Kant

Butler, Judith (2007): Kritik der ethischen Gewalt. Adorno-Vorlesungen 2002. Frankfurt a.M.: Suhrkamp

Butler, Judith (2010): Raster des Krieges. Warum wir nicht jedes Leid beklagen. Frankfurt a.M./ New York: Campus

Chakrabarty, Dipesh (1992/2010): Europa als Provinz. Perspektiven postkolonialer Geschichtsschreibung. Frankfurt a.M./New York: Campus

Chow, Rey (1993): Writing Diaspora. Tactics of Intervention in Contemporary Cultural Studies. Bloomington, Indianapolis: Indiana University Press

Därmann, Iris (2005): Fremde Monde der Vernunft. München: Fink

Därmann, Iris (2007): Statt einer Einleitung. Plädoyer für eine Ethnologisierung der Kulturwissenschaft(en). In: Dies./Jamme, Christoph (Hrsg.) (2007): Kulturwissenschaften. Konzepte, Theorien, Autoren. München: Fink. 7-33

Dietze, Gabriele (2011): Weiße Frauen in Bewegung: Genealogien und Konkurrenzen von Race- und Genderpolitiken. Bielefeld: transcript

Derrida, Jacques (1992): Das andere Kap. Frankfurt a.M.: Suhrkamp

Dimock, Wai Chee (2007): Planet and America, Set and Subset. Introduction. In: Dies./Buell, Lawrence (Hrsg.) (2007): Shades of the Planet. Princeton: Princeton University Press. 1-16

Dines, Gail/Humez Jean M. (Hrsg.) (2003): Gender, Race, and Class in Media. A Text-Reader. Thousand Oaks/London: Sage

Döring, Jörg/Thielmann, Tristan (2008) (Hrsg.): Spatial Turn. Das Raumparadigma in den Kultur- und Sozialwissenschaften. Bielefeld: transcript

Döring, Jörg/Thielmann, Tristan (2009a) (Hrsg.): Mediengeographie. Theorie - Analyse - Diskussion. Bielefeld: transcript

Döring, Jörg/Thielmann, Tristan (2009b): Mediengeographie: Für eine Geomedienwissenschaft. In: Dies (2009a): 9-64

Durovicová, Nataša/Newman, Kathleen E. (2010) (Hrsg.): World Cinemas. Transnational Perspectives. New York/Abington, Oxon: Routledge

Dyer, Richard (1997/2007): White. London u. a.: Routledge

Dyer, Richard (1995): Das Licht der Welt – Weiße Menschen und das Film-Bild. In: Angerer, Marie-Luise (Hrsg.) (1995): The body of gender: Körper. Geschlechter. Identitäten. Wien: Passagen. 151-169

Eggers, Maureen Maisha/Kilomba, Grada/Piesche, Peggy/Arndt, Susan (Hrsg.) (2005): Mythen, Masken und Subjekte. Kritische Weißseinsforschung in Deutschland. Münster: Unrast

Ezra, Elizabeth/Rowden, Terry (Hrsg.) (2009): Transnational Cinema, The Reader. Abingdon: Routledge

Gilroy, Paul (1994): Black Atlantic. New York/London: Routledge

Glissant, Édouard (1996/2005): Kultur und Identität. Ansätze zu einer Vielfalt. Heidelberg: Wunderhorn

Gotto, Lisa (2006): Traum und Trauma in Schwarz-Weiß. Ethnische Grenzgänge im amerikanischen Film. Konstanz: UVK

Günzel, Stephan (2007) (Hrsg.): Topologie. Zur Raumbeschreibung in den Kultur- und Medienwissenschaften. Bielefeld: transcript

Ha, Kien Nghi (2010): Unrein und vermischt. Postkoloniale Grenzgänge durch die Kulturgeschichte der Hybridität und der kolonialen »Rassenbastarde«. Bielefeld: transcript

Hahn, Marcus/Schüttpelz, Erhard (Hrsg.) (2009): Trancemedien und Neue Medien um 1900. Ein anderer Blick auf die Moderne. Bielefeld: transcript

Hall, Stuart (1995): Wann war der »Postkolonialismus«? Denken an der Grenze. In: Bronfen et al. (1997): 219-246

Hanke, Christine (2007): Zwischen Auflösung und Fixierung. Zur Konstitution von ›Rasse‹ und ›Geschlecht‹ in der physischen Anthropologie um 1900. Bielefeld: transcript

Hartmann, Frank (2006): Globale Medienkultur. Technik, Geschichte, Theorien. Stuttgart: UTB

Haus der Kulturen der Welt (2004) (Hrsg.): Der Black Atlantic. Berlin: HDKW

Heidenreich, Nanna (2010): Ansichtssachen. Die V/Erkennungsdienste des deutschen ›Ausländerdiskurses‹ und die Perspektive der Migration, unveröff. Manuskript, Dissertation HU Berlin

Hepp, Andreas/Krotz, Friedrich/Winter, Carsten (Hrsg.) (2005): Globalisierung der Medienkommunikation. Eine Einführung. Wiesbaden: VS Verlag für Sozialwissenschaften

Hepp, Andreas/Löffelholz, Martin (Hrsg.) (2002): Grundlagentexte zur transkulturellen Kommunikation. Konstanz: UVK/UTB

Hepp, Andreas (2004): Netzwerke der Medien. Medienkulturen und Globalisierung. Wiesbaden: VS Verlag für Sozialwissenschaften

Holert, Tom/Terkessidis, Mark (2006): Fliehkraft. Gesellschaft in Bewegung – von Migranten und Touristen. Köln: KiWi

Honold, Alexander/Scherpe, Klaus R. (Hrsg.) (2004): Mit Deutschland um die Welt. Eine Kulturgeschichte des Fremden in der Kolonialzeit. Stuttgart: Metzler

Kölnischer Kunstverein/DOMiT, Dokumentationszentrum und Museum über die Migration in Deutschland (Hrsg.) (2005): Projekt Migration. Köln: Dumont

Kusser, Astrid (2011): Körper in Schieflage. Tanzen im Strudel des Black Atlantic. Dissertation an der Universität zu Köln, unveröff. Manuskript

Landau, Paul S./Kaspin, Deborah D. (Hrsg.) (2002): Images and Empires. Visuality in Colonial and Postcolonial Africa. Berkeley CA: University of California Press

Lange, Britta (2006): Echt Unecht Lebensecht. Menschenbilder im Umlauf. Berlin: Kadmos

Latour, Bruno (1987/2009): Die Logistik der immutable mobiles. In: Döring/Thielmann (2009): 111-144

Mayer, Ruth/Terkessidis, Mark (Hrsg.) (1998): Globalkolorit. Multikulturalismus und Populärkultur. St. Ändra/Wördern: Hannibal

Mayer, Ruth (2005): Diaspora. Eine kritische Begriffsbestimmung. Bielefeld: transcript

McClintock, Anne/Mufti, Aamir/Shohat, Ella (for the Social Text Collective) (Hrsg.) (1997): Dangerous Liaisons. Gender, Nation, and Postcolonial Perspectives. Minneapolis/London: University of Minnesota Press

McLuhan, Herbert Marshall (1964/2002): Medien verstehen – Die Ausweitung des Menschen. In: Baltes, Martin/Höltschl, Rainer (Hrsg.) (2002): absolute Marshall McLuhan. Freiburg: Orange Press, 138-174

Mignolo, Walter D. (1994): Afterword: Writing and Recorded Knowledge in Colonial and Postcolonial Situations. In: Boone/Mignolo (1994): 292-310

Mignolo, Walter D. (2000): Local Histories/Global Designs. Coloniality, Subaltern Knowledges, and Border Thinking. Princeton NJ: Princeton University Press

Mignolo, Walter D. (2005): The Idea of Latin America. Malden MA et al.: Blackwell

Mignolo, Walter D./Escobar, Arturo (Hrsg.) (2010a): Globalization and the Decolonial Option. Abdingdon, Oxon/New York: Routledge

Mignolo, Walter D. (2010b): Delinking: The rhetoric of modernity, the logic of coloniality and the grammar of de-coloniality. In: Ders./Escobar (2010a): 303-366

Mignolo, Walter D. (2011): Epistemischer Ungehorsam. Rhetorik der Moderne, Logik der Kolonialität und Grammatik der Dekolonialität. Hrsg. v. Jens Kastner, Tom Waibel. Wien: Turia & Kant

Minh-Ha, Trinh T. (2010): Woman. Native. Other – Postkolonialität und Feminismus schreiben, hrsg. v. Anna Babka. Wien: Turia & Kant

Naficy, Hamid (Hrsg.) (1999): Home, Exile, Homeland. Film, Media, and the Politics of Place. New York/London: Routledge

Naficy, Hamid (2001): An Accented Cinema. Exilic and Diasporic Filmmaking. Princeton, Oxford: Princeton University Press

Nagl, Tobias (2009): Die unheimliche Maschine. Rasse und Repräsentation im Weimarer Kino. München: edition text+kritik

Nakamura, Lisa (2008): Digitizing Race. Visual Cultures of the Internet. Minneapolis: University of Minnesota Press

NGBK Berlin (2005): MOV!NG ON. Handlungen an Grenzen – Strategien zum antirassistischen Handeln. Berlin: NGBK

Parks, Lisa (2005): Cultures in Orbit. Satellites and the Televisual. Durham NC: Duke University Press

Pratt, Mary Louise (1992/2008): Imperial Eyes. Travel Writing and Transculturation. London/New York: Routledge

Reichard, Ulfried (2008): Globalisierung, Mondialisierungen und die Poetik des Globalen. In: Ders. (Hrsg.) (2008): Die Vermessung der Globalisierung. Kulturwissenschaftliche Perspektiven. Heidelberg: Winter. 1-47

Reichard, Ulfried (2010): Globalisierung. Literaturen und Kulturen des Globalen. Berlin: Akademie

Reuter, Julia/Villa, Paula-Irene (2010): Provincializing Soziologie. Postkoloniale Theorie als Herausforderung. In: Dies. (Hrsg.) (2010): Postkoloniale Soziologie. Empirische Befunde, theoretische Anschlüsse, politische Interventionen. Bielefeld: transcript, 11-45

Rotman, Brian (1987/2000): Die Null und das Nichts. Eine Semiotik des Nullpunkts [Signifying Nothing. The Semiotics of Zero, 1987], übers. v. Petra Sonnenfeld. Berlin: Kadmos

Saussy, Haun (Hrsg.) (2006): Comparative Literature in an Age of Globalization. Baltimore: John Hopkins University Press

Schmidt-Linsenhoff, Viktoria (2010): Ästhetik der Differenz. Postkoloniale Perspektiven vom 16. bis 21. Jahrhundert. Marburg: Jonas

Schnittpunkt/Kazeem, Belinda/Marinz-Turek, Charlotte/Sternfeld, Nora (Hrsg.) (2009): Das Unbehagen im Museum. Postkoloniale Museologien. Wien: Turia + Kant

Schröder, Iris/Höhler, Sabine (Hrsg.) (2005): Welt-Räume. Geschichte, Geographie und Globalisierung seit 1900. Frankfurt a.M./New York: Campus

Schüttpelz, Erhard (2005): Die Moderne im Spiegel des Primitiven. Weltliteratur und Ethnologie 1870-1960. München: Fink

Schüttpelz, Erhard (2009): Die medientechnische Überlegenheit des Westens. Zur Geschichte und Geographie der immutable mobiles Bruno Latours. In: Döring/Thielmann (2009): 67-110

Schüttpelz, Erhard (2010): Körpertechniken. In: Zeitschrift für Medien- und Kulturforschung 3. 1. 2010. 101-120

Shohat, Ella /Stam, Robert (1994/2007): Unthinking Eurocentrism. Multiculturalism and the Media. London/New York: Routledge

Shohat, Ella/Stam, Robert (Hrsg.) (2003a): Multiculturalism, Postcoloniality, and Transnational Media. New Brunswick/New Jersey/ London: Rutgers UP

Shohat, Ella/Stam, Robert (2003b): Introduction. In: Dies. (2003a): 1-17

Siegert, Bernhard (2006): Passagiere und Papiere. Schreibakte auf der Schwelle zwischen Spanien und Amerika (1530 bis 1600). München: Fink

Sloterdijk, Peter (2001): Globen. Sphären – Makrosphärologie Band II, 2. Aufl., Frankfurt a.M.: Suhrkamp

Steyerl, Hito/Rodríguez, Encarnación Gutiérrez (Hrsg.) (2003): Spricht die Subalterne deutsch? Migration und postkoloniale Kritik. Münster: Unrast

Spivak, Gayatri C. (2003): Death of a Discipline. New York: Columbia University Press

Spivak, Gayatri C. (2007): Can the Subaltern Speak? Postkolonialität und subalterne Artikulation. Wien: Turia + Kant

translate/eipcp (Hrsg.) (2008): Borders, Nations, Translations. Übersetzung in einer globalisierten Welt. Wien: Turia + Kant

Ulz, Melanie/Haehnel, Birgit (Hrsg.) (2010): Slavery in Art and Literature. Berlin: Frank & Timme

Virilio, Paul (1978): Fahren, fahren, fahren... Berlin: Merve.

Werber, Niels (2007): Die Geopolitik der Literatur. Vermessungen einer medialen Weltraumordnung. München: Hanser

Werkmeister, Sven (2009): Hornbostels musikalische Weltkarte. Über zivilisierte und unzivilisierte Geographien der Musik. In: Döring/Thielmann (2009): 219-246

Werkmeister, Sven (2010): Kulturen jenseits der Schrift. Zur Figur des Primitiven in Ethnologie, Kulturtheorie und Literatur um 1900. München: Fink

Winter, Carsten/Thomas, Tanja/Hepp, Andreas (Hrsg.) (2003): Medienidentitäten. Identität im Kontext von Globalisierung und Medienkultur. Köln: Halem

Wollrad, Eske (2005): Weißsein im Widerspruch. Feministische Perspektiven auf Rassismus, Kultur und Religion. Königstein: Helmer

Zeller, Joachim (2008): Bilderschule der Herrenmenschen. Berlin: Ch. Links

Postkoloniale Politikwissenschaft. Grundlagen einer postkolonialen politischen Theorie und deren Anwendungsfelder

Aram Ziai

Was auch immer man unter postkolonialer Politikwissenschaft verstehen mag, eines ist sie sicher nicht: ein etabliertes Forschungsfeld. In der Politikwissenschaft sind postkoloniale Ansätze – jedenfalls, wenn damit mehr gemeint ist als die Beschäftigung mit nachkolonialen Gesellschaften – weitestgehend marginalisiert. Bezeichnend ist, dass zwar kürzlich in Frankfurt a.M. der erste politikwissenschaftliche Lehrstuhl für Gender und Postcolonial Studies besetzt wurde, allerdings mit einer Philosophin. Erst bei näherer Betrachtung finden sich an den Rändern der Disziplin eine Reihe von Arbeiten, die einer postkolonialen Politikwissenschaft zugerechnet werden können – auch wenn diese nicht immer von PolitologInnen verfasst wurden. Mit dem Begriff einer postkolonialen Politikwissenschaft sollen hier Studien bezeichnet werden, die erstens nach den Auswirkungen des Kolonialismus, nach Kontinuitäten und Diskontinuitäten zur kolonialen Ära in der heutigen Zeit fragen oder sich einer anderen postkolonialen Analysestrategie bedienen, zweitens dabei besonders die Ebene von Repräsentationen und Identitäten berücksichtigen, und drittens politische Institutionen, Politikfelder oder politische Prozesse zum Gegenstand haben. Neben einer kurzen Skizzierung der Grundlagen einer postkolonialen politischen Theorie werden anhand exemplarischer Arbeiten aus den Bereichen Migrations- und Entwicklungspolitik, internationale Beziehungen/internationale politische Ökonomie sowie Konfliktforschung/Sicherheitspolitik aktuelle wie zukünftige Anwendungsfelder beleuchtet.

1. Grundlagen einer postkolonialen politischen Theorie

Postkoloniale Ansätze haben sich oft gewehrt gegen einen kulturelle Differenzen einebnenden und politisch funktionalen Universalismus und betonen demgegenüber die Relevanz anderer, subalterner Erfahrungen und Perspektiven. Die Wissensproduktion über die ›Anderen‹ haben sie dabei als Stützpfeiler kolonialer und neokolonialer Herrschaft identifiziert (vgl. z. B. Williams/Chrisman 1994: 8). Daraus ergeben sich gewisse Konsequenzen. Auf der Ebene der Epistemologie ist dies zunächst ein Bewusstsein über die Perspektivität von Wissen, was eine Verortung jenseits des Positivismus in einer hermeneutischen Erkenntnistheorie impliziert. Darüber hinaus ist hier eine Kritik an einem Universalismus zu erkennen, der eben nicht auf einem herrschaftsfreien partizipativen Konsens beruht, sondern notwendig ausschließende und entmündigende Elemente und entsprechende politische Folgen enthält. Andererseits ist schon seit Fanon ein anderer, nichtwestlicher Universalismus eingefordert worden. Für die Methodologie heißt dies, dass postkoloniale Ansätze der Messbarkeit einer objektiven Realität skeptisch gegenüberstehen und daher qualitative gegenüber quantiativen Methoden bevorzugen. Des Weiteren problematisieren sie die Hierarchien in der Wissensproduktion, die sich auch in der Politikwissenschaft manifestieren: die einen sind Subjekte der Wissensproduktion (und kommen dadurch zu Anerkennung und gutbezahlten Beschäftigungsverhältnissen), die anderen lediglich Objekte, deren Lebenswelt und Artikulationen für die Zwecke ersterer angeeignet werden. Eine postkoloniale Methodologie versucht diese Hierarchien zu überwinden und eine dialogische Forschung anzustreben, bei der z. B. indigene Gruppen die Forschungsziele mitbestimmen und die Forschungsergebnisse (mit-)nutzen können.

Über diese Orientierung hinaus existieren jedoch keine spezifischen postkolonialen Methoden, die nicht auch von anderen Ansätzen angewandt werden. Allerdings lassen sich in Anlehnung an klassische Arbeiten der postkolonialen Studien bestimmte typisch postkoloniale Analysestrategien identifizieren (vgl. hierzu ausführlicher Ziai 2010):

1. Orientalismus und Othering (Said): Bei diesem Ansatz steht die Konstruktion des nichtwestlichen Anderen auf der Ebene der Repräsentation sowie die damit zusammenhängende Konstitution von eigenen und fremden Identitäten im Fokus. Mit diesen Mechanismen ist oft der Zugang zu bzw. Ausschluss von politischen Rechten verknüpft.
2. Subalternität und Repräsentation (Spivak): Dieser Kontext beinhaltet die Frage nach der politischen Vertretung und symbolischen Repräsentation subalterner Gruppen, nach ihrer Fähigkeit zur politischen Artikulation und den Bedingungen ihrer Rezeption.
3. Hybridität (Bhabha): Hier geht es um die Frage nach der subversiven Aneignung herrschender Diskurse durch subalterne Gruppen und den damit verbundenen ambivalenten und nichtintendierten Effekten und Grenzen von Herrschaft, auch im Hinblick auf die Identitäten der Akteure.

4. Provinzialisierung Europas (Chakrabarty): Mit einer solchen Relativierung Europas wird die Identifizierung vermeintlich universeller Konzepte und Kategorien als spezifisch europäisch bzw. partikular, ihrer politischen Implikationen und der Anerkennung von Alternativen angeregt.

Wie diese Analysestrategien auf bestimmte Bereiche der Politikwissenschaft angewandt werden, soll in den folgenden Abschnitten illustriert werden.

Im Zentrum einer postkolonialen Provinzialisierung Europas in der politischen Theorie steht das Aufzeigen der Historizität, Kontingenz und der politischen Implikationen des wohl einflussreichsten politischen Konzepts: des souveränen Nationalstaats nach europäischem Vorbild als grundlegende politische Gemeinschaft und Einheit des Politischen. Die zentrale Notwendigkeit des Staates (nach Max Weber charakterisiert durch Gewaltmonopol, Bevölkerung und Territorium) wird in der frühen politischen Theorie, v.a. bei Thomas Hobbes, begründet durch den Krieg ›Aller gegen Alle‹ im Naturzustand. Postkoloniale Ansätze haben nachgewiesen, dass in der frühen Neuzeit die Begegnungen europäischer Eroberer und SiedlerInnen mit Indigenen in Amerika so verzerrt und selektiv überliefert wurden, dass die nicht-hierarchischen politischen Strukturen und friedlichen Außenbeziehungen z.B. der Lakota, Cherokee oder Yanomami im Horizont der Vertragstheorien der Aufklärung ausgeschlossen wurden (vgl. Beier 2004). So wurde Hobbes' Leviathan in der Ontologie der politischen Theorie und der Internationalen Beziehungen zur einzig denkbaren Möglichkeit organisierten menschlichen Zusammenlebens und zum zentralen politischen Akteur, dessen aggressives Verhalten gegenüber inneren und äußeren potenziellen Feinden als unvermeidlich naturalisiert wird.

Die Rational Choice-Tradition in der politischen Theorie und den Theorien der Internationalen Beziehungen geht dabei von universellen, abstrakten nutzenmaximierenden Akteuren aus, seien es Individuen oder Staaten, deren Heterogenität, Einbindung in größere Zusammenhänge und ethisch-politische Entscheidungen systematisch ausgeblendet werden (vgl. Ling 2002: 15f). Der erwähnte Fokus auf den souveränen Staat erlaubt es dabei, Demokratie als auf staatliche Institutionen beschränkt zu begreifen und den Widerspruch zwischen einer demokratischen Identität (z.B. westeuropäischer und nordamerikanischer Staaten) und undemokratischen Praktiken auf internationaler Ebene (z.B. im UN-Sicherheitsrat oder den Bretton-Woods-Institutionen) auszublenden (vgl. Doty 1996a: 137). Gleichermaßen ermöglicht dieser Fokus eine analoge Beschränkung der universellen Menschenrechte auf sehr viel exklusivere Staatsbürgerrechte und die Kollaboration von Protagonisten des Konzepts mit brutalen Diktaturen (vgl. ebd.: 142) sowie darüber hinaus die Ausblendung kriegerischer Konflikte, die sich gegen nicht als Staaten anerkannte Kollektive oder Gruppen richteten (vgl. Krishna 2001: 405f).

Postkoloniale Ansätze haben in diesem Kontext Gründungsmythen der politischen Theorie wie die Verortung der Ursprünge der Demokratie in der griechischen Polis und die der universalistischen Propagierung von Freiheit und Gleichheit in der Französischen Revolution von 1789 als eurozentrisch und kurzsichtig identifiziert (vgl. Ayers 2006 zu basisdemokratischen politischen Systemen im vorkolonialen Afrika und Siba N'Zatioula Grovogui 2006 sowie Michel-Rolph Trouillot 2002 zur Haitianischen Revolution im Verhältnis zur Französischen). Darüber hinaus haben sie Alternativen zum westlichen Menschenrechtskonzept diskutiert, sowohl aus universalistischer (vgl. Grovogui 2006, Ehrmann 2009) als auch aus partikularistischer Perspektive (vgl. Esteva/Prakash 1998), ebenso wie Alternativen zur staatlichen politischen Organisation in Form von basisdemokratischen Gemeinschaften (vgl. Esteva/Prakash 1998) und zu konkurrenz- und machtorientierten politischen Rationalitäten in Form von kooperativen Handlungslogiken (vgl. Agathangelou/Ling 2004). Hochinteressant im Sinne einer politischen Theorie der Herrschaft ist auch Nandys (1992) These, dass die Unterdrückung von Kolonisierten durch Kolonisierte, Frauen durch Männer, Kinder durch Erwachsene und Tiere durch Menschen mittels ähnlicher Legitimationsmuster erfolgte, indem Rationalität und Kultur auf der einen, Irrationalität und zu erziehende Naturverbundenheit auf der anderen Seite der Dichotomien verortet wurden.

2. Anwendungsfelder einer postkolonialen politischen Theorie

Migrationspolitik

Im Bereich der Migrationspolitik war die Rezeption postkolonialer Ansätze im deutschsprachigen Raum im Vergleich zu den anderen Politikfeldern am produktivsten. Kien Nghi Has Studien zu den kolonialen Kontinuitäten in der Arbeitsmarktspolitik, die Provinzialisierung migrationstheoretischer und -politischer Kategorien und Konzepte durch die Transit Migration-Forschungsgruppe sowie einige weitere Beiträge demonstrieren dies.

In seiner Untersuchung der deutschen Arbeitsmarktpolitik im Hinblick auf die seit dem 19. Jahrhundert in Deutschland beschäftigten MigrantInnen konstatiert Ha »eine Reihe von diskursiv-ideologischen, sozio-ökonomischen und rechtlich-funktionalen Parallelen zwischen sog. Wander- und Gastarbeitern (...), die auf fortgesetzte rassistische Kolonialpraktiken in Deutschland hindeuten« (Ha 2003: 62). Bekannte Elemente des Politikfelds, wie Anwerbung und Inländerprimat auf dem Arbeitsmarkt, erscheinen aus einer postkolonialer Perspektive in einem neuen Licht: Migrationspolitik lässt sich auf diese Weise als »Form der inneren Kolonisierung« konzipieren, als »Inversion kolonialer Expansionsformen[, die] ermöglicht, die Produktivkraft des Anderen anzueignen« (ebd.: 66, 64). Dementsprechend wurde das Rotationsprinzip im preußischen Kaiserreich »Karenzzeit-Regelung« genannt, erfüllte aber ebenso den Zweck, den Aufenthalt von ArbeitsmigrantInnen von arbeitsmarktpolitischen Bedürfnissen abhängig zu machen und prinzipiell zu befristen – um auf diese Weise völkische Abwehr von AusländerInnen und volkswirtschaftliche Interessen kompatibel zu machen (vgl. ebd.: 67). Und während in der kolonialen Ära von »Aufzuchtkosten« die Rede war, wurden noch in den 1960ern die eingesparten Sozialisations- und Ausbildungskosten als volkswirtschaftlicher Gewinn verbucht (vgl. ebd.: 69) und überdies Einwanderungswillige gesundheitspolizeilichen Untersuchungen unterzogen (vgl. ebd.: 79). Die aktuellen politischen Debatten in der BRD um ein Punktesystem für potenzielle MigrantInnen belegen, dass die Selektion einwanderungswilliger Menschen nach Nützlichkeitskriterien auch im 21. Jahrhundert noch nicht diskreditiert ist. Ha identifiziert in diesem Kontext eine auch heute noch »ethnisch segregierte Arbeits- und Gesellschaftsstruktur« als »charakteristisches Merkmal von Kolonial- und Apartheidsstaaten« (ebd.: 74).

Auch wenn sie kaum explizit an postkoloniale Theorien anknüpfen, so können die Arbeiten Forschungsgruppe Transit Migration zur Europäisierung der Migrationspolitik (vgl. Transit Migration Forschungsgruppe 2007; Andrijasevic et al. 2005; Hess 2005; Karakayali/Tsianos 2005) als gelungene Umsetzung der Analysestrategie der Provinzialisierung Europas gelten. Sie weisen nach, dass Migrationstheorie und -politik von Konzepten und Kategorien geprägt sind, die auf einer Verallgemeinerung europäischer Maßstäbe und Wertvorstellungen beruhen, aber von der Praxis migrierender Subjekte längst als überholt entlarvt werden. Die Vorstellung eines nationalstaatlichen Containermodells, in dem Raum, Gesellschaft und Kultur eine Einheit darstellen und Migration allenfalls als unidirektionaler Ortswechsel mit anschließender Anpassung an die Mehrheit denkbar ist (»Territorialisierungsnorm« und »Integrationsimperativ«) wird von der transnationalisierten Lebensführung vieler MigrantInnen unterlaufen (vgl. Karakayali/Tsianos 2007: 8f.). Ebenso wird das Ideal- oder Schreckensbild einer »Festung Europa«, die Migrationsbewegungen vollständig kontrollieren will, durch die Realität von Millionen irregulärer ArbeiterInnen ad absurdum geführt wie auch aus einer Perspektive hinterfragt, die die »Autonomie der Migration« ernst nimmt. (vgl. Karakayali/Tsianos 2005; Bojadzijev/Karakayali 2007; skeptischer: Benz/Schwenken 2005). Das in der europäischen Migrationspolitik zunehmend verbreitete ›Management‹ dieser Migrationsströme anstelle der Abschottung vor ihnen erscheint so als »Reaktion auf die Selbstbehauptungskräfte der Migration« (Hess/Tsianos 2007: 36), und die EU nimmt mithin eher die Rolle eines getriebenen und weit weniger mächtigen Akteurs ein, als dies die Festungsmetapher suggeriert.

Die häufigste Analysestrategie postkolonialer Arbeiten im Bereich der Migrationspolitik dürfte jedoch die des Othering sein: die Frage nach der Konstruktion des Anderen, des Fremden, im Zusammenhang mit der Konstitution der eigenen Identität und der Legitimierung von Exklusion. Den Zusammenhang zwischen solchen Konstruktionen und Migrationspolitiken haben u. a. Doty (1996b) am Beispiel Großbritanniens, Persaud (2004) für die USA, Benedikt (2004) für die EU und Schwarz (2010) für die BRD herausgearbeitet (vgl. auch Sivanandan/Fekete 2002).

Entwicklungspolitik

Die bekanntesten postkolonialen Ansätze, die sich mit Entwicklungspolitik befasst haben, sind sicher die der Post-Development-Schule (vgl. v. a. Sachs 1993; Esteva 1995; Escobar 1995; Rahnema 1997; zur Diskussion siehe Ziai 2004, 2006a). Diese haben kritisiert, dass die Entwicklungspolitik auch in ihren alternativen oder kritischen Spielarten das westeuropäisch-nordamerikanische Gesellschaftsmodell als universell anzustrebende Norm darstellt (Provinzialisierung Europas) und die ›Unterentwickelten‹ als defizitär, entwicklungsbedürftig und angewiesen auf das Wissen der Entwicklungsexperten konstruiert (Othering). Dabei haben sie auch auf den Zusammenhang mit den Interessen der ›Entwicklungsindustrie‹ bzw. des ›Westens‹ allgemein aufmerksam gemacht. Ferguson (1994) hat in diesem Kontext auf die entpolitisierende Wirkung des gängigen Entwicklungskonstrukts hingewiesen (soziale Ungleichheit ist Resultat eines Mangels an Kapital, Technologie oder Wissens und kann durch technische Lösungen in Form von Entwicklungsprojekten behoben werden). DuBois (1991) hat dabei die selbst in erfolgreichen Entwicklungsprojekten auffindbare Hierarchisierung von Kulturen aufgezeigt.

Andere postkoloniale Ansätze haben hierzu ergänzt, dass die Aneignung und Transformation des Entwicklungsdiskurses im Süden ernster genommen werden muss, als dies bei manchen Post-Development-AutorInnen wie Rahnema oder Esteva der Fall ist, die solche Prozesse nur als Manipulation deuten (vgl. Cooper 1997: 84; McEwan 2009: 30). Wainwright (2008) illustriert in diesem Kontext allerdings die Konsequenzen des ›Mayanismus‹ in Belize in Form einer romantisierten, ›authentischen und ursprünglichen‹ Identitätskonstruktion, die sich gegen die staatlichen Versuche der Normalisierung indigener Gruppen durch Entwicklungsprojekte richtet. Die Frage nach dem Stellenwert politischer Artikulationen subalterner Gruppen steht hier im Raum, und die Gefahr ihrer Missachtung (in den neo-populistischen Post-Development-Ansätzen oder auch bei Dhawan 2009: 57f.) scheint mindestens ebenso groß wie die ihrer Nichthinterfragung. Kerner (1999) kritisiert diesbezüglich die Gender-Konzepte in der Entwicklungspolitik für ihre Ignoranz gegenüber entsprechenden Artikulationen.

Eriksson Baaz (2005) hingegen hat nachgewiesen, dass auch lange nachdem die ›Entwicklungshilfe‹ in ›Entwicklungszusammenarbeit‹ (EZ) umbenannt und unter das Leitbild der Partnerschaft gestellt worden ist, die Konstruktion des Anderen durch in der EZ tätige Personen immer noch Züge der ›Bürde des weißen Mannes‹ aufweist. In den Darstellungen entwicklungspolitischer Institutionen findet sich dementsprechend die Konstruktion eines aufgeklärten und selbstlosen Gebers unter Ausblendung der mit den Finanztransfers in den Süden verbundenen Auflagen und ihrer Instrumentalisierung für außenwirtschaftliche und geopolitische Ziele (vgl. Kapoor 2008, Kap. 5).

In ähnlicher Weise dient auch die Konstruktion eines demokratischen Nordens und eines korrupten und neopatrimonialen Südens im entwicklungspolitischen Konzept der Good Governance zur Legitimierung von politischen Konditionalitäten und Interventionen (vgl. Anghie 2006; Kapoor 2008: 29-33; Gephart 2011). Dabei betrachten sich entwicklungspolitische Organisationen, wie Mitchell (2002, 2009) am Beispiel von USAID in Ägypten aufzeigt, in der Regel als unpolitische, rationale und allgemeinwohlorientierte Akteure, auch wenn sie mit ihren technokratischen Problemkonstruktionen und Lösungsvorschlägen von existenten sozioökonomischen Konflikten ablenken und sowohl den Interessen nationaler Eliten als auch denen transnationaler Konzerne in die Hände spielen.

Auch in der Praxis der Bevölkerungspolitik finden sich noch koloniale Kontinuitäten: Zwar ist auf der UN-Konferenz in Kairo 1994 die frühere Praxis der staatlichen Bevölkerungskontrolle zumindest rhetorisch zugunsten einer Konzentration auf die reproduktive Gesundheit der Frauen im Süden ad acta gelegt worden; aber dennoch lässt sich nach Schultz (2006) die Fortexistenz eines antinatalistischen bias in der Gesundheitspolitik aufzeigen, der immer noch auf die Verhinderung der Geburt von Kindern einer primär rassistisch definierten Gruppe von Frauen abzielt (vgl. hierzu auch Deuser 2010).

Internationale Beziehungen und Internationale Politische Ökonomie

Neben der Privilegierung des Nationalstaats in der politischen Theorie und der Internationalen Politik (und der sich überhaupt erst aus ihr ergebenden Trennung dieser beiden Sphären) haben sich postkoloniale Studien auch konkret mit internationalen Organisationen, Welthandel, Sozialstandards und Finanzkrisen befasst – und aufgezeigt, dass er auch in der Sphäre der internationalen politischen Ökonomie keineswegs nur um ›harte Fakten‹ geht, sondern (oft eurozentrische) Repräsentationen eine wichtige Rolle spielen.

Mit der Asiatischen Finanzkrise 1997/98 und der Rolle des ›Westens‹ (auch des Internationalen Währungsfonds, IWF) in der darauf folgenden Reformphase hat sich Lily Ling (2004) auseinandergesetzt. Im Anschluss an Bhabha greift sie das Konzept der Mimikry auf und behauptet, dass der ›Westen‹ im Rahmen der Krise auf den Übergang einiger asiatischer Gesellschaften von der formalen zur substanziellen Mimikry (erfolgreiche Nachahmung kapitalistischer Entwicklungsprozesse durch einen ›hypermaskulinisierten‹ Staat und ein konfuzianisch-liberales Hybridmodell) mit dem Rückgriff auf koloniale Stereotype (›orientalischer Despotismus‹, ›Bürde des weißen Mannes‹) und Praktiken (Wiederherstellung von wirtschaftlichen Dominanz- und Abhängigkeitsbeziehungen) reagiert hätte.

Teivo Teivainen (2009) untersucht in ähnlicher Weise die Rolle des IWF, konzentriert sich jedoch in geringerem Maß auf die Ebene der Repräsentation. Ihm zufolge wird der Widerspruch zwischen dem undemokratischen Entscheidungssystem des IWF (Stimmrechte sind nach Kapitalanteilen gewichtet) und dem demokratischen Selbstverständnis der dieses System kontrollierenden Staaten einerseits gerechtfertigt durch die »Doktrin der ökonomischen Neutralität« (Teivainen 2009: 107), die den IWF als unpolitischen Berater in ökonomischen Sachfragen darstellt, andererseits durch die erwähnte nationalstaatzentrierte Ontologie. Er beschreibt den IWF als »modernen Priester« (ebd.: 108) bzw. Produzenten von Wahrheitsansprüchen, zu dem Regierungen der Nehmerländer seit der Schuldenkrise in einer (neo-kolonialen) Beziehung der »politischen Knechtschaft« (ebd.: 132) stünden.

Methodisch ganz anders geht Agathangelou (2004) vor, wenn sie auf der Grundlage von Interviews in ihrer Skizze der Zusammenhänge von Migration, Einkommensunterschieden, Frauenhandel, Prostitution, Hausarbeit und den darauf aufbauenden »desire economies« das Zusammenspiel von ›Rasse‹, Klasse und Geschlecht im südosteuropäischen Kontext beschreibt. Sie zeigt auf, dass die Globalisierungs- bzw. Transnationalisierungsprozesse dieser Ökonomien in Griechenland, Zypern und der Türkei auf sexistische und rassistische Konzepte und Praktiken sowie eine Kolonisierung weiblicher Arbeitskraft angewiesen sind.

Shalini Randeria hat in ihren Arbeiten (2003, 2009a, 2009b) auf die subversive Aneignung herrschender Diskurse durch Akteure aus dem Süden jenseits von klaren Dichotomien hingewiesen. Konkret hat sie an unterschiedlichen Beispielen das Verhältnis von Protestbewegungen, internationalen Institutionen und dem indischen Staat untersucht und herausgearbeitet, wie es bisweilen den

Bewegungen gelingt, mittels einer Instrumentalisierung z. B. der Weltbank den Staat unter Druck zu setzen.

Geeta Chowdhry (2004) analysiert den Zusammenhang von Kinderarbeit und Menschenrechten in der internationalen politischen Ökonomie im Hinblick auf die Konstruktion des Anderen, die Kontroverse zwischen Universalismus und Relativismus und die Verortung von Handlungsfähigkeit. Ihre These ist, dass in den Debatten über Kinderarbeit sowohl die universalistischen als auch die kulturrelativistischen Menschenrechtsdiskurse von den Machtverhältnissen des globalen Kapitalismus ebenso wie von kulturalistischen Argumenten geprägt sind. Sie weist die legitimierende Rolle universalistischer Menschenrechtsdiskurse für die kolonialen Eroberungen Europas nach: ›Unmenschliche‹ Praktiken anderer Kulturen dienten als Vorwand für die mission civilisatrice, die wiederum eng mit Kapitalinteressen verflochten war. An dieser instrumentellen Verknüpfung habe sich nicht viel geändert, so Chowdry (vgl. auch Nair 2004). Universelle Menschenrechte würden dabei als Produkt einer als gegeben betrachteten westlichen Kultur angesehen. Die relativistischen Diskurse wiesen im Gegenzug zwar dankenswerterweise auf eurozentrische (individualistische, liberale, legalistische) Implikationen der Universalismus-Position hin, gingen dabei aber von einem unterschiedlichen Menschenrechtsverständnis in verschiedenen Kulturen aus – was Chowdhry als kulturalistisch beschreibt. Darüber hinaus verweist sie darauf, dass die relativistische Diskursposition oft mit einer bestimmten Verortung in der globalen politischen Ökonomie zusammenhängt: Dass sie nämlich oft von autoritären Eliten peripherer Staaten mit der Notwendigkeit ökonomischer Entwicklungsprozesse verbunden wird. Eine postkoloniale Position zur Frage der Menschenrechte hingegen müsse die Verbindungen von Macht und Wissen aufdecken und transkulturell sowie kontextspezifisch sein. In den empirischen Bezügen wird erneut die Ausgrenzung der Handlungsfähigkeit und Wissensproduktion postkolonialer Subjekte belegt: Die Erfolge im Kampf gegen Kinderarbeit werden gängigerweise nicht dem Aktivismus der Betroffenen, sondern in der Regel westlichen Nichtregierungsorganisationen zugeschrieben. An den uneinheitlichen Forderungen der aktivistischen KinderarbeiterInnen selbst – während einige die Abschaffung von Kinderarbeit verlangen, wenden sich andere explizit dagegen und setzen sich für sichere Arbeitsbedingungen und höhere Löhne ein – zeigt sich auch hier die Schwierigkeit, zu einer eindeutigen postkolonialen Position in der Frage der Menschenrechte zu gelangen.

Konfliktforschung und Sicherheitspolitik

Eine naheliegende Argumentationslinie postkolonialer Ansätze bezieht sich auf den Vorwurf kolonialer Kontinuitäten im Hinblick auf den Zusammenhang von militärischen Interventionen und Protektoraten des Nordens und ökonomischen oder geopolitischen Interessen. Am dezidiertesten wird diese Position in der deutschsprachigen Politikwissenschaft von Jürgen Wagner (2010) vertreten. Auch jenseits einer legitimatorischen Funktion erinnert das im vergangenen Jahrzehnt populär gewordene Konzept der Neuen Kriege deutlich an eine koloniale Konstruktion des Selbst und der Anderen – zumindest in der Interpretation von Herfried Münkler (2002), der klar die zivilisierten Staatenkriege Europas von den durch Massakern und Vergewaltigungen charakterisierten Konflikten in der Peripherie unterscheidet (und dabei systematisch die europäischen Kriegsverbrechen ausblendet) (vgl. Ziai 2006b).

Dass auch nach der formalen Dekolonisierung noch unterschiedliche Rechtsmaßstäbe im Völkerrecht und der rechtmäßigen Anwendung von Gewalt gelten, illustrieren u.a. Grovogui (2007: 241-244) am Beispiel der Suez-Krise, James Thuo Gathii (2006) für den Irak-Krieg und Shampa Biswas (2001) im Hinblick auf den Nichtverbreitungsvertrag für Atomwaffen. Letzterer demonstriert eindrucksvoll, dass die dominante Konstruktion von Sicherheit (in wessen Händen tragen Atomsprengköpfe zur globalen Sicherheit und in wessen zur globalen Unsicherheit bei?) nicht ohne ein Element des Rassismus auskommt, während gleichzeitig die hindunationalistische BJP in Indien diesen Rassismus als Ressource für ihre eigenen Ambitionen, Diskriminierungen und Exklusionen instrumentalisiert.

Auch Sherene Razack (2004) widmet sich den kolonialen Elementen heutiger Konfliktbearbeitung, wenn sie rassistische Gewaltexzesse kanadischer Soldaten im Rahmen der UN-Mission in Somalia, ihre Legitimation und ihre mediale Aufarbeitung analysiert – und dabei Parallelen zu der von Rudyard Kipling beschriebenen ›Bürde des weißen Mannes‹ aufzeigt: Im Zweifelsfall müssen die ›zivilisierten Friedensbringer‹ auch mit harter Hand für Ordnung sorgen, weil die ›Eingeborenen‹ nur durch Gewalt zur Räson gebracht werden können (Exakt diese Argumentation hat schon im 19. Jahrhundert Folter im Rahmen kolonialer Herrschaft legitimiert; vgl. Doty 1996a: 40.). Dass die kanadischen Täter in diesem Fall selbst zum Teil keine Weißen waren, verunmöglicht einfache Dichotomien.

Das über das Aufzeigen von kolonialen Kontinuitäten hinaus reichende Potenzial postkolonialer Ansätze demonstriert u. a. Mechthild Exo (2008) in ihrer Darstellung indigener Frauenbewegungen und Friedensaktivistinnen in Nagaland/Indien. Sie zeigt auf, wie zivilgesellschaftliche Initiativen zur Konfliktbearbeitung durch die vorherrschenden Kategorien des Politischen ausgeblendet und ihre Stimmen nicht gehört werden, während gleichzeitig die zur Durchsetzung des als alternativlos vorgestellten souveränen Staates (sei es der bestehende oder ein noch zu schaffender) notwendige Gewalt verharmlost oder gar naturalisiert wird. Die eurozentrisch und patriarchal geprägten politischen Rationalitäten werden in den sozialen Bewegungen durch andere ersetzt, in denen Würde, Integrität und Kooperation eine größere Rolle spielen und in denen Sicherheit nicht durch ein staatliches Gewaltmonopol erreicht wird.

3. Fazit

Die hier referierten Ansätze (die nur einen kleinen Teil der tatsächlich existierenden darstellen) haben gemeinsam, dass sie auf Machtverhältnisse aufmerksam machen, die aus der gängigen Perspektive politikwissenschaftlicher Ansätze nicht wahrgenommen werden, da letztere häufig eurozentrischen oder kolonialen Kategorien und Sichtweisen verhaftet sind. Hier eine systematische Neuausrichtung des Blickwinkels, eine Erweiterung des Erkenntnishorizonts und eine Verschiebung der Sagbarkeitsfelder in der Politikwissenschaft zu erreichen, wäre für eine »postkoloniale Kritik als politisches Projekt« (Ha 2010) ein wichtiger Schritt.

Literatur

Agathangelou, Anna (2004): »Sexing« globalization in international relations: migrant sex and domestic workers in Cyprus, Greece, and Turkey. In: Chowdhry/Nair (2004): 142-169

Agathangelou, Anna/Ling, L.H.M. (2004): The House of IR: From Family Power Politics to the Poisies of Worldism. In: International Studies Review 6. 2004. 21-49

Andrijasevic, Rutvica/Bojadzijev, Manuela/Hess, Sabine/Karakayali, Serhat/Panagiotidis, Efthimia/Tsianos, Vassilis (2005): Turbulente Ränder. Konturen eines neuen Migrationsregimes im Südosten Europas. In: Prokla. 140. 2005. 345-362

Anghie, Antony (2006): Decolonizing the Concept of »Good Governance«. In: Gruffydd Jones (2006): 109-130

Ayers, Alison J. (2006): Beyond the Imperial Narrative: African Political Historiography Revisited. In: Gruffydd Jones (2006), 155-178

Beier, J. Marshall (2004): Beyond hegemonic state(ment)s of nature: indigenous knowledge and nonstate possibilities in international relations. In: Chowdhry/Nair (2004), 82-114

Benz, Martina/Schwenken, Helen (2005): Jenseits von Autonomie und Kontrolle: Migration als eigensinnige Praxis. In: Prokla, 140. 363-378

Biswas, Shampa (2001): «Nuclear Apartheid« as Political Position: Race as a Postcolonial Resource? In: Alternatives, 26. 485-522

Bojadzijev, Manuela/Karakayali, Serhat (2007): Autonomie der Migration. 10 Thesen zu einer Methode. In: Transit Migration Forschungsgruppe (2007): 203-210

Chowdhry, Geeta (2004): Postcolonial interrogations of child labor: human rights, carpet trade, and Rugmark in India. In: Chowdhry/Nair (2004): 225-253

Chowdhry, Geeta//Nair, Sheila (Hrsg.) (2004): Power, Postcolonialism and International Relations. Reading race, gender and class. London: Routledge

Cooper, Frederick (1997): Modernizing Bureaucrats, Backward Africans, and the Development Concept. In: Cooper, Frederick/Packard, Randall (Hrsg.) (1997): International Development and the Social Sciences. Essays on the History and Politics of Knowledge. Berkeley: University of California Press. 64-92

Deuser, Patricia (2010): Genderspezifische Entwicklungspolitiken und Bevölkerungsdiskurse: Das Konzept der »Sexuellen und Reproduktiven Gesundheit und Rechte« aus postkolonialer Perspektive. In: Peripherie,120. 427-451

Dhawan, Nikita (2009): Zwischen Empire und Empower: Dekolonisierung und Demokratisierung. In: femina politica 18 (2). 52-63

Doty, Roxanne Lynn (1996a): Imperial Encounters. The Politics of Representation in North-South Relations. Minneapolis: University of Minnesota Press

Doty, Roxanne Lynn (1996b): Immigration and National Identity: Constructing the Nation. In: Review of International Studies, 22 (3). 235-255

DuBois, Marc (1991): The Governance of the Third World. A Foucauldian Perspective on Power Relations in Development. In: Alternatives, 16 (1). 1-30

Ehrmann, Jeanette (2009): Traveling, Translating and Transplanting Human Rights. Zur Kritik der Menschenrechte aus postkolonial-feministischer Perspektive. In: femina politica, 18 (2). 84-94

Eriksson Baaz, Maria (2005): The Paternalism of Partnership. A Postcolonial Reading of Identity in Development Aid. London: Zed

Escobar, Arturo (1995): Encountering Development. The Making and Unmaking of the Third World. Princeton: Princeton University Press

Esteva, Gustavo (1995): FIESTA – jenseits von Entwicklung, Hilfe und Politik. 2. A. Frankfurt a.M.: Brandes & Apsel

Esteva, Gustavo/Prakash, Madhu Suri (1998): Grassroots Postmodernism. Remaking the Soil of Cultures. London: Zed

Exo, Mechthild (2008): The Naga Indigenous Women's Peace Activism and the Notion of the Political. Paper presented at the conference «Social movements and/in the Postcolonial«, Nottingham, Juni 2008

Ferguson, James (1994): The Anti-Politics Machine. «Development«, Depoliticization and Bureaucratic Power in Lesotho. Minneapolis: University of Minnesota Press

Gathii, James Thuo (2006): Dispossession through International Law: Iraq in Historical and Comparative Context. In: Gruffydd Jones (2006): 131-154

Gephart, Malte (2012): Korruption und der soziale Nahraum aus einer Post-Development Perspektive: «Illusions of Purity« im Anti-Korruptionsdiskurs. In: Jakobeit, Cord/Ziai, Aram (Hrsg.) (2012): Entwicklungstheorie reloaded. Stand und Perspektiven der entwicklungstheoretischen Diskussion. Baden-Baden: Nomos (i. E.)

Grovogui, Siba N'Zatioula (2006): Mind, Body, and Gut! Elements of a Postcolonial Human Rights Discourse. In: Gruffydd Jones (2006): 179-196

Grovogui, Siba N. (2007): Postcolonialism. In: Dunne, Tim/Kurki, Milja/Smith, Steve (Hrsg.) (2007): International Relations Theories. Discipline and Diversity. Oxford: Oxford University Press. 229-246

Gruffydd Jones, Branwen (Hrsg.) (2006): Decolonizing International Relations. Lanham: Rowman & Littlefield

Ha, Kien Nghi (2003): Die kolonialen Muster deutscher Arbeitsmarktmigrationspolitik. In: Steyerl/Gutierrez Rodriguez (2003), 56-107

Ha, Kien Nghi (2010): Postkoloniale Kritik als politisches Projekt. In: Reuter, Julia/Villa, Paula-Irene (Hrsg.) (2010): Postkoloniale Soziologie. Empirische Befunde, theoretische Anschlüsse, politische Intervention. Bielefeld: transcript. 259-280

Hess, Sabine (2005): Transnationale soziale Räume: Widerständige soziale Sphären oder neue Formen der globalen Zurichtung von Arbeitskraft? In: Peiripherie, 97/98. 151-171

Hess, Sabine/Tsianos, Vassilis (2007): Europeanizing Transnationalism! Provincializing Europe! – Konturen eines neuen Grenzregimes. In: Transit Migration Forschungsgruppe (2007): 23-38

Kapoor, Ilan (2008): The Postcolonial Politics of Development. London: Routledge

Karakayali, Serhat/Tsianos, Vassilis (2005): Mapping the Order of New Migration. Undokumentierte Arbeit und die Autonomie der Migration. In: Peripherie, 97/98. 35-64

Karakayali, Serhat/Tsianos, Vassilis (2007): Movements that matter. Eine Einleitung. In: Transit Migration Forschungsgruppe (2007): 7-22

Kerner, Ina (1999): Feminismus, Entwicklungszusammenarbeit und Postkoloniale Kritik. Eine Analyse von Grundkonzepten des Gender-and-Development Ansatzes. Hamburg: Lit

Krishna, Sankaran (2001): Race, Amnesia, and the Education of International Relations. In: Alternatives, 26. 401-424

Ling, L.H.M. (2002): Postcolonial International Relations. Conquest and Desire between Asia and the West. Houndmills: Palgrave

Ling, L.H.M. (2004): Cultural chauvinism and the liberal international order: «West versus Rest« in Asia's financial crisis. In: Chowdhry/Nair (2004): 115-141

McEwan, Cheryl (2009): Postcolonialism and Development. London: Routledge

Mitchell, Timothy (2002): Rule of Experts. Egypt, Techno-Politics, Modernity. Berkeley: University of California Press

Mitchell, Timothy (2009): Das Objekt der Entwicklung. In: Randeria/Eckert (2009): 163-207

Münkler, Herfried (2002): Die neuen Kriege. Bonn: Bundeszentrale für politische Bildung

Nandy, Ashis (1992): Traditions, Tyranny, and Utopias. Essays in the Politics of Awareness. Delhi: Oxford University Press

Nair, Sheila (2004): Human rights and postcoloniality: representing Burma. In: Chowdhry/Nair (2004): 254-284

Persaud, Randolph B. (2004): Situating race in international relations: the dialectics of civilizational security in American immigration. In: Chowdhry/Nair (2004): 56-81

Rahnema, Majid (Hrsg.) (1997): The Post-Development Reader. London: Zed

Randeria, Shalini (2003): Cunning States and Unaccountable International Institutions: Legal Plurality, Social Movements and Rights of Local Communities to Common Property Resources. In: European Journal of Sociology, 44 (1). 27-60

Randeria, Shalini (2009a): Transnationalisierung des Rechts und der ›listige Staat‹ in Indien: zivilgesellschaftlicher Widerstand gegen die Privatisierung öffentlicher Güter. In: Randeria/Eckert (2009): 211-236.

Randeria, Shalini (2009b): Ökologische Governance. Zwangsumsiedlung und Rechtspluralismus im (post-) kolonialen Indien. In: femina politica, 18 (2). 41-51.
Randeria, Shalini/Eckert, Andreas (Hrsg.) (2009): Vom Imperialismus zum Empire. Frankfurt a.M.: Suhrkamp
Razack, Sherene H. (2004): Dark Threats & White Knights. The Somalia Affiar, Peacekeeping, and the New Imperialism. Toronto: University of Toronto Press
Sachs, Wolfgang (Hrsg.) (1993): Wie im Westen so auf Erden. Ein polemisches Handbuch zur Entwicklungspolitik. Reinbek: Rowohlt
Schultz, Susanne (2006): Hegemonie – Gouvernementalität – Biomacht. Reproduktive Risiken und die Transformation internationaler Bevölkerungspolitik. Münster: Westfälisches Dampfboot
Schwarz, Tobias 2010: Bedrohung, Gastrecht, Integrationspflicht. Differenzkonstruktionen in deutschen Ausweisungsdiskursen. Bielefeld: Transcript
Sivanandan, A./Fekete, Liz (2002): Migration und Rassismus im Zeitalter der Globalisierung. In: Düvell, Franck (2002): Die Globalisierung des Migrationsregimes. Zur neuen Einwanderungspolitik in Europa. Berlin: Assoziation A. 175-195.
Steyerl, Hito/Gutiérrez Rodríguez, Encarnación (Hrsg.) (2003): Spricht die Subalterne deutsch? Migration und postkoloniale Kritik. Münster: Unrast
Teivainen, Teivo (2009): Globalisierung der ökonomischen Überwachung: Der Internationale Währungsfonds als moderner Priester. In: Randeria/Eckert (2009): 105-136
Transit Migration Forschungsgruppe (Hrsg.) (2007): Turbulente Ränder. Neue Perspektiven auf Migration an den Grenzen Europas. Bielefeld: transcript
Trouillot, Michel-Rolph (2002): Undenkbare Geschichte. Zur Bagatellisierung der Haitianischen Revolution. In: Conrad, Sebastian/Randeria, Shalini (Hrsg.) (2002): Jenseits des Eurozentrismus. Postkoloniale Perspektiven in den Geschichts- und Kulturwissenschaften. Frankfurt a.M./New York: Campus. 84-115
Wagner, Jürgen (2010): Neue Kriege und neoliberaler Kolonialismus: Systemadministration im Zeitalter des totalen Marktes. In: Österreichisches Studienzentrum für Frieden und Konfliktlösung (Hrsg.) (2010): Söldner, Schurken, Seepiraten. Von der Privatisierung der Sicherheit und dem Chaos der ›neuen‹ Kriege. Münster: LiT
Wainwright, Joel (2008): Decolonizing Development. Colonial Power and the Maya. Oxford: Blackwell
Williams, Patrick/Chrisman, Laura (1994): Colonial Discourse and Post-Colonial Theory: An Introduction. In: dies. (Hrsg.): Colonial Discourse and Post-Colonial Theory. A Reader. New York: Columbia University Press. 1-20
Ziai, Aram (2004): Entwicklung als Ideologie? Das klassische Entwicklungsparadigma und die Post-Development Kritik. Hamburg: Deutsches Übersee-Institut
Ziai, Aram (2006a): Post-Development: Ideologiekritik in der Entwicklungstheorie. In: Politische Vierteljahresschrift, 47 (2). 193-218
Ziai, Aram (2006b): Neue Kriege, alte Mythen. Problematische Elemente in der Konfliktforschung. In: iz3w (Blätter des Informationszentrums 3. Welt), 293. 6-9
Ziai, Aram (2010): Postkoloniale Perspektiven auf ›Entwicklung‹. In: Peripherie,120. 399-426

Postkoloniale Soziologie: Andere Modernitäten, verortetes Wissen, kulturelle Identifizierungen

Julia Reuter

Beinahe jede kultur- und sozialwissenschaftliche Disziplin hat in den vergangenen Jahren ihre ›Krise der Repräsentation‹ erlebt – nicht wenige haben sie auch als eine ›postkoloniale Krise der Repräsentation‹, als ›postcolonial turn‹ wahrgenommen. Allen voran die Literaturwissenschaften und Ethnologie, die beide (gleichwohl auf unterschiedliche Weise) das Problem literarischer Alteritätsstrategien und folglich auch die Fabrikation ihrer Erkenntnisse über ›andere Kulturen‹ (›Othering‹) im Dienste ›kolonialistischer Wissenschaften‹ selbst zum Gegenstand vieler Debatten machten (vgl. exempl. Clifford/Marcus 1986). Aber auch die Geschichtswissenschaften, die Geographie und Politikwissenschaften, die sich seit jeher mit den Grenzen zwischen dem Eigenen und dem Fremden, sei es in Form von historischen Zeittabellen, Regionaleinteilungen, Staats- und Kontinentalgrenzen usw., befassen, werden immer häufiger mit der problematischen (neo-)kolonialen Verfasstheit dieser Konstellationen konfrontiert. (vgl. die Beiträge in diesem Band) Sie erkennen zunehmend, dass es weniger ›tatsächliche‹ zivilisatorische, geographische oder nationale Grenzen sind, die ›Nord‹ von ›Süd‹, ›den Westen‹ vom ›Rest‹, ›Orient‹ von ›Okzident‹, ›Zentrum‹ von ›Peripherie‹ oder ›traditionale‹ von ›modernen‹ Gesellschaften trennen, als vielmehr fachspezifische diskursive politische Strategien, die ein (post-)koloniales Grenzregime aufrechterhalten und damit Hybridisierungs-, Diffusions- oder Verflechtungszusammenhänge zwischen Gruppen, Kulturen, Nationen, Gesellschaften ausblenden (vgl. exempl. Randeria/Conrad 2002; Samman 2010).

So erfolgreich der postcolonial turn – und damit die Reflexion der disziplineigenen Wissensordnung in ihrer westlich, eurozentrischen Prägung – um sich greift (vgl. Bachmann-Medick 2006: 184-238), so erstaunlich ist, dass eine soziologische Rezeption postkolonialer Theorien und Konzepte bislang nur recht zögerlich verläuft (vgl. exempl. Reuter/Villa 2009) – gleichwohl sich die Soziologie als »Reflexionswissenschaft« (Nassehi 2003: 27) par excellence versteht. Dabei lassen sich durchaus fruchtbare Ansätze in den postkolonialen Studien für eine kritische Soziologie ausmachen, von denen ich im folgenden einige umreißen möchte.[1]

1. Von der Soziologie der Modernisierung zur postkolonialen Modernitätensoziologie

Gesellschaftliche Modernisierungsprozesse zählen in ihren Dimensionen der Rationalisierung, Domestizierung, Differenzierung und Individualisierung seit Beginn an zu den ureigensten Forschungsgegenständen der Soziologie (vgl. van der Loo/van Reijen 1992). Gleichzeitig verdankt die Soziologie ihre Existenz als akademisches Fach dem ›Geist der Modernisierung‹. In der Erklärung der charakteristischen Sphären der modernen Welt – Markt, Staat und (Zivil-)Gesellschaft – erhält sie ihre Bestimmung wie disziplinäre Abgrenzung gegenüber anderen Fächern, wie etwa der Ethnologie oder Orientalistik (vgl. Boatcă/Costa 2009: 69). Schließlich sollten diese eher erklären, warum die Vielfalt der Stammes- und bäuerlichen Gesellschaften der nicht-industrialisierten Welt Außen-Europas nicht modern waren oder es nicht werden konnten. Auch wenn in der soziologischen Praxis diese disziplinäre Arbeitsteilung keinesfalls eingelöst wurde – viele der Klassiker griffen insbesondere für die Erklärung der Entwicklung moderner Wirtschaftsysteme auf ethnographisches Material zurück – hat sich bis heute ein Modernisierungsverständnis in der Soziologie durchgesetzt, dass nach wie vor von der Entgegensetzung der modernen Gesellschaftsordnung zu einer nicht- oder vormodernen, traditionellen Gesellschaftsordnung lebt bzw. für dessen Deutungen der modernen Industriegesellschaft die Differenz konstitutiv ist. Dabei ist die Unterscheidung von ›modern‹ und ›traditionell‹ mehr als eine bloße Kennzeichnung von sozialen Strukturen; sie ist eine idealtypische diskursive Konstruktion, die für zwei unterschiedliche zu bewertende Differenzierungsgrade steht. Auch wenn die klassischen Vertreter der Soziologie das harte Wort der ›Barbaren‹ oder ›Wilden‹ vermeiden, so erscheinen ihnen diese vormodernen, vorindustriellen Gesellschaften doch als ›unzivilisiert‹ (Elias)[2] , ›irrational‹ (Weber) oder ›einfach‹ (Durkheim), in denen die Entwicklung einer formalen und materialen Rationalität noch aussteht (vgl. Miller/Soeffner 1996: 4; Reuter 2002: 190f.). Moderne

1 Der folgende Text greift in Teilen auf meinen mit Paula-Irene Villa verfassten Aufsatz „Provincializing Soziologie. Postkoloniale Theorie als Herausforderung« aus unserem 2009 herausgegeben Sammelband « Postkoloniale Soziologie« (Bielefeld: transcript) zurück.

2 Wobei Winter (in diesem Band) in Anlehnung an Rojek (2003) zurecht bemerkt, dass nicht nur der Prozess, sondern auch der Diskurs der Zivilisation im gesellschaftlichen Vergleich unterschiedliche Konnotationen erfahren habe und somit keine eindeutige eurozentrische Ideologie des Westens bilde.

Gesellschaften sind demnach per definitionem Gesellschaften des beständigen, schnellen und permanenten Wandels, traditionelle Gesellschaften zeichnen sich demgegenüber durch ihre Vergangenheitsfixiertheit und ein Raum-Zeit-Kontinuum aus (vgl. Hall 1999a: 397).

Immer wieder gab es in den letzten zwanzig Jahren innerhalb der Soziologie Versuche, dieses ›einfache Modernisierungsdenken‹ und die damit verbundene systematische diskursive Abwertung des ›Anderen‹ im Kontext der eigenen (hegemonialen) Wissensproduktion aufzuarbeiten (vgl. exempl. Bauman 1992; Beck/Giddens/Lash 1990)[3]. Ohne die Erfolge dieser Bemühungen schmälern zu wollen, erscheint es mir doch bemerkenswert, dass dabei postkoloniale Theorien und Perspektiven zunächst keine Rolle spielten, sondern erst viel später Teil des Diskurses einer ›reflexiven Moderne‹ bzw. eines neuen ›Kosmopolitismus-Diskurses‹ in der Soziologie wurden (vgl. exempl. Beck/Grande 2010; Köhler 2009)[4]. Dabei zählt die Auseinandersetzung mit der diskursprägenden Gewalt hegemonialer (Wissenschafts-)Kulturen und ihren problematischen Konstruktionen des Anderen zu den klassischen und profiliertesten Forschungsthemen postkolonialer Studien. Neben Edward W. Saids Analyse der jahrhundertelangen diskursiven Konstruktion und Kontinuität der westlichen Stereotypen über den Orient (vgl. Said 1978; Schmitz in diesem Band), hat sich auch Stuart Hall (1992) in seinen Arbeiten intensiv mit der Polarität vom Westen und ›dem Rest‹ als konstitutive Basis wie Konsequenz einer binären Epistemologie der Soziologie beschäftigt. Letztere bezeichnet Hall in Anlehnung an Michel Foucault als Produkt wie Produzent eines machtvollen »Wahrheits- bzw. Wissensregimes«, das sich in den Arbeiten der Klassiker (z. B. Karl Marx, Max Weber) bis heute – in sich wandelnder Form – widerspiegele: »[O]ne of the surprising places where its [the discourse of ›the West and the Rest›] effects can still be seen is in the language, theoretical models and hidden assumptions of modern sociology itself.« (Hall 1992: 318)

Eine zentrale Herausforderung postkolonialer Theoriebildung liegt nicht nur in der Kritik der Modernisierungs*ideologie*, sondern auch in einer grundsätzlichen Reformulierung der Modernisierungs*theorie*, die sich nicht in einer einfachen Revision in Form gesellschafts- wie kulturvergleichender Modernisierungsperspektiven erschöpft, wie in der Weltsystemtheorie oder in Theorien Multipler Modernen abgelegt (vgl. Spohn 2010). Ausgehend von der These, dass »die westliche Moderne vom Ursprung her kolonialistisch ist [...]« (de Sousa Santos 2005:

3 Dabei wurden zwar modernistische ›Fortschrittsideologien‹ und Klassifikationsmodelle dekonstruiert, nicht aber unbedingt gesellschaftliche Phasenmodelle in Frage gestellt.

4 Es scheint sogar so, dass es v. a. in der deutschsprachigen Soziologie im Zuge der seit den 1990er Jahren intensiv geführten Globalisierungsdiskussion zu einer Revitalisierung ›einfacher‹, d. h. eurozentrischer Modernisierungstheorien kommt.

207; vgl. hierzu auch Randeria 2002: 222) wollen postkoloniale Theorien die Einbeziehung divergenter Entwicklungslinien der (post-)kolonialen Moderne leisten – dies kann und soll die Moderne pluralisieren, vor allem aber kontextualisieren. Das Ergebnis ist dann nicht »another modernity«, sondern »other modernities« (Randeria 1999a: 379); viele verwobene, »entangled« Modernitäten mit multiplen Entwicklungslinien und Formen sowie unterschiedlichen – keineswegs linearen – Entwicklungs- und Differenzierungspfaden (vgl. hierzu auch Boatcă/Spohn 2010). Dem postkolonialen Plädoyer für eine Diversität von Modernität(sdenken) liegt dabei eine grundlegende Kritik der (impliziten) Teleologie bzw. dem (impliziten) Universalismus der soziologischen Modernisierungstheorie zugrunde.[5] Wie Sérgio Costa anmerkt: »Die moderne Soziologie nimmt Werte, soziale Maßstäbe und Strukturen der als westlich definierten Gesellschaften als universelle Parameter für die Definition dessen, was eine moderne Gesellschaft ist.« (Costa 2005a: 225) Costa greift hier wesentlich auf die Kritik sozialwissenschaftlicher Modernisierungstheorien von Shalini Randeria zurück, die durch das In-Beziehung-Setzen ›westlicher‹ Modernitätsdebatten mit ›indischen‹ Erfahrungen und Diskursen zum Thema bereits in den 1990er Jahren auf das Problem einer ethnozentrischen Soziologie der Modernisierung hingewiesen hatte (vgl. exemplarisch Randeria 1999b). Neben der Relativierung wie Präzisierung des Konzepts der ›Moderne‹ fördere die Auseinandersetzung mit ›anderen‹, in ihrem Falle ›indischen‹ Modernisierungsperspektiven vor allem die Einsicht, dass Modernisierungsprozesse in den Metropolen und Peripherien voneinander abhängen bzw. ihre Entwicklung nur aus dem konstitutiven Bedingungsverhältnis heraus zu verstehen sind. Zentraler noch aber sei die Bedeutung der Positionalität der Akteure wie TheoretikerInnen innerhalb dieser Interaktionsbeziehung: Denn während die ›indischen‹ Modernisierungserfahrungen wie -debatten aufgrund der ungleichen Verteilung von Definitions- und Handlungsmacht von westlichen AutorInnen kaum zur Kenntnis genommen würden, hätte auf Seiten der ›indischen‹ SozialwissenschaftlerInnen durchaus eine – wenn auch selektive – Rezeption westlicher Theorien und Modelle stattgefunden (vgl. Randeria 2004: 28f.). So genießt die westliche Moderne durchaus den Status einer historischen Präzedenz, eines kulturellen Referenzrahmens (vgl. ebd.: 15), der eine Form von »epistemischer

5 Andreas Reckwitz (2008b: 227f.) zufolge lassen sich die großen soziologischen Erzählungen der Moderne entlang von vier Elementen bestimmen: 1. Struktur-Kultur-Differenz, d. h. die Zuschreibung von Struktur als Primat moderner und Kultur als Primat nichtmoderner Gesellschaften. 2. die Traditionalität/Moderne-Differenz, d. h. die raum-zeitliche Expansion von Modernität auf Kosten von Traditionalität, 3. die Einheit/Linearität der Moderne, d. h. eine strukturbezogene Homogenität der Moderne, 4. die Rationalität moderner Muster, d. h. Geltung eines Rationalitätsnarrativs im weitesten Sinne.

Gewalt« ausübt, die sich nicht zuletzt in einem generalisierenden Theoriestil ausdrückt (vgl. Costa 2005a: 243).[6] Alternative Formen der Moderne in nicht-europäischen wie europäischen Gesellschaften gelte es weniger in ihrer Totalität zu beschreiben bzw. als Totalität zu betrachten. Vielmehr solle man der postkolonialen Losung einer von der Sozialanthropologie angestoßenen ›Provinzialisierung‹ folgen, und verstärkt auf die Artikulationen der (Alltags-)Akteure auf der Ebene lokaler wie regionaler Lebenswelten achten (vgl. Randeria 2004: 17). Dies schließt mit ein, dass Elemente des ›Provinziellen‹, der ›Peripherie‹, des ›Traditionellen‹, des ›kolonialen Anderen‹ immer auch Bestandteil des ›Modernen‹, des ›Zentrums‹, des ›Eigenen‹ sind – schließlich treten Postkoloniale Theorien stärker etwa als Theorien der Reflexiven Modernisierung für eine symmetrische Perspektive ein, in der der Begriff der ›Andersheit‹ auch für die Wahrnehmung des Westens in Anspruch genommen werden kann – oder anders gesagt: Auch der Westen kann als ›colonial other‹ erscheinen (vgl. Köhler 2009: 202). D.h. nicht die nachträglichen Folgen der Modernisierung, sondern die kolonialen Ursprünge rücken eine postkoloniale Perspektive in den Blick. Er ist nicht einfach eine Erweiterung, eine Ergänzung, eine Reflexion der Moderne, er ist eine radikale ›Änderung der Erzählperspektive‹, ein »entscheidender Bruch mit den gesamten historiographischen Großnarrativen« einer Geschichte der kapitalistischen Moderne, der die Perspektive weg von ihrer eurozentrischen Ausrichtung hin zu ihren weltweit zerstreuten Peripherien verlagert (vgl. Hall 1997: 231f.; Winter in diesem Band). Dipesh Chakrabartys Programm, Europa als Provinz zu beschreiben und damit die europäische Entwicklung und Geschichtsschreibung nicht zum universellen Maßstab anderer, vor allem asiatischer Gesellschaften heranzuziehen, zählt dabei sicherlich zu den bekanntesten Versuchen, eine postkoloniale Geschichtsschreibung auf den Weg zu bringen (vgl. Chakrabarty 2000; vgl. aber auch Kaltmeier in diesem Band). Überhaupt scheinen die Mängel eurozentrischer (Modernisierungs-)Theorien am deutlichsten an asiatischen Gesellschaften sichtbar zu werden, weil Europa allenfalls seit Mitte des 18. Jahrhundert die Stellung eines (Handels-)Zentrums erlangte, die im 20. Jahrhundert aber bereits wieder relativiert wurde und gegenwärtig angesichts des asiatischen Wirtschaftsbooms gänzlich fraglich ist (vgl. Menzel 2010).[7]

6 Boike Rehbein kennzeichnet das eurozentrische Theorie-Paradigma mit fünf Merkmalen: eine ethnozentrische Geschichtsschreibung, einen unilinearen Evolutionismus, ein Container-Modell der Gesellschaft, eine deduktive Wissenschaftstheorie und die Konstruktion von Totalitäten (vgl. Rehbein 2009: 215).

7 Zudem sprengt die Vernetzung der Zentren Asiens die Vorstellung gesellschaftlicher Container-Modelle ebenso wie die Vielfalt regionaler Ethnozentrismen das Zentrum-Peripherie-Modell in Frage stellt (vgl. Rehbein 2009: 218ff.).

2. Vom Wissen über Gesellschaft zur gesellschaftlichen Bedingtheit wissenschaftlicher Erkenntnis

Wissen bzw. Wissenschaft ist nie unschuldig oder gar unpolitisch – trotz (oder gerade) weil sie sich der Objektivität verpflichtet sieht. Es ist nach wie vor der Ort der Wissensproduktion, der den Inhalt beeinflusst (vgl. Prokla Redaktion 2010: 2). Edward W. Said spricht von einer problematischen, weil falschen Trennung von sogenanntem »reinen« und »politischen Wissen«, die davon ausgeht, dass wissenschaftlich produziertes Wissen automatisch ›rein‹, d. h. akademisch, unparteiisch oder überparteilich sei (vgl. Said 1978: 17). Durch die Entkopplung von wissenschaftlicher Kommunikation und Interaktion erscheinen wissenschaftliche Texte häufig als ›letzte‹ objektive Aussagen, die letztlich aber nur die Ergebnisse, nicht aber ihre Genese oder die Position des Autors/der Autorin thematisieren, geschweige denn das Risiko eingehen, ›sich selbst zu exponieren‹ (vgl. Bourdieu: 252f.). Doch wie Said zu bedenken gibt: »Niemand hat jemals eine Methode erfunden, um den Wissenschaftler von seinen Lebensbedingungen zu trennen, von seiner (bewussten wie unbewussten) Zugehörigkeit zu einer Klasse, einer Glaubensrichtung, einer sozialen Position oder der reinen Tatsache, Mitglied einer Gesellschaft zu sein. Dies alles fährt fort auf ihn Einfluss zu nehmen, auf das, was er beruflich tut.« (ebd.: 18)[8] Zwar ist die gesellschaftliche Bedingtheit menschlichen Denkens im Allgemeinen und wissenschaftlicher Erkenntnis im Besonderen innerhalb der Soziologie immer wieder thematisiert worden (vgl. Elias 2004; Bourdieu/Waquant 2006), doch weniger in ihren postkolonialen Allianzen und Bezügen als in ihrem eigenen ›intellektuellen Feld‹. Dabei ist es durchaus fruchtbar, sich jenseits des kanonisierten Wissens der Lehrbücher und gültigen Rezeptionskontexte mit den Entstehungs- und Rezeptionskontexten soziologischer Klassiker zu beschäftigen, wie Nirmal Puwar am Beispiel ihrer exemplarischen postkolonialen Re-Lektüre von Pierre Bourdieu zeigen kann (vgl. Puwar 2009). Sie kritisiert seine zu ›enge‹ Rezeption im soziologischen Kanon als ›Klassentheoretiker‹, die die Themen Rassismus, Algerien oder gar Postkolonialismus vernachlässige – gleichwohl Bourdieu selbst durchaus über Rassismus in Frankreich geschrieben habe bzw. seine eigene intellektuelle Entwicklung ohne seine Feldforschung in Algerien, seine eigene Migrationserfahrung, seinen freundschaftlichen wie beruflichen Austausch mit postkolonialen Intellektuellen nicht denkbar gewesen

8 In der zeitgenössischen qualitativen Sozialforschung gibt es mittlerweile fruchtbare Versuche, diese Partikularität und Standortgebundenheit der Forscherperspektive als konstitutives Prinzip (an-)zuerkennen und mit abzubilden, z. B. in der performativen Ethnographie nach Denzin (1997).

sei (vgl. Puwar 2009: 184ff.; Bourdieu 2002).[9] Puwars Ansicht nach ist es vor allem dem disziplinären Masterstatus des Klassenbegriffs geschuldet, der die den Rassismus und Postkolonialismus betreffenden Bezüge in Bourdieus Werk als Epiphänomen behandeln ließe – gleichwohl postkoloniale TheoretikerInnen ihrerseits auch nicht viel für eine postkoloniale Rezeption Bourdieus getan hätten (vgl. ebd.: 185) bzw. grundsätzlicher selbst eine gewisse Ignoranz gegenüber soziologischen Ansätzen und AutorInnen entwickelt haben (vgl. Costa 2007: 120).

Eine mögliche Ursache für diesen Eurozentrismus der Soziologie liegt in der Geschichte des Fachs selbst begründet, das sich als ein von ›westlichen‹ AutorInnen geprägtes Fach versteht, was sich nicht nur in der Kanonisierung, sondern auch in den Rezeptionsweisen seiner Theorien und Modelle ausdrückt. Dabei bestimmen neben ›angestammten‹ Fachtermini, ›einschlägigen‹ ReferenzautorInnen und ›fachtypischen‹ Publikationsorganen durchaus auch ›stilistische‹ Fragen, ob etwas als ›legitimes Forschungsobjekt‹, als ›legitimer Forschungsbericht‹ usw. anerkannt, ob und wie es rezipiert wird – ohne dass dies als ›Kunst der Interpretation‹ gewertet würde.[10]

Eine postkoloniale Reorientierung der Soziologie bedeutet dann strenggenommen nicht nur, dass wir als LeserInnen soziologischer Texte die AutorInnen der Texte auch als SchriftstellerInnen ernst nehmen[11], sondern darüber hinaus auch, dass wir als AutorInnen »anderen Wegen der Diskussion und anderen Wegen der Theoriebildung nach[]gehen« – jenseits der europäischen und nordamerikanischen Erfahrungen (vgl. Randeria 2004: 10). Dies kann zu einer Betrachtung neuer Phänomene und Miteinbeziehung vernachlässigter Stimmen führen oder gar zu einem umfassenden ›kulturellen Rewriting‹ von Geschichte und Wirklichkeit ganzer Gesellschaften (vgl. Ashcroft/Griffith/Tiffin 1989). Es kann sich aber auch in der Erweiterung des Kanons ›wertvoller‹ Literatur um neue Werke ausdrücken, ebenso wie in ihrer Subversion, etwa durch ›semiotische Unterwanderung‹ der Kolonialsprache(n) oder eine ›verrückte Mimesis‹ ihrer zentralen inhaltlichen Figuren (vgl. hierzu auch Ha 1999: 145ff.). Es kann schließlich, wie

9 Gleichwohl es Kritik an Bourdieus Algerienforschung gibt, die auf die fehlende bzw. gleichwertige Einbeziehung der Stimmen der AlgerierInnen abzielt (vgl. Rehbein 2009: 214). Bourdieu betont selbst, wie wichtig die ›algerische Erfahrung‹ für seine Laufbahn, vor allem aber für seine Sicht auf die Welt gewesen sei; sie habe quasi wie eine Art ›Augenöffner‹ auf die Welt gewirkt – auch auf die der Soziologie und der SoziologInnen (vgl. Bourdieu 2002: 46).

10 Es zählt sicherlich zu den Stärken postkolonialer Theorien, diese Fragen zu stellen bzw. sie auch wie Said betont, als politische Fragen zu stellen. So sind es nach wie vor ›westliche‹ AutorInnen, die Said zufolge nicht nur den Gegenstand und Themen der Expertise bestimmen, sondern auch einen Geschmacks- und Wertekanon etablieren, der Traditionen, Formulierungen, Formen der Rezeption und Beurteilung, Texttypen sowie Sprache der Texte festlegt (vgl. Said 1978: 29).

11 In der Ethnologie hatte Clifford Geertz 1988 seinerzeit die eigene Zunft als »Schriftsteller« bezeichnet und damit die Diskussion um die »Krise der Repräsentation« angeheizt.

beispielsweise Gayatri C. Spivak in ihren Texten immer wieder deutlich macht, durch den Einsatz ungewohnter narrativer Mittel und Genres – etwa Gedichte – verdeutlicht werden, um die konventionelle Vorstellung wissenschaftlicher Texte und ihre rhetorische Konstitution in Frage zu stellen. Denn wie Stuart Hall mit Blick auf das strukturalistische Erbe der Cultural und Postcolonial Studies beschreibt, sind es weniger die bewussten als vielmehr die unbewussten ideologischen Strukturen (der Sprache, des Denkens, der Erfahrung), die unser Wissen und unser Handeln anleiten (vgl. Hall 1999b: 30f.).

Das Interesse der postkolonialen Perspektive für die »Geopolitik des Wissens« spiegelt sich in der Frage, wer das Wissen produziert, in welchem Kontext und für wen (vgl. de Sousa Santos 2005: 201). Aus Sicht des/der SoziologIn wäre hier sicherlich interessant zu erforschen, wie sich im globalen Kontext das soziologische Wissen zu unterschiedlichen Themen verteilt – repräsentiert in Fachzeitschriften, Fachbüchern und Datenbanken, Lehrstühlen, Abteilungen und Instituten, Fachtagungen und Vereinigungen – bzw. welche Sprache, Richtung und Zugangsvoraussetzungen der Informationsfluss besitzt.[12] Spivak (2009: 57ff.) zufolge setzt sich gerade im sprachlichen Austausch im ›globalen Dorf‹ das imperialistische Wissen(schaft)ssystem fort, das etwa englischsprachige Literatur gegenüber Regionalliteraturen, schriftliche gegenüber mündlichen Erzählformen oder epische Erzählungen nordischer Tradition gegenüber episodenhaften Erzählformen privilegiert. Rademacher sieht hierin eine zentrale Ursache für die systematische Ignoranz postkolonialer Theorien innerhalb der Sozialwissenschaften, die auf der Grundlage der Unterscheidung von wissenschaftlich bzw. diskursiv-logischen und literarisch-künstlerischen Texten (vgl. Rademacher 1999: 261) postkoloniale Literatur allzu schnell als ›fiktionale Thematisierung‹ abtun.[13] Doch ist auch zu fragen, wem diese strikte Trennung der Genres und Schreibstile nützt, welches Wissen damit (un-)sichtbar gemacht wird und warum. Weshalb ist es nach wie vor undenkbar, einen ›mainstreamigen‹ Text in einer soziologischen Fachzeitschrift mit türkischen Passagen oder lyrischen Beispielen zu veröffentlichen? Warum bedeutet auch innerhalb der ›globalisierten‹ Soziologie ›international ausgewiesen‹ nach wie vor die Präsenz im US-amerikanischen, allenfalls britischen und eventuell noch französischen Raum – nicht aber Indien, Namibia, Chile oder Rumäni-

12 Vgl. hierzu auch Arunchalam (2000), der auf das Problem der weltweit ungleichen Produktion und Verwendung wissenschaftlichen Wissens anhand der Konzentration von Forschungsförderung und Fachzeitschriften in Europa und Nordamerika aufmerksam macht.

13 Auch McLennon formuliert den Vorwurf einer zu starken Literarizität postkolonialer Arbeiten – insbesondere der von Bhabha verfassten Schriften: »The work of Homi Bhabha, generally neglected by sociologists, has been central to recent debates within and about postcolonial theory. One problem is the rather opaque and elliptical quality of his keynote collection.« (McLennon 2003: 73)

en? Hier könnte ein postkoloniale Perspektive auf das Wissen(schaft)sfeld Soziologie eine Reflexion der eigenen Methoden der Repräsentation anstoßen – nicht nur der Erkenntnismodelle, sondern auch der (profanen) Sprach- und Schreibkonventionen, des Umgangs mit visuellen Darstellungen usw. Eine solche »Befremdung der eigenen Kultur« ist nach wie vor keinesfalls üblich (wenn auch präsent vgl. Hirschauer/Amman 1997). Dies liegt nicht nur an der nach wie vor strikten – aber zunehmend angefochtenen – Abgrenzung des Fachs gegenüber Sprach- und Medienwissenschaften, sondern auch am fachinternen Habitus: Gerade soziologische Intellektuelle stellen gerne die Welt in Frage, aber selten die eigene (intellektuelle) Welt und seltener noch den eigenen Standpunkt in dieser. Hier kann eine postkoloniale Perspektive auf die »literarische Politik der Erkenntnis«, wie sie vor allem in den Arbeiten von Edward W. Said (z. B. Said 1997: 94f.) perpetuiert wurde, interessante Fragestellungen und neue Forschungsfelder eröffnen. Denn auch soziologische Texte sind nicht bloß Texte – sie vertreten in der Regel bestimmte Werte, verfolgen ein bestimmtes Ziel, gehören einem bestimmten Genre an, sind in einem bestimmten Stil verfasst, unterscheiden zwischen guten und unbedeutenden AutorInnen bzw. ziehen bestimmte Texte anderen vor. Nicht selten bilden sich auf diese Weise zu bestimmten soziologischen Themen Wissensformationen aus, Dispositive, die wissenschaftliche Aussagen von unwissenschaftlichen oder Spezialdiskursen unterscheiden und akzeptable, weil dominante Problematisierungsweisen sozialer Phänomene festlegen. Letzteres zeigt Ingrid Jungwirth (2007) am Beispiel des sozialwissenschaftlichen Identitätsdiskurses, indem sie die ›Frage der Identität‹ weder als typisch moderne noch anthropologische Konstante entlarvt, sondern als eine historisch spezifische (westliche) Erscheinung der Nachkriegszeit, die in der Soziologie in einer ganz bestimmten Art und Weise gestellt wird – im Zusammenhang mit Personenkategorien, nationalen wie geschlechtlichen Differenzen, Entwicklungs- und Phasenmodellen. Das klassisch-moderne Problem der Identität wird in der Frage der Balance zwischen Ich und sozialen Erwartungen bzw. in der Herausbildung einer konstanten Identität gesucht (vgl. Reckwitz 2008a: 57). Kontingenz, ist hier zunächst nicht vorgesehen – weder als Semantik der Selbstinterpretation noch als Beschreibung gesellschaftlicher Verhältnisse und Erwartungen an den Einzelnen.[14] Auch Stuart Hall

14 Dies kommt erst später, in den spät- und postmodernen Theorieansätzen seit den 1980er Jahren auf, die die Frage der Identität nun in erster Linie als ›Problem‹ auffassen, in dem sie Selbstinterpretation und ihre Bedingungen als kontingent und höchst prekär wahrnehmen (vgl. Reckwitz 2008a: 60). Konsequenterweise pluralisiert sich hier der sozialwissenschaftliche Identitätsdiskurs in unterschiedliche Debatten, deren einzige Übereinstimmung in der Konstrukthaftigkeit personaler wie kollektiver Identität liegt als auch in der Abgrenzung zur Vorstellung eines konstanten, mit sich selbst *dauerhaft* identischen Selbst.

hatte selbst immer wieder auf die ›beschränkte‹ sozialwissenschaftliche Diskursivierung von Identität als etwas ›Zentriertes‹, ›Authentisches‹, ›Autonomes‹, ›Fixiertes‹, ›Einheitliches‹ hingewiesen (vgl. exempl. Hall 1999a), die meist weniger an der ›tatsächlichen‹ Realität der (Alltags-)Menschen denn an den normgebundenen Logiken der wissenschaftlichen Felder und der zum Teil ganz banalen Probleme einer als positivistisch, unabhängig und formalistisch institutionalisierten Disziplin gebunden waren (vgl. hierzu Jungwirth 2007: 370ff.).

3. Von der kulturellen Herkunft zur diskursiven Aushandlung von Identität

Die postkoloniale Problematisierung von soziologischen Identitätsdiskursen und -modellen ist dabei in eine umfassende Kritik an einem anthropologischen, homogenisierenden Kulturmodell eingebunden, das Kultur – verobjektiviert in Nationen, Traditionen, Wertvorstellungen und Territorien – einem Kollektiv als Ganzem zuordnet. Statt Kultur in ›einzigartigen‹, durch mentale, ethnische, territoriale oder nationale Faktoren klar voneinander abgrenzbaren Sinn- und Bedeutungsstrukturen zu verorten, und damit auch kulturellen Gruppen – die Deutschen, die TürkInnen, die Männer, die Frauen, die ›Weißen‹, die ›Schwarzen‹ – eine konkrete, repräsentierbare Existenz zu attestieren (vgl. Boatcă/Costa 2009: 81), richtet sich der postkoloniale Blick auf die vielfältigen Praktiken inmitten und zwischen Akteuren, Territorien und Orten, in denen kulturelle Ordnungen und Bedeutungen hergestellt, gelebt, repräsentiert und in Beziehung gesetzt werden. Kultur bzw. kulturelle Identität stellt sich aus postkolonialer Sicht als entgrenzter intersubjektiver Zirkulationsprozess dar, der lediglich in Form kultureller Identitätszuschreibungen fixiert bzw. festgestellt wird. Nicht Identität, sondern der Prozess der Identifizierung ist für postkoloniale Studien ausschlaggebend (vgl. Hall 1999c: 91). Dabei finden Identifizierungsprozesse im Horizont asymmetrischer Dominanz- und Unterordnungsprozesse statt, weshalb Postcolonial Studies in Überschneidung mit den Cultural Studies auch vom ›magischen Dreieck‹ aus Kultur, Macht und Identität sprechen (vgl. hierzu auch Marchart 2008: 33ff.). Lässt man sich auf eine solche Dezentrierung bzw. Dekonstruktion klassischer, d. h. cartensianisch zentrierter Subjekt- und Identitätstheorien ein, an denen auch die Soziologie nicht arm ist (vgl. Hall 1999a: 401ff.), bedeutet dies, nicht nur neue identitätstheoretische Modelle – z. B. aus Poststrukturalismus und Diskurstheorie – zuzulassen, sondern auch neue Fragen: Haben Deutsche eine ethnische Identität, haben ›Weiße‹ eine Hautfarbe, haben Männer ein Geschlecht (vgl. Reuter/Villa 2009: 13)? Der Soziologe Armin Nassehi (1999) hatte bereits vor einigen

Jahren diese ›befremdenden Fragen‹ als gezielte epistemologische Verunsicherung der Kultursoziologie gestellt und ihre Durchschlagkraft u. a. an der Denkfigur der/des postkolonialen MigrantIn exemplifiziert: Diese/r unterlaufe in ihrer/seiner unbestimmten Zwischen-Existenz klassische nationalstaatliche Konzepte stabiler Kulturen genauso wie die Alternative zwischen einem westlichen Universalismus und dem Partikularismus der Dritten Welt. Nicht die Herkunft, Hautfarbe oder Biographie macht den/die postkoloniale MigrantIn automatisch zur Migrantin/zum Migranten, sondern wir, die wir ›schwarz‹ und ›weiß‹, ›ausländisch‹ und ›inländisch‹, ›sesshaft‹ und ›beweglich‹ zu dominanten Kategorien der Wirklichkeitskonstruktion machen, definieren ihn/sie als Migranten/Migrantin. Postkolonial gewendet hieße das, dass sich auch der/die Kultursoziologe/-soziologin als prominente/r wissenschaftliche/r BeobachterIn von Migration und migrantischen Identitäten weniger auf die Vielfalt und augenscheinliche Exotik des Beobachtungsgegenstandes, als vielmehr auf die Art und Weise der Beobachtung des Gegenstandes konzentrieren sollte. Dies kann etwa im Rahmen der empirischen Erforschung von Migrationsbiographien dazu führen, dass in einer Migrationsbiographie nicht die ›eigentliche‹ Fremdheit, d. h. die (ethnisierte) Identität als isoliertes Einzelphänomen, zu rekonstruieren ist (die typischerweise immer mit der Frage nach der ›eigentlichen Herkunft‹ reifiziert wird), sondern die Prozesse der Enteignung und Fremddefinition vorhandener Identitätsressourcen in den jeweiligen gesellschaftspolitischen und damit auch narrativen Machtgefügen (vgl. Lutz 2009).[15] Denn nach wie vor lässt sich eine ›mainstreamige‹ sozialwissenschaftliche Diskursivierung des Fremden im Kontext der Migrations- und Minoritätenforschung beobachten. Unter den Begriffen wie ›Fremdenfeindlichkeit‹, ›Rassismus‹ und ›Ethnozentrismus‹ werden häufig noch Studien versammelt, die das sogenannte Abweichende, Fremde als etwas ›ethnisch Spezifisches‹ identifizieren und damit einen dominanten Begründungszusammenhang für Probleme des Zusammenlebens von Menschen mit unterschiedlichen Lebensstilen und -geschichten geliefert haben (vgl. Lutz 2009: 124). Dabei spiegeln ethnische Grenzziehungen längst nicht immer Gemeinschaftssolidarität, kulturelle Differenz und eine gemeinsame Sicht auf die soziale Welt von MigrantInnen wider. Häufig sind ethnische Grenzziehungen Produkte politischer Kämpfe und können daher ge-

15 Darüber hinaus gilt es in einem ganz grundsätzlichen Sinn nach dem kulturellen Kontext biographischer Erzählungen zu fragen. Denn nicht nur auf der Ebene der Alltagskommunikation, sondern auch auf der Ebene der wissenschaftlichen Abstraktion und Analyse existieren ›Normalbiographiekonstruktionen‹, an denen sich auch MigrationsforscherInnen orientieren – ohne dass diese mit dem Spektrum an Normalbiographien mit den Herkunftsgesellschaften der MigrantInnen immer abgeglichen würde, geschweige denn, dass Abweichungen davon nicht nur als direkte wie indirekte Folge der Migration zu betrachten seien (vgl. Lutz 2009: 122f.).

rade nicht als selbstevidente Beobachtungs- und Analyseeinheiten vorausgesetzt werden (vgl. Wimmer 2008). Diese ›Ethnisierungsprozesse‹ auf der Ebene der Beobachtung bzw. dieses ›ethnic revival‹auf der Gegenstandsebene, also in der zweiten und dritten, zum Teil sogar vierten Generation im Wechselspiel zu der ›etablierten‹ Mehrheitsbevölkerung (die sich nicht selten selbst dadurch ethnisch begrenzt) *in the making* zu untersuchen, bildet sicherlich eine fruchtbare Schnittstelle zwischen Migrationssoziologie und postkolonialen Studien (vgl. Scherke 2009). Postkoloniale AutorInnen plädieren zudem dafür, dass auch der/die ForscherIn gerade als MigrationsforscherIn die eigene Position im Feld problematisiert – denn auch dies kann Einfluss auf die Auswahl und Betrachtungsweise sozialer Probleme haben.[16] So verwundert es nicht, dass die Reflexion des eigenen Identifizierungsprozesses bei den postkolonialen AutorInnen einen vergleichsweise großen Raum einnimmt. Stuart Halls eigene Biographie mag hierfür ein eindrückliches Beispiel sein, denn der in Jamaica geborene Sohn einer Mittelklassefamilie mit portugiesischen, indischen, afrikanischen und jüdischen Vorfahren, musste er sich im Zuge seines weiteren (gerade auch wissenschaftlichen) Lebens, immer wieder »[...] in ganz verschiedenen kulturellen Räumen zurecht finden, die in ethnischer und sozialer Hinsicht von Konflikten, Auseinandersetzungen und Hierarchien bestimmt waren« (Winter in diesem Band). Während er im ›peripheren‹ Jamaica noch als ›Mitglied einer angesehenen jamaikanischen Familie der Mittelschicht‹ wahrgenommen wurde, dessen Hautfarbe er allenfalls als ›braun‹ bezeichnete, galt er im (kolonialen) Zentrum des britischen Empire als ›schwarzer Westinder mit Migrationserfahrung‹. Dies machte ihm laut Winter nicht nur »die Partikularität und Kontingenz von sich als absolut gerierenden kulturellen Einstellungen, Werten und Praktiken bewusst«, sondern gewissermaßen auch die Normalität der Diasporaerfahrung in globalisierten Gesellschaften und damit auch die Normalität »zerrütteter Identität ohne Ursprungspunkt« (vgl. Hall 1999c):

> »Wenn ich mir überlege, wer ich bin, dann bin ich – in meiner eigenen viel zu langen Erfahrung – verschiedene Identitäten gewesen. Und über die meisten der Identitäten, die ich gewesen bin, habe ich nur aufgrund der Art und Weise Bescheid gewußt, wie andere Menschen mich betitelt haben, und nicht aufgrund von etwas tief in mir – dem wahren Selbst.« (Hall 1999c: 91f.)

Das Schicksal ›zerrütteter‹, weil im Laufe der Geschichte unterschiedlich identifizierter Identitäten teilen viele postkoloniale Intellektuelle. Auch Edward W. Said Identifizierungen reichten vom »akademischen Repräsentant eines neo-liberalen

16 So ist die vergleichweise ›ethnozentrische‹ Institutionalisierung der deutschen Migrationsforschung sicherlich kein Zufall – LehrstuhlinhaberInnen sind in der Regel ›deutsch‹, die Theorien und Modelle stammen vor allem aus angelsächsischen Einwanderungsländern.

Kosmopolitismus«, bis hin zum »palästinensischen (Dritte-Welt)-Nationalist« oder »gekränkten Ex-Kolonialisierten« (vgl. Schmitz in diesem Band). In diesem Sinne mahnt Bhabha die Gefahr an, einer Fixierung oder Fetischisierung von Identität innerhalb der verknöcherten kolonialen Kultur zu erliegen; stattdessen gelte es, die ›inneren‹ Unterschiede, die Grenzlagen und Zwischen-Wirklichkeiten eines ›teilweisen‹ oder ›doppelten‹ Selbst herauszuarbeiten (vgl. Bhabha 2000: 20). Dabei zeigen postkoloniale Studien – vermutlich besser als es soziologische Studien zum Fremden getan haben – die dialogische Beziehung zum Anderen, die sich bis in die (unbewusste) Struktur des Selbst eingräbt (vgl. Fanon 1984).[17]

4. Fazit

Die postkoloniale Problematisierung soziologischer Zugänge zur Gesellschaft versteht sich nicht als Verwerfung oder gar Abschaffung der Soziologie als Disziplin, sondern als Ergänzung und Erweiterung genau dort, wo sie an ihre Grenzen stößt (vgl. Boatcă/Costa 2009: 84). Sicherlich ließen sich auch aus soziologischer Perspektive postkoloniale Perspektiven kritisieren – und ich habe es in der Vergangenheit auch getan (vgl. Reuter/Villa 2009) – dennoch erscheint es mir fruchtbarer, an Stelle der Gegensätze die Gemeinsamkeiten von postkolonialen Theorien und Soziologie zu betonen, etwa den gemeinsamen erkenntnistheoretischen Anspruch, ›hinter die Normalität des So-Seienden zu schauen‹. Insbesondere die in der Kultursoziologie intensiv geführten Debatten über Globalisierung, Migration und Identität könnten von einer ›postkolonialen Wende‹ profitieren: (1) bei der Überwindung einer linearen Evolutionsgeschichte moderner Gesellschaften, ohne in den Partikularismus endloser multipler Modernen zu verfallen, (2) bei der Öffnung eines ›ortsgebundenen‹, ›exklusiven‹ Kulturbegriffs und (3) eines ebenso ›differenzierenden‹ wie ›stabilen‹ Identitätsbegriffs (vgl. hierzu auch Boatcă/Costa 2009: 85). Quer hierzu liegt gleichfalls der oben skizzierte (empiristische) Anspruch, die Soziologie nicht als ›naive‹ Variablen-Soziologie zu betreiben, d. h. die Gesellschaften, Zivilisationen, Nationen, ethnische Gruppen, Männer und Frauen usw. nicht als vorgegebene Aufteilung der sozialen Welt zu akzeptieren und Sprache, Kleidungsstile, Familien- und Haushaltsstrukturen, Hautfarbe usw. als Äquivalent zur Summe der ›objektiven Unterschiede‹ zusammenzufassen, die ein/e BetrachterIn von außen finden mag (vgl. Wimmer 2008: 67). Überhaupt ist der/die BetrachterIn

17 So ist Identität immer auch ›die Beziehung des Anderem zu einem selbst‹, ein Verständnis, das in der soziologischen identitätstheoretischen Tradition im Anschluss an George H. Mead zwar durchaus präsent ist, aber nicht konsequent als permanentes, dauerproblematisches ›Differenzbewusstsein‹ zu Ende gedacht wird.

nie jemand, der/die von außen die Verhältnisse vorurteilslos überschaut. Er/sie ist immer auch ein Akteur in einem sozialen Kräftefeld, dessen Forschungsobjekte sich ihm/ihr dadurch anzeigen, dass sie als Realitäten »ein Problem darstellen« und »auf sich aufmerksam machen«, ohne dass sie als bestimmte Objektkonstruktion des Feldes in den Blick kommen, die alle praktischen Forschungsentscheidungen beeinflusst (vgl. Bourdieu 1996: 262f.). So ist eine postkoloniale Soziologie zuallererst wohl eines: Eine Soziologie der Soziologie!

Literatur

Ashcroft, Bill/Griffiths, Gareth/Tiffin, Helen (1989): The Empire Writes Back. Theory and Practice in Post-Colonial Literatures. London/New York: Routledge

Arunachalam, Subbiah (2000): Information und Wissen im Zeitalter elektronischer Kommunikation aus der Perspektive der Entwicklungsländer. In: Krull (2009): 269-295

Bachmann-Medick, Doris (2006): Cultural Turns. Neuorientierungen in den Kulturwissenschaften. Reinbek bei Hamburg: Rowohlt

Bauman, Zygmunt (1992): Moderne und Ambivalenz. Das Ende der Eindeutigkeit. Hamburg: Junius

Beck, Ulrich/Giddens, Anthony/Lash, Scott (1990): Reflexive Modernisierung. Frankfurt a.M.: Suhrkamp

Beck, Ulrich/Grande, Edgar (2010): Jenseits des methodologischen Nationalismus. Außereuropäische und europäische Variationen der Zweiten Moderne. In: Soziale Welt 61. 187-216

Bhabha, Homi (2000): Die Verortung der Kultur. Tübingen: Stauffenburg

Bhambra, Gurminder K. (2007): Sociology and Postcolonialism. Another ›Missing‹ Revolution? In: Sociology. 41, 5. 871-884

Boatcă, Manuela/Costa, Sérgio (2009): Postkoloniale Soziologie: ein Programm. In: Reuter/Villa (2009): 69-91

Boatcă, Manuela/Spohn Willfried (Hrsg.) (2010): Globale, multiple und postkoloniale Modernen. München/Mering: Hampp Verlag

Bourdieu, Pierre (2002): Ein soziologischer Selbstversuch. Frankfurt a.M.: Suhrkamp

Bourdieu, Pierre/Waquant, Loic (1996): Reflexive Anthropologie. Frankfurt a.M.: Suhrkamp

Bronfen, Elisabeth/Benjamin, Marius (Hrsg.) (1997): Hybride Kulturen. Beiträge zur anglo-amerikanischen Multikulturalismusdebatte. Tübingen: Stauffenburg

Brunkhorst, Hauke/Costa, Sérgio (Hrsg.) (2005): Jenseits von Zentrum und Peripherie. München/Mering: Hampp Verlag

Chakrabarty, Dipesh (2000): Provincializing Europe. Postcolonial Thought and Historical Difference. Princeton: Princeton University Press

Clifford, James/Marcus, George E. (1986): Writing Culture. The Poetics and Politics of Ethnography. Berkley, CA: University of California Press

Conrad, Sebastian/Randeria, Shalini (Hrsg.) (2002): Jenseits des Eurozentrismus. Postkoloniale Perspektiven in den Geschichts- und Kulturwissenschaften. Frankfurt a.M./New York: Campus

Conrad, Sebastian/Randeria, Shalini (2002): Geteilte Geschichten – Europa in einer postkolonialen Welt. In: Dies. (2002): 9-49
Costa, Sérgio (2005): (Un)möglichkeiten einer postkolonialen Soziologie. In: Brunkhorst/Costa (2005): 221-250
Costa, Sérgio (2007): Vom Nordatlantik zum ›Black Atlantic‹. Postkoloniale Konfigurationen und Paradoxien transnationaler Politik. Bielefeld: transcript
Costa, Sérgio/Domingues, J. Maurício/Knöbl, Wolfgang/DaSilva, Josué P. (Hrsg.), (2006): The Plurality of Modernity: Decentring Sociology. Mering: Hampp Verlag
Denzin, Norman K. (1997): Interpretative Ethnography. Thousand Oaks/London/New Dehli: Sage
De Sousa Santos, Boaventura (2005): Vom Postmodernen zum Postkolonialen. Und über beides hinaus. In: Brunkhorst/Costa (2005): 197-219
Elias, Norbert (2004): Soziologie – Die Fragestellung Comtes. In: Ders.: Was ist Soziologie? München: Juventa. 32-48
Fanon, Frantz (1984): Schwarze Haut, weiße Masken. Frankfurt a.M.: Suhrkamp
Geertz, Clifford (1988): Die künstlichen Wilden. Anthropologen als Schriftsteller. München: Carl Hanser
Ha, Kien Nghi (1999): Ethnizität und Migration. Münster: Westfälisches Dampfboot
Hall, Stuart (1992): The West and the Rest: Discourse and Power. In: Ders./Gieben, Bram (Hrsg.): Formations of Modernity. Cambridge: Polity Press. 275-320
Hall, Stuart (1999a): Kulturelle Identität und Globalisierung. In: Hörning/Winter (1999): 275-320
Hall Stuart (1999b): Die zwei Paradigmen der Cultural Studies. In: Hörning/Winter (1999): 13-42
Hall, Stuart (1999c): Ethnizität: Identität und Differenz. In: Engelmann, Jan (Hrsg.): Die kleinen Unterschiede. Der Cultural Studies Reader. Frankfurt a.M./New York: Campus. 83-98
Hirschauer, Stefan/Amman, Klaus (Hrsg.) (1997): Die Befremdung der eigenen Kultur. Zur ethnographischen Herausforderung soziologischer Empirie. Frankfurt a.M.: Suhrkamp
Hörning, Karl H./Winter, Rainer (Hrsg.) (1999): Widerspenstige Kulturen. Cultural Studies als Herausforderung. Frankfurt a.M.: Suhrkamp
Jungwirth, Ingrid (2007): Zum Identitätsdiskurs in den Sozialwissenschaften. Eine postkolonial und queer informierte Kritik an George H. Mead, Erik H. Erikson und Erving Goffman. Bielefeld: transcript
Köhler, Benedikt (2009): Edward W. Saids postkolonialer Kosmopolitismus. In: Reuter/Villa (2009): 193-212
Krull, Wilhelm (Hrsg.) (2000): Zukunftsstreit. Weilerswist: Velbrück
Lutz, Helma (2009): Biographieforschung im Lichte postkolonialer Theorien. In: Reuter/Villa (2009): 115-136
Marchart, Oliver (2008): Kultur, Macht, Identität: Annäherungen an das ›politische Theorieprojekt‹ der Cultural Studies. In: Ders.: Cultural Studies. Konstanz: UVK. 17-47
McLennon, Gregor (2003): Sociology, Eurocentrism and Postcolonial Theory. In: European Journal of Social Theory 6 (1). 69-86
Menzel, Ulrich (2019): ›Von Asien lernen‹ Revisited. In: Boatcă/Spohn (2010): 53-64
Miller, Max/Soeffner, Hans-Georg (1996): Modernität und Barbarei. Soziologische Zeitdiagnosen am Ende des 20. Jahrhunderts. Frankfurt a.M.: Suhrkamp
Möbius, Stephan/Reckwitz, Andreas (Hrsg.) (2008): Poststrukturalistische Sozialwissenschaften. Frankfurt a.M.: Suhrkamp
Nassehi, Armin (1999): Die Paradoxie der Sichtbarkeit. Zur epistemologischen Verunsicherung der (Kultur-)Soziologie. In: Soziale Welt 50. 349-362

Nassehi, Armin (2003): Geschlossenheit und Offenheit. Studien zur Theorie der modernen Gesellschaft. Frankfurt a.M.: Suhrkamp

Prokla. Zeitschrift für kritische Sozialwissenschaft (2010), Nr. 158: Postkoloniale Studien als kritische Sozialwissenschaft.

Puwar, Nirmal (2009): Bourdieu, postkolonial. Anmerkungen zu einem Oxymoron. In: Reuter/Villa (2009): 181-192

Rademacher, Claudia (1999): Ein ›Liebeslied für Bastarde?‹. In: Dies./Schroer, Markus/Wiechens, Peter (Hrsg.): Spiel ohne Grenzen? Ambivalenzen der Globalisierung. Opladen: Westdeutscher Verlag. 255-269

Randeria, Shalini (1999a): Jenseits von Soziologie und soziokultureller Anthropologie: Zur Ortsbestimmung der nichtwestlichen Welt in einer zukünftigen Sozialtheorie. In: Soziale Welt, 50. 373-382

Randeria, Shalini (1999b): Geteilte Geschichte und verwobene Moderne. In: Rüsen, Jörg (Hrsg.): Zukunftsentwürfe. Ideen für eine Kultur der Veränderung. Frankfurt a.M./New York: Campus. 87-96

Randeria, Shalini (2002): Entangled Histories: Civil Society, Caste Solidarities and Legal Pluralism in Post-Colonial India. In: Elkana, Yehuda/Krastev, Ivan/Macamo, Elisio/Randeria, Shalini (Hrsg.): Unraveling Ties – From Social Cohesion to New Practices of Connectedness. Frankfurt a.M./New York: Campus. 213- 242

Randeria, Shalini (2004): Konfigurationen der Moderne: Zur Einleitung. In: Dies./Fuchs/Linkenbach (2004): 9-34

Randeria, Shalini/Fuchs, Martin/Linkenbach, Antje (Hrsg.) (2004): Konfigurationen der Moderne: Diskurse zu Indien. Baden-Baden: Nomos

Reckwitz, Andreas (2008a): Unscharfe Grenzen. Perspektiven der Kultursoziologie. Bielefeld: transcript.

Reckwitz, Andreas (2008b): Moderne. Der Kampf um die Öffnung und Schließung von Kontingenzen. In: Möbius/Reckwitz (2008): 226-244

Rehbein, Boike (2009): Eine kaleidoskopische Dialektik als Antwort auf eine postkoloniale Soziologie. In: Reuter/Villa (2009): 213-236

Reuter, Julia (2002): Ordnungen des Anderen. Zum Problem des Eigenen in der Soziologie des Fremden. Bielefeld: transcript

Reuter, Julia/Villa, Paula-Irene (Hrsg.) (2009): Postkoloniale Soziologie. Empirische Befunde, theoretische Anschlüsse, politische Intervention. Bielefeld: transcript

Reuter, Julia/Villa, Paula-Irene (2009): Provincializing Soziologie. Postkoloniale Theorie als Herausforderung. In: Dies. (2009): 11-46

Said, Edward W. (1978): Orientalism. New York: Routledge

Said, Edward W. (1997): Die Politik der Erkenntnis. In: Bronfen/Benjamin (1997): 81-95

Samman, Khaldoun (2010): Die eurozentrische Sozialtheorie ›kaputtdenken‹. In: Boatcă/Spohn (2010): 285-308

Scherke, Katharina (2009): Eine fruchtbare Begegnung? Anmerkungen zum Verhältnis von soziologischer Migrationsforschung und postkolonialer Theoriebildung. In: LiThes Nr. 2: 114-121, abrufbar unter: http://lithes.uni-graz.at/lithes/beitraege09_02/heft_2_scherke.pdf (letzter Abruf 11.5.2011)

Schmitz, Markus (2008): Kulturkritik ohne Zentrum. Edward W. Said und die Kontrapunkte kritischer Dekolonisation. Bielefeld: transcript

Spivak, Gayatri C. (2009): Kultur. In: Reuter/Villa (2009): 47-68

Spohn, Willfried (2010): Globale, multiple und (post-) koloniale Modernen – Eine interzivilsatorische und historisch-soziologische Perspektive. In: Boatcă/Spohn (2010): 1-28

Van der Loo, Hans/van Reijen, Willem (1992): Modernisierung. Projekt und Paradox. München: DTB

Wimmer, Andreas (2008): Ethnische Grenzziehungen in der Immigrationsgesellschaft. Jenseits des Herder'schen Commonsense. In: Kalter, Frank (Hrsg.): Migration und Integration. Sonderheft der Kölner Zeitschrift für Soziologie und Sozialpsychologie 48. 57-80

Postkoloniale Pädagogik. Ansätze zu einer interdependenten Betrachtung von Differenz

Patricia Baquero Torres

In der Erziehungswissenschaft im deutschsprachigen Raum hat die Rezeption postkolonialer Ansätze bislang sehr spärlich Eingang gefunden. Insofern kann noch nicht von der Etablierung dieser wissenschaftskritischen Herangehensweise im (allgemeinen) Diskurs über Bildung, Erziehung und Sozialisation die Rede sein. Dies ist umso verwunderlicher, als einige thematische Schwerpunkte der postkolonialen Wissenschaftskritik Grundlagen und Aufgaben der Erziehungswissenschaft zutiefst berühren. Die Problematisierung von Identität, der Umgang mit vielfältigen sozial konstruierten Differenzen, die Repräsentation der Anderen und die Konstruktion von Normalität sind zentrale Fragestellungen, die eine erhebliche Bedeutung sowohl für die Entwicklung erziehungswissenschaftlicher Theoriebildung als auch für das pädagogische Handeln beinhalten.

Dennoch lassen sich in manchen Subdisziplinen Diskussionsentwicklungen hervorheben, die, gleichwohl noch randständig, den Zugang postkolonialer Wissenschaftskritik in Gang gesetzt haben. Zu diesen Subdisziplinen zählt insbesondere die Interkulturelle Pädagogik. So entwickelt sich beispielsweise ein Diskussionsstrang, der sich mit dem Zusammenhang zwischen Kultur bzw. Ethnizität und Geschlecht aus postkolonialer Perspektive befasst. Gerade in diesem Arbeitsbereich, in dem die Interdependenz zwischen Bildung und Migration im Vordergrund steht und die Auseinandersetzung mit Bildungsbenachteiligung und -chancen zentral ist, bringt eine kritische Reflexion des Diskurses über Inter- bzw. Transkulturalität aus postkolonialer Perspektive ein erhebliches Potential mit sich. Diese diskursive Entwicklung wird im Folgenden rekonstruiert. Es werden pädagogische Reflexionen ausgeführt, die an postkoloniale theoretische Ansätze anschließen und darauf folgend kurz auf den aktuellen Stand der Debatte hingewiesen.

1. ›Die orientalische Frau‹ als Gegenstand der Interkulturellen Pädagogik

In der Fachdiskussion der Interkulturellen Pädagogik der 1990er Jahre wurde die Kritik am Umgang mit der Kategorie Kultur stark in den Fokus gerückt. Die Frage nach der diskursiven Funktion von Kulturdifferenz als primäres Deutungsmuster und noch mehr die Frage nach der Beteiligung des erziehungswissenschaftlichen und pädagogischen Diskurses bei der Produktion von kulturellen Differenzen wurden zunehmend kritisch betrachtet. Erst durch die Problematisierung der Kulturalisierung wird die Interkulturelle Pädagogik kritisch (vgl. Messerschmidt 2006: 52). Hierbei kann nun von einem Paradigmenwechsel gesprochen werden, in dem Prozesse der Segregation, Benachteiligung und Diskriminierung in den Mittelpunkt rückten. Statt sich auf eine Pädagogik der Verständigung zu konzentrieren, gilt es, auf einen reflexiven Umgang mit Ethnisierungsprozessen im Zusammenhang mit Ungleichheit zu achten (ebd.). Aus postkolonialer Perspektive berührt die Aufdeckung der immensen Bedeutung von geschlechtlichen Zuschreibungen bei der Produktion stereo- und prototypischer Bilder der kulturellen Anderen in diesen beiden Diskursen einen neuralgischen Punkt (vgl.dazu Lutz/Huth-Hildebrandt 1998; Diehm/Radtke 1999): das Hinterfragen der bis dahin konsequenten Ausblendung der Kategorie Geschlecht, aber ebenso der Fixierung der Diskussion auf den Kulturbegriff. Die Einbeziehung der Kategorie Geschlecht in die Debatte der Interkulturellen Pädagogik kann im Rahmen jenes Paradigmenwechsels verortet werden.

Eine erste, für die weitere Entwicklung repräsentative Auseinandersetzung mit der Produktion von erziehungswissenschaftlichem und pädagogischem Wissen, das auf hierarchischen Repräsentationen des Kategorienpaars Eigen/Fremd beruht, fand bereits zu Beginn der 1990er Jahre statt. Im Anschluss an Edward W. Saids Analyse des Orientalismus-Diskurses (1995) untersucht Helma Lutz (1991, siehe auch Lutz 1989) das Bild der unterdrückten Migrantin als ein passives Opfer kultureller und patriarchaler Verhältnisse. Sie arbeitet die Repräsentation der Muslimin als den Inbegriff des kulturellen Anderen, den Inbegriff der Fremdheit heraus. Diese Figur ist in zahlreichen empirischen Untersuchungen und Studien über Migrantinnen im Rahmen der sogenannten ›Ausländerforschung‹ zu finden, die seit Anfang der 1970er Jahre durchgeführt wurden.

In der kritischen Auseinandersetzung mit dieser Literatur beschreibt Lutz die Produktion der Stereotype im Kontext zweier Paradigmen, die den Diskurs über Migrantinnen in den letzten 40 Jahren bestimmt haben: das sozialpädagogische und das Orientalismusparadigma. Diese beiden erkenntnisleitenden Denk- und Repräsentationsmodelle und deren Forschungsperspektiven konzeptualisieren Migrantinnen, und dabei vorwiegend die Türkinnen, als passive, unterdrückte

Frauen, denen nach dem Vorbild der westlichen Frauen zur Emanzipation verholfen werden müsse. Denn gerade in Migrationsverhältnissen verstärke sich ihre schwierige Situation. Das sozialpädagogische Paradigma ging davon aus, dass mit der Migrationserfahrung eine Entwurzelung der traditionellen und bekannten Welt einhergehe und deshalb von einem Identitätsproblem der Migrantinnen auszugehen sei. Entsprechend nahmen Sozialpädagoginnen an, dass hieraus per se ein ›Kulturkonflikt‹ resultiere. Darauf basiert ein in diesem Kontext entstandenes paternalistisches Verhältnis zwischen Sozialpädagoginnen und ihrer Klientel (vgl. Diehm/Radtke 1999: 78f.).

Während die Sozialpädagogik zu Beginn der 1970er Jahre die ausländischen Frauen als Zielgruppe bildungspolitischer und sozialpädagogischer Maßnahmen entdeckte und folglich zur Entstehung des sozialpädagogischen Paradigmas beitrug, bildet der Orientalismus bereits seit Ende des 19. Jahrhunderts einen recht stabilen und etablierten Diskurs, der nicht nur westliche Bilder über den Orient konstruiert und deswegen letztendlich eine »westliche Fiktion« (Lutz 1989; 1995) darstellt, sondern der vor allem eine Form von kultureller Dominanz annimmt und damit die Machtverhältnisse zwischen Okzident und Orient repräsentiert.

Lutz zeigt in Anlehnung an Saids Kritik am Orientalismus, dass innerhalb dieses großen Macht-Wissen-Apparats ebenso ein Diskurs über die orientalische Frau entstanden ist, in dem diese grundsätzlich als Muslimin definiert wird. Sie zeigt, wie dieser Diskurs in der bundesrepublikanischen Migrationsforschung produziert wurde und dass er bis heute über den akademischen Diskurs hinaus eine große Definitionsmacht besitzt. Sie zeigt ferner, dass das Bild der Orientalin, der Türkin, der Muslimin ein westliches Konstrukt ist, das die dichotome Struktur des Apparates reproduziert und weiter festigt.

Lutz konstatiert die entscheidende Funktion der Konstruktion des Orients im hiesigen erziehungswissenschaftlichen bzw. sozialpädagogischen Diskurs, nämlich die Konstruktion der/des Anderen. Durch die Definition der Fremden wird eine Selbstdefinition hergestellt, so dass

> »die westliche Frau zur emanzipierten, fortschrittlichen, autonomen Person wird, indem die Migrantin zur rückständigen, passiven, traditionsgebundenen Unperson reduziert wird« (Lutz 1991: 28, Hervorh. i. O.).

Die kulturelle Selbstdefinition westlicher Frauen und ihrer Weiblichkeit finden in Abgrenzung zu den westlichen Männern und ihrer Männlichkeit und zur fremden Frau und deren Weiblichkeit statt. Ebenso wird die westliche Männlichkeit in Abgrenzung zur westlichen Weiblichkeit und zur fremden Männlichkeit definiert (vgl. Lutz 1993: 146). Diese selbstdefinitorischen Prozesse der westlichen Frauen als emanzipierte Frauen – so wäre hier noch zu ergänzen – vollzieht sich gleichfalls gegenüber dem fremden Mann und seiner Männlichkeit, so wie für die Selbstdefinition von westlichen Männern auch die fremde Weiblichkeit eine entscheidende Rolle spielen kann. Folglich lässt sich mit Lutz in diesem Zusammenhang die enge und komplexe Verzahnung von diskursiv konstruierten Differenzen entlang von Geschlecht und Ethnizität in den vorherrschenden modernen abendländischen Denktraditionen und ihrer Definitionsmacht deutlich beobachten.

Im Rahmen dieser eurozentrischen Deutungsmuster erscheint die Situation der orientalischen Frauen, d. h. ihre ›Beschränkung‹ auf das Private und damit ihre vermeintliche Passivität, Machtlosigkeit und Duldsamkeit, als eine Form von gesellschaftlicher ›Rückständigkeit‹. Im Vergleich mit den westlichen Frauen befinden sie sich noch nicht auf dem Weg der Emanzipation mit dem Ziel der gesellschaftlichen Gleichstellung. Lutz unterstreicht hierbei den ethnozentrischen Blick (west-)europäischen Denkens gegenüber anderen gesellschaftlichen und kulturellen Prozessen, der der eigenen Entwicklung eine übergeordnete Position verleiht und den europäischen Weg als den Weg zu Emanzipation und Fortschritt bewertet.

Der Gegensatz zwischen der traditionellen Herkunftskultur und Lebensweise der Migrantinnen und dem modernen durchrationalisierten und fortschrittlichen Leben der Industrienationen bildet eine fundamentale Dichotomie in der Migrantinnenliteratur. Mit dieser Gegenüberstellung wird implizit oder explizit die traditionelle Lebensweise als statisch und unveränderbar, das moderne Leben des Westens dagegen als dynamisch dargestellt. Konstitutiv für diese dichotome Betrachtungsweise kultureller Unterschiede ist ihre Verankerung in einer unilinearen, evolutionären und auf ›Fortschritt‹ fixierten Denkweise – so lautet die postkoloniale Kritik an modernen abendländischen Denkweisen und Wissensproduktionen, die Lutz hier im Migrationsdiskurs aufdeckt. Diese Denk-weise wird, so Lutz weiter, in westlichen Gesellschaften durch den Industrialisierungsprozess, die Verstädterung und den begleitenden Individualisierungsprozess zum zentralen Maßstab gesellschaftlicher und kultureller ›Entwicklung‹ erhoben und zum Symbol für Modernität stilisiert.

Auf dieser Basis wird die im Westen stattgefundene historische Entwicklung zum Maßstab gesellschaftlichen bzw. kulturellen Fortschritts, so dass andere gesellschaftliche und individuelle Prozesse, die nicht nach diesen Mustern verlaufen, rückständig erscheinen und dementsprechend bewertet werden, so Lutz. Die Rekonstruktion des Bildes der ›fremden Frau‹ lässt an dieser Stelle resümierend unterstreichen, welche entscheidende Rolle hierarchische Deutungsmuster in der Produktion wissenschaftlichen bzw. sozialpädagogischen Wissens über Migrantinnen spielen. Lutz' Analyse zeigt zudem, wie in der Produktion von Wissen die übergeordnete Selbstpositionierung der ForscherInnen in die Beschreibung von kultureller Alterität einfließt. Kurz: Wie sich die Produktion von Wissen im Rahmen eines Macht-Wissen-Apparats vollzieht.

2. Interdependenzen zwischen Geschlecht und Kultur als Herausforderung einer postkolonialen Pädagogik

Mit Lutz' Erarbeitung der Verschränkung geschlechtlicher und kultureller Differenzen bei den Selbst- und Fremddefinitionen wurde anschaulich, dass soziale Konstruktionen entlang von Geschlecht und Kultur bzw. Ethnizität nicht unabhängig voneinander soziale Bedeutung erhalten. Aber erst gegen Ende der 1990er und Anfang der 2000er Jahre wurde auf die zentrale Frage nach den korrelationalen Verhältnissen sozial konturierter Differenzen eindringlicher aufmerksam gemacht – und nicht nur auf der Ebene der Theoriebildung, sondern auch hinsichtlich der pädagogischen Arbeit (vgl. dazu Lutz/Leiprecht 2005; Lutz/Wenning 2001). Insbesondere für die Erforschung von Diskriminierung, Benachteiligung und Rassismus im Bildungsbereich wurde die Relevanz dieser Fragestellung noch einmal vor Augen geführt (vgl. Baquero Torres 2009).

In diesem Zusammenhang setze ich mich in dem Buch »Geschlecht und Kultur in der Interkulturellen Pädagogik. Eine postkoloniale Re-Lektüre« (2009) mit einer theoretischen Begründung des interdependenten Verhältnisses sozialer Kategorien aus postkolonialer theoretischer Perspektive auseinander. Hierzu sind postkoloniale Theoretiker wie Stuart Hall (»Der Westen und der Rest«, 1994) und Homi K. Bhabha (»Die Verortung der Kultur«, 2000) wichtige Referenzen. Ebenso ist hier die Rezeption postkolonialer Theorie im deutschsprachigen Raum herauszustellen. Dabei bilden hauptsächlich die Arbeiten postkolonialer feministischer Theoretikerinnen wie Brigitte Kossek (»Gegen-Rassismen: Ein Überblick über gegenwärtige Diskussionen«, 1999) und Encarnación Gutiérrez Rodríguez (»Repräsentation, Subalternität und postkoloniale Kritik«, 2003) einen zentralen Bezug. Insbesondere die im Kontext der Frauen- und Genderforschung ausgeübte Kritik von Migrantinnen, Schwarzen und jüdischen Frauen an der kolonialen diskursiv paradigmatischen Selbstpositionierung deutscher, weißer, mittelschichtiger, akademischer Frauen, gilt als ein zentraler Bezug der Reflexion. Im hiesigen Kontext und gerade in einem akademischen Diskurs, der sich selbst als wissenschaftskritisch versteht, wurde durch diese Kritik deutlich, dass nach wie vor tradierte koloniale diskursive Muster vorhanden sind. Diese Erkenntnis gab den entscheidenden Anstoß zu einer kritischen Reflexion der eigenen Produktion von Wissen und deren Verstrickung in koloniale diskursive Machtverhältnisse. In enger Verbindung mit dieser Debatte bildet die Rezeption des Ansatzes der

Weißseinsforschung im deutschsprachigen Kontext einen weiteren zentralen theoretischen Bezugspunkt (vgl. dazu insbesondere Eggers/Kilomba/Piesche/Arndt »Mythen, Masken und Subjekte«, 2005).

Ein solcher Interdependenzansatz schafft so gesehen nicht nur eine theoretische Erweiterung der bisherigen auf den Kulturbegriff zentrierten Perspektive, in der über die Kategorie ›Geschlecht‹ hinaus weitere Differenzlinien eingeführt bzw. berücksichtigt werden. Der Interdependenzansatz beruht vielmehr auf einer anderen epistemologischen Grundlage, auf der die Konstituierung des Subjekts und seiner Identität in der Interdependenz sozialer Differenzierungen gesehen wird. Diese Argumentation steht in enger Verbindung mit der Auffassung von (kultureller) Identität als Positionierung. Die gesellschaftliche Positionierung geschieht hier in der bedingten Positioniertheit sowie in der aktiven Positionierung des einzelnen Subjekts. Mit dieser Prämisse behaupten und verteidigen die postkolonialen Ansätze eine andere Differenz- und Identitätslogik, vor allem aber sollen die Konstruktion von Identität und die Positionierung des Subjekts jenseits der binären Logik (weiter-)gedacht werden. Geschlechtliche Differenzen können demnach nicht unabhängig von rassisierten Kategorisierungen und kulturellen Positionierungen stehen, und diese sind wiederum prinzipiell mit geschlechtlichen Positionierungen verbunden. Der Interdependenzansatz bedeutet gerade für den wissenschaftlichen Diskurs der Interkulturellen Pädagogik einen grundlegenden Perspektivwechsel.

Anders als in der Logik der Exklusion und im modernen Identitätsdenken – in dem Identität und Differenz als Gegensätze dargestellt werden – bietet die Auffassung der Differenz als relationale Kategorie einen anderen Zugang zur Subjektkonstituierung und infolgedessen auch zu Prozessen von Identitätsbildung. Insofern bildet Differenz den Schlüsselbegriff, welcher der oppositionellen Grundlage der Subjektkonstitution entgegenwirkt. Entscheidend ist dabei der Gedanke, dass Identitätsbildung ein andauernder Prozess ist, der sich in Bezug auf einen Anderen vollzieht. Dabei ist das Andere nicht zwingend ein Anderes, sondern kann ebenfalls als mehrere Andere betrachtet werden. Dieses Andere ist also nicht homogen und fixiert, so dass Identität in ihren jeweiligen Positionierungen flexibel bleibt und sich in dem Maße, wie sich das Andere ändert, genauso selbst ändern kann – und muss. Hieraus folgend kann Identität als Positionierung in einem offenen Feld von Relationen beschrieben werden.

In dem Moment, in dem die Subjektkonstituierung bzw. die Identitätsbildung als ein relationaler Prozess erfasst wird, geht der differenztheoretische Ansatz über die Vorstellung hinaus, dass Differenz sich aus einer Ursprungs- bzw. einer in sich einheitlichen und geschlossenen Identität ableitet. Differenz ist im

Anschluss an die sprachtheoretischen Überlegungen des französischen Poststrukturalisten Derrida in einem Verweisungsverhältnis begründet, in dem Differenzen aus den differenziellen Beziehungen hergeleitet werden, so dass weniger von Gegensätzen als vielmehr von einem Gewebe von Differenzen zu sprechen ist. Auf diese Weise wird die binäre oppositionelle Auffassung vom Selbst grundsätzlich infrage gestellt und damit gleichsam die binäre Konstruktionsweise des Eigenen/Fremden.

Dieser Gedanke auf die Betrachtung kultureller Identität übertragen impliziert eine Lesart, in der die Positionierung über fixierte Identitätsvorstellungen hinaus geht und eher widersprüchliche Erfahrungen und Unterdrückungsmechanismen miteinander verschränkt, so dass das Subjekt in seinen multiplen Anteilen gesehen werden kann. In diesem Sinne ist die Formulierung hybrider Identitäten aus einer postkolonialen Perspektive zu lesen. Ebenso sind auch kulturelle Differenzen vielmehr im Tenor von Überschneidungen als auf homogenen und wesenhaften Eigenschaften basierend zu verstehen.

Aus diesen zentralen Momenten postkolonialer Wissenschaftskritik und theoretischer Reflexionen lassen sich Schlussfolgerungen für die Pädagogik festhalten. Nachstehend wird auf einige Aspekte eingegangen, die diese Konsequenzen punktuell benennen und zugleich einer postkolonialen Pädagogik Konturen verleihen.

- Kritische Analyse homogenisierender Identitätskonstruktionen: In der postkolonialen Pädagogik werden Migrationsphänomene als bestimmender Faktor für gesellschaftliche Transformationsprozesse aufgefasst (vgl. Mecheril 2010: 8). So gesehen verlagert sich die Aufmerksamkeit von der Identitätsmarkierung durch das Kulturparadigma auf die kritische Betrachtung des Zusammenhanges zwischen Pädagogik und der Konstruktion der nationalen Identität sowie auf pädagogische Homogenisierungskonzepte in der Migrationsgesellschaft.
- Kontextualisierung jeglicher Wissensproduktion: Als eines der Hauptanliegen postkolonialer Pädagogik gelten die Dezentrierung der eurozentrischen Wissensordnung und damit die Infragestellung angenommenen universalen Wissens. Eine Aufgabe der pädagogischen Arbeit ist demzufolge, stets auf die Kontextualisierung und auf die Positionierung des Wissens zu verweisen und damit das eigene Wissen als kontextualisiert zu behandeln. Die sozialen Strukturen, in denen dieses Wissen produziert wird, stehen somit im Blickpunkt pädagogischer Reflexionsarbeit.
- Historische Verortung von Wissensproduktion in dominanten Wissensordnungen als allgemeine erziehungswissenschaftliche Aufgabe: Migrationsphänomene und historische Zusammenhänge wie etwa mit dem Kolonialismus werden als Gegenstand pädagogischer Arbeit angesehen. Dieser Akt des

»Transparent-Machens« des pädagogischen Wissens und des eigenen pädagogischen Denkens und Handelns schafft, dass beispielsweise die Auseinandersetzung mit Migration und dominanten Wissensordnungen wie der des Kolonialismus nicht auf wenige Subdisziplinen wie der Interkulturellen Pädagogik oder der historischen Bildungsforschung beschränkt bleiben, sondern als zentrale allgemeine erziehungswissenschaftliche und pädagogische Fragestellungen verortet werden.

- Wissensvermittlung als Gegenstand der Reflexion: Postkoloniale Pädagogik beschäftigt sich mit den einfach formulierten Fragen, wer in welchem Kontext wie über wen spricht. Dementsprechend misst eine postkoloniale Pädagogik der Reflexion Bedeutung bei, über ›welches Wissen und wie dieses gelehrt und gelernt wird‹. Unentbehrlich ist dabei die Auseinandersetzung mit den Alltagstheorien/subjektiven Theorien der (angehenden) PädagogInnen.
- Dezentrierung der binären Identitätslogik und die Öffnung zu multiplen Zugehörigkeitsverhältnissen: Die Auseinandersetzung mit der Dezentrierung der binären Logik impliziert die Verschiebung der dominanten Zugehörigkeitsordnung (vgl. Mecheril 2010). Jenseits der Logik des Entweder-Oder können Selbstpositionierungen entstehen, die die Trendlinie zwischen »Wir und den Anderen« überschreiten. Konzepte wie Hybridität und Unreinheit (vgl. Mecheril 2003) bringen diese Verschiebung zum Ausdruck. An dieser Stelle ist es für die pädagogische Arbeit außerordentlich wichtig, zwischen der oppositionellen und der relationalen und interdependenten Auffassung von Differenzen zu unterscheiden.
- Dekonstruktion binärer Kategorisierungen – auch innerhalb von ›Diversity‹-Ansätzen: Die Problematisierung und Infragestellung der historisch gewachsenen Struktur des »Wir und die Anderen« bildet eine zentrale Aufgabe postkolonialer Pädagogik. Bei der Bejahung von »Heterogenität« bzw. »Diversität«, was heute in der Erziehungswissenschaft und in der Pädagogik üblich geworden ist, besteht die Gefahr, eine additive Auffassung von Differenz weiter zu tradieren, indem der Kern, also die binäre Logik nicht infrage gestellt wird.

Im Folgenden wird auf Ansätze von Forschung und pädagogischer Arbeit hingewiesen, die m. E. mehr oder weniger an diese Postulate Postkolonialer Pädagogik anschließen.

3. Postkoloniale Pädagogik als rassismuskritische Bildungsforschung und -arbeit

Dass die Logik des Entweder-Oder und damit die hierarchische und defizitäre Repräsentationsweise der kulturellen Anderen im pädagogischen Denken und Handeln nach wir vor erhebliches Gewicht besitzen, haben bereits Untersuchungen zur institutionellen Diskriminierung und zu Ethnisierungsprozessen im schulischen Bereich deutlich gezeigt (vgl. Gomolla/Radtke 2002; Weber 2003; Kalpaka 2009). Dieses nicht mehr zu übersehende Faktum erfordert nun eine postkoloniale Pädagogik, die das pädagogische Denken und Handeln in ihrer Verstrickung in (neo)kolonialen Machtverhältnissen als Bestandteil der Lehrbildung und Fortbildung betrachtet. In diesem Sinne haben sich in den letzten Jahren rassismuskritische Ansätze entwickelt, deren maßgebliche Funktion darin gesehen wird, Konzepte und Theorien zu entwickeln, die das pädagogische Handeln im Rahmen von Nationalstaat, Migration, Macht- und Dominanzverhältnissen begreifen.

Rassismus als Kern pädagogischer Arbeit zu denken, gewinnt damit als ein bisher eher am Rand behandelter Themenbereich innerhalb der Debatte der interkulturellen Pädagogik, aber ebenso in der Erziehungswissenschaft im Allgemeinen deutlich an Relevanz. Diese Weiterentwicklung in der Theoriebildung und in der Reflexion pädagogischer Arbeit hängt m. E. maßgeblich zusammen mit der Rezeption der Cultural- und Postcolonial Studies – auch wenn nicht immer ein expliziter Verweis darauf erfolgt – sowie mit der in der Erziehungswissenschaft bereits stattgefundenen Rezeption postmoderner, poststrukturalistischer theoretischer Ansätze.

Wie in neuen Veröffentlichungen akzentuiert wird, erhält der Zusammenhang zwischen Vergangenheit und Gegenwart sichtlich mehr Gewicht. Die Auseinandersetzung mit Zusammenhängen zwischen Geschichte, Politik, Gesellschaft, sozialen Gruppen und Individuen nehmen einen zentralen Stellenwert in der rassismuskritischen Bildung ein (vgl. Scharathow 2009: 17). Es geht dabei nicht nur um die kontextspezifische Analyse des Repräsentationssystems des Eigenen/Fremden, sondern der bisher unmarkiert gebliebene Normalitätsgehalt des erziehungswissenschaftlichen und pädagogischen Diskurses rückt zunehmend ins Zentrum der Reflexion. Rassismus wird in diesen Ansätzen als ein Strukturprinzip gesellschaftlicher Wirklichkeit verstanden. Unter dieser Prämisse sind mehrere Publikationen in den letzten Jahren erschienen, wie die von Scharathow, Leiprecht, Melter und Mecheril mit den beiden Bänden zu Rassismustheorien und rassismuskritischer Bildungsarbeit (2009), der von Broden und Mecheril herausgegebene Sammelband mit dem Titel »Rassismus« bildet (2010), das 2006 von Elverich, Kalpaka und Reindlmeier präsentierte Buch »Spurensicherung – Reflexion von Bildungsarbeit in der Einwanderungsgesellschaft« (2009) und der von Mecheril, Castro Varela, Dirim, Kalpaka und Melter 2010 veröffentlichte Band »Migrationspädagogik«.

Auch im Bereich der Gender- und bildungshistorischen Forschung sind einzelne Untersuchungen zur Kolonialgeschichte publiziert worden. Hierbei sind die Arbeiten von Walgenbach »Die weiße Frau als Trägerin deutscher Kultur. Koloniale Diskurse über Geschlecht, ›Rasse‹ und Klasse im Kaiserreich« (2005) und Dietrich Weiße »Weiblichkeiten. Konstruktionen von ›Rasse‹ und Geschlecht im deutschen Kolonialismus« (2007) zu erwähnen. Dennoch ist an dieser Stelle wichtig, auf die immer noch lückenhafte Forschung im Bereich der kolonialen Pädagogik hinzuweisen. Prozesse des Grenzgängertums, der Hybridität sowie transnationale und transkontextuelle Prozesse sind u. a. in dem Sammelband »Transkulturalität. Gender- und bildungstheoretische Perspektiven« (2008) aufgegriffen, herausgegeben von Gippert, Götte und Kleinau. »Beiträge zu einer postkolonialen Lesart des Antisemitismus« liefert Messerschmidt (2006a; 2008).

Resümierend ist festzuhalten, dass die postkoloniale Theorie in Teilbereichen der erziehungswissenschaftlichen Forschung und Debatten wichtige Impulse gegeben hat, dass aber von einer umfassenden erziehungswissenschaftlichen Rezeption dieser theoretischen Perspektive noch keine Rede sein kann. Im Hinblick auf die Revision pädagogischer Denktradition, in Bezug auf die Weiterentwicklung von handlungsorientierter Theoriebildung sowie auf der Ebene der pädagogischen Arbeit bildet das kritische Potenzial einer postkolonialen Perspektive nach wie vor eine Herausforderung.

Literatur

Bhabha, Homi K. (2000): Die Verortung der Kultur. Tübingen: Stauffenburg

Baquero Torres, Patricia (2009): Geschlecht und Kultur in der Interkulturellen Pädagogik. Eine postkoloniale Re-Lektüre. Frankfurt a.M. u. a.: Peter Lang

Baumgartner-Karabak, Andrea/Landesberger, Gisela (1978): Die verkauften Bräute: türkische Frauen zwischen Kreuzberg und Anatolien. Reinbek bei Hamburg: Rowohlt

Benard, Cheryl/Schlaffer, Edith (1984): Die Grenzen des Geschlechts. Reinbek bei Hamburg: Rowohlt

Bennholdt-Thommsen, Veronika/Dokter, Andrea/Firat, Gülsün/Holzer, Brigitte/Marciniak, Karin (1987): Frauen aus der Türkei kommen in die Bundesrepublik. Münster: Periferia

Broden, Anne/Mecheril, Paul (Hrsg.) (2010): Rassismus bildet. Bildungswissenschaftliche Beiträge zu Normalisierung und Subjektivierung in der Migrationsgesellschaft. Bielefeld: transcript

Diehm, Isabell/Radtke, Frank-Olaf (1999): Erziehung und Migration. Eine Einführung. Stuttgart u. a.: Kohlhammer

Dietrich, Anette (2007): Weiße Weiblichkeiten. Konstruktionen von »Rasse« und Geschlecht im deutschen Kolonialismus. Bielefeld: transcript

Eggers, Maureen M./Kilomba, Grada/Piesche, Peggy/Arndt, Susan (Hrsg.) (2005): Mythen, Masken und Subjekte. Kritische Weißseinsforschung in Deutschland. Münster: Unrast-Verlag

Elverich, Gabi/Kalpaka, Annita/Reindlmeier, Karin (Hrsg.) (2009): Spurensicherung – Reflexion von Bildungsarbeit in der Einwanderungsgesellschaft. 2. Aufl., Münster: Unrast-Verlag

Fechler, Bernd/Kößler, Gottfried/Messerschmidt, Astrid/Schäuble, Barbara (Hrsg.) (2006): Neue Judenfeindschaft? Perspektiven für den pädagogischen Umgang mit dem globalisierten Antisemitismus. Im Auftrag des Fritz Bauer Institut und der Jugendbegegnungsstätte Anne Frank: Jahrbuch 2006 zur Geschichte und Wirkung des Holocaust. Frankfurt a.M./New York: Campus

Fritzsche, Bettina/Hartmann, Jutta/Schmidt, Andrea/Tervooren, Anja (Hrsg.) (2001): Dekonstruktive Pädagogik. Erziehungswissenschaftliche Debatten unter poststrukturalistischen Perspektiven. Opladen: Leske+Budrich

Forneck, Hermann J./Wiesner, Gisela/Zeuner, Christine (Hrsg.) (2006): Teilhabe an der Erwachsenenbildung und gesellschaftliche Modernisierung. Baltmannsweiler: Schneider-Verlag

Gippert, Wolfgang/Götte, Petra/Kleinau, Elke (Hrsg.) (2008): Transkulturalität. Gender- und bildungshistorische Perspektiven. Bielefeld: transcript

Gomolla, Mechtild/Radtke, Frank-Olaf (2002): Institutionelle Diskriminierung. Die Herstellung ethnischer Differenz in der Schule. Opladen: Leske+Budrich

Gutiérrez Rodríguez, Encarnación (2003): Repräsentation, Subalternität und postkoloniale Kritik. In: Steyerl et al. (2003): 17-37

Hall, Stuart (1994): Der Westen und der Rest: Diskurs und Macht. In: Mehlem et al. (1994): 137-179

Hügel, Ika/Lange, Chris/Ayim, May/Bubeck, Ilona/Aktaş, Gülşen/Schultz, Dagmar (Hrsg.) (1993): Entfernte Verbindungen. Rassismus, Antisemitismus, Klassenunterdrückung. Berlin: Orlanda Frauenverlag

Kalpaka, Annita (2009): Institutionelle Diskriminierung im Blick – Von der Notwendigkeit Ausblendungen und Verstrickungen in rassismuskritischer Bildungsarbeit zu thematisieren. In: Scharathow et al. (2009): 25-40

Karpf, Ernst/Kiesel, Doron/Visarius, Karsten (Hrsg.) (1995): »Getürkte Bilder«. Zur Inszenierung von Fremden im Film. Marburg: Schüren Presseverlag

Kossek, Brigitte (Hrsg.) (1999): Gegen-Rassismen. Konstruktionen – Interaktionen – Interventionen. Hamburg u. a.: Argument-Verlag

Leiprecht, Rudolf/Kerber, Anne (Hrsg.) (2005): Schule in der Einwanderungsgesellschaft. Ein Handbuch. Schwalbach: Wochenschau-Verlag

Lutz, Helma (1989): Unsichtbare Schatten. Die ›orientalische‹ Frau in westlichen Diskursen – Zur Konzeptualisierung einer Opferfigur. In: Peripherie, 37. 51-65

Lutz, Helma (1991): Welten verbinden. Türkische Sozialarbeiterinnen in den Niederlanden und der Bundesrepublik Deutschland. Frankfurt a.M.: Verlag für Interkulturelle Kommunikation

Lutz, Helma (1995): Ist Kultur Schicksal? Über die gesellschaftliche Konstruktion von Kultur und Migration. In: Karpf et al. (1995): 77-97

Lutz, Helma (1993): Sind wir uns immer noch fremd? – Konstruktionen von Fremdheit in der weißen Frauenforschung. In: Hügel et al. (1993): 138-156

Lutz, Helma/Huth-Hildebrandt, Christine (1998): Geschlecht im Migrationsdiskurs. In: Das Argument, 40. Heft 2. 159-173

Lutz, Helma/Wenning, Norbert (2001): Differenzen über Differenz – Einführung in die Debatten. In: Lutz et al. (Hrsg.) (2001): 11-24
Lutz, Helma/Wenning, Norbert (Hrsg.) (2001): Unterschiedlich verschieden. Differenz in der Erziehungswissenschaft. Opladen: Leske+Budrich
Lutz, Helma/Leiprecht, Rudolf (2005): Intersektionalität im Klassenzimmer: Ethnizität, Klasse, Geschlecht. In: Leiprecht et al. (Hrsg.) (2005): 218-234
Mecheril, Paul (2003): Prekäre Verhältnisse: über natio-ethno-kulturelle (Mehrfach-)Zugehörigkeit. Münster u. a.: Waxmann
Mecheril, Paul (2010): Migrationspädagogik. Hinführung zu einer Perspektive. In: Mecheril et al. (2010): 7-22
Mecheril, Paul/Castro Varela, María do Mar/Dirim, Inci/Kalpaka, Annita/Melter, Claus (2010): Migrationspädagogik. Weinheim/Basel: Beltz Verlag
Mehlem, Ulrich/Bohle, Dorothee/Gutsche, Joachim/Oberg, Matthias/Schrage, Dominique (Hrsg.) (1994): Stuart Hall. Rassismus und kulturelle Identität. Ausgewählte Schriften 2. Hamburg: Argument-Verlag
Melter, Claus/Mecheril, Paul (Hrsg.) (2009): Rassismuskritik. Band 1: Rassismustheorie und -forschung. Schwalbach/Ts.: Wochenschau Verlag
Messerschmidt, Astrid (2006): Transformationen des Interkulturellen. Postkoloniale Perspektiven auf Erwachsenenbildung in globalisierten Migrationsgesellschaften. In: Forneck et al. (Hrsg.) (2006): 51-64
Messerschmidt, Astrid (2006a): Verstrickungen. Postkoloniale Perspektiven in der Bildungsarbeit zum Antisemitismus. In: Fechler et al. (Hrsg.) (2006): 150-171
Messerschmidt, Astrid (2008): Postkoloniale Erinnerungsprozesse in einer postnationalsozialistischen Gesellschaft – vom Umgang mit Rassismus und Antisemitismus. In: Peripherie, 28. Jg., Nr. 109/110. 42-60
Niedrig, Heike/Seukwa, Louis Henri (Hrsg.) (2009): Interkulturelle Pädagogik und Postkoloniale Theorie. Frankfurt a.M. u. a.: Peter Lang
Said, Edward W. (1995): Orientalism. Western Conceptions of the Orient. London: Penguin Books
Scharathow, Wiebke (2009): Zwischen Verstrickung und Handlungsfähigkeit – Zur Komplexität rassismuskritischer Bildungsarbeit. In: Scharathow et al. (Hrsg.): 12-22
Scharathow, Wiebke/Leiprecht, Rudolf (Hrsg.) (2009): Rassismuskritik. Band 2: Rassismuskritische Bildungsarbeit. Schwalbach/Ts.: Wochenschau Verlag
Steyerl, Hito/Gutiérrez Rodríguez, Encarnación (Hrsg.) (2003): Spricht die Subalterne Deutsch? Migration und postkoloniale Kritik. Münster: Unrast-Verlag
Walgenbach, Katharina (2005): »Die weiße Frau als Trägerin deutscher Kultur«. Koloniale Diskurse über Geschlecht, »Rasse« und Klasse im Kaiserreich. Frankfurt a.M./New York.: Campus
Weber, Martina (2003): Heterogenität im Schulalltag. Konstruktion ethnischer und geschlechtlicher Unterschiede. Opladen: Leske+Budrich

Postkoloniale Religionswissenschaft: Geschichte – Diskurse – Alteritäten

Andreas Nehring

»Das ideologische Zeichen ist immer vieldeutig, janusgesichtig – das heißt, es kann diskursiv reartikuliert werden, um neue Bedeutungen zu konstruieren, es kann mit anderen sozialen Praktiken verbunden werden und es vermag soziale Subjekte anders zu positionieren.«

(Hall 1988: 9-10)

Religionswissenschaft im Schnittpunkt transkultureller Begegnungen

Das ideologische Zeichen ›Religion' ist immer ein Faktor in der europäischen Wahrnehmung fremder Kulturen gewesen und hat in der kolonialen Imagination und Herrschaftspraxis eine wichtige Rolle gespielt. ›Religion' war und ist aber auch ein ideologisches Zeichen, das im antikolonialen Widerstand und in postkolonialen Identitätskonstitutionen immer wieder diskursiv reartikuliert wird, um neue Bedeutungen zu konstruieren.

Die reflexive Wende in den Kulturwissenschaften hat ein Bewusstsein dafür geschaffen, dass alle kulturwissenschaftliche, sozial- und auch religionswissenschaftliche Arbeit eine Objektivierung des Anderen darstellt. Eines der zentralen theoretischen Probleme der postcolonial studies war daher immer die Frage der Repräsentation und der politischen Implikationen von Repräsentation der Kolonisierten durch Soziologie, Anthropologie und Religionswissenschaft. »Repräsentations are social facts« (Rabinow 1986: 234-261): mit diesem Diktum hat Paul Rabinow zum Ausdruck gebracht, dass anthropologische Repräsentationen die Wirklichkeit produzieren, die sie darzustellen suchen.

Der andere Aspekt der theoretischen Reflexion in den postcolonial studies ist bezogen auf das Gebiet des antikolonialen Widerstands, der Gegendiskurse, der vorkolonialen Wissensformen, die in den dominanten kolonialen Strukturen unterdrückt worden sind, der hidden transcripts, wie James Scott Modelle und Methoden des Widerstands genannt hat (vgl. Scott 1990). Er ist ebenfalls bezogen auf die Frage von agency oder Handlungsmacht und das Problem des Verhältnisses von kolonialen wie lokalen einheimischen Eliten zu den Subalternen. In beiden Bereichen steht die Frage des Subjekts bzw. der Subjektpositionen zur Disposition. Für weiterführende theoretische Interventionen, die die Religionswissenschaft betreffen, ist daher zu fragen, wie diese Subjektpositionen konstituiert worden sind bzw. permanent konstruiert werden. Russel McCutcheon hat argumentiert, dass sich Religionswissenschaft, gerade indem sie ein essentialisiertes und enthistorisiertes Konzept von Religion entworfen hat, in eine hegemoniale Position gesetzt habe, die der einer kolonialen Herrschaftsposition entspricht.

> »Obwohl Religionswissenschaftler beileibe nicht die wichtigsten oder einzigen Repräsentanten kolonialer Mächte waren, die Art und Weise, in der ihr analytisches Konstrukt, Religion sui generis, ein Wissenschaftsfeld autorisiert, während es gleichzeitig handhabbarere transparente Populationen produziert, ist ein deutlicher Hinweis darauf, dass das Studium der Religionen tief darin verwickelt war koloniales Erbe zu stützen, anstatt es zu hinterfragen.« (McCutcheon 2000: 297f.)

Auch Jonathan Z. Smith hat bereits 1982 in seinem Buch Imagining Religion Religion als eine Schöpfung der Wissenschaftler bezeichnet. Während die ganze Menschheitsgeschichte angefüllt sei mit Phänomenen, die man in der einen oder anderen Kultur mit diesem oder jenem Begriff als religiös bezeichnen könnte, ist ›Religion‹ eine »reflective imagination«, eine »zweite Ordnung«, die jeden Religionsforscher in zentraler Weise beschäftigen müsse (Smith 1982: XI). Wenn ›Religion‹ als aparte Kategorie ein Produkt der Religionswissenschaft ist, wann ist dann diese Wissenschaft entstanden? Charles Long gibt die wohl unter Wissenschaftshistorikern gängigste Einschätzung der Anfänge der Religionswissenschaft folgendermaßen wieder: »Diese disziplinäre Orientierung beginnt mit dem problematischen Wesen von Religion in der nachaufklärerischen Welt des Westens.« (Long 1986: 3) Allerdings weist er auf Zweideutigkeiten im Umgang mit dem Religionsbegriff hin, die aus den komplexen Beziehungen zwischen der Tradition der europäischen Aufklärung und der kolonialen Ausbreitung und Eroberung großer Teile der Welt durch den Westen herrühren. Während Religion im Westen, wenn auch nicht aus den westlichen Gesellschaften verschwunden, doch an normativem Einfluss verloren hat und ihre Bedeutung zunehmend umstritten ist, ist das Thema Religion im Zuge der europäischen ›Entdeckungen‹ und Eroberungen großer Teile der Welt und des kolonialen Kontaktes erneut und in ganz anderer Weise als in Europa in die Diskussion gekommen (vgl. dazu auch Fitzgerald 2000). Besaßen die eroberten Völker überhaupt Religion? (vgl. dazu Chidester 1996) Ist die in diesen Völkern angetroffene Religion, wenn sie als solche identifiziert wurde, mit dem, in Europa dominanten, Christentum gleichwertig? (Vgl. Balagangadhara 1994) Ist sie ihr unterlegen, oder gar überlegen? (vgl. exemplarisch Lopez 1998) Gibt es eine Kontinuität zwischen den Religionen der fremden Völker und der europäischen religiösen Tradition? (vgl. exemplarisch ebd.) Sind Phänomene hier wie dort vergleichbar? Nicht nur ethnographisch und religionswissenschaftlich erhobenes Material aus den Kolonien wie Texte, Artefakte, orale Geschichten, von Europäern beschriebene Beobachtungen fremder religiöser Rituale und Praktiken u. ä. wurde zum Gegenstand religionswissenschaftlichen Arbeitens, sondern auch theoretisch-methodische Fragen der Bestimmung des Religionsbegriffes sind eng verbunden mit dem kolonialen Kontakt zwischen Kulturen, mit der kolonialen Expansion Europas und der wirtschaftlichen Ausbeutung anderer Länder (vgl. dazu auch Brunotte, 2009: 339-369). Religionswissenschaften sind daher nicht nur Wissenschaften von der Repräsentation der Religionen, sondern sie sind Produkte von »entangled histories«, wie Shalini Randeria es genannt hat (Randeria 2002: 284-311), von Verflechtungen, Interdependenzen und Austauschprozessen, die erst solche Entitäten wie ›die Religionswissenschaft und ihr Gegenstand‹ hervorgebracht haben.

Wenn Religionswissenschaft Teil der modernen Religionsgeschichte ist, dann ist jeweils zu fragen, wo sich in bestimmten Kontexten diese Teilhabe zeigt. Die Wissenschaft von der Religion ist kein reines oder homogenes kulturelles System, sondern ein hybrides Netzwerk von Signifikationen, die sich in den Kontaktzonen transkultureller Begegnung bilden. Den Begriff ›Kontaktzone‹ hat Mary Louise Pratt geprägt, um damit die Orte kolonialer Begegnungen zu beschreiben, in denen vormals voneinander getrennte Menschen Beziehungen aufbauen (Pratt 1992). Kontaktzonen sind Orte des Kompromisses, des Widerstands, der Assimilation, der Imitation, der Adaption, der Mimicry (vgl. dazu Bhabha 2000: 125ff.), und ich ziehe diesen Begriff dem dominanten einlinig-westlichen wissenschaftlichen Repräsentationsmodell vor, das davon ausgeht, Religionswissenschaft stelle Religionen lediglich dar, weil er ermöglicht, so die unterschiedlichen Agenten der hybriden transkulturellen Prozesse der Begegnung in den Blick zu bekommen. Religionswissenschaft findet ein reiches Betätigungsfeld in der Analyse religiöser Prozesse und Formationen in der Kontaktzone (vgl. z. B. Comaroff 1991). Synkretismen, subalterne religiöse Bewegungen, Reformbewegungen jeglicher Couleur, Hinduismus im Westen, religiös motivierte Nationalismen oder gar Fundamentalismen, religiös motivierter Widerstand, engagierter Mahar-Buddhismus, Dalit-Religion, aber auch Weltparlamente der Religionen, die Rezeption europäischer philologischer und historischer Forschung durch Buddhisten oder Hindus, die Aneignung ethnologischer Forschung aus dem 19. und 20 Jahrhundert in Afrika durch afrikanische Christen und vieles andere mehr kann und ist zum Gegenstand der Analyse geworden.

1. Die Wiederkehr der Religion und die Krise der religionswissenschaftlichen Repräsentation

Wenn heute in westlichen Religionsdiskursen von der »Wiederkehr der Götter« (Graf 2004) oder der »Rückkehr der Religionen« (Riesebrodt 2001) die Rede ist, oder gar von einer Wiederverzauberung und einer Resakralisierung der Welt, dann schwingt in diesen kulturanalytischen Thesen immer etwas mit, das einer genaueren Unterscheidung bedarf. In den letzten Jahren wurden Säkularisierungsthesen, die bis in die 1970er Jahre kultur- und auch religionswissenschaftliche Diskurse dominiert haben, sowohl einer methodischen als auch empirischen Überprüfung unterzogen.[1] Es scheint, als könne man gegenwärtig einen religiösen Boom wahrnehmen, zögerlich und diffus in Europa, statistisch aber durchaus messbar in vielen Ländern Asiens, Afrikas und Lateinamerikas. Die pentakostalen Kirchen beispielsweise breiten sich überall auf der Welt mit großer Geschwindigkeit aus. Wenn aber Begriffe wie Wiederkehr oder Rückkehr im Vordergrund stehen, dann steht zunächst Europa im Zentrum der Perspektive. Es geht religionsanalytisch um die Wahrnehmung von Prozessen, die die kulturelle Prägung in Europa verändern und die daneben auch in anderen, nicht-europäischen Ländern, einen Niederschlag finden. Dabei bemisst sich der Grad der Prägung meist an der Öffentlichkeit, die Religion in einer Gesellschaft erhält.

Aber die Religionen kehren anders zurück, als sie Europa verlassen haben – wenn das je der Fall gewesen sein sollte. Sie haben sich verändert und ändern sich immer noch. In Form östlich und anders gearteter Spiritualität einerseits werden immer neue religiöse Formen begehrt – Esoterik ist heute ein Label für eine diffus gewordene und wachsende Mobilität solcher religiöser Ideen und Praktiken, deren Herkunft sich nicht mehr auf ›den Buddhismus‹, ›den Hinduismus‹ oder irgend eine andere essentiell festgelegte religiöse Tradition zurückführen lässt (von Stuckrad 2004; Iwersen, 2003). Andererseits erscheint die Wiederkehr der Religion in Europa und auch in Nordamerika als Gefahr. Fundamentalismus, Kampf der Kulturen, religiöse Gewalt, Fanatismus erscheinen als Angriffe auf plural verfasste Gesellschaften im Westen, als Aufkündigung von Dialog und interkultureller Verständigung. Eine Tendenz zur Abschottung, Kontrolle und Ausgrenzung fremdreligiöser Einflüsse macht sich daher parallel zur Aufnahme immer neuer spiritueller Formen bemerkbar.

Mit der Wiederkehr von Religion hat sich aber dieses doppelte Begehren und Ausschließen auch inhaltlich gewandelt. Nicht mehr eine in der christlich-abendländischen Tradition verwurzelte Glaubensüberzeugung wird als Norm transre-

1 Einen guten Überblick über die Debatte bietet Knoblauch 2009: 15-42.

ligiöser Aushandlungsprozesse postuliert, nach der ausgeschlossen bzw. eingeschlossen wird, sondern ›kulturelle Bedeutung‹ von Religion wird im Diskurs säkular formulierter Pluralitäts- und Identitätskonzepte fixiert. Die ›Wiederkehr der Götter‹ ist schon insofern ein postmodernes Phänomen, als die Säkularisierungstendenzen der Moderne eben nicht überwunden oder rückgängig gemacht werden, sondern den gegenwärtigen Religionsdiskurs begleiten.

»Religion ist [auch] auf die Agenda moderner Wissenschaften zurückgekehrt«: Mit dieser These eröffnet der Münchener Theologe Friedrich Wilhelm Graf sein 2004 erschienenes Buch »Die Wiederkehr der Götter«. Er zeigt die verschiedenen gesellschaftlichen Bereiche auf, in denen Religion heute thematisiert wird und fragt dann nach der Leistungsfähigkeit einer postmodernen Religionswissenschaft. Religionswissenschaft, so erfahren wir auch hier, ist ein Produkt der Aufklärung, ihre Ausdifferenzierung im 19. Jahrhundert in verschiedene Disziplinen ein Ergebnis positioneller Kämpfe um Deutungskompetenz und die Geschichte ihre Ablösung von der Theologie eine Geschichte von Machtphantasien von Intellektuellen, »die Unterdrückte befreien, ihre Nation zum auserwählten Volk stilisieren, die Gesellschaft reformieren oder wen auch immer von was auch immer erlösen zu wollen.« (Graf 2004: 230) Das habe Religionswissenschaft immer anfällig gemacht für Affinitäten zu den unterschiedlichsten Ideologien (vgl. Graf 2004: 231).

Graf zielt mit dieser Kritik vor allem auf die Formen von Religionswissenschaft, die den ›cultural turn‹ und den ›linguistic turn‹ mitgemacht haben, die also die Konstruktivität religionswissenschaftlicher Repräsentationen bewusst reflektieren. Eine derartig ausgerichtete Religionswissenschaft reflektiert überdies auch die normativen Implikationen ihrer Beschreibungen – und sei es nur die, dass auch die Epoché in normativen Fragen eine normative Position ist. Der amerikanische Religionswissenschaftler Jonathan Z. Smith hat es so formuliert: »The study of Religion is by no means an innocent endeavour.« (Smith 1990: 34)

Dass diese Entwicklung in der Religionswissenschaft in der Tat nicht so harmlos ist, macht ein Zitat Homi K. Bhabhas deutlich, das die Radikalität der Sprachmetapher hervorhebt:

> »Die ›Sprach‹-Metapher wirft die Frage nach der kulturellen Differenz und Inkommensurabilität auf, nicht aber die übereinstimmende, ethnozentrische Feststellung der pluralistischen Existenz kultureller Vielfalt. Sie repräsentiert die Zeitlichkeit kultureller Bedeutung als ›vielfältig akzentuiert‹ und ›diskursiv reformuliert‹. Es ist eine Zeit des kulturellen Zeichens, das die liberale Ethik der Toleranz und den pluralistischen Rahmen des Multikulturalismus verunsichert.« (Bhabha 1992: 442f.)

Religionswissenschaftliche Aussagen werden heute, wie auch Talal Asad betont, in ihrer »Zeitlichkeit kultureller Bedeutung« als vielfältig akzentuiert und diskursiv formuliert angesehen (Asad 1993: 29f.). Graf attackiert nun diese Religionswissenschaftler mit dem vermeintlich post-postmodernen Vorwurf, dass sie – während sie alles de-konstruieren und die eigene Wissenschaftsgeschichte einer radikalen Kritik unterzögen, indem sie den Ethnologen Rassismus, den Religionswissenschaftlern Ethnozentrismus, den Übrigen Sexismus, Orientalismus und Anderes vorwürfen – die eigene Positionalität nicht der Dekonstruktion unterziehen würden (vgl. Graf 2004: 235). Im Gegenteil: Durch politisch korrekte Ausdrucksweise und die Vermeidung überkommener Stereotype sowie essentialistischer Aussagen über ›die Religion‹ oder ›den Islam‹ würden diese Religionswissenschaftler sich in dem autosuggestiven Glauben bewegen, nicht mit den gleichen Aporien konfrontiert zu sein wie die Klassiker ihres Faches. Diese Kritik ist radikal und banal zugleich. Sie mag für einige Religionswissenschaftler zutreffen, für andere wiederum nicht, sagt aber noch nichts aus über die grundsätzliche Problematik, die hier thematisiert wird. Sie wurde von Hans Georg Kippenberg schon vor über 20 Jahren diskutiert, dass nämlich die Religionswissenschaft allgemeine Begriffe braucht, um sich als Wissenschaft formieren und ihr Feld begrenzen zu können, dass sich aber mit der Bildung von Kategorien immer auch ein Essentialismus einschleicht, der kritisch reflektiert werden muss (vgl. ebd.: 237; Kippenberg 1983: 9-28).

Für die Religionswissenschaft stellt sich die methodische Frage, ob sie sich einer stets fließenden Begriffssprache bedienen soll, die sie ihren Kontexten anpasst, was aber schon bei der Übersetzung fremdsprachiger Termini problematisch wird, oder ob sie komparatistisch ein universales Werkzeug erarbeitet, das zwar unterschiedliche Gesellschafts- und Kulturtypen berücksichtigt, für die einzelnen Kontexte aber Verallgemeinerungen und gleichsinnige Regelanwendungen vornimmt? (vgl. Koch, 2007, 36f.) Die Forderung nach allgemeinen Begriffen impliziert aber, dass diese ebenso als kulturelle Zeichen gesehen werden müssen, wie politisch unkorrekte Ausdrücke, durch die die Anderen als Neger, Wilder, Heide usw. diffamiert wurden.

Religionswissenschaft braucht eine genealogische Analyse des eigenen Diskurses, nicht um nun vermeintlich wertneutrale Begriffe einzuführen, sondern um die geschichtliche Bedingtheit jeder Begriffsbildung ebenso zu reflektieren wie die Machtdimension religionswissenschaftlicher Repräsentation. Der Religionswissenschaft wird, wenn sie Begriffe wie Neger, Wilde, Heide, Ungläubige, Aberglauben u. ä. kritisch reflektiert und aus dem gegenwärtigen Begriffskanon aussortiert, ebenso wie der Ethnologie ein Neutralitätsideal unterstellt, das die eigene Positionalität verschleiern würde und eine Parteinahme für die Marginalisierten und Opfer als Ersatz für mangelnde begriffliche Klarheit gelten ließe.

Damit ist aber die Frage nach der Definitionsmacht noch nicht beantwortet. Das kulturelle Feld, in dem Religion repräsentiert wird, von Gläubigen, von Mitgliedern einer Religion, von religions-kulturell Geprägten ebenso wie von Religionswissenschaftlern, verweist immer auf die Interessen der unterschiedlichen Gruppen und ist daher immer ein Feld, in dem diese Interessen und Ziele auch artikuliert werden. Religiöse Menschen – bzw. solche, die als Mitglieder einer religiösen Gemeinschaft ausgemacht werden können, oder in einer Kultur religiös agieren – sind nicht einfach Exemplare der betreffenden Religion, sie verweisen nicht als Referenten auf ein Symbolsystem ›Hinduismus‹, ›Buddhismus‹, ›Christentum‹ o. ä, sie sind auch keine ›Informanten‹, die der Religionswissenschaftlerin Zugang zu ihrem Gegenstand vermitteln, sondern Artikulation von Religion bedeutet eine Auseinandersetzung mit der kulturellen, politischen und sozialen Wirklichkeit des Menschen.

Auch in der Religionswissenschaft ist Religion immer doppelt artikuliert, denn zum einen erfolgt die Analyse von Religion bereits vor dem Hintergrund eines kulturellen Selbstverständnisses bzw. einer Perspektivität, zum anderen ist aber jede Artikulation dieses Selbstverständnisses immer auch ein politischer Akt, in dem bestimmte kulturell relevante Muster und Symbole in den gesellschaftlichen Reproduktionsprozess eingespeist und dadurch Teil der öffentlichen Kultur werden (vgl. auch Kippenberg/von Stuckrad 2003: 7f.).

Wenn Religionswissenschaft also unter dem Eindruck der Rückkehr von Religion oder der Wiederkehr der Götter über Religion Texte produziert, dann greift sie selbst in den Prozess religiöser Signifikation ein – und zwar als eine Wissenschaft, die Strukturmerkmale des europäischen Diskurses über Religion zumindest seit der Aufklärung in sich aufgenommen und methodisch ausgebildet hat, und die selbst als Repräsentantin der Säkularisierungsprozesse zugleich ein nicht zu unterschätzender Teil der Religionsgeschichte der Moderne geworden ist.[2]

2. Religion als ›blinder Fleck‹ (post-)kolonialer Kultur-Reflexionen

Mit der Reduktion der religionswissenschaftlichen Definitionsmacht auf eine spezifische kontextuell und zeitlich begrenzte Perspektive wird eine Strategie vorgeschlagen, die bestimmte Wissensformationen aus ihrer hegemonialen Stellung der Theoriebildung verdrängen soll. In eben dieser Relativierung des Denkens

2 Vgl. dazu vor allem das grundlegende Werk von Kippenberg 1997.

und der Begriffsbildung liegt eine wesentliche Aufgabe, die der Religionswissenschaft in weiten Teilen noch bevorsteht, vor allem deshalb, weil die Geschichte religionswissenschaftlicher ›Definitionsmacht‹ bisher kaum aufgearbeitet ist.[3]

Robert Young hat in seiner grundlegenden Studie über moderne und postmoderne Theorieentwürfe der Geschichtsschreibung die Postmoderne als »ein bestimmtes Selbstbewusstsein über die Relativität einer Kultur« beschrieben:

> »Im Gegensatz zu einigen der mehr umfassenden Definitionen könnte man Postmoderne so beschreiben, dass sie nicht nur die kulturellen Effekte eines neuen Stadiums des ›Spätkapitalismus‹ markiert, sondern einen Sinn für den Verlust der europäischen geschichte und kultur als Geschichte und Kultur, den Verlust ihres unhinterfragten Platzes im Zentrum der Welt.« (Young 1990: 20)

Worum es also gehen muss, ist, nicht die Perspektivität jeglicher religionswissenschaftlicher Begriffsbildung nur festzustellen, sondern die problematische Rolle der westlichen Kultur im religionswissenschaftlichen Signifikationsprozess in Beziehung auf andere Kulturen und Religionen zu thematisieren und die Praktiken, Modalitäten und Repräsentationsformen, durch die sich die Moderne in das Leben der Menschen anderer Kulturen eingeschrieben und diese verändert hat, zu analysieren (so auch Scott 1999: 17). Religionswissenschaft als Wissenschaft, die ihre Begriffsbildung kritisch reflektieren will, muss daher diese ›Begriffe‹ als Zeichen bestimmter diskursiver Praktiken begreifen, die Foucault als ein »Ensemble geregelter Verfahren« beschrieben hat.

> »Wahrheit [religionswissenschaftlicher Aussagen, A.N.] ist zirkulär an Machtsysteme gebunden, die sie produzieren und stützen, und an Machtwirkungen, die von ihr ausgehen und sie reproduzieren. ›Herrschaftssystem‹ der Wahrheit.« (Foucault 1978: 53f.)

Eben dieses Herrschaftssystem der Wahrheit, wird jetzt in Frage gestellt, und zwar nicht nur von postmodernen selbstreflexiven Dekonstruktionsfanatikern, sondern gerade von denen, die aus Kontexten stammen, die in diesem Herrschaftssystem der Wahrheit als religiös und kulturell anders repräsentiert worden sind; sie sind diejenigen, denen immer ein Mangel anhaftete, weil sie dem normierenden Diskurs westlicher Moderne nicht ganz entsprochen haben. Der indische Historiker Dipesh Chakrabarty hat die Notwendigkeit betont, Europa in wissenschaftlichen Diskursen zu »provinzialisieren.« (Chakrabarty 2002: 283)

Paul Rabinow hat in ähnlicher Weise gefordert, die westlichen Repräsentationen der Wirklichkeit zu »anthropologisieren«, und er schlägt vier Forschungs-

3 Zur Debatte in Deutschland siehe Rohrbacher 2009.

strategien vor, die bisher, so weit ich sehe, in der Religionswissenschaft kaum rezipiert und umgesetzt worden sind.[4]

> »1. Epistemologie muss als historisches Vorkommnis gesehen werden – eine spezifische soziale Praxis, eine unter vielen anderen, die im 17. Jahrhundert in Europa in neuer Weise artikuliert wurde.
>
> 2. Wir bedürfen keiner Theorie indigener Epistemologien oder einer neuen Theorie der Erkenntnis der Anderen. Wir sollten auf unsere historische Praxis achten, nämlich die Praxis, unsere kulturellen Praktiken auf die Anderen zu projizieren; bestenfalls gilt es zu zeigen, wie, wann und mit welchen kulturellen und institutionellen Mitteln andere Menschen es unternommen haben, Epistemologie für sich in Anspruch zu nehmen.
>
> 3. Wir müssen den Westen anthropologisieren: deutlich machen, wie exotisch seine Konstitution der Wirklichkeit gewesen ist; Nachdruck auf die Bereiche legen, deren Universalität am meisten als selbstverständlich erachtet wurde (dazu gehören Epistemologie und Ökonomie); sie soweit wie möglich als historische Besonderheit erscheinen lassen; darlegen, wie ihre Wahrheitsansprüche mit sozialen Praktiken verknüpft und dadurch zu wirksamen Kräften in der sozialen Welt geworden sind.
>
> 4. Wir müssen unsere Ansätze vervielfältigen und diversifizieren: ein grundlegender Vorstoß gegen ökonomische oder auch philosophische Hegemonie wäre, die Widerstandszentren zu diversifizieren: vermeiden wir den Fehler eines umgekehrten Essentialismus; Okzidentalismus ist kein Heilmittel für Orientalismus.« (Rabinow 1993: 168f.)

Wenn nun ein Überblicksbeitrag über Postkoloniale Religionswissenschaft eines deutschsprachigen Europäers fordert, in Sympathie mit diesen Anthropologisierungs-, Historisierungs- und Provinzialisierungstendenzen, eine Vielfalt kulturwissenschaftlicher Theoriedebatten auf die Erforschung von Religionen anzuwenden, begibt er sich auf ein delikates Feld; zumindest aber unterzieht er sich dem Verdacht, einem zumindest in Deutschland noch neueren tagespolitischen Jargon zu erliegen. Dabei erscheint – wenn man versucht, die inzwischen beinahe überflutende Fülle postkolonialer Literatur einzubeziehen – die Bezugnahme von Religion und Postkolonialismus als besonders gewollt. Kaum eines der einschlägigen Einführungswerke in das Feld postkolonialer Theorie erwähnt überhaupt den Bereich ›Religion‹. Das Überblickswerk »Post-Colonial Studies. The Key Concepts« (Aschcroft/Griffiths/Tiffin 2000) bietet noch nicht einmal ein Stichwort ›Religion‹. Während beispielsweise ›Rasse‹ und ›Gender‹ zu zentralen Themen kulturwissenschaftlicher und postkolonialer Diskurse avanciert sind, und ihre Konstruiertheit mit größtmöglicher Energie analysiert und ihr ›Wesen‹ in vielfältiger Weise de-konstruiert wird, scheint Religion allenfalls ein kulturgeschichtliches Sonderphänomen zu sein, das aus den kolonialen Archiven hin und wieder auftaucht, das für die gegenwärtige Theoriebildung aber keine Rolle mehr

4 Eine gewichtige Ausnahme, die auch diesen Überblick über postkoloniale Theorie und Religion weitgehend beeinflusst hat, ist King 1999.

spielt. Als Symptom und Ausdruck verkehrter Verhältnisse wird Religion in dem Zweig postkolonialer Theorie wahrgenommen, der der historisch-materialistischen Kritik nahe steht und der mit Karl Marx Religion als eine Bewusstseinsform bestimmt, der jegliche Eigenständigkeit mangelt (vgl. z. B. Ahmad 1994: 260ff.). So fehlt in den mehrbändigen Publikationen der südasiatischen ›Subaltern Studies‹ eine Analyse der Rolle von Religionen im kolonialen Widerstand fast vollständig.[5]

Der andere Grund, warum Religion aus kulturwissenschaftlichen Diskursen mehr oder weniger herausgehalten wird, liegt, wie Russel McCutcheon aufgezeigt hat (McCutcheon 2000: 275-302), an der Privatisierung des Religionsverständnisses sowie in und an einer ›Apartheit‹ des Religionsbegriffs, die auch die Religionswissenschaften befördert haben, indem Religion als eigene Denk und Handlungswelt (vgl. Matthes 1993: 23), als etwas, das nur in der subjektiven Erfahrung des Göttlichen, Absoluten, Numinosen usw. zu vergegenwärtigen sei, konstruiert worden ist. Damit wurde eine die Religion in das Innere des Menschen verlagernde, religiöse Erfahrung privilegiert; sie wurde zugleich entkontextualisiert und von anderen kulturellen Äußerungen der Menschen abgeschnitten. Die über mehrere Jahrzehnte anhaltende dominante Wahrnehmung von Religion als etwas dem Menschen Innerliches hat entscheidend dazu beigetragen, dass auch im Bereich der Kulturwissenschaften, cultural studies, und postcolonial studies, der kulturelle, materielle Aspekt von Religion bisher weitgehend unbeachtet geblieben ist. Gegen den dominanten Diskurs der Religionswissenschaft, der Religion als Kategorie sui generis konstruiert hat und dieses Konzept bis in die Gegenwart perpetuiert, fordert McCutcheon einen methodischen Pluralismus, der die »konstruierte und unvermeidlich taktische Natur von Religion anerkennt« und eine postkoloniale Erforschung von Religion, die »in der Lage ist, die dominanten Lesarten des Ursprungs und der Autonomie des Bereiches zu dekonstruieren.« (McCutcheon 2000: 299)

Ein dritter Grund für die Tatsache, dass Religion in postkolonialen Diskursen kaum wahrgenommen wird, ist, dass diese, trotz aller Kritik an und Distanzierung von westlichen Modernitätskonzepten, geprägt sind von ganz bestimmten postmodernen Denkformationen, die in der Vitalität von Religion eher einen Rückfall in vormoderne Zeiten sehen bzw. das Aufkommen religiöser Bewegungen oder Fundamentalismen als spätkoloniale Reaktion deuten. Richard King – der 1999 ein grundlegendes Werk zu »Orientalismus und Religion« vorgelegt hat, in dem er aufzeigt, wie der orientalistische Diskurs die Religionen Indiens nicht nur repräsentiert, sondern auf bestimmte Stereotype festgelegt hat, die bis in die Gegenwart nachwirken (King 1999) – hat 2009 eine gewisse Komplizen-

5 Eine Ausnahme bietet, Subaltern Studies XII. Mayaram et al. 2005

schaft postkolonialer, am Poststrukturalismus orientierter Theorieentwürfe in der Marginalisierung nicht-westlicher Denksysteme als Quellen postkolonialer Theoriebildung kritisiert und dafür plädiert, Religion als »Ort des Widerstands« gegen westliche Selbstkonstitutionen als ›modern‹ gegenüber anderen Kulturen als ›traditionell‹ zu begreifen.

> »Als wesentlicher Ausgangspunkt einer Auseinandersetzung mit westlicher Macht, hat [...] die Kategorie ›Religion‹ als zentraler Bereich des Widerstands gegen westliche Modelle von Modernität und Zivilisation gedient.« (King 2009: 43)

Dass die Taliban, als sie 2001 die Buddhastatuen von Bamiyan zerstörten, wirklich glaubten, sie zerstören Götzenstatuen, und für die kulturellen Werte eines religiösen Pluralismus nicht viel übrig hatten, das lässt sich, wie Slavoj Žižek betont hat, mit den Begriffskategorien moderner Wissenschaft und auch postkolonialer Kulturtheorie eben kaum ausdrücken, geschweige denn vermitteln (Žižek 2003: 9f.).

3. Für eine Genealogie des Religionsbegriffs

Es besteht offensichtlich ein sowohl theoretisches als auch ein praktisches Problem in der Charakterisierung von Kulturen in kolonialen und postkolonialen Kontexten als hybrid oder fließend. Solche Charakterisierungen scheinen vor allem postmodernen Theoretikern in westlichen Kulturräumen oder postkolonialen intellektuellen MigrantInnen in den westlichen Metropolen nahe zu liegen. Sie stimmen aber nur selten mit den Positionen derjenigen überein, die gezwungen wurden, neue oder transformierte Identitätspositionen in kolonialen oder postkolonialen Kontexten einzunehmen. Die Essentialisierung kultureller Identität als ursprünglich, göttlich offenbart, national verwurzelt, rassisch begründet usw. ist nicht nur unter sogenannten Fundamentalisten verbreitet, sondern spielt bei einer Vielzahl kultureller Agenten in allen postkolonialen Kontexten eine bedeutende Rolle.[6] Daher sind Hybridität oder fließende Kulturformationen keine hinreichenden analytischen Kategorien, mit denen kulturelle Kontakte in kolonialen und postkolonialen Kontexten beschrieben werden können.

Wie werden koloniale und postkoloniale Identitäten gebildet? Was sind die Ressourcen, aus denen Identitätspositionen sich konstituieren?

In den cultural studies spielen Identitätsfragen eine zentrale Rolle (Hall 1994), die auch für die Analyse der Konzeptualisierungen von ›Hinduismus‹, ›Buddhismus‹, ›Islam‹ und anderen Identitätspositionierungen fruchtbar gemacht werden können. Wie sich allerdings diese Identitätspositionierungen artikulieren, ist in

6 Für Diskurse in Afrika siehe z. B. Mudimbe 1988.

den Debatten um postkoloniale Theorie stets umstritten geblieben. Die Frage, um die es geht, ist, wer Positionen bestimmt, von denen aus gesprochen werden kann, und wer die Kriterien festlegt für das, worüber gesprochen werden soll. Talal Asad hat in diesem Zusammenhang von einem »authorizing discourse« gesprochen (vgl. Caton 2006: 31-56).

Wenn man postkoloniale Theorieansätze auf die religionswissenschaftliche Untersuchung identifikatorischer Allgemeinbegriffe anwendet, so könnte eine ideologiekritische Forschungsrichtung dahin gehen, die historische Genealogie dieser Begriffe sowie ihre Kontingenz herauszuarbeiten und ihre Einbettung in den jeweiligen herrschenden gesellschaftlichen Diskurs aufzuzeigen. Žižek sieht es als vornehmliche Aufgabe der Ideologiekritik an, »innerhalb eines ideologischen Gebäudes das Element aufzuspüren, das in sich seine eigene Unmöglichkeit repräsentiert.« (Žižek 1989: 127)

Um diese Überlegung auf die religionswissenschaftliche Fragestellung zu beziehen, soll abschließend eine bereits vor mehr als 15 Jahren geäußerte Kritik an der westlichen religionswissenschaftlichen Arbeit angeführt werden. Joachim Matthes hat hervorgehoben, dass es »an der Zeit [ist], wieder der Einsicht Raum zu geben, dass wir es bei einem Begriff wie dem der ›Religion‹ vorab mit einem kulturellen Konzept zu tun haben« (Matthes 1993: 26), das »unser Konzept« ist, d. h. ein europäisches, dessen Übertragung auf andere Kulturen (insbesondere fernöstliche Kulturen) unangemessen ist. Mehr noch: Indem wir unser europäisches kulturelles Konzept und die ihm »innewohnende gesellschaftliche Normativität in eine Art von logischer Geltung« setzen und zur »Plattform« religionswissenschaftlicher Forschung und Vergleichung machen, konstruieren wir Phänomene fremder Kulturen zu »Religionen«:

»In etwa eineinhalb Jahrhunderten religionswissenschaftlicher Forschung haben wir die religiösen Welten außerhalb unserer eigenen nach unseren Maßen stilisiert und zu er-forschen versucht. Was wir heute als ›Weltreligionen‹ bezeichnen, ist in diesem Vorgang als Gegenstand des Forschens erst so entstanden, und dies hat dann alle weitere Forschung über ihn angeleitet; man könnte zum Beispiel, leicht pointiert, von der Geburt des ›Hinduismus‹ aus dem Geist der Forschung über ihn sprechen.« (Matthes 1993: 27)

Dieses Urteil gilt gerade auch für den vermeintlich universalen, kulturübergreifenden Charakter des Begriffskonzeptes ›Religion‹, der eine kulturell neutrale bzw. übergeschichtliche Bedeutung des Wortes suggeriert und es somit gar ermöglicht hat, dass Religion als Gattungsbegriff verstanden werden konnte, der auf ganz unterschiedliche Phänomene wie kulturelle Entwicklungen in Indien und die Heilige Messe der katholischen Kirche angewandt werden konnte. Darüber hinaus wurde ›Religion‹ zum Objektbereich einer entsprechenden wissenschaftlichen Disziplin (Religionswissenschaft, Religionsgeschichte). D. h.: Gerade auch die Objektivierung von ›Religion‹ ist Produkt eines kulturell-partikularen Prozesses. Indem die Religionswissenschaft die Nähe zu den cultural studies/postcolonial studies sucht und deutlich macht, inwieweit das Religionskonzept, das sie verwendet bereits geschichtlich und kulturell geprägt ist, kann sie an ideologiekritische Überlegungen in den Kulturwissenschaften anschließen.

Wenn Religionswissenschaft mit Begriffen wie ›Religion‹ umgeht – und sie muss das tun – und wenn sie anerkennt, dass ihre Gegenstände sich nicht außerhalb jeglicher diskursiver Bindung des Auftauchens als Gegenstände konstituieren können, dann wird sie dabei zum einen ihre Verwobenheit mit kolonialen Strukturen als ihre eigene historisch gewordene Diskursformation anerkennen müssen, zum anderen wird sie sich der Aufgabe stellen müssen, in Bezug auf postkoloniale/globalisierte Kontexte diejenigen Identitätspositionierungen, die die Unmöglichkeit einer geschlossenen Ordnung negieren, aufzuweisen und in Frage zu stellen. Da es nicht möglich ist, auf eine vorgängige, lediglich durch die Ideologie verzerrte Realität zu referieren, kann Religionswissenschaft auch nicht beanspruchen, einen eigenen, nichtideologischen Gegenentwurf anzubieten, sondern sie kann nur darauf beharren, dass die Differenz zwischen Realem und Symbolischem aufrecht erhalten wird.

Literatur

Ahmad, Aijaz (1994): In Theory. Classes, Nations, Literatures. Delhi: Oxford University Press

Asad, Talal (1993): Genealogies of Religion. Discipline and Reasons of Power in Christianity and Islam. Baltimore-London: The Johns Hopkins University Press

Aschcroft, Bill/Griffiths, Gareth/Tiffin, Helen (Hrsg.) (2000): Post-Colonial Studies. The Key Concepts. London-New York: Routledge

Balagangadhara, S.N. (1994): »The Heathen in His Blindness«. Asia, the West and the Dynamics of Religion. Leiden: E.J. Brill

Berg, Eberhard/Fuchs, Martin (Hrsg.) (1993): Kultur, soziale Praxis, Text. Die Krise der ethnographischen Repräsentation. Frankfurt a.M.: Suhrkamp

Bergmann, Jörg/Hahn, Alois/Luckmann, Thomas (Hrsg.) (1993): Religion und Kultur, Kölner Zeitschrift für Soziologie und Sozialpsychologie, Sonderheft 33. 16-30

Bhabha, Homi (1992): Postcolonial Criticism. In: Greenblatt et al.. (1992): 442-443

Bhabha, Homi K. (2000): Von Mimikry und Menschen. Die Ambivalenz des kolonialen Diskurses. In: Ders.: Die Verortung der Kultur. Tübingen: Stauffenburg

Bilmoria, Purushottama/Irvine, Andrew (Hrsg.) (2009): Postcolonial Philosophy of Religion. O.O.: Springer

Brunotte, Ulrike (2009): Religion und Kolonialismus. In: Kippenberg et al.. (2009): 339-369.

Caton, Steven C. (2006): What is an ‹Authorizing Discourse'?. In: Scott et al.. (2006): 31-56.

Chakrabarty, Dipesh (2002): Europa provinzialisieren. Postkolonialität und die Kritik der Geschichte. In: Conrad et al. (2002): 283-312

Chidester, David (1996): Savage Systems. Colonialism and Comparative Religion in Southern Africa, Charlottesville-London: University Press of Virginia

Clifford, James/Marcus, George E. (Hrsg.) (1986): Writing Culture. The Poetics and Politics of Ethnography. Berkeley: University of California Press

Comaroff, Jean und John (1991): Of Revelation and Revolution. Christianity, Colonialism and Consciousness in South Africa. Chicago: The University of Chicago Press

Conrad, Sebastian/Randeira, Shalini (Hrsg.) (2002): Jenseits des Eurozentrismus. Postkolonialer Perspektiven in den Geschichts- und Kulturwissenschaften. Frankfurt a.M./New York: Campus

Elkana, Yehuda/Krastev, Ivan/Macamo, Elísio/Randeria, Shalini (Hrsg.) (2002): Unraveling Ties. How Not to Think About Social Cohesion. Frankfurt a.M./New York: Campus/St. Martin's Press

Fitzgerald, Timothy (2000). The Ideology of Religious Studies. New York-Oxford: Oxford University press

Foucault, Michel (1978): Wahrheit und Macht. Interview mit Michel Foucault von Alessandro Fontana und Pasquale Pasquino. In: Ders. (1978): Dispositive der Macht. Über Sexualität, Wissen und Wahrheit. Berlin: Merve. 21-54.

Graf, Friedrich Wilhelm (2004): Die Wiederkehr der Götter. Religion in der modernen Kultur. München: C.H. Beck

Greenblatt, Stephen J./Gunn, Giles B. (Hrsg.) (1992): Redrawing the Boundaries. New York: Modern Language Association of America

Hall, Stuart (1988): The Hard Road to Renewal. London: Verso Books

Hall, Stuart (1994): Kulturelle Identität und Diaspora. In: Ders., Rassismus und kulturelle Identität (Ausgewählte Schriften 2). Hamburg: Argument Verlag. 26-43

Iwersen, Julia (2003): Wege der Esoterik. Ideen und Ziele. Freiburg: Herder

King, C. Richard (Hrsg.) (2000): Postcolonial America. Chicago: University of Illinois Press

King, Richard (1999): Orientalism and Religion. Postcolonial Theory, India and ›The Mystic East‹. London-New York: Routledge

King, Richard (2009): Philosophy of Religion as Border Control. Globalaization and the Decolonization of the ›Love of Wisdom‹ (philosophia). In: Bilmoria et al.. (2009): 35-54

Kippenberg, H.G./Rüpke, Jörg/von Stuckrad, Kocku (Hrsg.) (2009): Europäische Religionsgeschichte. Ein mehrfacher Pluralismus, Bd. 1. Göttingen: Vandenhoeck und Ruprecht

Kippenberg, Hand Georg/von Stuckrad, Kocku (2003): Einführung in die Religionswissenschaft. München: C.H. Beck

Kippenberg, Hans Georg (1983): Diskursive Religionswissenschaft. Gedanken zu einer Religionswissenschaft, die weder auf einer allgemein gültigen Definition von Religion noch auf einer Überlegenheit von Wissenschaft basiert. In: Ders./ Gladigow, Burkhard (Hrsg.) (1983): Neue Ansätze in der Religionswissenschaft. München: Kösel. 9-28

Kippenberg, Hans Georg (1997): Die Entdeckung der Religionsgeschichte. Religionswissenschaft und Moderne. München: C.H. Beck

Knoblauch, Hubert (2009): Populäre Religion. Auf dem Weg in eine spirituelle Gesellschaft. Frankfurt a.M./New York: Campus

Koch, Anne (2007): Religionswissenschaft als Theorieschmiede der Kulturwissenschaft. In: Dies (Hrsg.) (2007): Watchtower Religionswissenschaft. Standortbestimmungen im wissenschaftlichen Feld. Marburg: diagonal-Verlag. 33-52

Long, Charles H. (1986): Significations. Signs, Symbols, and Images in the Interpretation of Religion, Philadelphia: Fortress Press

Lopez, Donald S. (1998): Prisoners of Shangri-La. Tibetan Buddhism and the West, Chicago-London: The University of Chicago Press

Masuzawa, Tomoko (1993): In Search of Dreamtime. The Quest for the Origin of Religion, Chicago/ London: The University of Chicago Press

Matthes Joachim (1993): Was ist anders an anderen Religionen? Anmerkungen zur zentristischen Organisation des religiösen Denkens. In: Bergmann et al.. (1993): 16-30

Mayaram, Shail, Pandian, M.S.S./Skaria, Ajay (Hrsg.) (2005): Subaltern Studies XII, Muslims, Dalits and the Fabrication of History. Delhi: Permanent Black

McCutcheon, Russel T. (2000): The Imperial Dynamic in the Study of Religion: Neocolonial Practices in an American Discipline. In: King (2000): 275-302

Mudimbe, Valentin (1988): The Invention of Africa. Gnosis, Philosophy and the Order of Knowledge. Oxford: James Currey

Pratt, Marie Louise (1992): Imperial Eyes. Travel Writing and Transculturation. London: Routledge

Rabinow, Paul (1986): Representations Are Social Facts. Modernity and Post-Modernity in Anthropology. In: Clifford/Marcus (1986): 234-261.

Rabinow, Paul (1993): Repräsentationen sind soziale Tatsachen. Moderne und Postmoderne in der Anthropologie. In: Berg/Fuchs (1993): 158-199

Randeria, Shalini (2002): Entangled Histories of Uneven Modernities. Civil Society, Caste Solidarities and Legal Pluralism in Post-Colonial India. In: Elkana et al.. (2002): 284-311

Riesebrodt, Martin (2001): Die Rückkehr der Religionen. Fundamentalismus und der »Kampf der Kulturen«. München: C.H. Beck

Rohrbacher, Angelika (2009): Eurozentrische Religionswissenschaft. Diskursanalytische Methodik an den Grenzen von Ost und West. Marburg: Tectum Verlag

Scott, David (1999): Refashioning Futures. Criticism after Postcolonality. Princeton: Princeton University Press

Scott, David/Hirschkind, Charles (Hrsg.) (2006): Powers of the Secular Modern. Talal Asad and His Interlocutors. Stanford: Stanford University Press

Scott, James (1990): Domination and the Arts of Resistance. Hidden Transcripts. New Haven-London: Yale University Press

Smith, Jonathan Z. (1982): Imagining Religion. From Babylon to Jonestown, Chicago/ London: The University of Chicago Press

Smith, Jonathan Z. (1990): Drudgery Divine. On the Comparison of Early Christianity and the Religions of Late Antiquity. Chicago: The University of Chicago Press

von Stuckrad, Kocku (2004): Was ist Esoterik. Kleine Geschichte des geheimen Wissens. München: C.H. Beck

Young Robert (1990): White Mythologies. Writing History and the West. London/New York: Routledge

Žižek, Slavoj (1989): The Sublime Object of Ideology. London/New York: Verso

Žižek, Slavoj (2003): Die Puppe und der Zwerg. Das Christentum zwischen Perversion und Subversion. Frankfurt a.M.: Suhrkamp

Postkoloniale Philosophie. Die westliche Denkgeschichte gegen den Strich lesen

Patricia Purtschert

Für eine postkoloniale Auseinandersetzung erweist sich der philosophische Kanon als zugleich äusserst ergiebig und ungleich resistent. Beides hat mit dem Selbstverständnis der Philosophie als Disziplin zu tun, die sich nicht in erster Linie mit partikularen Phänomenen befasst, sondern mit den Grundlagen des Seins und Denkens. Entsprechend geht es in der Philosophie darum, Aussagen über den Menschen, die Welt, die Gesellschaft oder die Sprache zu treffen, die nicht historisch oder kulturell gebunden, sondern allgemein gültig sind. Dieser Anspruch, eine weitgehend kontextbefreite Wissenschaft zu sein, hat allerdings immer auch Gegenstimmen auf den Plan gerufen. Nicht von ungefähr stellen die (selbst-)kritischen philosophischen Traditionen, die an die Historizität und Machtförmigkeit des Wissens erinnern, Ansatzpunkte für die postkoloniale Philosophie dar. Richtungsweisend sind in diesem Zusammenhang insbesondere die Arbeiten von Karl Marx, Friedrich Nietzsche, Sigmund Freud, Antonio Gramsci, Louis Althusser, Jacques Derrida oder Michel Foucault.

Aufgrund dieser Ausgangslage lassen sich drei vordringliche Aufgaben der postkolonialen Philosophie skizzieren: Erstens wird die Art und Weise, wie die Welt von westlichen Wissensordnungen dargestellt wird, mit philosophischen Mitteln einer postkolonialen Kritik unterzogen. Zweitens werden die eurozentrischen Grundlagen der Philosophie freigelegt. Drittens werden philosophische Ansätze für das postkoloniale Projekt anschlussfähig gemacht. Diese drei Modi einer postkolonialen Philosophie, nämlich Kritik, Selbstkritik und Aneignung werden im Folgenden umrissen.

1. Kritik: Die wissenschaftliche Konstruktion nicht-europäischer Kulturen

Eine erste Aufgabe der postkolonialen Theorie besteht in einer umfassenden Kritik am eurozentrischen Blick auf die Welt und der daraus resultierenden Konstruktion (europäischer) Identitäten und (außer-europäischer) Alteritäten. Die Philosophie ist dabei nur partiell Objekt der Kritik. Sie liefert vielmehr das Instrumentarium, mit dessen Hilfe die Herstellungsverfahren von Wissen über nichtwestliche Kulturen kritisch durchleuchtet werden können. Im Folgenden werden Edward W. Saids Orientalismus und Valentin Y. Mudimbes Erfindung Afrikas diskutiert. Weitere Beispiele für diesen Zugang sind Chandra Talpade Mohantys Kritik an der Konstruktion von ›Dritte-Welt-Frauen‹ (Mohanty 2003), Frantz Fanons Analyse der kolonialen Situation als dichotome ›manichäische Welt‹ (Fanon 1985) oder Paulin Hountondjis Darstellung der Afrikanischen Philosophie als Spektakel für Europa (Hountondji 1993).

Edward W. Said greift in seinem Werk Orientalismus, das als ein Gründungstext der postkolonialen Theorie gilt, Michel Foucaults Konzept des Diskurses auf, das die Herstellung von Wissen konstitutiv an die Verteilung von Macht knüpft. Dieser Zusammenhang ermöglicht es Said, die Entwicklung modernen Wissens mit der Kolonialisierung in Zusammenhang zu bringen. Der im Anschluss an die Aufklärung entstehende Diskurs über den Orient, so Saids These, stellt nicht einfach eine Ansammlung von Studien dar, welche ein bestimmtes Gebiet mit wissenschaftlichen Mitteln zu erfassen sucht. Statt den ›Orient‹ als geographische, soziale, kulturelle und historische Gegebenheit darzustellen, die von unterschiedlichen Wissenschaftsdisziplinen erforscht wird, untersucht Said, wie dieser als Erkenntnisgegenstand in seiner Eigenständigkeit, Eigentümlichkeit, Einheitlichkeit und Abgegrenztheit durch die europäischen Wissenschaften erst konstituiert, hervorgebracht und bestimmten Repräsentationsformen unterworfen wird.

Der von Said untersuchte Nexus von (wissenschaftlichem) Wissen und (kolonialer) Macht impliziert auch eine zeitliche Verflochtenheit: Der Orientalismus entsteht demnach nicht nachträglich als Legitimation des Kolonialismus. Die Herausarbeitung eines kolonialen Blicks auf den orientalisierten Anderen, die Exotisierung und Herabsetzung seiner Kultur und die Behauptung ihrer Rückständigkeit sind vielmehr sowohl als Bedingung als auch als Effekt kolonialer Praktiken zu verstehen. Said spricht diesbezüglich von einer »Dialektik von Information und Kontrolle«: Das Wissen über andere ›Rassen‹ macht es möglich, diese zu regieren, während ihre Regierung es wiederum ermöglicht, sie zu erforschen und zu konstituieren (Said 2009: 49). Zu dieser machtförmigen Anlage des Wissens gehört auch eine spezifische Anordnung von (okzidentalisiertem) Subjekt und (orientalisiertem) Objekt: Der Orient als Inbegriff einer vor-wissenschaftlichen Kultur ist demnach darauf angewiesen, von der westlichen Wissenschaft und Literatur dargestellt und erklärt zu werden. »Um das Prinzip der Offenlegung [exteriority] zu legitimieren, zieht man immer irgendeine Spielart der Binsenweisheit heran, dass der Orient gewiss für sich sprechen würde, wenn er nur könnte; da er dies aber nicht könne, müssten westliche Sachwalter ihm diese Aufgabe wohl oder übel abnehmen.« (Said 2009: 32) Said zeigt einen Zirkel der Wissensgenese auf, in dem die orientalistischen Vorannahmen des westlichen Forschers seine Resultate immer bereits vorgeben. Das gilt auch für die Arbeit ›im Feld‹: Die Wahrnehmungen der europäischen Forschenden werden durch die Orient-Vorstellungen, die sie ›in ihrem Gepäck‹ mitbringen, strukturiert. »Die Europäer brachten die kognitiven Gewohnheiten der Welt-als-Ausstellung in den Nahen Osten mit und versuchten, den Orient als Bild zu begreifen. Andererseits erlebten sie dann eine ›Realität‹, die sie immer schon auf einer Ausstellung gesehen hatten.« (Mitchell 2002: 170) Nicht selten, führt Timothy Mitchell aus, sahen sich die europäischen Reisenden enttäuscht angesichts eines Orients, der ihren eigenen Bildern nicht entsprach und sehnten sich nach den ›authentischeren‹ Orient-Inszenierungen in Europa zurück.

Wie Said nimmt auch Mudimbe das Foucault'sche Vokabular zu Hilfe, um zu untersuchen, wie die Vorstellung von Afrika als einer zusammenhängenden kulturellen, geographischen, sozialen und historischen Einheit auf eine moderne koloniale Episteme zurückgeht. Während Said eher die Kontinuität zwischen den Vorläufern des Orientalismus und seinen Aktualisierungen in der Moderne betont, beschreibt Mudimbe eine grundlegende Zäsur. Er folgt dabei Foucaults in »Die Ordnung der Dinge« aufgestellten These von einem fundamentalen Wechsel der diskursiven Wissensstrukturen (Foucault 1971). Während demnach in der Renaissance ein Denken der Ähnlichkeit und der Verwandtschaft vorrangig waren, setzen sich mit dem klassischen Zeitalter das Denken von Identität und Alterität durch. Mudimbe nimmt diese These auf und differenziert sie, indem er die koloniale Matrix dieser Wissensstruktur herausarbeitet. Selbstreferentieller Bezugspunkt des Identitätsdenkens ist demnach nicht der ›Mensch‹, wie Foucault schreibt, sondern der europäisierte Mensch. Mudimbe zeigt diesen Wechsel der epistemischen Ordnung exemplarisch anhand einer Bilderanalyse auf. Für die alte Logik steht ein Werk von Hans Burgkmair aus dem Jahre 1508 (Abb.1, folgende Seite). Der Künstler nimmt europäische Modelle zu Hilfe und ›afrikanisiert‹ sie durch den Einsatz von (Haut-)Farbe und Objekten. Seine Bilder stellen derart »blackened whites« (Mudimbe 1988: 8) dar. »Because of the fundamental order which they reveal, and to which they bear witness, the virtues of resemblance erase physical and cultural variations, while maintaining and positing surface differences as meaningful of human complexity.« (ebd.: 9) Diese Vorstellung eines (eurozentrisch definierten) Menschentypus, der kulturell variiert werden kann, verschwindet bald

Abbildung 1: Hans Burgkmair: *Exotische Stämme*, 1508, erstes Blatt eines Serie von sechs Holzschnitten, 33 x 44 cm

darauf. Wendet man sich Bildern von Rubens, Rembrandt oder Rigaud aus dem 17. Jahrhundert zu, so Mudimbe, dann wird eine Ordnung der Dinge erkennbar, die sich nicht an der Ähnlichkeit der abgebildeten Menschen orientiert, sondern Identitäten und Differenzen auf eine sich gegenseitig ausschließende Weise zu ordnen sucht. Diese Veränderung hat auch einen sozio-ökonomischen Hintergrund, denn sie wird durch die ›Entdeckung‹ der afrikanischen Kunst im Kontext des transatlantischen Handels bedingt. »In this atmosphere of intense and violent exchanges, feitiços became symbols of African art. They were viewed as primitive, simple, childish, and nonsensical.« (ebd.: 10) Afrikanische Kunstwerke werden in diese neue Logik der Alterität eingereiht und erscheinen derart als primitives Gegenstück zur europäischen Kunst; sie werden als (minderwertiges) Anderes des (westlichen) Gleichen klassifiziert. Diese Entwicklung, die Mudimbe anhand der Kunst nachzeichnet, bildet sich auch in der ›Erfindung‹ der *African Studies* als einer wissenschaftlichen Disziplin ab, die Afrika als Ort des Wilden und Unzivilisierten festschreibt und erforscht.

In dieser Funktion als Anderes der Zivilisation ist Afrika nicht nur ein Nebenschauplatz einer ethnozentrischen Ordnung. Als Gegenbild zur modernen

Welt nimmt es eine unerlässliche Funktion für deren Selbstverständnis ein – es ist gleichsam konstitutiv für die Identität des modernen Europas.

> »The African has become not only the Other who is everyone else except me, but rather the key which, in its abnormal differences, specifies the identity of the Same.« (ebd.: 12)

Auch Said hat in ähnlicher Weise festgehalten, dass Europa sich über den Orient zu definieren sucht: »der Orient [hat] dazu beigetragen, Europa (oder den Westen) als sein Gegenbild, seine Gegenidee, Gegenpersönlichkeit und Gegenerfahrung zu definieren.« (Said 2009: 10) Dieses ausschließende und hierarchische Aufeinander-Verwiesen-Sein des identitären (westlichen) Einen und des alteritären (nicht-westlichen) Anderen hat weitreichende Folgen. Zum einen bedeutet es, dass sich ein grundlegender Dualismus zwischen dem exotisierten Objekt westlicher Wissenschaft und seinem Subjekt festschreibt, der innerhalb dieser Ordnung nicht aufgebrochen werden kann. Mudimbe bezeichnet dies als »epistemological ethnocentrism: namely, the belief that scientifically there is nothing to be learned from ‹them' unless it is already ›ours‹ or comes from ›us‹« (Mudimbe 1988: 15). Es bedeutet zum anderen, dass sich koloniale Wissensstrukturen nicht verschieben lassen, ohne die westliche Identität grundlegend zu ändern oder – noch tiefgreifender – die epistemische Ordnung des Identitären selbst verrücken zu müssen.

2. Selbstkritik: Eurozentrische Grundlagen der Philosophie

Die im ersten Kapitel dargestellte philosophische Kritik an der westlichen Wissensproduktion wird dann zur Selbstkritik, wenn sie den Eurozentrismus der Philosophie zum Thema macht. Als wegweisend für diese Auseinandersetzung kann Achille Mbembes »Phenomenology of Violence« (Mbembe 2001: 173) angeführt werden, in der er die epistemische Gewalt in philosophischen Texten sichtbar und als koloniale Gewalt lesbar macht. Ein anderes Beispiel ist Ann Laura Stoler's Foucault-Lektüre. Indem sie dessen Genealogie der modernen Sexualität in einen kolonialen Kontext überträgt, kann sie die für das moderne Sexualitätsdispositiv grundlegende und von Foucault in ihrer Relevanz unterschätzte Bedeutung von ›Rasse‹ aufzeigen. Im Gegenzug kann die Imperialismusforschung mit Hilfe von Foucaults ›Mikropolitik der Macht‹ um den grundlegenden Bereich des ›Intimen‹ erweitert werden (vgl. Stoler 2002).

In ihrer »Critique of Postcolonial Reason«, die ich im Folgenden ausführlicher diskutiere, setzt sich Gayatri C. Spivak mit den kolonialen Verflechtungen mehrerer philosophischer Meistertexte auseinander, indem sie diese ›gegen den Strich‹ liest. Sie hält sich, mit anderen Worten, nicht an die Leseanleitung, welche die Texte nahe legen, sondern liest zwischen den Zeilen und nimmt eine Neugewichtung des Verhältnisses von zentralen und peripheren Stellen vor. Die Schlüsselfigur ihrer Lektüre ist dabei der *native informant*. Obwohl keiner der Texte von Kant, Hegel oder Marx eine solche Figur aufweisen, trägt Spivak mit der Erfindung und dem Einsatz des ›*native informant*‹ zwei Behauptungen an die Philosophie heran: Erstens gründen diese Texte auf der versteckten Arbeit nicht-westlicher Figuren, welche die Konstitution eines zivilisierten europäischen Subjekts erst denkbar machen. Zweitens ermöglicht es die fundamentale Differenz zwischen dem Subjekt der philosophischen Meistertexte und dem *native informant*, Letzteren aus dem Bereich des Menschlichen auszuschliessen oder ihn als ›quasi-Menschliches‹ zu behandeln. Die Verwerfung des Unzivilisierten ist somit konstitutiv für diejenige Vorstellung des Menschlichen, welche die Moderne entwickelt hat. Zudem ermöglicht dieser konstitutive Ausschluss der Philosophie, keine ethische Beziehung zum kolonialen Anderen aufbauen zu müssen: »I think of the ›native informant‹ as a name for that mark of expulsion from the name of Man – a mark crossing out the impossibility of the ethical relation.« (Spivak 1999: 6) Spivak belegt diese Thesen bezeichnenderweise nicht nur anhand philosophischer Texte, die sich explizit mit Fragen der Anthropologie oder Rassendifferenz befassen. Sie zeigt vielmehr, dass der *native informant* auch da am Werk ist, wo seine Spuren kaum ausgemacht werden können.

Dieses postkolonial-dekonstruktive Lektüreverfahren soll im Folgenden am Beispiel von Immanuel Kants dritter Kritik verdeutlicht werden. Zentral für den ästhetischen Teil der »Kritik der Urteilskraft« ist bekanntlich die Erfahrung des Erhabenen, die in der Betrachtung der Natur ihren vollkommensten Ausdruck findet. Das Gefühl der Achtung, welches sich dabei (unabhängig vom Interesse des Urteilenden) einstellt, ist allerdings nur dem zivilisierten Menschen zugänglich. Denn es bedingt der Kultiviertheit, damit die Übermacht der Natur so erfahren wird, dass sie auf das Unendliche verweist. Um dies denkbar zu machen, setzt Kant den ›rohen Menschen‹ ein, welcher für die unkultivierte Erfahrung steht, die am Sinnlichen und an der Empirie haften bleibt. Dieser rohe Mensch steht den Abgründen der Natur verständnislos gegenüber und kann sie nur als bedrohlich erleben: »In der Tat wird ohne Entwicklung sittlicher Ideen das, was wir, durch Kultur vorbereitet, erhaben nennen, dem rohen Menschen bloß abschreckend vorkommen.« (Kant 2006: 134) Die Macht und Zerstörungskraft der Natur, so fährt Kant fort, wecken im rohen Menschen die Erfahrung des Ausgesetztseins und das Wissen um die Mühsal und Not, welche das Leben in der Natur mit sich bringt. Auf der Folie des dumpfen und angstgetriebenen Erlebens des Primitiven bringt

Kant nun die kultivierte Erfahrung des zivilisierten Menschen zur Geltung, der im Kräftespiel der Natur die Schönheit des Erhabenen erkennen kann. Der *native informant*, der an dieser Stelle als ›roher Mensch‹ auftritt, fungiert somit als Mittler, der auf den wahren ›Helden‹ der dritten Kritik und auf die grundlegende Bedeutung der Kultur verweist (vgl. Spivak 1999: 14). Die Möglichkeit, das Überwältigende in eine ästhetische Erfahrung umzumünzen – und damit »a violent shuttling from Abgrund to Grund« (ebd.) zu vollziehen, bleibt dem kultivierten Menschen vorbehalten – nichtsdestotrotz ist es der rohe Mensch, der diese Bewegung denkbar macht.

Was aber hat die Figur des ›rohen Menschen‹ mit der kolonialen Konstellation zu tun? Spivak zeigt, dass der *native informant* im zweiten Teil der dritten Kritik, welcher der Teleologie gewidmet ist, wiederkehrt: Da erscheint er als Beispiel für die Schwierigkeit, aus empirischen Gegebenheiten ihre Zweckhaftigkeit abzuleiten. Man könne den Zweck der Menschheit nicht erkennen, so schreibt Kant, »wenn man etwa die Neuholländer oder Feuerländer in Gedanken hat« (Kant 2006: 286). Der Feuerländer erscheint demnach als Grenzfigur des Menschlichen: Er führt die Zweifel am Sinn der menschlichen Existenz vor Augen und zeigt die Notwendigkeit einer normativ abgesicherten Begründung der Zweckhaftigkeit auf. Der ›rohe Mensch‹ der Ästhetik, so Spivak, erhält in der Teleologie einen Namen und eine kulturelle Zuordnung: »Here the raw man of the Analytic of the Sublime – stuck in the Abgrund-affect without subreptitiously shuttling over to Grund – is named.« (Spivak 1999: 26) Erneut liest Spivak Kants Text gegen den Strich: Sie widmet sich einer Figur, die vom Text keineswegs privilegiert wird, und die sogar, wie sie ausführt, kaum das Gewicht eines Beispiels besitzt. Der nur ganz kurz auftauchende ›Feuerländer‹ legt aber eine Spur, die auf die imperiale Achse von Kants Text verweist: Mit Hilfe des *native informant* lotet Kant die Grenze des Menschlichen aus und macht sie dadurch denkbar: »We find here the axiomatics of imperialism as a natural argument to indicate the limits of the cognition of (cultural) man.« (Spivak 1999: 26) Spivaks eigenwillige Entzifferung dieser verwischten Spur des *native informant* macht deutlich, dass Kants Subjekt geopolitisch spezifiziert, dass der Protagonist seiner Kritik ein europäisches Subjekt ist. In der Lektüre, welche sich der verworfenen Position des *native informant* annimmt, erscheint die Philosophie derart als eine koloniale Weise, die Welt zu schreiben, sie ist »geo-graphy (writing the world)« (Spivak 1999: 30).

Für die Marxistin Spivak stellt diese gleichzeitig verleugnete und existentielle Verknüpfung zwischen dem (eurozentrischen) Subjekt der Philosophie und dem *native informant* nicht bloß eine semiotische Verbindung dar. Die Logik des *native informant*, welche Spivak in den Texten von Kant, Hegel und Marx nachzeichnet, durchziehe bis heute die Beziehungen zwischen Nord und Süd: Während der Norden seine Hilfe an den Süden als altruistische Handlung öffentlich macht und zelebriert (so wie der Imperialismus früher die Zivilisierung der Neuen Welt), wird die vitale Unterstützung des Südens an den Norden, der es ihm erst ermöglicht, seinen ressourcen-hungrigen Lebensstil aufrecht zu erhalten, unsichtbar gemacht (vgl. ebd.: 6). Die Autorin betont auch, dass es zumeist die ärmsten Frauen im Süden sind, denen die Rolle des *native informant* zufällt (ebd.). Sie schließt damit an ihre Überlegungen zu den Subalternen an, jenen Menschen also, denen der Zugang zur politischen Mitbestimmung und zum Bereich der Repräsentation radikal verschlossen bleibt: Denn es sind vor allem Frauen aus dem Süden, so Spivak, welche in die Position der Subalternität abgedrängt und dort gefangen gehalten werden (vgl. Spivak 2008).

3. Aneignungen: Die Welt aus einer postkolonialen Perspektive denken

Trotz ihrer radikalen Kritik an der europäischen Philosophie lässt Spivak keinen Zweifel daran, dass sie philosophische Theorien nicht verabschieden, sondern sie anders verfügbar machen will. Damit stellt sich die Frage, ob »the magisterial texts can now be our servants, as the new magisterium constructs itself in the name of the Other« (Spivak 1999: 7). Obwohl diese Bemächtigung der Philosophie ›im Namen des Anderen‹ bereits implizit thematisiert wurde – weil sowohl die Kritik als auch die Selbstkritik der Philosophie sich ihrer Verfahren und Einsichten bedient –, wird im Folgenden nochmals explizit auf das Moment der postkolonialen Aneignung der Philosophie eingegangen. Als wichtige postkoloniale Umdeutung eines philosophischen Begriffs gilt W.E.B. Du Bois' ›Double Consicousness‹. Mit diesem Konzept, das Hegels Subjekttheorie aufgreift und transformiert, beschreibt der Autor das durch den Rassismus auf unversöhnliche Weise gespaltene Bewusstsein des schwarzen Amerikaners (vgl. Du Bois 1999; vgl. dazu Zamir 1995). Eine andere einflussreiche Neubestimmung von Hegels Werk nimmt Paul Gilroy vor. Anhand der Texte von schwarzen Intellektuellen verfasst er eine Geschichte der Moderne, welche den ›Black Atlantic‹ ins Zentrum rückt und den Modernitätsbegriff Hegels dadurch radikal umschreibt (vgl. Gilroy 1993; vgl. dazu Butler 2004: 248.). Die Möglichkeiten und Grenzen philosophischer Aneignung werden ferner in der Debatte um die afrikanische ›Ethnophilosophie‹ ausgelotet. Dabei geht es um die Frage, ob afrikanische Philosophinnen und Philosophen auf traditionelles Wissen und mündlich überlieferte Weisheiten zurückgreifen und diese im Kontext der akademischen (und das heisst: weitgehend eurozentrischen) Philosophie zum Einsatz bringen können (für einen Überblick vgl. Appiah 1992: 85ff.).

Als exemplarisch für eine postkoloniale Umdeutung des philosophischen Kanons kann auch Sara Ahmeds Entwurf einer ›queeren Phänomenologie‹ gelten. Das Leitkonzept ihrer Arbeit, der Begriff der ›Orientierung‹ (›orientation‹), erweist sich als Kreuzungspunkt der unterschiedlichen Theoriestränge, welche die Philosophin miteinander ins Gespräch bringt: Erstens geht es um eine phänomenologische Untersuchung der Frage, wie sich Körper in der Welt bewegen und welchen Körpern dabei welche Orientierung ermöglicht oder versagt wird. Zweitens geht es um eine queere Kritik an der Heteronormativität, und somit am Primat der heterosexuellen Orientierung des Begehrens. Und drittens arbeitet Ahmed mit Hilfe eines postkolonialen Zugriffs den ›Orient‹ im Begriff der ›Orientierung‹ heraus; sie zeigt also, inwiefern im angeblich neutralen Verständnis von Orientierung immer schon eine westliche Perspektive eingelassen ist.

Bereits in einer früheren Arbeit beschäftigt sich Ahmed mit der Frage, wie der Raum durch die Differenz zwischen Fremdem und Familiärem strukturiert wird. Körper, so schreibt sie, materialisieren sich »in a complex set of temporal and spatial relations to other bodies, including bodies that are recognised as familiar, familial and friendly, and those that are considered strange« (Ahmed 2000: 40). In »Queer Phenomenology« untersucht sie ausführlich, wie Räumlichkeit durch eine rassistische Ordnung strukturiert ist. »We›become‹ racialized in how we occupy space, just as space is, as it were, already occupied as an effect of racialization.« (Ahmed 2006: 24) Demnach ist es die Dominanz der weißen Ordnung, der ›Whiteness‹, welche festlegt, was als nah oder fern erscheint und auf welche Weise sich die Welt entfaltet und ordnet (vgl. ebd.: 121). Der weiße Körper erscheint dabei als der fähige Körper: Er kann Raum einnehmen, expandieren, und Gegenstände und sogar andere Körper zu seinem Objekt machen. Bedeutsam ist dabei der Aspekt der Wiederholung: ›Whiteness‹ lässt sich als Habitus denken, welcher Räume deshalb mit Selbstverständlichkeit bewohnen und in Besitz nehmen kann, weil sein Zugriff auf die Welt stets aufs Neue reifiziert und mit der Macht der Gewohnheit ausgestattet wird (vgl. ebd. 120ff.). Die Selbstverständlichkeit weißer Körper, ›einfach zu sein‹, geht jenen Körpern ab, welche die Norm der ›Whiteness‹ nicht erfüllen. Sie scheinen fehl am Platz, stechen hervor, fallen auf, wirken fremd oder exotisch, und bestätigen auf ihre Weise die grundlegende Verbindung von ›Whiteness‹ und Räumlichkeit.

Damit wird deutlich, so Ahmed, dass die klassische Phänomenologie implizit aus dem Blickwinkel weißer Körper verfasst worden ist. Ahmeds Projekt besteht darin, diese unreflektierte Grundlage erstens denkbar und zweitens zum

Ausgangspunkt einer Theorie zu machen, welche die grundlegende Bedeutung des Rassismus, des Sexismus und der Homophobie für die Formierung der Welt berücksichtigt. Die Phänomenologie erweist sich aus dem Grund als bevorzugte Einsatzstelle, weil sie der gelebten Erfahrung einen zentralen Stellenwert einräumt und den Körper ins Zentrum der Aufmerksamkeit rückt. Postkolonial gewendet, so Ahmed, ermöglicht es die Phänomenologie, die existentielle Erfahrung des Ausgesetztseins und der Verletzlichkeit nicht-weißer Körper in einem Regime der ›Whiteness‹ zu beschreiben. Denn: »The moments when the body appears ›out of place‹ are moments of political and personal trouble.« (Ahmed 2006: 135) Wie aber kann die Phänomenologie, welche implizit den weißen Körper zum Ausgangspunkt ihres Denkens macht, postkolonial umgedeutet werden? Ahmed zieht zu diesem Zweck eine Passage von Maurice Merleau-Ponty heran, in der die Erfahrung des ›Weltverlusts‹ gestreift wird: Was es dem Körper möglich macht, aufrecht zu sein, so schreibt Merleau-Ponty, ist sein Eingebundensein in die Welt. »If this involvement is seriously weakened, the body collapses and becomes once more an object.« (Merleau-Ponty, zitiert nach Ahmed 2006: 159) An diesem bedeutsamen Punkt kehrt Merleau-Ponty zum aufrechten und orientierten Subjekt zurück. Ahmed hingegen denkt weiter: Man könne, so schreibt sie, Merleau-Ponty an dieser Stelle mit Franz Fanons ›Phänomenologie des schwarzen Körpers‹ verbinden. Denn für Fanon ist die Erfahrung, vom weißen Blick zum Objekt gemacht zu werden, fundamental für die Situation des schwarzen Körpers. Das gilt nicht zuletzt für den Bezug des schwarzen Subjekts zu sich selbst. »For the black man, consciousness of the body is ›third person consciousness‹ and the feeling is one of negation.« (Ahmed 2006: 139)

Damit wird die Situation der ›anderen Körper‹ denkbar, welche nicht vornehmlich durch die Möglichkeit der Expansion in die Welt und das Gefühl des Zuhauseseins in der Welt, sondern durch die Erfahrung von Behinderung, Verlust und Desorientierung charakterisiert ist. Ahmed geht es nun darum, genau diese Situiertheit zum Ausgangspunkt einer anderen Phänomenologie zu machen, indem sie die Norm der geradlinigen, potenten, ›straighten‹ Orientierung mit der Erfahrung der Desorientierung und des Gehindert-Werdens ersetzt. »A phenomenology of ›being stopped‹ might take us in a different direction than one that begins with motility, with a body that ›can do‹ by flowing into space.« (ebd.) Nicht zufällig erwähnt Ahmed die Familie, wenn es darum geht, »to follow certain lines (such as the line of the family) as a disorientation device, as a way of experiencing the pleasures of deviation« (ebd.: 177). Denn in der modernen Biopolitik verbindet sich die Sorge um die Erhaltung der Rasse mit einer heteronormativen Sexualpolitik, die das Hybride vermeiden und das ›Perverse‹ ausschließen will, und einer patriarchalen Logik, welche den Erhalt der männlichen Herrschaft über die Kontrolle der Reproduktion zu sichern sucht. Ahmed denkt darum den Körper als intersektionalen »meeting point« (ebd.: 136) von Machtlinien und verbindet die postkoloniale mit einer queeren und feministischen Kritik. Damit eröffnet sie Möglichkeiten, die Familie und das Familiäre als Kulminationspunkt der modernen Biopolitik zu durchque(e)ren und neue Formen des Sozialen denkbar zu machen: »Indeed, to live out a politics of disorientation might be to sustain wonder about the very forms of social gathering.« (ebd.: 24)

Literatur

Ahmed, Sara (2006): Queer Phenomenology. Orientations, Objects, Others. Durham: Duke University Press

Ahmed, Sara (2000): Strange Encounters. Embodied Others in Post-Coloniality. London/New York: Routledge

Appiah, Kwame Anthony (1992): In my Father's House. Africa in the Philosophy of Culture. Oxford: Oxford University Press

Butler, Judith (2004): Undoing Gender. New York/London: Routledge

Du Bois, W.E.B. (1999): The Souls of Black Folk. New York: W.W. Norton

Fanon, Frantz (1985): Die Verdammten dieser Erde. Frankfurt a.M.: Suhrkamp

Foucault, Michel (1971): Die Ordnung der Dinge. Eine Archäologie der Humanwissenschaften. Frankfurt a.M: Suhrkamp

Gilroy, Paul (1993): The Black Atlantic: Modernity and Double Consciousness. London: Verso

Hountondji, Paulin J (1993): Afrikanische Philosophie. Mythos oder Realität. Berlin: Dietz Verlag

Kant, Immanuel (2006): Kritik der Urteilskraft. Hamburg: Felix Meiner Verlag

Mbembe, Achille (2001): On the Postcolony. Berkeley/Los Angeles: University of California Press

Mitchell, Timothy (2002): Die Welt als Ausstellung. In: Conrad, Sebastian/Randeria, Shalini (Hrsg.) (2002): Jenseits des Eurozentrismus. Postkoloniale Perspektiven in den Geschichts- und Kulturwissenschaften. Frankfurt a.M./New York: Campus. 148-176

Mohanty, Chandra Talpade (2003): Feminism Without Borders. Decolonizing Theory, Practicing Solidarity. Durham: Duke University Press

Mudimbe, V.Y. (1988): The Invention of Africa. Gnosis, Philosophy, and the Order of Knowledge. Bloomington/Indianapolis: Indiana University Press

Said, Edward W. (1999): Orientalismus. Frankfurt a.M.: Fischer

Spivak, Gayatri C. (1999): A Critique of Postcolonial Reason. Toward a History of the Vanishing Past. Cambridge MA: Harvard University Press

Spivak, Gayatri C. (2008): Can the Subaltern Speak? Postkolonialität und subalterne Artikulation. Wien: Turia+Kant

Stoler, Ann Laura (2002): Carnal Knowledge and Imperial Power. Race and the Intimate in Colonial Rule. Berkeley/Los Angeles: University of California Press
Zamir, Shamoon (1995): Dark Voices. W.E.B. Du Bois and American Thought. Chicago: University of Chicago Press

Postkoloniale Geographie. Grenzziehungen, Verortungen, Verflechtungen

Julia Lossau

»What I find myself doing (...) is rethinking geography.« Dieses Zitat stammt nicht, wie man vielleicht vermuten könnte, aus dem Kontext der geographischen scientific community. Es war der Literaturwissenschaftler Edward W. Said, der von sich behauptete, die Geographie neu zu denken (Said zit. in Gregory 1995: 447). Wie Said zeigen auch viele andere VertreterInnen der postkolonialen Debatte ein besonderes Interesse an Raumfragen. In der Rede von ›Zwischenräumen‹, ›Grenzverschiebungen‹ und ›Überlappungen‹ drückt sich der Versuch aus, jenes identitätslogische Denken herauszufordern, das im Rahmen des Kolonialismus entscheidend zur Unterordnung und Marginalisierung des kolonialen Anderen durch den (vermeintlich) modernen und fortschrittlichen Westen beigetragen hat.

In diesem Sinne verwendet die amerikanische Literaturwissenschaftlerin Mary Louise Pratt (1991, 1992) den Begriff der »Kontaktzone« (contact zone), um darauf aufmerksam zu machen, dass die Konstitution des europäischen Selbstbildes nicht von innen heraus erfolgte, sondern durch vielfältige Begegnungen und Wechselwirkungen mit den Subjekten der Peripherie strukturiert wurde. Die Feministin bell hooks hat den Rand (the margin) als »einen Raum radikaler Offenheit« konzeptualisiert, von dem aus andere Vorstellungen von der Welt artikuliert werden können (hooks 1990: 149). Auch der Literaturwissenschaftler Homi K. Bhabha (1990) interessiert sich für Marginalität, die er auch als Liminalität bezeichnet und mit dem Begriff der Hybridität verbindet. Hybridität bezeichnet dabei nicht das Vorhandensein zweier Felder, aus denen heraus sich ein drittes ergibt, sondern verweist auf den so genannten Third Space, der anderen Positionen die Möglichkeit zur Entfaltung eröffnet (ebd.: 211).

Aufgrund der großen Popularität von Bhabhas Arbeiten kann das Third Space-Konzept emblematisch für die postkolonialen Bestrebungen stehen, die westlichen Technologien der Unterwerfung zu hinterfragen und Differenz mit Hilfe räumlicher Konzepte anders, sprich: nicht-dualistisch zu konzeptualisieren. Diese Bestrebungen haben auch in der fachwissenschaftlichen Geographie Widerhall gefunden (vgl. etwa Blunt/McEwan 2002). Obwohl das Fach in historischer

Hinsicht als Kolonialdisziplin par excellence gelten muss, haben engagierte Beiträge aus der Humangeographie insbesondere des anglo-amerikanischen Raums maßgeblich zur Verbreitung und Weiterentwicklung der ursprünglich literaturwissenschaftlich geprägten postkolonialen Diskussion in den Gesellschaftswissenschaften beigetragen. Vor diesem Hintergrund wird im Folgenden der Frage nachgegangen, wie die postkoloniale Theorie von Seiten der fachwissenschaftlichen Geographie produktiv gemacht wird und welchen Einfluss umgekehrt geographische Beiträge auf die Weiterentwicklung postkolonialer Ansätze (gehabt) haben.

In Anbetracht der großen thematischen Bandbreite, die die postkoloniale Diskussion ebenso charakterisiert wie die geographische Debatte, muss dabei notwendig eine Auswahl getroffen werden. Behandelt werden sollen erstens die Kritik am kolonialen Erbe der fachwissenschaftlichen Geographie und an den territorialen Disziplinierungspraktiken des kolonialen Staates, zweitens der Zusammenhang zwischen der Schaffung von territorialen Entitäten einerseits und kulturellen Identitäten andererseits sowie drittens die Rekonzeptualisierung der Beziehungen zwischen Nord und Süd aus der Sicht einer postkolonialen Entwicklungsgeographie. Bevor diese Themenfelder der Reihe nach bearbeitet werden, wird ein kurzer Überblick über die grundlegenden raumtheoretischen Implikationen postkolonialer Theorien gegeben.

1. ›Raum‹ in postkolonialer Perspektive

In seinem Buch »Orientalism«, einem postkolonialen Klassiker, zeigt Edward W. Said, wie es Europa gelang, sich im Spiegel des Orients selbst zu erschaffen (vgl. Said 1978). Durch die koloniale Aneignung wurde, Said zufolge, nicht nur definiert, was orientalisch ist; im Negativ dieses Bilds erschien auch, was als westlich bzw. europäisch gelten sollte. Aus postkolonialer Sicht stellen der Orient und Europa demnach keine geographischen Gegebenheiten, sondern voraussetzungsvolle Konstruktionen dar. Said selbst hat diese Konstruktionen als »imaginative Geographien« bezeichnet. Damit meinte er nicht, dass Europa und der Orient ›Hirngespinste‹ seien, die nur in den Köpfen, nicht aber in Wirklichkeit existieren. Im Gegenteil: Aus einer sozial- und kulturtheoretisch informierten Perspektive wird die geographische Wirklichkeit überhaupt erst real und verständlich, weil sie symbolischer Natur ist, das heißt weil ihr im Rahmen von Bedeutungszuweisungen ein bestimmter Sinn gegeben wird (vgl. Lossau/Flitner 2005; Lossau 2008). Dass Europa und der Orient im Alltag als quasi-natürliche geographische Gegebenheiten betrachtet werden – und nicht als komplexe soziale Konstruktionen –, kann auf das so genannte Prinzip der Verortung zurückgeführt werden (vgl. Lossau 2002). Es besteht darin, Objekte und Identitäten entlang von (vermeintlich) objektiven Unterschieden im Raum festzuschreiben, wodurch die prinzipiell immer auch anders mögliche Welt in eine augenscheinlich objektive Ordnung gebracht wird. Dabei bleibt jedoch im Dunkeln, dass erst die Verortung nach dem Muster hier/dort die Überzeugung herzustellen vermag, die entstandene Ordnung sei dem Prozess des Verortens vorgängig und die Identitäten seien an sich unterschiedlich. Dieser Effekt sei anhand eines Zitats aus »Orientalism« verdeutlicht:

> »It is perfectly possible to argue that some distinctive objects are made by the mind, and that these objects, while appearing to exist objectively, have only a fictional reality. A group of people living on a few acres of land will set up boundaries between their land and its immediate surroundings and the territory beyond, which they call ›the land of the barbarians‹. In other words, this universal practice of designating in one's mind a familiar space which is ›ours‹ and an unfamiliar space beyond ›ours‹ which is ›theirs‹ is a way of making geographical distinctions that can be entirely arbitrary. I use the word ›arbitrary‹ here because imaginative geography of the ›our land-barbarian land‹ variety does not require that the barbarians acknowledge the distinction. It is enough for ›us‹ to set up these boundaries in our own minds; ›they‹ become ›they‹ accordingly, and both their territory and their mentality are designated as different from ›ours‹.« (Said 1978: 54)

Said argumentiert in diesen Zeilen, dass die Wirklichkeit durch den Einsatz einer bestimmten Unterscheidung erst geschaffen wird. Die vermeintliche Tatsache, dass die Barbaren anders sind als wir, setzt zunächst den Einsatz der Unterscheidung zivilisiert/barbarisch voraus. In diesem Einsatz vollzieht sich dann, wie im Anschluss an Pierre Bourdieu formuliert werden kann, »eine heimliche Umkehrung von Ursache und Wirkung« (Bourdieu 1997: 93). Dabei wird die Fremdheit der Barbaren zur ideologischen Grundlage für die Errichtung einer Grenze zwischen ›uns‹ und ›ihnen‹ – obwohl es eigentlich die Praxis der Grenzziehung ist, vermittels der die Barbaren als fremde und homogene Entität erst erschaffen werden.

Der Prozess der Verortung wird also entlang einer je spezifischen Unterscheidung vorgenommen, deren Voraussetzungsreichtum selbst nicht sichtbar ist. Dass zum Ordnen der Welt auch ganz andere Unterscheidungen eingesetzt und dass die Dinge auch ganz anders verortet werden könnten, wird ausgeblendet. Insofern Said auf den kontingenten Charakter der Verortungspraxis aufmerksam macht, bezieht er Stellung gegen eine Haltung, die man mit Felix Driver als »geographischen Essentialismus« (Driver 1992: 31) bezeichnen könnte – »the notion that there are geographical spaces with indigenous, radically ›different‹ inhabitants who can be defined on the basis of some religion, culture, or racial essence proper to that geographical space« (Said 1978: 322).

2. Koloniales Erbe und Disziplinierungspraktiken

Aus einer postkolonialen Sicht, so könnte man die zentrale Einsicht der postkolonialen Raumdebatte zusammenfassen, existieren klar voneinander abgegrenzte geographische Räume ebenso wenig per se wie homogene, essentialistische Identitäten. Diese Einsicht stellt gerade für die Geographie eine große Herausforderung dar. Lange Zeit wurde im Fach davon ausgegangen, dass sowohl Räume als auch Kulturen (Staaten und Völker) der Imagination vorgängig sind und einen wesenhaften Charakter haben. So bestand das Ziel der traditionellen Geographie als Landschafts- oder Länderkunde darin, die regional spezifischen Zusammenhänge zwischen den physisch-materiellen Bedingungen und den gesellschaftlichen Erscheinungen in integrativer Weise zu beschreiben. Im Sinne des so genannten länderkundlichen Schemas wurden die untersuchten Raumausschnitte als Ganzheiten beschrieben, in denen, wie Benno Werlen (1997: 44) schreibt, »›Natur‹, ›Kultur‹ und ›Gesellschaft‹ zu einer Einheit zusammenwachsen.«

Vor dem Hintergrund dieses Forschungsprogramms ist die Geographie zu einer bedeutenden Kolonialwissenschaft geworden. Dies zeigt etwa das Beispiel von Friedrich Ratzel (1844-1904), dem Begründer der Anthropogeographie, der als Mitglied des Deutschen Kolonialvereins und später der Deutschen Kolonialgesellschaft dazu beitrug, das traditionelle geographische Paradigma zu dynamisieren und an den zeitgenössischen Imperialismus anzupassen (vgl. Schultz 1998). Die Verwicklungen zwischen Geographie und Kolonialpolitik kommen aber nicht nur im Werk prominenter FachvertreterInnen zum Ausdruck. Vielmehr trug das geographische Wissen auf sehr vielfältige Wiese dazu bei, koloniales Land zu ›entdecken‹ und zu unterwerfen. Dazu trugen die Praktiken des Kartierens und Kartographierens ebenso bei wie territoriale Restrukturierungen durch die koloniale Raum- und Stadtplanung; mehr oder weniger willkürliche Grenzziehungen ebenso wie Um- und Neubenennungen geographischer Gegebenheiten, die damit der Deutungsmacht der Kolonialherren unterworfen wurden. Das koloniale Projekt beruhte auf einer ganzen Reihe von Akten »geographischer Gewalt« (Said 1994: 305), deren Ziel darin bestand, den annektierten Raum auf eine bestimmte Art und Weise zu ordnen und seine Bevölkerung durch verwaltungstechnische Maßnahmen unter Kontrolle zu bringen (vgl. ebd.; Ó Tuathail 1996: 70-110).

Viele dieser Akte sind vor allem von englischsprachigen VertreterInnen der geographischen Disziplingeschichte mittlerweile aufgearbeitet worden. Hervorzuheben sind hier die Arbeiten von Derek Gregory, dessen Schlüsselwerk »Geographical Imaginations« eine historische Analyse des klassischen geographischen Blicks enthält, der eine panoptische Position für sich reklamiert und die vermeintlich natürliche Welt mittels Beschreibung, Klassifikation und Vergleich wie in einer Ausstellung vor sich ausbreitet (the world-as-exibition; Gregory 1994: 15-69). Auch Felix Driver (1992) hat sich bereits in den frühen 1990er-Jahren bemüht, die Möglichkeiten für eine kritische, postkoloniale Perspektive auf die geographische Fachgeschichte auszuloten. In seiner Kartierung des Zusammenspiels zwischen kolonialer Macht und modernem geographischen Wissen warnt er vor einem essentialisierenden Umgang mit der Fachgeschichte und betont die Vielfalt von (lokal spezifischen) Wissensformen, die es historisch immer gab:

> »Geography's history, like historical writing of all kinds, presents us with various choices, both in its execution and in its interpretation. The choice between these various routes through geography's past cannot be an absolute one, and it would be wrong to see them as mutually exclusive in all circumstances.« (ebd.: 37)

3. Kulturelle Identitäten und territoriale Entitäten

Ein weiterer Schwerpunkt der postkolonialen Geographie liegt auf der kritischen Auseinandersetzung mit der Verbindung von Kultur und Raum, die bis heute vielfach als selbstverständlich und der Beobachtung vorgängig erscheint. Vom Klassenzimmer bis zum Kanzleramt wird ein Bild von der Welt als einem kulturräumlichen Mosaik gezeichnet, in dem verschiedene Kulturen klar voneinander getrennt über die Erdoberfläche verteilt sind. So wenig voraussetzungsvoll dieses Mosaik aus einer Alltagsperspektive erscheinen mag, so vehement ist die damit verbundene Raumvorstellung aus postkolonialer Sicht kritisiert worden. Die britische Geographin Doreen Massey etwa wendet sich radikal gegen die Vorstellung von der Welt als einem von kulturellen Grenzen durchzogenen Flickenteppich – »an imagination of spaces which are already divided up, of places which are already separated and bounded« (Massey 1999: 11). Ihr zufolge stellt dieser Flickenteppich keine unumstößliche Wahrheit dar, sondern das Resultat einer bestimmten Art und Weise, Raum zu konzeptualisieren und damit zu kontrollieren: »What is at issue here (...) is both a way of organising space and of controlling it and a manner of conceptualising it.« (ebd.)

Diese Einsicht steht in Zusammenhang mit einem Perspektivenwechsel, dessen Effekte alle humangeographischen Teildisziplinen gleichermaßen betreffen. Unter postkolonialen Vorzeichen geht es nicht länger darum, Kulturräume als quasi-natürliche territoriale Entitäten der Forschung vorauszusetzen. Der Fokus der Auseinandersetzung liegt vielmehr auf der Frage, wie solche Räume als imaginative Geographien im Sinne Saids inner- und vor allem außerwissenschaftlich konstituiert werden. Dabei wird heuristisch zwischen einer diskursiv-repräsentativen und einer praktisch-performativen Ebene der Raumkonstitution unterschieden (vgl. z. B. Philo 2000). Während die erstgenannte die symbolischen Landkarten und Raumordnungen beinhaltet, die von unterschiedlich machtvollen Institutionen (z. B. Staaten oder internationalen Organisationen) medial platziert und im Diskurs mit mehr oder weniger großem Erfolg durchgesetzt werden, geht es im zweiten Fall um jene Orts- und Weltbezüge, die in der alltäglichen Praxis von individuellen Akteuren und/oder Gruppen produziert und reproduziert werden. Auf beiden Ebenen wird untersucht, welche Bedeutungszuschreibungen in Bezug auf das Eigene und das Fremde jeweils transportiert werden und wie die Verfestigung bestimmter Repräsentationen dazu beiträgt, imaginative Geographien als vermeintlich natürliche territoriale Entitäten erscheinen zu lassen.

Die Erweiterung der (politisch-)geographischen Forschung um die Untersuchung von imaginativen Geographien ist auch insofern gewinnbringend, als sie der Gefahr einer Reifizierung von Räumen vorbeugt. Diese Gefahr ist innerwissenschaftlich insbesondere bei Regionalstudien gegeben; außerwissenschaftlich wird sie auch in politischen Diskussionen virulent, in denen es auf den ersten Blick nicht um Räume und Räumliches geht. Steht beispielsweise die Frage zur Verhandlung, ob die Türkei zu Europa gehört oder nicht, lohnt es sich zu reflektieren, welche imaginativen Geographien rund um dieses Thema zum Tragen kommen, wie die Türkei einerseits und Europa andererseits durch Diskurse und Praktiken konstruiert werden und, umgekehrt, welche unterschiedlichen Bedeutungen ›die Türkei‹ und ›Europa‹ in unterschiedlichen Kontexten haben (vgl. Lossau 2002). Setzt man Europa und die Türkei dagegen unhinterfragt als Analyseeinheiten voraus, werden die damit angesprochenen Subjekte in semantische Container gesteckt, deren vermeintliche Abgeschlossenheit in globalisierten Zeiten auch empirisch immer weniger Sinn hat.

4. ›Entwicklung‹ und Nord-Süd-Verflechtungen

Folgt man der Geographin Sarah A. Radcliffe (2005: 291), so lebt das materielle und diskursive Erbe von Kolonialismus und Imperialismus bis heute ganz unmittelbar in der Entwicklungszusammenarbeit weiter. Tatsächlich betreffen postkoloniale Fragen nach Macht, Repräsentation und Ordnungsanspruch das ebenso komplexe wie umstrittene Feld der Beziehungen zwischen Nord und Süd in besonderer Weise. Vor diesem Hintergrund ist es nicht überraschend, dass sich vor einiger Zeit eine postkoloniale »Geographische Entwicklungsforschung« etabliert hat (vgl. ebd. 2005). Diese Forschungsrichtung hinterfragt die epistemischen Rahmungen und Vorannahmen traditioneller Entwicklungsforschung und -praxis. Im

Zentrum der Kritik steht dabei die Fokussierung auf Entwicklung, die traditionell sowohl den Gegenstand als auch das Ziel der Entwicklungszusammenarbeit bildet.

Zentral für die postkoloniale Kritik ist die Einsicht, dass das Entwicklungsparadigma mit Wissens- und Repräsentationssystemen korrespondiert, in denen ›die westliche Welt‹ als Standard und Vorbild erscheint. In der Forderung, die damit verbundene Asymmetrie in ihren verschiedenen Facetten zu reflektieren, trifft sich die postkoloniale Theorie mit dem so genannten Post-Development-Ansatz (vgl. Escobar 1995; Rahnema 1997; Sachs 1992). VertreterInnen dieses – keineswegs einheitlichen – Ansatzes begreifen das Projekt ›Entwicklung‹ als westliches Herrschaftsinstrument, mit dessen Hilfe auch Jahrzehnte bzw. Jahrhunderte nach der formalen Unabhängigkeit ehemaliger Kolonien noch Eingriffe in den ›Rest der Welt‹ legitimiert werden. Sie schlagen daher vor, vom Entwicklungsgedanken selbst Abstand zu nehmen und stattdessen das Funktionieren seiner Ökonomie aufzuzeigen. Die (mitunter kritische) Auseinandersetzung mit dem Post-Development-Ansatz hat zu einer lebhaften Debatte geführt, die das Feld der Geographischen Entwicklungsforschung dynamisiert hat. In ihrer Folge hat sich eine größere Sensibilität für die ambivalenten, aber gleichwohl bedeutsamen Verbindungen eingestellt, die zwischen den unterschiedlichen Teilen der postkolonialen Welt historisch und aktuell bestehen:

> »Post-colonialism is partly about thinking through the implications of streched-out-geographies, making connections and understanding the important flows and movements between North and South.« (Power 2003: 122)

Die darin anklingende Betonung von globalen Vernetzungen und Verflechtungen wird auch von anderen VertreterInnen postkolonialer Theorien akzentuiert. So argumentieren z. B. Andreas Eckert und Shalini Randeria (2009: 11), die Entstehung der modernen Welt könne »als ›gemeinsame‹ bzw. ›geteilte‹ Geschichte gedeutet werden [...], in der verschiedene Kulturen und Gesellschaften eine Reihe zentraler Erfahrungen teilten und durch ihre Interaktion und Interdependenz die moderne Welt gemeinsam konstituierten [...]«. Die raumtheoretischen Parameter dieser Interdependenzen, die innerhalb der Geographie unter dem Stichwort entanglements diskutiert werden (vgl. z. B. Sharp et al. 2000), wurden in den 1990er-Jahren prominent von Doreen Massey diskutiert (Massey 1997; 1999). Massey konzeptualisiert das Räumliche als »Sphäre des Nebeneinanders« unterschiedlicher Narrative, wobei sie sowohl die soziale Konstruiertheit von Räumen als auch deren notwendige Eingebundenheit in Machtbeziehungen betont. Mit dieser epistemischen Position begegnet sie der Gefahr, in die »territoriale Falle« (Agnew 1994) zu tappen und Verflechtung schlicht im Sinne einer Intensivierung der Beziehungen zwischen unterschiedlichen ›Containerräumen‹ – etwa im Sinne der Ersten und der Dritten Welt – zu denken.

5. Fazit

Im Versuch, zentrale Themenfelder einer postkolonialen Geographie zu skizzieren, sind Bezüge zwischen der fachwissenschaftlichen Geographie einerseits und der postkolonialen Theorie andererseits thematisiert worden. Dabei sollte deutlich geworden sein, dass beide Felder in den vergangenen Jahrzehnten von der Entwicklung des jeweils anderen profitiert haben. Während die geographischen Vorstellungen von sozial konstruierten und umstrittenen, miteinander verbundenen und aufeinander bezogenen Räumen zu einer wichtigen Quelle postkolonialer Theoriearbeit geworden sind, hat die Bezugnahme auf postkoloniale Theorien innerhalb der Geographie zu einem Perspektivwechsel geführt, in dessen Folge die Grenzen zwischen unterschiedlichen Subdisziplinen in Frage gestellt worden sind. Im Anschluss an die Reflexion der eigenen kolonialen Gehalte wird das traditionell mit kulturräumlichen Entitäten befasste Fach zu einer engagierten und machtkritischen Geographie, die Differenz als Ursprung von Identität anerkennt und darauf aufmerksam macht, dass alle Raumordnungen auf spezifischen Ausschlüssen beruhen (vgl. Lossau 2002: 150).

Im Sinne dieser Einsicht sei abschließend bemerkt, dass die skizzierten Wechselwirkungen zwischen Geographie und postkolonialer Theorie vor allem den englischsprachigen Kontext charakterisieren. In der deutschsprachigen Geographie hingegen ist es bislang vergleichsweise still um postkoloniale Ansätze geblieben. Dieser Unterschied kann womöglich mit Blick darauf erklärt werden, dass Verräumlichungen des Denkens in Großbritannien und Nordamerika als unproblematisch gelten, während sie in Deutschland im Anschluss an die Verbindungen von Raumdenken und nationalsozialistischer Expansionspolitik kritikwürdig geblieben sind. Die Zurückhaltung der deutschsprachigen GeographInnen könnte dann – ganz im Sinne der postkolonialen Raumtheorie – als Zeichen ›multipler Wissenschaftlichkeit‹ und als Beleg dafür gelesen werden, dass bestimmte Auseinandersetzungen an bestimmten Orten gefördert und an anderen gehemmt werden.

Literatur

Agnew, John (1994): The territorial trap: the geographical assumptions of international relations theory. In: Review of International Political Economy 1. 53-80

Barnes, Trevor/Gregory, Derek (Hrsg.) (1997): Reading Human Geography. London: Arnold

Bhabha, Homi K. (1990): The Third Space. In: Rutherford, Jonathan (1990): 207-221

Bourdieu, Pierre (1997): Männliche Herrschaft revisited. In: Feministische Studien 15. 88-99

Blunt, Alison/McEwan, Cheryl (Hrsg.) (2002): Postcolonial Geographies. London: Continuum

Cook, Ian/Crouch, David/Naylor, Simon/Ryan, James R. (Hrsg.) (2000): Cultural Turns/Geographical Turns. Perspectives on Cultural Geography. Harlow: Prentice Hall

Driver, Felix (1992): Geography's empire: histories of geographical knowledge. In: Environment and Planning D: Society and Space 10. 23-40

Eckert, Andreas/Randeria, Shalini (2009): Geteilte Globalisierung. In: Randeria/Eckert (2009): 9-33

Escobar, Arturo (1995): Encountering development: The making and unmaking of the Third World. Princeton/New Jersey: Princeton University Press

Flitner, Michael/Lossau, Julia (Hrsg.) (2005): Themenorte. Münster: LiT-Verlag

Gregory, Derek (1994): Geographical imaginations. Cambridge/Mass: Blackwell

Gregory, Derek (1995): Imaginative geographies. In: Progress in Human Geography 19. 447-485

hooks, bell (1990): Yearning: Race, Gender, and Cultural Politics. Boston: South End Press

Lossau, Julia (2002): Die Politik der Verortung. Eine postkoloniale Reise zu einer anderen Geographie der Welt. Bielefeld: transcript

Lossau, Julia (2008): Kulturgeographie als Perspektive. Zur Debatte um den cultural turn in der Humangeographie – eine Zwischenbilanz. In: Berichte zur Deutschen Landeskunde 82. 317-334

Lossau, Julia/Flitner, Michael (2005): Ortsbesichtigung. In: Flitner/Lossau (2005): 7-23

Massey, Doreen (1997): A global sense of place. In: Barnes/Gregory (1997): 315-323

Massey, Doreen (1999): Imagining globalisation: power-geometries of time-space. In: Massey (1999): 9-23

Massey, Doreen (Hrsg.) (1999): Power-geometries and the politics of space-time. Hettner-Lecture 1998 with Doreen Massey. = Hettner-Lectures 2. Heidelberg

Ó Tuathail, Gearóid (1996): Critical Geopolitics: The Politics of Writing Global Space. London: Routledge

Philo, Chris (2000): More Words, more Worlds. Reflections on the ‹Cultural Turn' and Human Geography. In: Cook et al.. (2000): 26-53

Power, Marcus (2003): Rethinking development geographies. London: Routledge

Pratt, Marie L. (1991): Arts of the Contact Zone: In: Profession 91. 33-40

Pratt, Marie L. (1992): Imperial Eyes. Travel Writing and Transculturation. London: Routledge

Radcliffe, Sarah A. (2005): Development and geography: towards a postcolonial development geography? In: Progress in Human Geography 29. 291-298

Rahnema, Majid (1997): The Post-Development Reader. London: Zed Books

Randeria, Shalini/Eckert, Andreas (Hrsg.) (2009): Vom Imperialismus zum Empire. Nicht-westliche Perspektiven auf Globalisierung. Frankfurt a.M.: Suhrkamp

Rutherford, Jonathan (Hrsg.) (1990): Identity, Community, Culture, Difference. London: Lawrence and Wishart

Sachs, Wolfgang (1992): The Development Dictionary. A Guide to Knowledge as Power. London: Zed Books

Said, Edward W. (1978): Orientalism. New York: Vintage

Said, Edward W. (1994): Kultur und Imperialismus. Einbildungskraft und Politik im Zeitalter der Macht. Frankfurt a. Main: Fischer

Schultz, Hans-Dietrich (1998): Herder und Ratzel: Zwei Extreme, ein Paradigma? In: Erdkunde 52. 127-143

Sharp, Joanne P./Routledge, Paul/Philo, Chris/Paddison, Ronan (Hrsg.) (2000): Entanglements of Power. Geographies of domination/resistance. London: Routledge

Werlen, Benno (1997): Sozialgeographie alltäglicher Regionalisierungen, Bd. 2: Globalisierung, Region und Regionalisierung. Stuttgart: Steiner

AutorInnenverzeichnis

Johannes Angermüller (*1973), Dr. phil., ist Juniorprofessor für Soziologie an der Universität Mainz. Arbeits- und Forschungsschwerpunkte: Theorien und Methoden am Schnittpunkt von Sprache und Gesellschaft, Bildungs-, Intellektuellen- und Hochschulsoziologie, politische Soziologie und Kultursoziologie. Zentrale Publikationen: *Nach dem Strukturalismus. Theoriediskurs und intellektuelles Feld in Frankreich.* Bielefeld: transcript (2007); *Diskursanalyse meets Gouvernementalitätsforschung. Perspektiven auf das Verhältnis von Subjekt, Sprache, Macht und Wissen.* Frankfurt a. M./New York: Campus (2010, hrsg. mit Silke van Dyk); Kontakt: http://www.johannes-angermueller.de

Patricia Baquero Torres (*1965), Dr. phil., Pädagogische Hochschule Freiburg. Arbeits- und Forschungsschwerpunkte: Postcolonial Studies, Diversity- und Migrationspädagogik. Zentrale Publikationen: *Geschlecht und Kultur im erziehungswissenschaftlichen Migrationsdiskurs am Beispiel der Interkulturellen Pädagogik und Sozialpädagogik.* In: Sökefeld, Martin (Hrsg.) (2004): Jenseits des Paradigmas kultureller Differenz. Neue Perspektiven auf Einwanderer aus der Türkei. Bielefeld: transcript; *Geschlecht und Kultur in der Interkulturellen Pädagogik. Eine postkoloniale Re-Lektüre.* Frankfurt a.M. u.a.: Peter Lang.; *Postkoloniale Perspektiven zur Reflexion von Bildung in einer Einwanderungsgesellschaft: die Interdependenz sozialer Kategorien als neuer Denkansatz.* In: Jahrbuch für Pädagogik 2009. Frankfurt a.M,. u. a.: Peter Lang. E-Mail: patricia.baquerotorres@ph-freiburg.de

Roger Begrich, lic. phil, MA, unterrichtet am Ethnologischen Seminar der Universität Zürich sowie am Department for Anthropology und im Program for the Study of Women, Gender, and Sexuality an der Johns Hopkins University in Baltimore (USA). Arbeits- und Forschungsschwerpunkte: Anthropologie und Soziologie Indiens, Alkohol- und Drogenforschung, Medizinanthropologie, Theorien zu Staatlichkeit, Souveränität und Recht. Er verfasst zur Zeit seine Dissertation über Indigenität und Alkohol in Jharkhand (Indien); E-Mail: begrich@jhu.edu

Leonie Bellina, BA Sustainable Development, MA in Postkolonialer Anthropologie; hat seit 2002 in den USA in den Bereichen gender/queer studies, postcolonial studies, und environmental studies gearbeitet. Forschungsaufträge im Arbeitsfeld diversity in higher education und University-assessment/accreditation. Sie ist langjährige Aktivistin und Lehrende im Bereich queer rights und intersectional diversity work. Arbeits- und Forschungsschwerpunkte: Environmetal Justice und Diskurse/Praktiken zu ›Nachhaltiger Entwicklung‹ und global governance; philosophische und postkoloniale Anthropologie; postkoloniale feministische Kritik und Interventionen; queer Human Rights und homonormativity; emanzipatorische Bildung; memorialization und counter-memory; E-Mail: leonie.bellina@yahoo.de

Ulrike Bergermann (*1964), Dr. phil., ist Professorin für Medienwissenschaft an der Hocchschule für Bildende Küste Braunschweig. Arbeits- und Forschungsschwerpunkte: Medientheorie, Wissenschaftsforschung, Gender Studies. Publikationen: *Das Planetarische. Kultur - Technik - Medien im postglobalen Zeitalter.* München: Fink (Hrsg. mit Isabell Otto und Gabriele Schabacher 2010); *Motive.* Heft 1 der Zeitschrift für Medienwissenschaft, Berlin: Akademie, Oktober 2009 (Schwerpunktredaktion mit Claus Pias); Programmatische Un-Orte: Comparative Media Studies. In: Joachim Paech, Dieter Mersch (Hrsg.), *Programm(e) der Medien. Erstes medienwissenschaftliches DFG-Symposium.* Berlin: Akademie, i. Dr.; E-Mail: u.bergermann@hbk-bs.de

Sabine Broeck ist Professorin für American Studies/Black Diaspora Studies an der Universität Bremen. Ihre Lehr- und Forschungsinteressen umfassen Intersektionalitätsstudien, Studien zur Black Diaspora und Fragen de- und postkolonialer Kritik transatlantischer Modernität(en). Ihre aktuellen Arbeiten fokussieren die Rückwirkungen transatlantischer Sklaverei auf das ‚weiße' Kultur/Regime von Versklavung in der westlichen Moderne und ihren Befreiungstheorien, wie auch Feminismus. Sie ist seit langem aktives Mitglied unterschiedlicher Vereinigungen der internationalen American Studies und Postcolonial Studies; gegenwärtig ist sie Präsidentin des *Collegium for African American Research (CAAR)* und Direktorin des *Instituts für Postkoloniale und Transkulturelle Studien (INPUTS).* Sie arbeitet derzeit an einem Manuskript (unter Vertrag mit SUNY PRESS) zu *No Slavery for the Subject: Re-Thinking the Formation of the Modern Subject Engendered in Slavery.*

Sérgio Costa, Diplom-Ökonom, promovierter und habilitierter Soziologie, ist Professor für Soziologie an der Freien Universität Berlin. Er war Professor für politische Soziologie an der Universidade Federal de Santa Catarina, Brasilien, Forschungsprofessor am Brasilianischen Zentrum für Analyse und Planung (CEBRAP, São Paulo) und DAAD-Gastprofessor an der Universität Flensburg. Seine Forschungsschwerpunkte sind Demokratie und Differenz, Rassismus und Antirassismus, globale Ungleichheiten und transnationale Politik sowie kritische und postkoloniale Sozialtheorien. Zu seinen neueren Publikationen zählen: *Decolonizing European Sociology. Interdisciplinary Approaches* (Mitherausgeber, Ashgate 2010); *Brasilien heute* (*Brazil today*, Mitherausgeber, Vevuert 2010);*Brazil and the Americas: Convergences and Perspectives* (Mitherausgeber, Vervuert 2008); *Vom Nordatlantik zum ›Black Atlantic‹* (Transcript 2007); *The Plurality of Modernity: Decentring Sociology* (Mitherausgeber, Hampp 2006). E-Mail: sergio.costa@fu-berlin.de

Gisela Febel (*1955), Prof. Dr. phil., ist Professorin für Romanistik, Literatur- und Kulturwissenschaft an der Universität Bremen. Arbeits- und Forschungsschwerpunkte: Gegenwartsliteraturen Frankreichs und der Frankophonie sowie der postkolonialen Räume, Renaissance, Frühe Neuzeit und Modernegeschichte, Epistemologie, Poetik und Literaturtheorie. Zentrale Publikationen: *Mythos und Verdacht. Überlegungen zum Mythos im französischen Roman des 20. Jahrhunderts*. Frankfurt a. M.: Lang (1984); *Poesia ambigua – Vom Alphabet zum Gedicht. Aspekte der Entwicklung der modernen französischen Lyrik bei den Grands Rhétoriqueurs*. Frankfurt a.M.: Klostermann (2001); *Zwischen Kontakt und Konflikt. Perspektiven der Postkolonialimusforschung*. Trier: WVT 2006 (Hrsg. mit A. Hamilton, M. Blumberg, H. de Souza, C. Sandten); *Ecritures transculturelles. Verflechtungen von kultureller Differenz und Geschlechterdifferenz im französischsprachigen Gegenwartsroman*. Tübingen: Narr (2007) (Hrsg. mit K. Struve, N. Ueckmann; *Verschränkungen von Symbolischem und Realem. Zur Aktualität von Lacans Denken in den Kulturwissenschaften*. Berlin: Kadmos (2008) (Hrsg. mit J. Bonz, I Härtel); *Europäischer Film im Kontext der Romania: Geschichte und Innovation*. Hamburg: LiT-Verlag (2008) (Hrsg. mit N. Ueckmann); E-Mail: febel@uni-bremen.de

Michael C. Frank (*1974), Dr. phil., ist Wissenschaftlicher Mitarbeiter am Lehrstuhl für Anglistik im Fachbereich Literaturwissenschaft der Universität Konstanz. Arbeits- und Forschungsschwerpunkte: Koloniale und postkoloniale Literaturen, Raumtheorien und *spatial turn*, Narrativierungen des Terror(ismu)s in Literatur und Film. Zentrale Publikationen: *Kulturelle Einflussangst. Inszenierungen der Grenze in der Reiseliteratur des 19. Jahrhunderts.* Bielefeld: Transcript (2006); *Zeitschrift für Kulturwissenschaften,* Heft 2/2008: *Räume.* Bielefeld: Transcript (Hrsg. mit Thomas Hauschild et al. 2008); *Literature and Terrorism. Comparative Perspectives.* Amsterdam/New York: Rodopi (Hrsg. mit Eva Gruber, erscheint 2012); E-Mail: michael.frank@uni-konstanz.de

Friederike Habermann (*1967) ist Ökonomin, Historikerin sowie Dr. phil. der Politischen Wissenschaften und arbeitet als freie Wissenschaftlerin. Arbeits- und Forschungsschwerpunkte: das Verwobensein von Herrschaftsverhältnissen, transnationale soziale Bewegungen sowie alternative Wirtschaftsweisen. Zentrale Publikationen: *Aus der Not eine andere Welt. Gelebter Widerstand in Argentinien.* Königstein: Ulrike-Helmer-Verlag (2004); *Der homo oeconomicus und das Andere. Hegemonie, Identität und Emanzipation.* Baden-Baden: Nomos (2008); *Halbinseln gegen den Strom. Anders leben und wirtschaften im Alltag.* Königstein: Ulrike-Helmer-Verlag (2009), E-Mail: habermann@uni-kassel.de

Lann Hornscheidt, Professorin für Gender Studies und Sprachanalyse Humboldt-Universität zu Berlin; Professorin für schwedische Sprachwissenschaften, Södertörns Högskola, Stockholm Schweden. Gastprofessuren in Schweden und Österreich, Forschungsprojekte zu Rassismus, Sexismus und Sprache in Berlin und Stockholm. Arbeits- und Forschungsschwerpunkte: Sprache und Diskriminierung, Intersektionalität, Diskursanalyse, Feminismus Veröffentlichungen zu Sprache und Rassismus, postkoloniale Linguistik, Genderlinguistik, Diskursanalyse, kritische Lexikografie, Interdependenz- und Intersektionalitätsansätze. Aktuelle Publikationen: *feminismus schreiben lernen* (AK Kritische Sprachpraxis) 2011 Frankfurt a.M.; *Rassismus auf gut deutsch. Ein kritisches Nachschlagewerk zu rassistischen Sprachhandlungen* (Adibeli Nduka-Agwu und Lann Hornscheidt (Hrsg.)), 2010 Frankfurt a.M.; *Schimpfwörter, Beschimpfungen, Pejorisierungen. Wie in Sprache Macht und Identitäten verhandelt werden* (Lann Hornscheidt, Ines Jana und Hanna Acke (Hrsg.)), Frankfurt a.M. 2011. Weitere Informationen: http://www.gender.hu-berlin.de/zentrum/personen/ma/1682130

Olaf Kaltmeier (*1970), Dr. phil., ist Juniorprofessor für »Transnationale Geschichte der Amerikas« an der Universität Bielefeld und Geschäftsführer des Center for InterAmerican Studies. Arbeits- und Forschungsschwerpunkte: Transnationale Geschichte, Interamerikanische Studien, postkoloniale Studien, Kultursoziologie, Soziale Bewegungen, Interkulturalität und Identitätspolitik. Zentrale

Publikationen: *Selling EthniCity. Urban Cultural Politics in the Americas*. Farnham: Ashgate (Hrsg. 2011); *Los Andes en movimiento. Identidad y poder en el nuevo paisaje político* Quito: Corporación Editora Nacional (Hrsg. gem. mit Pablo Ospina und Christian Büschges 2009); *¡Marichiweu! – Zehnmal werden wir siegen! Eine Rekonstruktion der aktuellen Mapuche-Bewegung in Chile aus der Dialektik von Herrschaft und Widerstand seit der Conquista*. Münster: Ed. ITP-Kompass (2004). E-Mail: olaf.kaltmeier@uni-bielefeld.de

Alexandra Karentzos (*1972), Dr. phil., ist Professorin für Mode und Ästhetik an der Universität Darmstadt. Sie ist Mitbegründerin und Vorstand des Centrums für Postcolonial und Gender Studies (CePoG) und Mitherausgeberin der Zeitschrift *Querformat. Zeitgenössisches. Kunst. Populärkultur.* Arbeits- und Forschungsschwerpunkte: Kunst des 19.-21. Jh., Kulturtheorien (Visual Culture, Postcolonial, Gender Studies, Systemtheorie), Mode, Kunst und Globalisierung, Lachen und Ironie, Körper- und Identitätskonzepte, Antikenrezeptionen, Orientalismen, Reise und Tourismus in der Kunst. Zentrale Publikationen: *Postkoloniale Ironie. Positionen gegenwärtiger Kunst/Theorie* (in Vorbereitung), *Fremde Männer – Other Men*, Heft der Zeitschrift *kritische berichte*, 4/2007 (Hrsg. mit Sabine Kampmann), *Der Orient, die Fremde. Positionen zeitgenössischer Kunst und Literatur*. Bielefeld: transcript 2006 (Hrsg. mit Regina Göckede), *Kunstgöttinnen. Mythische Weiblichkeit zwischen Historismus und Secessionen*. Marburg: Jonas 2005. E-Mail: karentzos@bpaed.tu-darmstadt.de

Jens Kastner (*1970), Dr. phil., ist Senior Lecturer am Institut für Kunst- und Kulturwissenschaften der Akademie der bildenden Künste Wien. Arbeits- und Forschungsschwerpunkte: Sozial- und Kulturtheorien, Ästhetische und Kunst-Theorie, Soziale Bewegungen in Lateinamerika. Zentrale Publikationen: *Politik und Postmoderne. Libertäre Aspekte in der Soziologie Zygmunt Baumans*. Münster: Unrast (2000); *Die ästhetische Disposition. Eine Einführung in die Kunsttheorie Pierre Bourdieus*. Wien: Turia + Kant (2009); *...mit Hilfe der Zeichen | por medio de signos... Transnationalismus, soziale Bewegungen und kulturelle Praktiken in Lateinamerika*. Wien/Münster: LiTVerlag (Hrsg. gem. mit Tom Waibel 2009); E-Mail: j.kastner@akbild.ac.at

Belinda Kazeem ist Kulturarbeiterin, Autorin, Mitglied der Recherchegruppe zu Schwarzer österreichischer Geschichte und Gegenwart und schreibt an ihrer Diplomarbeit zu bell hooks' Pädagogiken am Institut für Internationale Entwicklung an der Universität Wien. Ihre Arbeit ist der Vergangenheit, Zukunft und Gegenwart der Dekolonisierung gewidmet und wird durch die vielschichtigen Stimmen afrikanischer und diasporischer Schwarzer Autor_innen, Aktivist_innen und Intellektueller inspiriert. Neuere Publikationen: schnittpunkt, Belinda Kazeem, Charlotte Martinz-Turek, Nora Sternfeld (Hrsg.): *Das Unbehagen im Museum. Postkoloniale Museologien*. Wien: Turia & Kant, 2009, und *»Keine Atempause. Über Sauerstoff und antirassistischen Widerstand.«* In: Becker, Konrad/Wassermair, Martin (Hrsg.): Kampfzonen in Kunst und Medien. Texte zur Zukunft der Kulturpolitik. Wien: Löcker Verlag, 2008.

Brigitte Kossek, Dr.in phil., Studium der Kultur- und Sozialanthropologie, Arbeit am Forschungsprojekt »Modern Colonial Slavery, ‹Dread' and Desire: The Remaking of Anybody in the ‹British West Indies', 1790-1830«; Mitarbeiterin am Center for Teaching and Learning, Universität Wien und Lehrbeauftragte an der Universität Wien; Forschungsschwerpunkte: Postcolonial und Gender/Queer Studies, Caribbean Studies, kritische Rassismustheorie, Hochschulentwicklung.

Julia Lossau ist Juniorprofessorin für Kulturgeographie an der Humboldt-Universität zu Berlin. Arbeits- und Forschungsschwerpunkte: Kulturelle Identität, postkoloniale Theorie und Raum; Politische Geographie; kulturtheoretische Stadtforschung. Zentrale Publikationen: *Die Politik der Verortung. Eine postkoloniale Reise zu einer ANDEREN Geographie der Welt*. Bielefeld: transcript (2002); *Themenorte. Produktion und Durchsetzung von Raumbildern*. Münster: LIT (Hrsg. mit Michael Flitner 2005); *Geographie und* cultural turn. *Zur Konstitution räumlicher Wirklichkeit in urbanen Kontexten am Beispiel von Kunst im öffentlichen Raum*. Habilitationsschrift. Berlin: Humboldt-Universität zu Berlin (2009); E-Mail: julia.lossau@geo.hu-berlin.de

Daniel Münster (*1973), Dr. phil., ist wissenschaftlicher Mitarbeiter am Seminar für Ethnologie der Martin-Luther-Universität Halle-Wittenberg. Arbeits- und Forschungsschwerpunkte: Ethnologie Südindiens (Tamil Nadu, Kerala), Politische Anthropologie, Landwirtschaft und Globalisierung. Zentrale Publikationen: *Postkoloniale Traditionen: Ethnographie über Dorf, Kaste und Ritual in Tamil Nadu (Südindien)*. Bielefeld: transcript (2006); E-Mail: daniel.muenster@ethnologie.uni-halle.de

Miriam Nandi (*1974) ist Margerete von Wrangell-Stipendiatin und habilitiert seit 2008 am Englischen Seminar der Universität Freiburg. Miriam Nandi studierte Soziologie, Philosophie und englischen Philologie in Freiburg und Reading

(GB). Sie war Mitarbeiterin am SFB 541 »Identitäten/Alteritäten« und besuchte die School of Criticism and Theory an der Cornell University. Forschungsschwerpunkte: Postkoloniale Theorie, indisch-englische Literatur, psychoanalytische Literaturwissenschaft, Literatur und Kultur der frühen Neuzeit. Zentrale Publikationen: *M/Other India/s*. Heidelberg: Winter (2007), *Gayatri Chakravorty Spivak: Eine interkulturelle Einführung*. Nordhausen, Bautz (2009).

Andreas Nehring (*1957), Dr. theol., ist Professor Religions- und Missionswissenschaft für an der Friedrich Alexander Universität Erlangen. Arbeits- und Forschungsschwerpunkte: Religionswissenschaftliche (Kultur-)Theorien, Postkoloniale Theologien, Transkulturelle Austauschprozesse zwischen Europa und Indien, Missionsgeschichte. Zentrale Publikationen: *Orientalismus und Mission – Die Repräsentation südindischer Religion durch deutsche Missionare,* Wiesbaden: Harrassowitz (2003)); *Religious Turns – Turning Religions. Veränderte kulturelle Diskurse – neue religiöse Wissensformen,* Stuttgart: Kohlhammer (Hrsg. mit Joachim Valentin 2008); *Fundamentalism and Sekularism. The Indian Predicament*, Chennai: Navashakti (Hrsg. 1994) E-Mail: nehring.andreas@t-online.de

Patricia Purtschert, Dr. phil, ist Philosophin und Leiterin eines Forschungsprojekts zur »Postkolonialen Schweiz« an der ETH Zürich. Ihre Arbeitsschwerpunkte sind: Macht, Alterität, Kritik, Geschlecht, Sexualität und Postkolonialismus. Publikationen (Auswahl): *On the Limit of Spirit: Hegel's Racism Revisited*. In: Philosophy & Social Criticism 36/9 (2010), 1039-1051; *Postkoloniale Schweiz. Formen und Folgen eines Kolonialismus ohne Kolonien. Bielefeld: transcript (Hrsg. mit Barbara Lüthi und Francesca Falk 2012); Anerkennung als Kampf um Repräsentation. Hegel lesen mit Simone de Beauvoir und Frantz Fanon*. In: Deutsche Zeitschrift für Philosophie 56/6 (2008), 923-33; *Postkoloniale Diskurse in der Schweiz. «De Schorsch Gaggo reist uf Afrika«*. In: Widerspruch 54 (2008). 169-180; *Grenzfiguren. Kultur, Geschlecht und Subjekt bei Hegel und Nietzsche*. Frankfurt a.M./ New York: Campus 2006; E-Mail: patricia.purtschert@gess.ethz.ch

Shalini Randeria ist Professorin für Ethnologie an der Universität Zürich. Arbeits- und Forschungsschwerpunkte: Anthropologie der Globalisierung, Rechtsethnologie und Wandel der Staatlichkeit, Soziale Bewegungen, Bevölkerungs- und Entwicklungspolitik, postkoloniale Theorie und multiple Modernitäten. Zentrale Publikationen: *Jenseits des Eurozentrismus*. Frankfurt a. M/New York: Campus Verlag (Hrsg., 2002); *Vom Imperialismus zum Empire*. Frankfurt a.M.: Suhrkamp (Hrsg. mit Andreas Eckert 2009). *Border Crossings: Grenzverschiebungen und*

Grenzüberschreitungen in einer globalisierten Welt. Zürich: vdf Hochschulverlag (Hrsg., 2010); E-Mail: randeria.shalini@gmail.com

Julia Reuter (*1975), Dr. phil., ist Professorin für Erziehungs- und Kultursoziologie an der Universität Köln. Arbeits- und Forschungsschwerpunkte: Soziologische (Kultur-)Theorien, Migrations- und Religionssoziologie, Körper- und Geschlechterforschung. Zentrale Publikationen: *Ordnungen des Anderen. Zum Problem des Eigenen in der Soziologie des Fremden.* Bielefeld: transcript (2002); *Postkoloniale Soziologie. Empirische Befunde, theoretische Anschlüsse, politische Intervention,* Bielefeld: transcript (Hrsg. mit Paula-Irene Villa 2009); *Geschlecht und Körper. Studien zur Materialität und Inszenierung gesellschaftlicher Wirklichkeit.* Bielefeld: transcript (2011); E-Mail: reuter@uni-trier.de

Johanna Schaffer ist Senior Scientist an der Akademie der bildenden Künste Wien. Dort entwickelt und organisiert sie mit Renate Lorenz und Tom Holert, unter Beteiligung der gegenwärtig 7 PhD-in-practice-Kandidat_innen, eine Forschungsplattform zu künstlerischer Forschung und einen künstlerischen PhD in practice. Sie forscht, lehrt und übersetzt im Feld visueller Kultur und materieller Ästhetiken mit einem queer-feministischen antirassistischen Schwerpunkt. Jüngere Publikationen sind *Ambivalenzen der Sichtbarkeit. Über die visuellen Strukturen der Anerkennung*, Bielefeld: transcript 2008, und gemeinsam mit Barbara Paul herausgegeben, der zweisprachige Sammelband *Mehr(wert) queer – Queer Added (Value). Visuelle Kultur, Kunst und Gender-Politiken – Visual Culture, Art, and Gender Politics*, Bielefeld: transcript 2009.

Cornelia Sieber (*1972), ist Professorin für Spanische und Portugiesische Kulturwissenschaft unter Berücksichtigung der Lateinamerikanistik am Fachbereich 06 – Translations-, Sprach- und Kulturwissenschaft – der Johannes Gutenberg-Universität Mainz in Germersheim. Aktueller Forschungsschwerpunkt sind die transkulturellen Dynamiken angesichts der Migration auf der Iberischen Halbinsel und in den Amerikas. Publikationen u. a.: *Die Gegenwart im Plural. Postmoderne/postkoloniale Strategien in neueren Lateinamerikadiskursen* (2005); in Vorbereitung: *Por mares nunca dantes navegados. Veränderungen des Eigenbildes im Zuge der portugiesischen Expansion* (erscheint 2011); sowie Mitherausgabe von *Räume der Hybridität. Postkoloniale Konzepte in Theorie und Literatur* (2002, mit. C. Hamann), *Estrategias de la hibridez en América Latina: del descubrimiento al siglo XXI* (2007, mit A. de Toro, C. Gronemann, C. Ceballos), *Diferencia minoritaria en Latinoamérica / Diferença minoritária na América Latina*

(2008, mit E. Guerreiro, C. Gronemann), *Passagen: Hybridity – Transmédialité – Transculturalidad* (2009, mit. R. Ceballos, C. Gatzemeier, C. Gronemann, J. Tauchnitz) und *Estrategias autobiográficas en Latinoamérica: Géneros – Espacios – Lenguajes* (2010, mit. C. Gronemann, P. Imbert).

Markus Schmitz ist wissenschaftlicher Mitarbeiter am Englischen Seminar, Lehrstuhl für English, Postcolonial & Media Studies an der Universität Münster. 2008 ist von ihm bei transcript *Kulturkritik ohne Zentrum: Edward W. Said die Kontrapunkte kritischer Dekolonisation* erschienen. Zu seinen Forschungsschwerpunkten zählen die interdependente Geschichte von Orientalismus und Okzidentalismus, Spatial Studies, Anglophone arabische Repräsentationen und Vergleichende Kulturtheorie. Sein aktuelles Projekt behandelt ausgewählte literarische, audiovisuelle und theoretische Positionen arabisch-amerikanischer TransmigrantInnen.

Paula-Irene Villa (*1968), Diplom-Sozialwissenschaftlerin, Dr.phil, ist Lehrstuhlinhaberin für Soziologie/Gender Studies an der LMU München. Inhaltliche Schwerpunkte: Gender Studies, Soziologische Theorien, Körper- und Kultursoziologie, Elternschaft, Biopolitik. Zentrale Publikationen: *Sexy Bodies. Eine soziologische Reise durch den Geschlechtskörper.* Wiesbaden: VS (4te Auflage 2011), *Judith Butler. Einführung.* Frankfurt a.M./New York: Campus (2te Auflage 2011), *schön normal. Manipulationen des Körpers als Technologien des Selbst* (Hrsg.). Bielefeld: Transcript 2008; *Postkoloniale Soziologie. Empirische Befunde, theoretische Anschlüsse, politische Intervention.* Bielefeld: transcript (gem. mit Julia Reuter 2009). E-Mail: paula.villa@lmu.de

Rainer Winter (*1960), ist Professor für Kultur- und Medientheorie an der Alpen-Adria Universität in Klagenfurt am Wörthersee und Gastprofessor für Kulturanalyse an der Capital Normal University in Peking und an der Shanghai International Studies University. Arbeits- und Forschungsschwerpunkte: Cultural Studies, Film- und Fernsehforschung sowie qualitative Methoden. Zentrale Publikationen: *Die Kunst des Eigensinns. Cultural Studies als Kritik der Macht* (2001, Neuaufl. in Vorbereitung). Weilerswist. Velbrück Wissenschaft, *Widerspenstige Kulturen. Cultural Studies als Herausforderung.* Frankfurt a.M.: Suhrkamp (Hrsg. mit Karl H. Hörning, 1999), Die Zukunft der Cultural Studies. Bielefeld: transcript (2011, Hrsg.). E-Mail: rainer.winter@uni-klu.ac.at.

Aram Ziai (*1972), PD Dr. phil., ist Senior Researcher am Zentrum für Entwicklungsforschung der Universität Bonn. Arbeitsschwerpunkte: Entwicklungstheorie und -politik, Nord-Süd Beziehungen, internationale politische Ökonomie. Wichtige Publikationen: *Globale Strukturpolitik. Die Nord-Süd-Politik der BRD und das Dispositiv der Entwicklung im Zeitalter von neuer Weltordnung und neoliberaler Globalisierung.* Münster: Westfälisches Dampfboot (2007); *Zwischen Global Governance und Post-Development. Entwicklungspolitik aus diskursanalytischer Perspektive.* Münster: Westfälisches Dampfboot (2006); *Exploring Post-Development. Theory and Practice, Problems and Perspectives.* London: Routledge (2007). *Politik und Peripherie. Eine politikwissenschaftliche Einführung (2010).* Wien: Mandelbaum (Hrsg. mit Albert Kraler und Ilker Atac). E-Mail: aram.z@gmx.net

Abbildungsnachweise

Zum Text von Alexandra Karentzos:

- Abb. 1: Benjamin, Roger (Hg.) (1997): Orientalism. Delacroix to Klee. Ausst.-Kat. The Art Gallery of New South Wales. London: Thames and Hudson, 99
- Abb. 2: Ebd., 8
- Abb. 3: Berry, Ian et al. (Hg.) (2003): *Kara Walker: Narratives of a Negress*, Ausst.-Kat. The Tang Teaching Museum and Art Gallery, Massachusetts, Cambridge, MA: MIT Press
- Abb. 4: Bassil, Karl et al. (Hg.) (2002): Mapping Sitting. On Portraiture and Photography. A Project by Akram Zaatari and Walid Raad, Ausst.-Kat. Palais des Beaux-Arts Brussels, Beirut: Mind the Gap and Fondation Arabe pour l'Image, Abb. 3.573-590

Zum Text von Patricia Purtschert:

- Abb. Kunst, Hans-Joachim (1967): L'Africain dans l'Art Européen. Bad Godesberg